ASCENSÃO E QUEDA DE ADÃO E EVA

STEPHEN GREENBLATT

Ascensão e queda de Adão e Eva

Tradução
Donaldson M. Garschagen

Companhia Das Letras

Copyright © 2017 by Stephen Greenblatt
Publicado mediante acordo com o autor através da Baror International, Inc., Armonk, Nova York, EUA.

Grafia atualizada segundo o Acordo Ortográfico da Língua Portuguesa de 1990, que entrou em vigor no Brasil em 2009.

Título original
The Rise and Fall of Adam and Eve

Capa
Victor Burton

Foto de capa
Album/ Fotoarena

Preparação
Alexandre Boide

Índice remissivo
Luciano Marchiori

Revisão
Ana Maria Barbosa
Carmen T. S. Costa

Dados Internacionais de Catalogação na Publicação (CIP)
(Câmara Brasileira do Livro, SP, Brasil)

> Greenblatt, Stephen
> Ascensão e queda de Adão e Eva / Stephen Greenblatt ; tradução Donaldson M. Garschagen — 1ª ed. — São Paulo : Companhia das Letras, 2018.
>
> Título original : The Rise and Fall of Adam and Eve.
> Bibliografia
> ISBN 978-85-359-3080-1
>
> 1. Adão (personagem bíblico) 2. Antropologia 3. Éden 4. Eva (personagem bíblico) 5. Queda do homem I. Título.
>
> 18-12741   CDD-233.14
>
> Índice para catálogo sistemático:
> 1. Pecado original : Origem do mal : Doutrina cristã   233.14

[2018]
Todos os direitos desta edição reservados à
EDITORA SCHWARCZ S.A.
Rua Bandeira Paulista, 702, cj. 32
04532-002 — São Paulo — SP
Telefone: (11) 3707-3500
www.companhiadasletras.com.br
www.blogdacompanhia.com.br
facebook.com/companhiadasletras
instagram.com/companhiadasletras
twitter.com/cialetras

Para Eden e Isaiah

Sumário

Prólogo — Na sinagoga.................................... 9

1. Ossos isolados.. 13
2. Junto aos rios da Babilônia 28
3. Tábulas de argila 44
4. A vida de Adão e Eva 66
5. Na casa de banho 80
6. Liberdade original, pecado original 95
7. O homicídio de Eva 114
8. Personificações.. 131
9. A castidade e seus descontentes 152
10. A política do Paraíso 175
11. A construção da realidade 188
12. Homens pré-adâmicos................................. 211
13. A queda de Adão e Eva 227
14. As dúvidas de Darwin 243

Epílogo — Na floresta do Éden............................ 257

Apêndice 1: Uma amostragem de interpretações 273
Apêndice 2: Uma amostragem de histórias de origem 281
Agradecimentos 288
Notas.. 293
Bibliografia selecionada 329
Créditos das imagens 353
Índice remissivo 357

Prólogo
Na sinagoga

Quando eu era criança, meus pais me disseram que, durante a bênção que encerra o serviço do Shabat, todos devíamos curvar a cabeça e manter os olhos baixos até as palavras do rabino chegarem ao fim. Era da máxima importância proceder assim, diziam, pois naqueles momentos Deus passava sobre nossa cabeça, e quem visse Deus face a face morreria.

Fiquei remoendo essas palavras. Contemplar o Senhor face a face, eu pensava, deveria ser a experiência mais maravilhosa pela qual uma pessoa poderia passar. Nada do que eu pudesse ver ou fazer em todos os anos que tinha diante de mim sequer se aproximava daquela visão suprema. E tomei uma decisão de extrema relevância. Eu ergueria os olhos para ver Deus. Compreendia que o ato seria fatal, mas tinha certeza de que estava disposto a pagar o preço. Não me atrevi a falar de minha decisão com meus pais, pois sabia que eles se sentiriam angustiados e tentariam me dissuadir. Não disse nada nem a Marty, meu irmão mais velho, por medo de que ele revelasse meu segredo. Eu sabia que teria de agir sozinho.

Vários sábados se passaram antes que eu conseguisse reunir coragem. Por fim, porém, certa manhã, de pé e de cabeça baixa, venci o temor da morte. Devagar, bem devagar, enquanto o rabino proferia as bênçãos antigas, ergui os olhos. Não havia nada pairando sobre minha cabeça. E descobri que eu não estava sozinho naquela atitude. Muitos fiéis olhavam ao redor, fitando as janelas ou até saudando amigos com gestos ou mesmo com palavras. Fiquei indignado: "O que me disseram era mentira".

Muitos anos transcorreram desde aquele momento, e nunca recuperei a fé ingênua que me levou a sacrificar a vida em troca de uma visão de Deus. No entanto, alguma coisa vive em mim, além de ilusões perdidas. Durante toda a vida fascinaram-me as histórias que inventamos na tentativa de dar sentido a nossa existência, e vim a compreender que "mentira" é um termo de lastimável inadequação quando aplicado ao tema ou ao conteúdo dessas histórias, mesmo quando fantásticas.

A humanidade não pode viver sem histórias. Nós nos cercamos delas, as criamos ao dormir, as contamos a nossos filhos e pagamos a outras pessoas para que as contem. Há quem as invente para ganhar a vida. E outras pessoas (e eu sou uma delas) passam toda a idade adulta procurando entender sua beleza, seu poder e sua influência.

Este livro é a história de um dos contos mais extraordinários já criados. Deus criou Adão e Eva, o primeiro homem e a primeira mulher, e os pôs, nus e livres de vergonha, num jardim de delícias. Disse-lhes que poderiam comer o fruto de qualquer uma de suas árvores, com uma única exceção. Não poderiam comer da árvore da consciência do bem e do mal; no dia em que violassem essa única proibição, morreriam. Uma serpente, o mais ardiloso dos animais do campo, pôs-se a conversar com a mulher. Falou-lhe que desobedecer à ordem divina não os levaria à morte, mas que lhes abriria os olhos e os tornaria semelhantes aos deuses, conhecedores do bem e do mal. Acreditando na serpente, Eva comeu o fruto proibido. Ofereceu-o a Adão, que também o comeu. Os olhos deles realmente se abriram: ao se darem conta de que estavam nus, juntaram folhas de figueira para se cobrir. O Senhor os chamou e perguntou-lhes o que tinham feito. Diante da confissão, Deus anunciou várias punições: daí em diante, as serpentes rastejariam sobre o ventre e comeriam o pó; as mulheres teriam filhos com dor e desejariam os homens, que as dominariam; os homens seriam obrigados a ganhar seu sustento com suor e fadiga, até que retornassem à terra de que tinham sido feitos. "Pois tu és pó, e ao pó tornarás." Para impedir que eles comessem o fruto de outra das árvores especiais — a Árvore da Vida — e vivessem eternamente, Deus expulsou-os do jardim e pôs de sentinela querubins armados, para evitar que voltassem.

Narrada no começo do Gênesis, a história de Adão e Eva vem moldando há séculos as concepções das origens e do destino do homem. Considerando o jeito que as coisas são, seria muito improvável que essa história viesse a adquirir tanto destaque. É um conto que poderia cativar a imaginação de uma criança impressionável, como eu era, mas qualquer adulto, no passado ou no presente, poderia ver facilmente as marcas da imaginação humana no que tem de mais desvairado. Um jardim mágico; um homem e uma mulher, nus, que são criados de uma forma que nunca outros seres humanos vieram ao mundo; adultos que sabem falar e agir sem a infância prolongada que é a marca por excelência de nossa espécie; uma advertência misteriosa sobre morte que nenhum ser recém-criado, como aqueles, teria como compreender; uma serpente falante; uma árvore que concede o conhecimento do bem e do mal; outra que concede vida eterna; e guardiões sobrenaturais que brandem espadas flamejantes. Isso é ficção da mais inventiva, uma história que lança mão do mais desatinado faz de conta.

Entretanto, milhões de pessoas, inclusive alguns dos espíritos mais inteligentes e brilhantes de que temos notícia, aceitaram a narrativa bíblica de Adão e Eva como uma verdade sem retoques. E, não obstante a enorme massa de dados acumulada por ciências como a geologia, a paleontologia, a antropologia e a biologia evolutiva, um número incalculável de contemporâneos nossos continua a aceitar esse conto como uma narrativa historicamente precisa da origem do universo e a se ver, literalmente, como descendentes desses primeiros seres humanos que habitaram o Jardim do Éden. Na história do mundo, poucas narrativas se mostraram tão difundidas e foram aceitas como reais com tamanha persistência.

1. Ossos isolados

Por que a história de Adão e Eva — que ocupa cerca de uma página e meia das 1078 que compõem uma edição moderna da Bíblia, sobre minha mesa — se impõe com tanta eficiência e com tanta facilidade? Nós a escutamos aos cinco ou seis anos de idade e nunca mais a esquecemos. O mais simples cartum de revista a evoca rapidamente, não em todos os detalhes, mas em seus traços essenciais. Alguma coisa na estrutura dessa história se agarra ao pensamento. Quase literalmente, ela é inesquecível.

Nos muitos séculos desde que ela existe, essa história acumulou um imenso aparato de apoio: professores a repetiram sem parar; instituições premiaram crentes e castigaram céticos; intelectuais trouxeram à tona suas nuances e propuseram interpretações divergentes de seus enigmas; pintores a representaram vividamente. No entanto, a narrativa parece, de alguma maneira, não depender dessas elaborações complexas. Ou melhor, tudo o que ela gerou parece ter recorrido a uma energia original inesgotável, como se seu âmago fosse radioativo. Adão e Eva são o epítome do poder estranho e perene da capacidade humana de contar histórias.

Por motivos que são a um só tempo fascinantes e fugidios, esses poucos versículos num livro antigo têm servido de espelho no qual parecemos vislumbrar a longa história de nossos medos e desejos. Esse conto tem sido tanto liberador como destrutivo, um hino à responsabilidade humana e uma fábula sombria sobre a desventura humana, uma celebração da ousadia e uma incitação à misoginia violenta. É espantosa a gama de respostas que despertou num sem-número de pessoas e comunidades ao longo de milhares de anos.

Os rabinos antigos olhavam para aquele espelho e tentavam discernir as intenções de Deus: por que os homens seriam tão importantes a ponto de o Criador do universo se preocupar com eles? Afinal, por que teriam sido criados? Refletindo sobre as palavras do texto sagrado,[1] eles concluíram que a obrigação original de "cultivar a terra" não se referia ao trabalho agrícola, mas sim ao estudo, especificamente ao estudo da Torá, a que eles próprios dedicavam seus dias e que tinham na conta do mais grandioso objetivo na vida.

Os primeiros cristãos interessavam-se principalmente não pelos hábitos de estudo primordiais de Adão, e sim pela devastadora perda do Éden, motivada por sua desobediência. Ocorreu-lhes que as intenções profundas da história eram o pecado e suas consequências. Acompanharam Paulo ao ligar a realidade da morte — tormentosa, universal e inescapável — às ações dos primeiros seres humanos, atraídos ao mal por Satã. Contudo, encontravam consolo na crença que um novo Adão — Jesus Cristo — havia, através de seu sofrimento e sua morte, desfeito o dano causado pelo velho Adão. O sublime sacrifício do Messias, eles acreditavam com ardor, possibilitaria aos crentes recuperar a inocência que fora perdida e reconquistar o Paraíso.

Os exegetas muçulmanos davam menos ênfase à pecaminosidade de Adão do que ao papel que ele exerceu como o profeta original de Deus. O Alcorão, datado do século VII, assemelhava-se aos textos paleocristãos ao identificar Satã (ou Iblis) como o anjo orgulhoso e falaz que seduziu os primeiros seres humanos e os levou à desobediência. Comentaristas posteriores especificaram que o ardiloso tentador não assumiu a forma de uma serpente, mas sim a de uma fêmea de camelo,[2] de especial beleza. "A cauda do animal era multicolorida, vermelha, amarela, verde, branca e negra; sua crina parecia feita de pérola, o pelo lembrava o topázio, seus olhos semelhavam os planetas Vênus e Júpiter, e o animal exalava um aroma como o de mosto mesclado com âmbar-gris." Em resultado de sua rebeldia, Adão e Eva foram expulsos do Paraíso, enquanto seus descendentes precisaram manter-se sempre vigilantes: "Ó Filhos de Adão! Não permitais nunca que Satã vos seduza, pois foi ele a causa de vossos [primeiros] pais terem sido expulsos do Jardim". No entanto, a tradição islâmica via a transgressão que provocara essa expulsão como um erro, e não como um crime atroz transmitido a toda a posteridade. Depois da expulsão, Adão assumiu seu papel como guardião da terra e mestre religioso. Tornou-se uma figura de iluminação profética, o primeiro na linhagem que levou ao Profeta supremo, Maomé, que conduziria a humanidade de volta à luz de Alá.

Ao longo da Antiguidade Tardia, da Idade Média e do Renascimento, um grande número de especialistas trouxe à luz as implicações do destino de Adão e Eva. Eles encontravam, sepultados na história, mil estímulos para se dedicar a estudos incessantes; todas as nuances do mal que cada um percebia em seu próprio coração; todo impulso penitencial para mortificar a carne e castigar o orgulho; toda ânsia de inspiração profética; todo sonho de perfeita purificação no fim dos tempos e de retorno a um êxtase oceânico. Meditando sobre as tentações da carne, ascetas estudavam os versículos em busca de indícios de condutas alternativas que os primeiros homens talvez tivessem sido destinados a reproduzir. Médicos avaliavam os possíveis benefícios de uma dieta vegetariana para a saúde, como a que nossa espécie desfrutava no Jardim. Linguistas procuravam determinar o idioma que Adão e Eva falavam e detectar seus possíveis resquícios. Naturalistas refletiam sobre o significado ecológico de um mundo perdido no qual as relações entre os homens e outros animais eram muitíssimo diferentes das nossas e no qual o ambiente se mostrava inflexível em sua generosa abundância. Entre judeus e muçulmanos, especialistas em direito religioso sondavam as implicações doutrinárias e jurídicas da história. Nas três comunidades monoteístas, filósofos debatiam seus significados éticos. E, no mundo cristão, artistas plásticos aceitavam, jubilosos, o convite para representar o corpo humano em toda a sua glória e sua vergonha.

Acima de tudo, as pessoas comuns — aquelas que tinham tomado conhecimento dessa história da forma como era contada de púlpitos, exposta em afrescos ou narrada por pais ou amigos — recorriam a ela repetidamente em busca de respostas às dúvidas que as perseguiam. Ela ajudava a explicar (ou pelo menos contribuía para que entendessem melhor) o que era mais perturbador na conjunção carnal, na tensão conjugal, na experiência de dor física e de trabalho exaustivo, na devastação da perda e do luto. Elas olhavam para Adão e Eva e, como os rabinos, os padres e os exegetas muçulmanos, apreendiam algo de importância crucial a respeito de si mesmas.

A história de Adão e Eva fala a todos nós. Trata de quem somos, de onde viemos, por que amamos e por que sofremos. Seu vasto alcance parece ser parte de sua intenção. Embora atue como uma das pedras fundamentais de três grandes religiões mundiais, precede ou alega preceder qualquer religião em particular. Capta a estranha maneira como a nossa espécie trata o trabalho, o sexo e a morte — aspectos da existência que dividimos com todos os outros animais — como temas de especulação, como se dependessem de alguma coisa que tenhamos feito, como se tudo pudesse ter sido de outra maneira.

Nós, os seres humanos (e somente nós), diz a história, fomos feitos à imagem e semelhança do Deus que nos criou. Esse Deus nos deu domínio sobre todas as demais espécies e nos deu também outra coisa: uma proibição. Essa proibição foi dada sem explicação ou justificativa. Entretanto, no começo dos tempos, nossos ancestrais não tinham necessidade de compreender; bastava-lhes obedecer. O fato de Adão e Eva não terem obedecido, de terem transgredido a ordem expressa de Deus, causou tudo o que se seguiu na vida de todos os membros de nossa espécie, desde o fenômeno universal da vergonha até o fato universal da mortalidade.

A insistência quanto à verdade literal da história — um Adão e Eva reais num jardim verdadeiro — tornou-se uma das pedras angulares da ortodoxia cristã. Essa insistência está no âmago de minha própria fascinação com a história de Adão e Eva. Como é que uma coisa inventada se torna tão convincentemente real? Como é que uma estátua de pedra começa a respirar ou um boneco de madeira aprende a andar por si só e a dançar sem cordéis? E o que acontece quando criaturas ficcionais se comportam como se fossem vivas? Estarão destinadas, exatamente por isso, a começar a morrer?

Durante gerações, homens e mulheres devotos se esforçaram para honrar uma proposta teológica, tentando tratar o conto do homem e da mulher nus e da serpente falante como uma narrativa absolutamente fidedigna dos acontecimentos que deram início à vida como a conhecemos. Filósofos, teólogos, padres, monges e visionários, junto com poetas e pintores, contribuíram para esse gigantesco esforço coletivo. Todavia, foi somente no Renascimento — na era de Dürer, Michelangelo e Milton — que novas e brilhantes tecnologias de representação lograram enfim conferir uma convincente aura de realidade aos primeiros seres humanos e insuflar vida plena à sua história.

Essa façanha estupenda, um dos grandes triunfos da arte e da literatura, acabou tendo consequências imprevistas. Adão e Eva foram fundidos a estátuas pagãs, de notável realismo, desencavadas por caçadores de arte nas ruínas da Grécia e de Roma. Foram examinados e julgados segundo normas aplicadas não só ao passado distante como também a contemporâneos ainda vivos. Foram comparados a multidões de homens e mulheres nus, recém-encontrados nas Américas — pessoas que pareciam estranhamente imunes à vergonha do corpo que supostamente todos os humanos posteriores à Queda sentiriam. Exatamente por parecerem tão reais agora, Adão e Eva suscitavam perguntas difíceis a respeito de aquisição da linguagem no começo dos tempos, sobre relações sexuais, sobre raças e sobre mortalidade.

A sensação de realidade renovou, de forma intensificada, as perguntas dolorosas que desde sempre pairaram em torno da história antiga de nossas origens: que espécie de Deus proibiria suas criaturas de conhecer a diferença entre o bem e o mal? Como teria sido possível àquelas criaturas obedecer sem saber disso? E o que a ameaça da morte significaria para pessoas que nunca a tinham conhecido, nem tinham como saber do que se tratava? As autoridades da Igreja e do Estado reagiam com rudeza aos céticos que insistiam em fazer essas perguntas, mas era impossível suprimir uma perturbação que tinha origem exatamente no sucesso de fazer com que os primeiros seres humanos míticos parecessem tão reais. Com o Iluminismo, multiplicaram-se as dúvidas, que já não puderam ser silenciadas. O que viria mais adiante seria o ceticismo clarividente de Spinoza, o olhar penetrante de Charles Darwin e o riso de escárnio de Mark Twain.

Em todo o mundo, muitas coleções de história natural ostentam exemplares únicos chamados holótipos,[3] também conhecidos como espécimes-tipo. Os holótipos são os exemplos físicos singulares, reconhecidos oficialmente, de toda uma espécie. *Essa* criatura na vitrine diante de você no Museu de Zoologia Vertebrada da Universidade da Califórnia em Berkeley é, para todo o mundo científico, o representante designado do tritão-de-pele-grossa (*Triturus similans Twitty*); *aquele* crânio no Centre National d'Appui à La Recherche, em N'Djamena, no Chade, é o único espécime-tipo do primata extinto *Sahelanthropus tchadensis*. O trabalho de coleta e identificação desses exemplares começou no século XVIII. O espécime-tipo do lobo cinzento, *Canis lupus*, descrito em 1758 pelo grande zoólogo e botânico Lineu, encontra-se no Museu Sueco de História

Natural em Estocolmo, junto com um enorme número de outros holótipos que ele e seus alunos dedicados foram os primeiros a identificar. (Como ele baseou sua descrição num autoexame, o espécime-tipo de nossa própria espécie, *Homo sapiens*, é ninguém menos que o próprio Lineu.) O Herbário Nacional dos Estados Unidos, em Washington, abriga cerca de 110 mil holótipos de plantas. O Museu de Zoologia Vertebrada de Berkeley possui holótipos de 364 mamíferos, 174 aves e 123 répteis e anfíbios. Nas "coleções molhadas" do Museu de História Natural em Berlim encontram-se expostos inúmeros recipientes de vidro com criaturas marinhas preservadas, que flutuam em etanol. Alguns desses recipientes estão marcados com pontos vermelhos, indicativos de que contêm holótipos.

Cada holótipo foi designado como tal pela pessoa que descobriu uma nova espécie e, a seguir, deu-lhe nome e descreveu-a, de acordo com certos critérios formais, num trabalho científico. Ao publicar esse trabalho e depositar o espécime num acervo apropriado, o descobridor passa a ser considerado o "autor" da espécie. Assim, o holótipo torna-se o espécime oficial, reconhecido pela comunidade científica; cada um deles é a pedra de toque, concreta e particular, com base na qual os aspectos essenciais de toda uma espécie poderão ser descritos. Quase 2 milhões de espécies já foram assim identificados. Estima-se que existam perto de 9 milhões de espécies na Terra.

Segundo a narrativa do Gênesis, Deus levou cada animal do campo e cada ave do ar a Adão para que este lhe desse nome, mais ou menos da maneira como os cientistas atribuem nomes a seus holótipos. O texto não especifica a língua que Adão usou, quanto tempo esse processo durou ou quando ocorreu. Os comentários bíblicos postulam tradicionalmente[4] que isso aconteceu no mesmo dia em que o homem foi criado, já que foi somente depois dessa atividade de nomenclatura que Deus criou a mulher. (Muitos comentaristas eram avessos a acreditar que Adão tenha vivido sozinho, sem uma companheira, por muito tempo.) Alguns comentaristas se perguntavam se os insetos mais nocivos poderiam ter, de uma maneira ou outra, emergido e recebido seus nomes *depois* dos seis dias da criação, em consequência do pecado do homem e não como parte do plano original. Outros se preocupavam um pouco com os peixes, uma vez que a Bíblia só menciona as criaturas da terra e do ar. "Por que os peixes não foram levados a Adão?", indagou Alexander Ross,[5] clérigo e cientista amador, em 1622, e em seguida passou a responder à sua própria pergunta: "Porque eles não se parecem tanto com o homem como os animais do campo; em segundo lugar, porque não poderiam ajudar o homem tanto quanto esses animais; em terceiro lugar, porque não poderiam viver fora da água".

Existem mais espécies no céu e na terra do que se imaginava na Bíblia. Mas quem quer que tenha criado a história, há milhares de anos, compreendeu, assim como a ciência moderna, que se pode apreender com certeza toda uma espécie por meio de um único representante. O homem do primeiro capítulo do Gênesis é, com efeito, o holótipo da humanidade. Deus foi o autor dessa criatura e o apresentou com cuidado — nu, é claro — para a terra como o espécime-tipo. Ao contemplarmos Adão, vemos tanto uma figura particular, individual, como a totalidade da espécie humana.

Em Adão, afirmou a narrativa bíblica, encontramos não só o representante como também o primeiro exemplo da espécie, o progenitor de todos aqueles que o seguiram. Também aqui as modernas coleções científicas têm o equivalente deles, não holótipos nesse caso, mas sim fósseis daqueles que são tidos como nossos progenitores. O mais famoso é conhecido como Lucy, uma mulher *Australopithecus afarensis*, que viveu há cerca de 3,2 milhões de anos e cujos ossos — várias centenas de pedaços deles — foram encontrados pelo antropólogo americano Donald Johanson na Etiópia, em 1974. Johanson e sua equipe deram ao esqueleto, de brincadeira, o nome "Lucy" por causa da música dos Beatles "Lucy in the Sky with Diamonds", que tocava sem parar num gravador de fita que alguém levou para o acampamento.

A magia de determinado nome deu a essa ancestral imensamente distante e indireta — agora preservada no Museu Nacional da Etiópia, em Adis Abeba — seu atrativo especial. Ela tinha 1,09 metro de altura, um cérebro pequeno como o de um chimpanzé e estava muito distante dos humanos modernos, que só surgiram na África mais de 3 milhões de anos depois que sua espécie vagueou pela Terra. Entretanto, o importante é que ela não se pendurava em árvores. Em vez disso, caminhava com os dois pés. Ninguém afirma que Lucy foi a ancestral direta da humanidade, mas existem fortes evidências de que nossa espécie, *Homo sapiens*, tem uma ligação importante com Lucy. Os homíneos, a tribo taxonômica que compreende o homem moderno e nossos parentes extintos mais próximos, evoluíram a partir desses primatas mamíferos bípedes.

As implicações desse processo evolutivo são enormes e têm sido objeto de ardorosas contestações. No passado, pareceu possível narrar uma história simples: nós, os *Homo sapiens*, nos encontramos na ponta de um longo galho da grande Árvore da Vida. Estudando nossos sucessivos ancestrais extintos, podíamos retroceder por aquele galho, bem devagar, em direção ao tronco, e registrar os estágios pelos quais tínhamos passado até chegar a nosso estado atual (e, é claro, magnífico). Agora, à medida que mais fósseis são achados — *Paranthropus boisei, Homo habilis, Homo rudolfensis, Homo ergaster, Homo erectus, Homo heidelbergensis, Homo neanderthalensis, Homo naledi* etc. —, a história em sua totalidade torna-se cada vez mais complicada. Há pouco tempo, um biólogo evolucionário escreveu que nossas origens lembram menos um galho e mais "um feixe confuso de ramos — poderíamos até dizer que parecem um matagal emaranhado".[6]

Numa sala do quinto andar do Museu Peabody de Arqueologia e Etnologia de Harvard, David Pilbeam, um renomado paleoantropólogo (ou seja, uma pessoa que estuda as linhas de parentesco que ligam a espécie *Homo sapiens* a nossos parentes próximos), concordou gentilmente em me mostrar alguns desses "ramos". Antes de minha chegada, ele havia disposto ossos (ou modelos de ossos, feitos de gesso ou plástico), alguns dentro de caixas de papelão, sobre mesas com tampos de fórmica, outros montados como esqueletos e exibidos sobre pequeninas plataformas com rodinhas. Cada um desses ossos representa um salto de milhões de anos no passado.

Havia ali uma réplica de Lucy, numa caixa de papelão revestida de celofane, que lembrava um arranjo preparado por um florista para uma ocasião importante — um funeral, creio. Na realidade, não há muito de Lucy para vermos: são fragmentos do crânio e parte da mandíbula, algumas costelas, o osso sacro, parte da pélvis, pedaços das pernas e dos braços. Ao lado dela, numa plataforma com rodinhas, havia um modelo reconstruído e mais completo de um *Australopithecus*. Perto deles havia um esqueleto de um chimpanzé, e Pilbeam apontou as diferenças sutis entre sua estrutura e a de Lucy. Realmente, eram sutis: sem a orientação profissional de Pilbeam, eu não teria dado por quase nenhuma delas, e não perceberia que um dos esqueletos era de um macaco e o outro de uma ancestral minha.

O fóssil mais antigo na sala era o do *Sahelanthropus*, achado no Chade. Ele me pareceu igual ao crânio de um macaquinho, mas, como um detetive, Pilbeam apontou os detalhes que revelavam que provavelmente era um bípede que caminhava ereto. Se fazia isso, havia conseguido fazê-lo bem cedo, realmente. Àquele fóssil tinha sido atribuída uma idade de aproximadamente

7 milhões de anos, ou seja, não muito distante da época em que o Último Ancestral Comum seguiu outro caminho, com uma linha levando aos chimpanzés e a outra levando a nós.

Enquanto eu examinava a sala e meus olhos davam saltos de milhões de anos, experimentei uma parte do mal-estar que tem levado cientistas a questionar metáforas da evolução humana que a descrevem como um avanço firme e progressista ao longo de um ramo claramente definido. Num canto, sem nada que o ligasse ao *Homo*, nosso ancestral *Sahelanthropus* parecia pertencer a um universo diferente do nosso. Em outro canto estava o esqueleto inteiro de um Neandertal, cujos ossos eram grossos como os de um gorila, mas com um crânio praticamente do mesmo tamanho do nosso.[7]

Com inteligência e criatividade, os paleoantropólogos medem, examinam e interpretam esses ossos: uma pélvis e uma espinha que permitem à nossa espécie caminhar em posição ereta, omoplatas que nos ajudam a arremessar dardos letais, a configuração dos dentes, o tamanho cada vez maior do crânio. Mas aquilo que no passado pareceu uma marcha triunfal de sucesso — como aqueles cartuns que começam com um macaco e terminam com um homem sentado diante de um computador — agora se perde numa centena de desvios e falsos começos, caminhos cruzados e becos sem saída. É difícil achar a linha da história num matagal emaranhado.

O desaparecimento da estrada principal não ameaça a teoria evolucionária. Pelo contrário, desde o começo Darwin insistiu na aleatoriedade das mutações, seguidas pela atuação da seleção natural, o que leva ao surgimento de uma nova espécie. Ainda assim, é inquietante olhar ao redor e ver um deserto de trilhas descontínuas e em zigue-zague. Em 1972, David Pilbeam publicou um livro intitulado *A ascendência do homem*. Não sei se hoje ele daria esse título a seu livro.

No entanto, quase todos nós, inclusive os biólogos evolucionários, continuamos a pesquisar e formular histórias de nossa ascendência. Isso porque, como declarou a Bíblia há muito tempo, somos a espécie dominante: "Deus os abençoou e lhes disse: 'Sede fecundos, multiplicai-vos, enchei a terra e submetei-a; dominai sobre os peixes do mar, as aves do céu e todos os animais que rastejam sobre a terra'" (Gênesis 1,28). Nossa dominância está claramente ligada à nossa inteligência, nossa fantástica capacidade de construir ferramentas, nossa complexa vida social e cultural e, acima de tudo, nossa linguagem e nossa consciência simbólica. Mas não compreendemos, de modo algum, o processo mediante o qual descendemos de ancestrais incapazes de falar, produzir símbolos ou formar conceitos abstratos. Ainda não existe uma história científica plenamente coerente e satisfatória.

No relato da criação do homem no sexto dia — "Deus criou o homem à sua imagem, à imagem de Deus ele o criou; homem e mulher ele os criou" (Gênesis 1,27) —, o Gênesis ofereceu o equivalente aos ossos isolados a partir dos quais os cientistas deduzem as imagens de nossos mais antigos antepassados. E o Gênesis proporcionou (o que os cientistas não puderam fazer) um ponto de partida claramente definido. Entretanto, com base na Bíblia foi impossível determinar com segurança como seria o homem original. Não que tenham faltado muitas tentativas de fazê-lo, depois de exames minuciosos do texto. No século II EC, o rabino Jeremias ben Eleazar concluiu, pela frase "homem e mulher os criou", que o Adão original era hermafrodita. No século III, o rabino Samuel ben Nahman interpretou essa descrição no sentido de que "quando o Senhor criou Adão, Ele o criou com duas faces; em seguida Ele o dividiu ao meio e o fez com duas costas, uma do lado anterior e outra do lado posterior". Houve ainda quem afirmasse que originalmente Adão enchia todo o mundo, estendendo-se do leste ao oeste; outro declarou que a estatura de Adão ia da terra ao céu; outro disse que ele podia ver tudo no universo; outro, que tinha poderes proféticos; e outro que primeiramente Deus dera a Adão uma cauda, "mas depois a removeu em benefício de sua dignidade". Adão era "tão formoso que até mesmo a sola de seu pé obscurecia o esplendor do sol". Adão inventou todas as línguas e todos os ofícios, inclusive a escrita e a geografia. Tinha uma espécie de pele protetora, uma carapaça, que se soltou quando ele cometeu a transgressão.[8]

E logo, no segundo capítulo do Gênesis, desaparece a criatura que deu ensejo a todas essas especulações. Não há mais ossos isolados ou um holótipo preso a um cartão. Em vez disso, há duas figuras humanas primordiais e separadas — o homem, formado a partir do pó da terra, e a mulher, feita com uma costela do homem —, e essas pessoas estão envolvidas numa história. Para compreendermos a verdadeira natureza de nossa espécie, garante então o Gênesis, não é necessário examinar um espécime-tipo, mas sim ver os primeiros seres humanos em ação. Temos de observar a relação entre eles, esquadrinhar suas escolhas, acompanhar sua trajetória e refletir sobre sua história. Isso porque não foi a natureza biológica dos homens que determinou sua história; pelo contrário, foi a história deles — as escolhas que fizeram e as consequências dessas escolhas — que determinou sua natureza.

A narrativa da Bíblia ensina que alguma coisa aconteceu à espécie logo depois que Deus a criou. A humanidade não precisava tornar-se o que é hoje; tudo poderia ter sido diferente. A imagem do homem e da mulher no jardim perfeito sugere uma tensão entre as coisas como elas são e as coisas como poderiam ter sido. Transmite um anseio de sermos diferentes daquilo que nos tornamos.

No cerne da história da origem narrada no Gênesis está a decisão humana de pegar, comer e dividir o fruto proibido. A capacidade da narrativa para representar a escolha e suas consequências é crucial. Uma boa história pode omitir detalhes, deixar de lado a motivação, evitar a análise e, mesmo assim, permanecer inteiramente cativante. A história de Adão e Eva não emprega palavras como "pecado", "queda", "Satã" ou "maçã". O leque de possíveis significados está escancarado: algumas interpretações que datam de quase 2 mil anos atrás veem a serpente como a heroína da história, por promover a aquisição de conhecimento negado aos homens por um deus ciumento. O que tem peso aqui, como em quase todos os contos orais, é a ação: "A mulher viu que a árvore era boa ao apetite e formosa à vista, e que essa árvore era desejável para adquirir discernimento. Tomou-lhe do fruto e comeu. Deu-o também a seu marido, que com ela estava e ele comeu".

É preciso que haja uma história a ser contada: esse é o objetivo básico não só do Gênesis, mas de praticamente todos os mitos de origem antigos, sejam eles da Mesopotâmia, do Egito, da Grécia, de Roma, da Sibéria, da China, das Grandes Planícies americanas ou do Zimbábue. Alguma coisa aconteceu no começo dos tempos — alguma história de decisão, ação e reação — que levou à maneira como somos, e se desejarmos compreender a maneira como somos é importante lembrar e recontar essa história.

Sabemos, ou achamos que sabemos, que os chimpanzés, animais tão próximos a nós, não especulam sobre a origem da desobediência dos chimpanzés; que os orangotangos, embora sejam muito inteligentes, não refletem sobre a razão pela qual os orangotangos estão destinados a morrer; e que os bonobos, animais tão sociáveis, não contam, enquanto cuidam dos pelos uns dos outros, uma história a respeito das primeiras cópulas entre bonobos machos e fêmeas.

Temos muitas e variadas razões para admirar a complexidade social das formigas, abelhas e vespas; espanta-nos a avançada capacidade de comunicação dos golfinhos; e chegamos a criar um verdadeiro culto em torno do canto das baleias. Entretanto, nenhum desses animais, acreditamos, inventou uma história de origem.

O homem parece ser o único animal na Terra que se interroga sobre como veio a existir e por que é como é. Poderíamos representar essa singularidade como uma façanha, uma marca de distinção, e talvez seja mesmo tudo isso. Mas também seria fácil vê-la como um sinal de que estamos perdidos — desorientados e desconfortáveis em nossa própria pele, necessitados de uma explicação. Talvez narrar um mito fundador, uma história de origem, seja sintoma de mal-estar — tentamos nos acalmar contando uma história. Ou talvez nossa espécie, de alguma forma, pôs o carro na frente dos bois, depois de enveredar, por acidente, para um caminho de desenvolvimento que não conseguimos entender por completo e que instiga nossa inteligência especulativa, dada a narrar histórias.

Não fazemos a menor ideia de quando o gosto pelas narrativas se tornou um dos traços característicos de nossa espécie, mas a utilidade das histórias, como meio de transmitir conhecimento, ao mesmo tempo que proporciona prazer, leva a crer que isso ocorreu muito cedo, bem antes da invenção da escrita. Cinco mil anos — a idade aproximada dos registros escritos da humanidade — parece um tempo longuíssimo se comparado com a duração da vida humana, mas na realidade é quase nada, um simples espasmo, na longa história dos contos que as pessoas criaram e que vêm narrando umas às outras. Estariam os relatos especulativos sobre as origens do homem entre os mais antigos desses contos? É impressionante que crianças pequenas, sem serem induzidas por adultos, perguntem: "De onde foi que eu vim?". A pergunta parece brotar de forma espontânea, e faz muito tempo que as respostas têm obcecado sacerdotes, artistas, filósofos e cientistas, desde que podemos nos lembrar.

Só muito recentemente, no fim do século XVIII, alguns intelectuais (com destaque para os irmãos alemães Jacob e Wilhelm Grimm) começaram a compilar sistematicamente narrativas orais e a analisar suas formas e temas. Fazia muito tempo, e ninguém saberia dizer quanto, que essas histórias vinham passando de geração para geração. Algumas caracterizavam-se por ser rigorosamente locais, confinadas a determinada família, uma linhagem ou uma comunidade. Outras tinham, evidentemente, ultrapassado fronteiras geográficas ou linguísticas. Verificou-se que quase todas as culturas — da Mongólia a Oklahoma, passando por locais intermediários — tinham ao menos um mito fundador e, com frequência, mais de um. A versão específica do Gênesis — a história do homem e da mulher nus, da serpente falante e das árvores mágicas — apresenta todos os sinais desses contos orais populares, tendo surgido no passado remoto, ao qual quase não temos acesso, muito antes de aparecer por escrito.

Quando tento imaginar o começo dessa história, evoco três cenas de minha vida. A primeira e mais recente foi num jardim em Kashan, 240 quilômetros ao sul de Teerã. Eu tinha sido convidado a viajar a Teerã para participar de um congresso sobre Shakespeare e aproveitei a oportunidade para conhecer um pouco mais do país. Kashan é um afamado centro produtor de tapetes, e quando eu era menino havia um tapete de Kashan na sala de jantar de nossa casa, e me metia sob a mesa para brincar num campo de flores intricadamente entrelaçadas. Contudo, meu destino não era o mercado persa abarrotado de gente em Kashan. O que eu queria ver era um famoso jardim do fim do século XVI, o Bagh-e Fin.

Esse jardim acabou se revelando um espaço quadrado relativamente pequeno e poeirento, com cedros antiquíssimos enfileirados ao longo de caminhos muito retos, cercados por muralhas de tijolos e torres circulares. Seu elemento mais importante é a água, que vinha de uma fonte natural nas proximidades. Essa água era dirigida para canais retilíneos e estreitos, e também para um tanque quadrado revestido de ladrilhos azul-turquesa. Junto desse tanque, um pavilhão abobadado, de dois andares, oferecia um alívio do sol abrasador.

Para chegar ali tínhamos saído de Teerã e viajado durante horas por um deserto desolador e estorricado, uma paisagem de rochas crestadas pela soalheira, além de regos sinuosos que sumiam no horizonte. Até onde podíamos avistar, não havia campos cultivados, árvores, nem mesmo uma vegetação rasteira. Todo sinal de vida parecia ter sido cancelado por ordem superior. Em pouquíssimos minutos teria sido possível ao primeiro homem nomear todas as criaturas que habitavam aquele mundo.

O idioma persa antigo tinha uma palavra para um jardim fechado como o Bagh-e Fin: chamavam-no de *paradaesa*. Do grego, que importou o termo, veio o nosso vocábulo "paraíso". O jardim que vi em Kashan dificilmente poderia ser tido como um ambiente adequado à criação de Adão e Eva, mas eu podia ao menos imaginar que, numa terra inóspita e estéril, o som de água rumorejando por seus canais e a visão das árvores imponentes pudesse gerar prazer e euforia. E pela primeira vez pude captar plenamente a extravagância hiperbólica do jardim do Gênesis, com as cabeceiras de nada menos que quatro rios caudalosos. O contador da história havia aproveitado o que era precioso no mundo ao redor e construído com isso uma paisagem que encerrava o que os homens julgavam mais maravilhoso. Ser expulso daquele espaço para o horrendo deserto salino que o rodeava por todos os lados teria sido o mais cruel dos castigos.

Minha segunda tentativa de evocar o surgimento da história deu-se alguns anos antes disso, em Wadi Rum, na Jordânia, num acampamento beduíno onde me hospedei brevemente com minha mulher e nosso filho. Assim que o sol se pôs, a temperatura começou a cair muito no deserto, e, depois de fazermos uma refeição leve e ouvirmos um pouco de música de alaúde, caminhamos rapidamente para a nossa tendinha e nos metemos sob os cobertores de lã. Mas durante a noite foi inevitável que, depois de ter bebido tantas xícaras de chá adoçado, eu tivesse de me levantar e andar até a outra extremidade do acampamento. Tremendo de frio, liguei minha lanterninha e pus-me a caminhar pela areia. Na noite sem lua, a fogueira e as lâmpadas estavam apagadas e todos dormiam.

Olhando para cima, vi o céu, de uma vastidão implausível e inacreditável. Não só estava coalhado de estrelas, como também tomado de uma estranha sensação de profundidade. Desliguei a lanterna, sentei-me no chão e fitei o céu. Já dormi muitas vezes sob as estrelas em lugares razoavelmente distantes de núcleos de habitações humanas. No entanto, mesmo cidades distantes emitem uma enorme quantidade de luz. Ali, porém, não havia nenhuma interferência luminosa. Tudo o que meus sentidos percebiam era a sensação da imensidão do universo, de uma infinidade de estrelas e de uma necessidade — mais coerciva até que os imperativos do corpo — de compreender quem somos e de onde viemos.

Minha terceira tentativa remonta a uma época ainda mais recuada no tempo, a uma lembrança de minha primeira infância. Estamos sentados, minha mãe e eu, junto de uma mesinha em nosso apartamento no bairro de Roxbury, em Boston. É verão, a janela está aberta e podemos ouvir sons que vêm do Jardim Zoológico Franklin, próximo dali — o rugido ocasional dos leões e os guinchos das aves engaioladas. Minha mãe está inventando uma história só para mim. O nome do protagonista é muito parecido com o meu. Embora seja uma criança tratada com muito carinho, feliz e protegida, recebeu uma única e séria advertência: ele não deverá nunca, em circunstância nenhuma, atravessar sozinho a rua Seaver, a fim de chegar ao zoológico, cujos sons tanto o atraem. Mas será que ele dará ouvidos…?

O homem formado a partir do pó da terra tornou-se uma criatura viva, estava escrito na Bíblia, quando o sopro da vida foi inoculado em suas narinas. Nessa cena mítica está codificada uma verdade poderosa. Em algum momento num passado imensamente distante foi um sopro que deu vida a Adão, o sopro de um contador de histórias.

2. Junto aos rios da Babilônia

Na ilha maior do arquipélago do Havaí, lava derretida irrompe por fendas no vulcão. Pode-se caminhar pelos campos negros de lava retorcida e fria até a beira do penhasco e ver uma massa de magma flamejante forçar sua saída, como um parto assombroso, e lançar-se no mar com um silvo. Tem-se a impressão de estar assistindo à origem do mundo, mas é claro que o mundo já existe, e sabemos disso. O fato importante com relação às histórias da criação é que ninguém pode verdadeiramente alegar ter sido testemunha ocular do fato, lembrar-se do ocorrido ou até ter feito parte de uma cadeia de recordações que leve a alguém que tenha estado lá.

Não temos como saber quando foi que alguém, dispondo-se a imaginar como o universo e a humanidade vieram a existir, narrou pela primeira vez essa história sobre o que aconteceu no começo para que surgisse nossa espécie. Não podemos identificar a pessoa que pensou pela primeira vez no jardim ou que sonhou com uma nudez que não provocasse vergonha ou que teve a ideia do fruto fatal. Sabemos que deve ter havido um momento de inspiração, mas não temos meios de voltar a esse instante, que está perdido para sempre.

Houve também um momento em que alguém decidiu escrever a história. Mas tampouco temos acesso a esse momento, nenhum meio de saber se essa pessoa foi um homem ou uma mulher, nenhum indício claro do lugar, das circunstâncias ou da língua, nem ao menos uma indicação precisa, ou mesmo aproximada, da época. Alguns estudiosos estimam que uma versão pode ter sido redigida já no tempo do rei Salomão (990-931 AEC) e que outras versões talvez tenham circulado em forma escrita durante os reinados de seus sucessores. Como não sobrevive vestígio algum desses manuscritos datados dos longos séculos na vida dos hebreus — todos foram consumidos pelo fogo, por inundações ou pelas adversidades do tempo —, a datação é especulativa e às vezes sem base em fatos. O mais próximo que podemos chegar de um ponto de partida histórico é o momento em que a história finalmente entrou no livro do Gênesis. A data e as circunstâncias precisas são incertas, mas o véu do mistério começa a se erguer lentamente.

Hoje muitos especialistas estimam que a forma como conhecemos a história data do século VI AEC e julgam que o Pentateuco — o nome grego dos Cinco Livros de Moisés, reunidos — tenha sido compilado, provavelmente, no século V, o que corresponde mais ou menos ao tempo de Esdras e Neemias. Mesmo aqui, porém, o terreno é minado. Cada palmo da história textual tem sido disputado pelo menos desde o século XVIII, e tudo o que eu ou os mais eruditos que eu dissermos a respeito será contestado, às vezes com veemência, por outra pessoa. Ainda assim, quaisquer que sejam as suas origens mais longínquas, a história de Adão e Eva enfim veio a fazer parte de um documento sagrado, a Torá, cuja autoria é atribuída a Moisés. Pelo menos surgia finalmente um autor, alguém de extremo prestígio para garantir a veracidade do relato. Com razão, certas pessoas questionaram como era possível que Moisés soubesse o que acontecera no Jardim do Éden, tanto tempo antes de sua época. Os defensores da perfeita exatidão da história respondiam que ele podia ter tomado conhecimento dos pormenores porque foram transmitidos ao longo das gerações que remontavam a Noé e, mais ainda, antes do Dilúvio, a Set, o terceiro filho de Adão. As genealogias da Bíblia ofereciam uma lista dessas gerações, que se estendiam até o começo dos tempos. A vida excepcionalmente longa atribuída aos primeiros patriarcas — de acordo com tais genealogias, Matusalém teria alcançado a idade provecta de 969 anos — reduzia, de forma conveniente, o número de elos na cadeia.

Como era notório que as histórias tendiam a sofrer alterações por serem repetidas à exaustão, acrescentava-se com frequência que Moisés as escrevera como eram ditadas pelo próprio Deus ou que, pelo menos, fora guiado em seu trabalho pelo espírito divino. Podia-se esperar que esse espírito corrigisse quaisquer enganos que de outra forma tendessem a infiltrar-se no texto e impugnassem a autenticidade da história da criação. Uma obra escrita no século II AEC, o Livro dos Jubileus, ia além na tentativa de defender a fidedignidade da narrativa. Declarava que, no monte Sinai, Deus instruíra um anjo a fazer a Moisés um relato fiel do começo da criação.[1] Esse anjo, junto com sua coorte, fora testemunha da criação do mundo e das cenas no jardim. Moisés só teve de transcrever a descrição impecavelmente correta que o anjo lhe fez.

Entretanto, elaborações como o Livro dos Jubileus, só considerado canônico hoje pela Igreja ortodoxa etíope, eram tanto indícios de dúvida como convalidações. Levam a crer que pelo menos alguns dos que liam o relato a respeito do jardim, dos primeiros seres humanos e da serpente falante punham em dúvida sua veracidade. Queriam saber até que ponto podiam confiar nele, ou talvez pressentissem, um pouco fora do círculo encantado da fé, a possível origem dessa obra num cenário mais familiar das narrativas: o reino da fantasia.

A Torá poderia ter começado, afinal de contas, numa conjuntura histórica que pareceria muito mais óbvia e tranquila: a origem não dos primeiros seres humanos, mas dos primeiros judeus. "Iahweh disse a Abraão: 'Sai da tua terra, da tua parentela e da casa de teu pai, para a terra que te mostrarei. Eu farei de ti um grande povo, eu te abençoarei, engrandecerei teu nome; sê uma bênção!'" (Gênesis 12,1-2).[2] Em vez disso, a Torá começava com fatos que precedem claramente qualquer possível registro histórico: a criação do universo e da humanidade. Para entender por que parecia ser de importância crítica para os judeus iniciarem seu livro sagrado com um relato do começo dos tempos, antes mesmo que eles próprios existissem, é importante compreender o desastre que se abatera sobre esse povo.

No mundo antigo, a queda de reinos era com frequência seguida pelo massacre generalizado dos vencidos, porém Nabucodonosor II, soberano do grande Império Babilônio, achava que as deportações faziam mais sentido. Depois que o pequeno reino de Judá, governado por uma dinastia venerável que se referia a si mesma como "a casa de Davi", rendeu-se a seus exércitos, em 597 AEC, Nabucodonosor criou um governo fantoche em Jerusalém e deportou um número substancial de hebreus, entre os quais o rei deposto e sua corte, para a Babilônia. Mesmo depois de passado um vasto período de tempo, o salmo 137 transmite o sofrimento, a saudade e a raiva que eles sentiam: "À beira dos canais de Babilônia nos sentamos, e choramos com saudades de Sião".

Os hebreus exilados, testemunho vivo do mais recente êxito de Nabucodonosor, engrossaram a reserva de trabalho que as imensas ambições do rei exigiam. Após um longo período de declínio, a Babilônia agora voltava a crescer. Havia canais de irrigação a abrir, campos a lavrar, vinhas a cultivar, uma infinidade de tijolos a fabricar, e ainda fortificações, zigurates e palácios a construir. Os hebreus não eram os únicos exilados que se extenuavam nos turnos de trabalho, sonhando com a pátria perdida. Labutavam ao lado de assírios, medas, citas e egípcios, bem como na companhia de babilônios que tinham incorrido em dívidas que não poderiam saldar. A derrota e a escravidão geraram na Babilônia uma espécie de cosmopolitismo servil.

A cidade junto do Eufrates, agitada e culturalmente diversificada, destacava-se por sua riqueza, sofisticação e beleza. Dois de seus lendários projetos arquitetônicos — as imensas muralhas que a cercavam e os Jardins Suspensos[3] — foram incluídos entre as Sete Maravilhas do Mundo. A celebrada Porta de Ishtar, de tijolos vidrados, reconstruída hoje no Museu de Pérgamo, em Berlim, comprova a grandiosidade da cidade. Se não se podia esperar que os exilados hebreus se sentissem à vontade na Babilônia, é preciso dizer também que eles não se viam como completos estrangeiros, pois julgavam-se originários, num passado distante, daquela parte da Mesopotâmia. Abraão, a figura fundadora da fé judaica, começara a vida numa cidade próxima, Ur, e evidentemente um retorno a essas raízes não era intolerável para todos. Quando enfim surgiu a oportunidade de voltarem para Judá, um grande número de judeus optou por permanecer onde estava. A partir do período do exílio, floresceu na Mesopotâmia uma comunidade judaica que perdurou no Iraque, mesmo depois da criação desse Estado no século XX.

Para os devotos entre os exilados hebreus às margens do Eufrates, abandonar o culto a Iahweh não era o grande problema. Durante muito tempo Iahweh fora seu principal deus e protetor. Ocasionalmente eles tinham sido levados a cultuar também outros deuses, e essa era a razão do repetido mandamento de Iahweh: "Não terás outros deuses diante de mim". De modo geral, porém, mesmo em tempos difíceis, cada um deles tinha sido capaz de manter Iahweh em primeiro lugar em seu coração e de cultuá-lo, mediante os preceitos rituais e os sacrifícios de animais, no grande Templo de Jerusalém.

Esses rituais se mantiveram intactos durante uma década depois da capitulação de Judá a Nabucodonosor. Depois disso, porém, sobreveio outro desastre: Zedequias, o títere judeu que o conquistador tinha posto no trono de Judá, foi bastante imprudente ao chefiar uma revolta contra seus senhores. O exército babilônio sitiou Jerusalém, e os aliados egípcios, com cuja ajuda os hebreus tinham contado, não vieram em socorro deles. O sítio da cidade se arrastou, enquanto a fome, as doenças e as deserções cobravam seu terrível preço. Por fim, a muralha cedeu, e as tropas babilônias irromperam com furor. Por ordem do rei, impuseram a vingança à cidade, que até então tinha sido poupada. O grande Templo, o palácio e outros edifícios públicos foram arrasados e incendiados. O grão-sacerdote, seu principal assistente e muitas outras figuras de destaque acabaram executados. Os filhos de Zedequias foram passados a fio de espada diante de seus olhos. Depois, ele próprio foi cegado e levado em grilhões. E mais uma vez muitas pessoas foram deportadas, indo juntar-se às que já estavam exiladas na Babilônia havia uma década. Poucos anos mais tarde, depois do assassinato do governador babilônio, mais uma parcela da população da província rebelde foi deportada. A vida dos hebreus foi despedaçada.

Agora, com o Templo destruído, sua ruína parecia dar um mudo testemunho do fato avassalador de que Iahweh não desejara ou talvez não pudera proteger seu povo eleito. Sua inação em 597 AEC e novamente em 587 AEC deve ter confirmado todas as ideias subversivas que os hebreus menos devotos sempre tinham afirmado a respeito de sua deidade tribal: Iahweh era uma fraude de sacerdotes, uma fábula da imaginação coletiva, ou, quem sabe, simplesmente um fracote, um deus de perdedores. As vozes zombeteiras foram reprimidas — a Bíblia foi escrita, na maior parte, da perspectiva dos religiosos —, mas deixaram suas marcas. "Diz o insensato no seu coração: 'Deus não existe!'", assim começa o salmo 14. Talvez quem o disse fosse mesmo insensato, mas o salmista estava seguro de que esses tipos existiam, entre seu povo, em número suficiente para que ele tivesse motivo para citá-los e criticá-los.

Como poderia ter sido diferente? O desastre nacional abrira as comportas não só da tristeza, como também da dúvida e da ironia. Iahweh não existia; ou a Iahweh pouco se lhe dava; ou Iahweh fora superado categoricamente pelo deus babilônio Marduk. Como consequência da queda de Jerusalém e das deportações em massa, os céticos deviam ter julgado enlouquecedor escutar as preces dos devotos, implorando a ajuda de um deus dado como desaparecido em ação. Para os crentes, por outro lado, o escárnio dos céticos deve ter sido insuportável. "Todos os que me veem caçoam de mim", diz o queixoso no salmo 22, "abrem a boca e meneiam a cabeça: 'Voltou-se a Iahweh, que ele o liberte, que o salve, se é que o ama'" (22,7-9). E, se não há libertação à vista, se tudo que há é humilhação e zombaria constantes, além do cruel aniquilamento de esperanças, o que fazer? Para os fiéis, exilados na Babilônia, a experiência psíquica central era a angústia. Onde estava Iahweh? Séculos depois, essa terrível sensação de abandono cresceu em outro judeu desventurado que no momento de sua execução citou as palavras iniciais desse mesmo salmo: "Meu Deus, meu Deus, por que me abandonaste?".

Como antídoto ao desespero, os hebreus podiam dizer a si mesmos que o desastre era obra de Iahweh, uma punição à recusa de seu povo a obedecer suas injunções divinas, porém os incréus que viviam entre eles podiam prontamente sacudir a cabeça e rejeitar a fantasia como patética. Para piorar as coisas, crentes e incréus encontravam-se cercados pelo júbilo dos conquistadores e por seus hinos em louvor de sua divindade triunfante. Os exilados dirigiam os olhos, a cada dia, para o glorioso complexo de templos babilônios, a Esagila — "a casa do teto alto" —, e para o descomunal zigurate de sete andares, o Etemenanki, "o templo dos fundamentos do céu e da terra". Anos depois, recordando aquela visão portentosa, os hebreus a reinterpretaram de maneira conveniente, dando-lhe conotações de orgulho e arrogância, e ela se tornou a Torre de Babel.

Nabucodonosor havia reconstruído o templo e o zigurate em honra de Marduk, o Deus das Tempestades. Tendo sido durante muito tempo o padroeiro da cidade, o deus se tornara tão poderoso que seus cultores temiam pronunciar seu nome sagrado e o chamavam simplesmente de Bel, "o senhor". Marduk era exaltado como o senhor do universo. Tendo assumido os atributos das divindades da região e arrastado para seu vigoroso campo gravitacional todo o rico acervo da mitologia mesopotâmica, estava agora em condições de absorver os poderes de todos os deuses rivais, inclusive Iahweh. De seu santo dos santos no interior da Esagila e do santuário dourado no ápice estonteante do Etemenanki, a imagem de Marduk encarava com desprezo os povos cujo destino parecia controlar.

A cada ano os babilônios organizavam um magnífico festival de Ano-Novo em honra de Marduk. Estátuas de outros deuses rendendo homenagem ao divino protetor da cidade eram tiradas de seus nichos e transportadas até o santuário principal, numa esplêndida procissão pública. No quarto dia do festival, realizava-se uma solene leitura, liderada pelo rei em pessoa, de um texto sagrado gravado em tábulas de argila no passado remoto. Esse texto venerável, engrandecido ainda mais pela aura de sua remota antiguidade, era o *Enuma Elish*, a história da origem da Mesopotâmia. No princípio, ele declarava, era o sexo: uma corrente de água doce (o deus Apsu) adentrou no mar (a deusa Tiamat). Dessa conjunção primordial formaram-se todos os demais deuses do panteão babilônio, como sedimentos depositados na foz de um rio.[4]

Entretanto, a história não celebrava a reprodução como uma bênção absoluta e inequívoca. Pelo contrário, concentrava-se na fúria assassina que pode tomar conta de um dos pais quando sua tranquilidade é perturbada. Os deuses recém-criados mostraram-se insuportavelmente barulhentos, e Apsu, sem conseguir descansar, acabou por decidir que destruiria sua prole. Embora seu repouso também tivesse sido prejudicado, Tiamat recomendou indulgência: "Como podemos permitir o perecimento daqueles que nós mesmos criamos?". Apsu persistiu. Queria repousar, e, se para isso era necessário matar os filhos, que assim fosse. As futuras vítimas tomaram conhecimento do plano para sua destruição. A maioria deles pôs-se a caminhar de um lado para o outro, desesperados, ou sentavam-se em silêncio, inseguros em relação a como proceder. No entanto, o mais sagaz, Ea (ou Enki, como é chamado nas versões sumérias), conseguiu evitar a destruição. Deu um jeito de induzir Apsu, seu pai, a dormir, e o matou.

Portanto, no princípio também houve homicídio, além de sexo. No *Enuma Elish*, esse assassinato original não era tratado com horror ou condenado: era celebrado. A vida, com sua energia e seu ruído, tinha triunfado sobre o sono e o silêncio.[5] No entanto, embora comemorassem esse triunfo, os babilônios não se limitaram a repudiar a importância do repouso. Ea construiu seu palácio sobre o corpo do pai que havia matado e em seguida, tendo lançado um grito de triunfo, retirou-se: "Feito isso, ele descansou, em silêncio, em seu aposento privado/ E lhe deu o nome de Apsu". Apsu, o criador vencido, continuou a viver no nome que o assassino vitorioso, seu próprio filho, deu ao santuário de seu repouso profundo.

Todavia, nem mesmo assim a tranquilidade passou a reinar. Em seguida foi a primeira mãe, Tiamat, que se tornou uma ameaça. Os outros deuses se aterrorizaram, pois mais uma vez um de seus genitores, agora a mãe, pretendia destruí-los, porém Marduk, o filho de Ea, ofereceu-se para salvá-los, se os deuses lhe jurassem fidelidade eterna. Os deuses concordaram com entusiasmo. Da mesma forma como Ea matara Apsu, o pai primordial, Marduk deu cabo da mãe primordial, Tiamat:

> Ele a cortou ao meio, como um peixe posto a secar,
> E usou uma das metades como cobertura, o firmamento.
> Esticou bem o couro, e dispôs sentinelas como vigias,
> Ordenando-lhes que impedissem que as águas escapassem.

Mais uma vez, o assassinato não foi condenado, e sim comemorado, e mais uma vez o cadáver da vítima foi utilizado de maneira útil: o universo foi criado com o corpo feminino dividido, com uma esfera superior de água, que formava o céu, e uma esfera inferior de água, da qual surgiu a terra.[6]

Como consequência de sua notável vitória, o coração de Marduk o induziu "a realizar milagres" em benefício daqueles que salvara. Os deuses mais jovens estavam fartos de fazer tudo sozinhos, e também eles queriam descansar. "Vou adensar o sangue", declarou Marduk, "e produzirei ossos também."[7] Os seres humanos — ou, como o *Enuma Elish* os chama, os *lullu*, "as pessoas de cabeça preta"[8] — foram gerados para uma vida de trabalho incessante. Construindo santuários, abrindo canais de irrigação, plantando e colhendo, preparando oferendas de alimentos e entoando cantos de louvor, permitiram aos deuses descansar e desfrutar a vida, e com isso satisfizeram os desígnios de seu salvador, Marduk, o deus supremo.[9]

No século VI AEC, quando gerações de hebreus cativos eram obrigadas a ouvi-lo ano após ano, o *Enuma Elish* já gozava do fascínio de sua grande antiguidade. A vetustez lhe conferiu um prestígio dividido com vários outros antigos relatos mesopotâmicos da origem humana. Um deles, o *Atrahasis*,[10] narrava a ocorrência de um dilúvio primordial que quase destruiu toda a humanidade; outro, o *Gilgamesh*, descrevia o amor de um herói semidivino por um homem feito a partir do barro. Essas obras têm deuses como protagonistas — todo um panteão —, mas Iahweh não figura entre eles e muito menos é o líder ou senhor desses deuses. Essas histórias também narram o surgimento dos primeiros seres humanos, mas eles não se chamam Adão e Eva, nem foram gerados pelo supremo Deus Criador dos hebreus. Teria feito muito sentido que os hebreus cativos abraçassem as crenças dos vencedores babilônios e deixassem de lado um deus provinciano, local e, sobretudo, derrotado. Entretanto, eles — ou ao menos um grupo devoto remanescente — apegaram-se ferozmente à sua memória. "À beira dos canais de Babilônia nos sentamos e choramos com saudades de Sião." A tribulação que o salmo 137 evoca não está ligada a alguma opressão óbvia: não há nenhuma imagem de labuta sob o sol causticante e debaixo do azorrague de capatazes inclementes. Em vez disso, deparamos com uma cena estranha em que tudo o que o vencedor pede ao vencido é uma canção: "Lá, os que nos exilaram pediam canções, nossos raptores queriam alegria: 'Cantai-nos um canto de Sião!'". Para o salmista, a ordem de cantar à sombra do zigurate — mostrar a cultura hebraica para divertir os conquistadores — era intolerável. Parecia uma violação da memória, uma perda primal de individualidade:

> Como poderíamos cantar
> um canto de Iahweh
> numa terra estrangeira?
> Se eu me esquecer de ti, Jerusalém,
> que me seque a mão direita!
>
> Que me cole a língua ao paladar,
> caso eu não me lembre de ti,
> caso eu não eleve Jerusalém
> ao topo da minha alegria!

Os conquistadores podem até ter imaginado que cantar uma das canções de Sião seria para os conquistados uma agradável forma de recordação nostálgica. O salmista, porém, recusa-se, amargurado, a fazê-lo, deixando implícito que tal recordação seria o mesmo que esquecer. Por quê? Porque entoar o cântico seria ceder aos desejos do vencedor; porque ameaçaria banalizar a crença guardada profundamente; porque seria admitir a possibilidade de separar aquela crença do lugar considerado sagrado pelos hebreus, o lugar que o conquistador tinha destruído. Talvez, também, porque a sedução da cultura babilônia dominante — sua paisagem e suas construções, seu rico repertório de canções e histórias e seu grande Deus das Tempestades, Marduk — fosse intensa e porque os hebreus estivessem desconfortavelmente cientes do quanto e de quantas maneiras estavam sendo moldados por ela.

Talvez fosse essa consciência — a sensação apreensiva de influência indesejada, mas inescapável — que gerava a estranha erupção de violência nas últimas linhas do salmo:

> Iahweh, relembra
> o dia de Jerusalém
> aos filhos de Edom,
> quando diziam: "Arrasai-a!
> Arrasai-a até os alicerces!".
>
> Ó devastadora filha de Babel,
> feliz quem devolver a ti
> o mal que nos fizeste!
> Feliz quem agarrar e esmagar
> teus nenês contra a rocha!

O súbito ímpeto de fúria ainda tem o poder de chocar. Num momento, os exilados estão sentados, chorando e apegando-se às lembranças da pátria; no momento seguinte, estão sonhando em atirar bebês contra rochas. O que transforma a tristeza em ideias homicidas é a lembrança da destruição de Jerusalém. Os hebreus deviam saber perfeitamente que a ordem de arrasar o templo não viera da filha da Babilônia, e sim de Nabucodonosor e de seu general, Nebuzaradan. Entretanto, sua indignação se dirige contra toda uma cultura e seu povo.

Os babilônios triunfantes queriam que seus escravos lhes oferecessem um pouco de música. As palavras finais do salmo expressam ódio em sua forma mais pura, um ódio que brota do ressentimento colérico de um povo derrotado e alquebrado. O salmo começa com um gesto de recusa — os cativos penduraram as harpas nos salgueiros — e a seguir, depois de expressar um lamento, oferece um cântico aos babilônios, mas não é um cântico que os deixe mais alegres. O sonho com a morte dos bebês babilônios parte da lembrança do desastre e do sentimento de vulnerabilidade e leva os cativos a imaginarem atos de violência contra aqueles que são mais vulneráveis ainda.[11]

O Cativeiro da Babilônia, como é chamado tradicionalmente, durou décadas. Deve ter dado a impressão de que não acabaria nunca. Os idosos morreram; aqueles que eram crianças no tempo das deportações, em 597 AEC, envelheceram; seus filhos e netos só conheciam a sombra do zigurate de tijolos cozidos e as antigas histórias sobre uma bela cidade de pedra, com um grandioso templo, onde viviam os judeus. Os exilados de Judá mantiveram o hebraico como sua língua nacional, mas usavam na vida diária um primo linguístico daquele idioma, o aramaico, que era, com o neobabilônio, a linguagem do dia a dia na Babilônia. Não havia, na época, uma barreira idiomática entre eles e seus captores, e pelo menos para os hebreus mais bem-nascidos, a barreira social era modesta. Os babilônios permitiam que as classes superiores daqueles que deportavam vivessem na corte real.[12] Talvez alguns exilados mais cultos dominassem também o acádio antigo, o babilônio antigo ou até o sumério, as línguas arcaicas em que eram conduzidas as cerimônias rituais do reino de Nabucodonosor e nas quais os escribas babilônios continuavam a registrar as histórias sagradas de seu povo. Sentissem os hebreus fascínio ou repulsa pelo que acontecia em torno deles — os cânticos, as festas e rituais, o folclore e os mitos elaborados —, nada podiam fazer a respeito.

Foi então que, com surpreendente subitaneidade, o Império Babilônio começou a se esfacelar. Depois da morte de Nabucodonosor, seguiu-se uma crise sucessória que debilitou o Estado justamente no momento em que ganhava corpo uma nova e perigosa ameaça, sob a liderança de Ciro, na vizinha Pérsia. Em 547 AEC, quando o temível Ciro derrotou o rei da Lídia, Creso, que era imensamente rico (e de quem veio a expressão "rico como Creso"), consolidou um império poderoso que logo avançou de modo implacável para o sul, invadindo a Mesopotâmia. Em 12 de outubro de 539 AEC, a Babilônia rendeu-se aos persas. Político astuto, Ciro prestou homenagens a Marduk, mas também libertou os hebreus escravizados e permitiu que voltassem para Judá.

Para os hebreus devotos, autorizados depois de tantos anos de exílio a retornar à pátria, Ciro só podia ser o agente escolhido por seu deus. "Meu pastor", diz Iahweh de Ciro no livro de Isaías, "ele cumprirá toda a minha vontade, dizendo a Jerusalém: 'Tu serás reconstruída', e ao Templo: 'Tu serás restabelecido'" (Isaías 44,28). O conquistador persa talvez tenha ficado surpreso ao saber que ele era o instrumento de uma divindade da qual provavelmente nunca ouvira falar. Entretanto, Iahweh, como Isaías o imagina, expõe a situação direto ao conquistador: "Eu sou Iahweh, e não há nenhum outro, fora de mim não há Deus. Embora não me conheças, eu te cinjo" (Isaías 45,5).

Os exilados hebreus que voltaram para Jerusalém empreenderam o imenso trabalho de reconstruir o Templo, o que lhes possibilitou retomar os antigos sacrifícios a Iahweh. (Quem visita Jerusalém hoje e se posta junto ao Muro das Lamentações[13] — o Muro Ocidental — e fita os enormes blocos de pedra derrubados pelos romanos no ano 70 EC faz uma ideia das dificuldades que essa reconstrução representou.) No entanto, essa atividade de restauração não lhes bastou, e eles partiram para um projeto intelectual da mesma magnitude, se não maior: produzir um livro sagrado com base em todos os seus muitos registros e em suas narrativas.

Durante mil anos ou mais, os hebreus tinham vivido sem um texto sagrado que fosse único e coletivo. Entretanto, na Babilônia eles haviam escutado continuamente textos do *Enuma Elish*, com seus louvores a Marduk, o criador dos primeiros homens. É bem possível que o trauma do exílio e a ameaça de perda da memória cultural tenham provocado a resolução de reunir as histórias e as leis com as quais os hebreus definiam quem eram. Porque é nesse solo improvável — um povo derrotado e amargurado, repatriado graças à vontade de um príncipe estrangeiro — que a Bíblia como a conhecemos parece ter se consolidado.

A decisão de compilar o livro sagrado fundamentava-se no receio expressado pelo escriba Esdras — líder de grande parte dos exilados que retornaram a Jerusalém — de que os hebreus "não se se separaram dos povos das terras" (Esdras 9,1). Mesmo antes do exílio, esse medo de contaminação fora uma preocupação dominante. Os profetas clamavam que o culto de Iahweh tinha-se misturado com observâncias que eles consideravam abominações.[14] Os setenta anos de exílio só tinham piorado as coisas. Os hebreus haviam adotado os costumes, as crenças e os trajes de outros povos. Haviam entrelaçado o culto a Iahweh com cultos prestados a deuses rivais. E cometiam a mais ameaçadora de todas as transgressões: os casamentos mistos.

De acordo com Esdras, a pátria para onde os judeus tinham retornado era "uma terra contaminada pela imundície dos povos das terras, pelas abominações com que a infestaram de uma extremidade a outra com suas impurezas" (Esdras 9,11). Esdras chorou, arrancou os cabelos, rasgou as vestes e lançou uma campanha contra os casamentos mistos. E, quando a depuração étnica chegou ao fim e as esposas e os filhos estrangeiros tinham sido mandados de volta, reuniu o povo diante de si, subiu num púlpito de madeira, abriu um livro e pôs-se a lê-lo em voz alta.

O que se faz quando advertências e denúncias não produzem resultados? Como se erradicam velhas lendas que as pessoas respeitaram durante muito tempo ou se extirpam cultos novos que penetravam constantemente no país, por meio das rotas comerciais? Uma coisa é derrubar um altar tido como abominação. Isso é relativamente simples, sobretudo quando as forças da devoção monoteísta acham-se em ascensão. Todavia, os cultos suprimidos tendem a ressurgir como ervas daninhas. Pode-se, numa fúria xenófoba, banir as esposas e os filhos estrangeiros, mas o custo emocional disso deve ter sido altíssimo. E depois de passados alguns anos haveria mais esposas e filhos estrangeiros, além de cultos adventícios mais sedutores. Como se extirpam convicções profundas?

Muda-se a narrativa.

O sonho do texto-guia, da verdade destituída de toda imundície, era parte de um esforço concertado para resistir à poderosa cultura dos povos vizinhos, rejeitar suas divindades, abjurar as formas de culto a essas deidades e recusar seus relatos sobre a criação do mundo. É provável que esse sonho tenha surgido antes mesmo da volta a Jerusalém, quando os hebreus ainda estavam chorando junto aos rios da Babilônia. Episódios importantes do livro, como a história de Adão e Eva ou a de Abraão e Isaac, talvez já existissem, escritas de forma independente e em partes separadas ao longo de muitos séculos. A reunião dessas partes teria servido como uma alternativa ao Templo arruinado, um sucedâneo do que fora perdido. Seja como for, na longa história dos judeus, foi exatamente esse o papel desempenhado pelo texto sagrado, a Torá.

A Torá ajudou a transformar os hebreus, um povo tribal, que ocupava um território altamente vulnerável, em judeus. Já então, os profetas tinham começado a imaginar uma nova aliança, não entre Iahweh e a nação, mas entre Iahweh e cada pessoa.[15] Marduk talvez parecesse, no momento, muito impressionante, mas era um deus ligado indissoluvelmente à cidade que protegia e ao rei cujo poder ele mantinha. Quando as muralhas ruíram, o rei foi derrubado, a Babilônia tornou-se refúgio de raposas e chacais, e o poder de Marduk em breve chegaria ao fim. Não restava dúvida, entre os profetas, que esse momento estava por chegar. E, quando ele chegasse, os judeus ficariam. Eles contariam com um livro sagrado — não um tratado esotérico ligado ao destino de determinada cidade, de seus sacerdotes e seu rei, mas sim um tesouro coletivo que registrasse para toda a humanidade os feitos de Iahweh, o Criador todo-poderoso. Eles se tornariam aquilo que em hebraico é chamado *Am HaSefer*, o Povo do Livro.[16]

A maioria dos biblicistas concorda que os cinco livros da Torá foram redigidos no século V AEC, mas o que significa exatamente "redigidos"? Significa que uma pessoa, ou mais de uma, pegou múltiplas narrativas,[17] que lhes chegaram do passado, comparou-as, corrigiu-as, eliminou alguns trechos, acrescentou outros, ajustou-as, conciliou-as da melhor forma que pôde e organizou-as num todo coeso. Ninguém sabe quantas foram essas pessoas, quem eram ou quem as escolheu. Ninguém sabe se havia facções conflitantes ou se havia uma figura dominante, alguém que decidisse discórdias e tomasse as decisões finais. E ninguém sabe com certeza quantas narrativas — histórias completas, fragmentos míticos, quadros genealógicos, crônicas esparsas, códigos jurídicos, cartas, registros tribais e congêneres — esses redatores, fossem quem fossem, consultaram e aproveitaram.

Em 1883, um professor alemão de 39 anos, Julius Wellhausen, publicou seus *Prolegomena zur Geschichte Israels* [Prolegômenos da história de Israel]. Apesar do título pouco atraente, a obra provocou sensação imediata. Filho de um pastor luterano, o autor sintetizou habilmente um crescente consenso entre os biblicistas: não importava o que tivesse sido revelado a Moisés no monte Sinai (fato que segundo vários rabinos teria acontecido em algum momento entre 1312 e 1280 AEC), a Torá escrita, como a conhecemos, não foi obra de um único autor. Ao propor a sua "hipótese documental", Wellhausen identificou e ordenou cronologicamente quatro textos ou linhas diferentes que foram mesclados enquanto a Torá ganhava a forma em que a conhecemos. Cada uma dessas linhas representava um conjunto característico de aspectos, preocupações e maneiras de se referir a Deus; cada uma delas surgiu num diferente momento do desenvolvimento histórico do antigo Israel; cada uma delas respondia a pressões distintas e representava diferentes interesses institucionais e ideias teológicas. Houve quem visse nisso um empobrecimento em relação ao mito de origem: em lugar de Moisés, Wellhausen falava do que chamou de J, E, D e S.

Wellhausen levantou a hipótese de que J (de Javeísta, segundo a grafia alemã de YHWH ou Iahweh como *Jahweh*) fosse a mais antiga das fontes, datando de mais ou menos 950 AEC. A seguir vinha a fonte E (de *Elohim*, uma forma plural usada para se referir à divindade), datada de aproximadamente 850 AEC. As fontes J e E, no entender de Wellhausen, tinham se fundido relativamente depressa. Ele avaliava que a fonte D (de Deuteronômica) tivesse surgido por volta de 600 AEC, e que a fonte S (de Sacerdotal), por volta de 500 AEC. No Gênesis, segundo ele, a fonte J (ou, com maior probabilidade, uma combinação das formas J e E) tinha-se associado com a S.

Pouquíssimos biblicistas negariam naquela época a premissa básica de que a história da criação do homem e, de modo mais geral, o Gênesis tivessem mais de uma fonte. A multiplicidade das fontes salta aos olhos devido ao fato de que Deus, no capítulo 1 do Gênesis, é chamado de "Elohim", enquanto nos capítulos 2 e 3 ele passa a ser chamado de "Iahweh Elohim". No entanto, daí em diante, passamos a pisar num terreno dos mais traiçoeiros, no qual o nome de cada colina e cada vale é ardorosamente discutido, muitas vezes devido a questiúnculas demasiado técnicas, mas nem por isso menos obscuras. E, mesmo que todas as batalhas fossem travadas e vencidas e uma doce paz reinasse no mundo da erudição bíblica, ainda assim colidiríamos contra o fato de que, durante milhares de anos, a história de Adão e Eva foi vista não como uma conjunção de fontes diversas, mas como uma história única, uma história que fascinava, perturbava e comovia homens e mulheres.

Fora do círculo dos religiosos, a crença de que o Moisés em pessoa escreveu a história da criação, narrada nos primeiros capítulos do Gênesis, não tem mais guarida. Não obstante, aquela crença ingênua tinha uma grande vantagem: é difícil creditar a um corpo de redatores a produção de uma obra de arte tão poderosa e duradoura.[18] Na verdade, pelo menos duas fontes distintas podem ser detectadas nesses capítulos iniciais, mas por que a detecção de tais elementos deveria nos afastar da ideia de autoria? Quando Shakespeare sentou-se para escrever *Rei Lear*, podia recorrer a várias fontes, como a *História dos reis da Bretanha*, de Geoffrey de Monmouth, as *Crônicas*, de Holinshed, a *Descrição histórica da ilha da Grã-Bretanha*, de Harrison, o *Espelho para magistrados*, de Higgins, *A rainha das fadas*, de Spenser, *Arcádia*, de Sidney, e o anônimo *Crônica histórica verdadeira do rei Leir e suas três filhas*. Uma pesquisa diligente revela linhas de falha e tensão entre essas fontes. Por acaso pensamos, por um momento que seja, que Shakespeare não foi o autor de sua grande tragédia? Porventura nos referiremos a Shakespeare como "o redator" de *Rei Lear*?

O escritor — ou o compilador ou o transmissor de tradição — que se dispôs a construir uma versão hebraica da história da criação babilônica pode ter tido diante de si mais do que um manuscrito antigo. Talvez tivesse outras histórias antigas guardadas na memória; ou pode ter recorrido a colegas, pedindo-lhes sugestões, apoio e críticas. Nada há de surpreendente nisso, pois não existe algo que venha do nada. Mas por fim, alguém — vamos chamá-lo, por conveniência, de narrador do Gênesis — teve de juntar todas as peças e escrever a história hebraica da criação que chegou até nós tantos séculos depois. Nessa história, Adão e Eva, a despeito de quando foram concebidos pela primeira vez e qual fora a sua importância nos séculos anteriores, alcançaram sucesso e respeito. Eram uma prova do supremo poder de Iahweh.

Iahweh não era, ou não era apenas, uma divindade territorial; era, afirmava o narrador do Gênesis, o Criador do universo. Era onipresente e onipotente. Isso significava que devia ter criado os primeiros seres humanos, do mesmo modo como desejara a destruição de Jerusalém e o exílio do povo eleito como um castigo a sua desobediência. Seguia-se que Nabucodonosor era um mero instrumento em suas mãos divinas. O fato de os babilônios terem capturado Jerusalém e arrasado o templo era uma prova decisiva do poder de Iahweh, já que o maior império do mundo somente servia aos objetivos disciplinares do deus dos hebreus.

Para os céticos, essa afirmação poderia parecer patética e quase risível — um absurdo digno de um filme de Monty Python, um absurdo que faz com que a mais óbvia comprovação de derrota seja alardeada como prova de onipotência. Curiosamente, porém, essa parece ter sido a ideia que triunfou em termos históricos — não só entre os judeus, que vêm afirmando o poder de Iahweh há milênios, apesar das claras evidências de que ele não os protege nem defende — como também, e com mais sucesso ainda, entre os cristãos, que levaram esse argumento a um novo nível. O salvador onipotente dos cristãos foi surrado, cuspido e executado da maneira reservada aos criminosos e escravos, mas precisamente esse destino ignóbil tornou-se a prova de que cumpriu os desígnios do pai onipotente.

Um deus que detinha um poder tão absoluto — que podia tratar um monarca do porte de Nabucodonosor como seu vassalo — era não só o senhor do universo, como seu criador; não apenas o maior entre os deuses, mas o único deus verdadeiro; não somente o criador dos judeus, mas o criador de toda a humanidade. Por isso, a Bíblia hebraica que foi costurada de forma tão brilhante depois da volta do exílio não podia começar com Abraão e a origem dos hebreus. Tinha de começar com Adão e Eva.

3. Tábulas de argila

Quer acreditemos na história de Adão e Eva, quer a consideremos uma fantasia absurda, fomos feitos à sua imagem. Ao longo de muitos séculos, essa história plasmou a maneira como pensamos em crime e castigo, responsabilidade moral, morte, dor, trabalho, lazer, companheirismo, casamento, gênero, curiosidade, sexualidade e em nossa natureza humana. Houvesse a história seguido um rumo diferente, o *Enuma Elish*, o *Atrahasis* ou a epopeia de *Gilgamesh* poderiam ter atuado como nosso conjunto de narrativas da origem e, sem dúvida, isso nos teria moldado de maneira diferente. O fato de as coisas não terem ocorrido assim teve consequências.

Tal como a Bíblia, as obras mesopotâmicas que lemos hoje tinham atrás de si, como força motriz, séculos de narração oral, à qual não temos acesso. Contudo, mesmo os registros escritos dessas grandes narrativas remontam a tempos longínquos, a um passado muito mais recuado do que quaisquer vestígios sobreviventes da Bíblia hebraica. Não está claro quando e por que alguém na Mesopotâmia pensou em registrar por escrito os mitos de criação, mas conhecemos fragmentos desses registros com quase 4 mil anos.

A maior parte das especulações das civilizações antigas perdeu-se para sempre. No entanto, é como se um frágil alento tivesse, miraculosamente, deixado resíduos nessas obras extraordinárias — o alento daqueles que, no passado distante, refletiram sobre quem somos e como nos tornamos o que somos. A sobrevivência desses resíduos tem tudo a ver com seu lugar de origem — as planícies aluviais ao longo do Tigre e do Eufrates, cujos campos laboriosamente cultivados sustentavam os habitantes de grandes e organizadas cidades amuralhadas — e com o meio físico em que esses resíduos foram gravados: tábulas de argila úmida inscritas com sinais legíveis e depois postas a secar ao sol ou cozidas num forno.

A escrita nessas tábulas, uma mistura de sinais fonéticos e símbolos visuais, era feita com um caniço aparado que, comprimido contra a argila úmida, deixava marcas em forma de cunha. Como o termo latino para "cunha" é *cuneus*, essa escrita ficou conhecida como *cuneiforme*, ou seja, "em forma de cunha". Muito usada por sumérios, acadianos, babilônios, assírios, hititas e outros povos da Mesopotâmia, a escrita cuneiforme foi pouco a pouco superada pela escrita em caracteres alfabéticos, mais simples e mais fácil, e quando os romanos passaram a controlar a região já caíra em desuso. A última inscrição cuneiforme conhecida, um texto sobre astronomia, foi feito no ano 75 EC. Não tardou para que as marcas em forma de cunha se tornassem absolutamente indecifráveis.

Quando as tábulas cuneiformes já não podiam ser lidas — quando se tornaram as antecessoras dos velhos disquetes que não me servem mais para nada —, o *Enuma Elish*, o *Atrahasis* e o *Gilgamesh* mergulharam num sono sem sonhos. Isso não aconteceu de um momento para outro: sua existência deve ter perdurado na memória daqueles que recordavam os tempos distantes em que o relato da criação era lido do alto do zigurate para que todos ouvissem. Entretanto, à medida que a Babilônia e outras cidades da Mesopotâmia se degradavam, as histórias antigas deixaram de ser narradas, e com seu desaparecimento também sumiram todas as recordações da influência que tinham exercido na imaginação de todos aqueles que estavam em sua órbita, desde os poderosos soberanos até os escravos hebreus.

Nas Escrituras que compilaram depois de voltarem do exílio, os seguidores de Iahweh não tinham nenhum interesse em admitir uma dívida para com os mitos babilônios. Pelo contrário, estavam decididos a erradicar qualquer coisa que lembrasse um vestígio de "abominação". Pode-se dizer que essa erradicação, um plano coletivo e generalizado de esquecimento, teve bastante êxito. Com a passagem dos séculos, cada vez menos se sabia a respeito da Babilônia e de suas cidades vizinhas além do que estava escrito na Bíblia. Marduk reduziu-se a um ídolo genérico, uma daquelas figuras de madeira ou pedra em que só um tolo acreditaria. Nabucodonosor passou a ser um tirano grotesco, vítima da loucura — "foi expulso da convivência dos homens; comeu erva como os bois, seu corpo foi banhado de orvalho pelo céu; seus cabelos cresceram como penas de águia, as suas unhas como garras de pássaros" (Daniel 4,30) — e então, recobrando a sanidade, admitiu humildemente a soberania de Iahweh.

As poucas informações, ainda que modestas, sobre a religião babilônia que restaram se devem a um sacerdote de Marduk chamado Beroso, que viveu no começo do século III AEC. Astrônomo talentoso (atribui-se a ele a invenção do relógio de sol semicircular, com um gnômon preso a uma placa rígida), Beroso também escreveu uma *História da Babilônia* em grego. Essa obra se perdeu, mas antes que isso ocorresse dois historiadores posteriores inseriram trechos dela em seus trabalhos. Esses livros também se perderam, porém não antes de serem usados, no século III EC, por Eusébio, bispo de Cesareia. O texto original de Eusébio, em grego, também se perdeu, mas uma tradução em armênio sobreviveu. Os primeiros cristãos que conheceram Eusébio talvez tenham notado que os babilônios antigos tinham um mito de criação com certos inesperados ecos do Gênesis. Decerto, em vista da extrema falibilidade da transmissão — traduções de uma cópia perdida de uma cópia perdida de uma cópia perdida de um original perdido —, era perfeitamente razoável pensar que quaisquer ecos fossem simplesmente versões distorcidas do relato hebreu, visto como muito mais antigo, e que, fosse como fosse, tinha sido aceito como autêntico sem questionamentos.

Com o transcurso do tempo, pois, o sonho dourado do salmista se realizou. Ninguém mais cultuava Marduk (ou Baal ou El, os deuses de tempestades assemelhados da área semita ocidental). Marduk se extinguiu, como Ishtar, Shamash, Assur e várias outras deidades derrotadas. (Hoje, o nome Marduk é conhecido principalmente como o de uma banda sueca de heavy metal.) Depois de conquistas violentas, pilhagens cruéis e longos períodos de abandono, tudo o que restou da Babilônia e das cidades vizinhas são enormes pilhas de escombros, no máximo um pilar em ruínas ou uma estátua sem cabeça indicando o que um dia existiu ali.

Por um estranho capricho do destino, as catástrofes históricas que destruíram tantos registros de civilizações passadas também ajudaram a preservá-los, pois, quando as grandes cidades da Mesopotâmia foram incendiadas, as tábulas que tinham sido secadas ao sol e depositadas em bibliotecas e arquivos reais acabaram enrijecidas, tornando-se duráveis. Em sua agonia, os palácios e templos se transformaram em fornos. Nem mesmo as inundações violentas que, vez por outra, destroçavam as ruínas tinham o poder de apagar o que aqueles fornos haviam endurecido. Ademais, não havia incentivo para a reciclagem ou a destruição dos textos indecifráveis que, por acidente, tinham conquistado a permanência. Textos escritos em pergaminhos podiam ser raspados para reutilização do suporte. Também os papiros serviam para acender fogo ou manter quente a estufa. Entretanto, tábulas de argila endurecidas pelo fogo não serviam para nada. Quando se quebravam, viravam um montinho de pó.

Durante a Idade Média e o Renascimento, viajantes estrangeiros no Oriente Médio de vez em quando deparavam com tábulas cuneiformes e levavam algumas para casa como lembranças ou para tentar adivinhar o que eram. Entretanto, foi só no século XIX que se percebeu a importância daqueles documentos que tinham sobrevivido. Da década de 1830 em diante, arqueólogos ocidentais deram início a explorações sistemáticas de cidades sepultadas à beira do Tigre e do Eufrates, descobrindo o que, evidentemente, eram os arquivos de governantes, cujos escribas mantinham registros cuidadosos. Com isso, verificou-se que os antigos mesopotâmicos haviam reunido e guardado aquelas tábulas de modo sistemático. Na verdade, tinham criado a ideia de bibliotecas. Em sua capital, Nínive, na margem oriental do Tigre, o rei assírio Assurbanípal havia reunido, no século VII AEC, a maior, a mais completa e a mais bem organizada biblioteca criada até então. Assurbanípal, que os gregos chamavam de Sardanápalo, tinha um interesse pessoal por essas coleções e, ao contrário da maioria dos poderosos da região, recebera treinamento como escriba e se orgulhava de saber ler não só a escrita cuneiforme simplificada de seus contemporâneos, como também os antigos textos sumérios e acadianos. Séculos antes da criação, pelos reis ptolemaicos do Egito, da famosa biblioteca de Alexandria, esse douto monarca de um reino onde hoje fica o norte do Iraque entesourou sob seu olhar soberano a sabedoria de todo o mundo.

A seguir, porém, tudo desapareceu. Em 612 AEC, pouco depois da morte de Assurbanípal, Nínive foi sitiada por uma coligação de inimigos. As muralhas vieram abaixo, e, depois de uma encarniçada luta de casa em casa, a cidade foi saqueada, suas moradias e templos incendiados, seus cidadãos massacrados.

Com o incêndio brutal que consumiu a cidade, ruíram as prateleiras da biblioteca, onde estavam depositados cuidadosamente milhares de tábulas cuneiformes. Os pisos cederam com o peso, e tudo ficou sepultado sob toneladas de entulho.

Nínive ficou abandonada e esquecida até a década de 1840, quando arqueólogos que remexiam seus escombros começaram a fazer descobertas. Além de estátuas, relevos e portais majestosos, obviamente mais valiosos, um grande número de tábulas ou fragmentos de tábulas — na época absolutamente indecifráveis — foi enviado para capitais imperiais europeias, em especial para Londres. Somente ao arqueólogo Hormuzd Rassam, membro da Igreja síria caldeana que se converteu ao anglicanismo e mais tarde se tornou súdito britânico, atribui-se ter adicionado 134 mil tábulas ao acervo do Museu Britânico.

Tal como no caso da decifração dos hieróglifos por meio da Pedra de Rosetta, a chave para a quebra do código cuneiforme foi a descoberta de uma inscrição trilíngue.[1] "Eu sou Dario, o rei", começava o texto, em persa antigo, elamita e acadiano, "o filho de Histapes, o aquemênida, o Rei dos Reis, o persa, o rei da Pérsia [...]." Dos três textos, dois eram legíveis e o terceiro estava em caracteres cuneiformes. Devagar, com dificuldade, as tábulas começaram a ser deslindadas. O mérito maior na descoberta de seu significado coube a um jovem gravador de papel-moeda, George Smith, que se encantara com os objetos exibidos nas galerias de esculturas do Museu Britânico. Com pouca educação formal e nenhuma credencial social, mas impelido por um profundo fascínio, Smith lia tudo o que lhe caía nas mãos sobre o campo nascente da assiriologia. Logo começou a mostrar uma notável aptidão para decifrar os sinais em forma de cunha.

Trabalhando febrilmente com tábulas recém-descobertas, e também com tábulas que se achavam depositadas havia anos nas prateleiras do museu, Smith identificou e conseguiu traduzir o *Enuma Elish*. Depois de 2 mil anos de esquecimento, tanto deliberado quanto acidental, ficou claro que a narrativa hebraica das origens não era a única de sua espécie. A abertura do Gênesis era, evidentemente, uma resposta ao que os cativos tinham escutado vezes sem conta enquanto sentavam e choravam junto aos rios da Babilônia. Esses cativos estavam determinados a não engrossar o número dos *lullu*, as pessoas de cabeça preta que entoavam hinos a Marduk. Deixariam claro que fora Iahweh, e não Marduk, que havia criado o universo e os primeiros seres humanos.

A sublime simplicidade da abertura do Gênesis era polêmica. Para os hebreus, a criação não era uma miscelânea de incesto, conspiração e carnificina entre gerações — fora um ato de Iahweh, e somente de Iahweh, que não se engalfinhara com um rival ou engravidara uma deusa. Na verdade, não havia ninguém mais em toda a vastidão no começo das coisas: nenhuma consorte, nenhuma assistência, nenhuma resistência. O homem fora criado à imagem e semelhança de Deus, animado não pelo sangue de um rival assassinado, mas pelo sopro do próprio Deus, que não produzira essas criaturas para que o servissem e tornassem sua existência divina mais fácil. Deus não precisava de servos. A construção de cidades, a abertura de canais, o pastoreio dos rebanhos e o trabalho exaustivo nos campos não lhe interessavam. O descanso — o repouso no sétimo dia — era importante para Iahweh, tal como era importante para Apsu, mas não podia ser ameaçado ou perturbado de forma impertinente. Quando Iahweh resolveu descansar, ele simplesmente descansou.

Os hebreus estavam decididos a se distinguir, desde a aurora dos tempos, de seus ex-captores. O narrador do Gênesis estava, na realidade, enterrando um passado odiado. Ao mesmo tempo, como resultado da decifração de Smith, era possível captar ecos distantes,[2] como sons provenientes de montes de escombros, daquilo que tinha sido enterrado. Pairando sobre o abismo agitado, um deus faz surgir tudo o que virá a existir; separa as águas em duas partes, transforma uma dessas partes no céu e a outra no mar; forma um ser humano primordial do pó da terra e lhe incumbe de trabalho agrícola. Estamos em Jerusalém ou na Babilônia?

Os ecos já eram notáveis em si, mas foram ampliados num grau assombroso com outra tábua despedaçada, recoberta em parte com depósitos calcários que ainda cobriam alguns sinais cuneiformes, que Smith examinou em novembro de 1872. O jovem assiriologista viu-se lendo o que parecia ser o relato de uma inundação devastadora e de uma embarcação que possibilitou que um pequeno grupo de humanos sobrevivesse. Assim que a tábua foi totalmente limpa, ele percebeu que sua primeira conjectura estava correta. Quando começou a ler as linhas com atenção e viu que "continham a porção da lenda que ele esperara encontrar ali", ele disse, como contou mais tarde um colega:

"Sou o primeiro homem a ler isto depois de mais de 2 mil anos de esquecimento." Depondo a tábua sobre a mesa, ele deu um salto e pôs-se a caminhar pela sala tomado de grande excitação e, para espanto dos presentes, começou a se despir.

Essa conduta, que deixou os colegas de Smith tão chocados, pode ter sido, como observou o historiador literário David Damrosch, apenas o ato de desabotoar o colarinho. Afinal, aquela era a Inglaterra vitoriana. No entanto, a descoberta poderia justificar quase qualquer demonstração de nervosismo.[3]

Ali, finalmente, estava a comprovação poderosa e inegável, ressuscitada de um passado distante, das correntes profundas que ligavam a mitologia mesopotâmica e as Escrituras hebraicas. Smith havia encontrado um relato do Dilúvio bem mais antigo do que a data em que, segundo a tradição, Moisés recebera a Torá no monte Sinai. As tábuas de argila, que estarrecedoramente datam de 1800 AEC, não se limitavam a fazer o relato de um dilúvio imenso e destrutivo — incluíam muitos dos elementos essenciais presentes na história de Noé: a determinação do deus furioso em erradicar toda a vida humana; o conselho salvador a um homem em particular que goza do favor divino; a construção cuidadosa da arca e seu aprovisionamento; a tempestade aterradora e a subida das águas; o encalhe da arca num monte; a soltura de aves para verificar se as águas tinham baixado; o oferecimento de um sacrifício de aroma suave em gratidão pela devolução de terra enxuta.

O relato de uma inundação, encontrado inicialmente por Smith — em meio ao vasto número de tábuas no depósito do Museu Britânico —, vinha da grande epopeia que era o *Gilgamesh*, mas ali ela era narrada de forma abreviada. Continuando sua busca, o infatigável pesquisador conseguiu achar uma versão ainda mais antiga e mais completa. Essa versão, o *Atrahasis*, ligava o dilúvio, de uma maneira que lembrava o *Enuma Elish*, ao problema do ruído, mas agora não se tratava de uma algazarra feita por deuses jovens, mas de barulho humano. Os seres humanos tinham sido criados para se incumbir das tarefas mais desagradáveis, porém tinham uma inclinação irreprimível para a reprodução:

> E a nação tornou-se ampla demais, e a população, excessiva.
> A nação estava ruidosa como um touro a urrar.
> O deus ficou inquieto com a bulha que faziam.

Por muitas vezes o deus inquieto tentou reduzir a população humana mediante uma sucessão de catástrofes — peste, seca e quebra da colheita —, mas seus esforços eram sempre baldados por Enki, um outro deus. Enki havia firmado uma relação amistosa com um homem particularmente inteligente,

Atrahasis (que em acadiano quer dizer "Extremamente Sábio"), a quem havia instruído sobre meios de evitar, com sacrifícios, as piores consequências dos ataques divinos. Depois da cada desastre, voltava a crescer a população humana e, com ela, o tumulto.

Por fim, perdendo a paciência, o deus furioso e privado de sono decidiu acabar com a raça humana de uma vez por todas, desencadeando um terrível dilúvio. Enki aconselhou Atrahasis a abandonar sua casa e construir uma embarcação ("Abandone os bens físicos, e salve os seres vivos"), a fim de sobreviver. O dilúvio foi catastrófico, como era de se esperar: diante do espetáculo de destruição, com cadáveres obstruindo o rio como se fossem libélulas, Atrahasis sentia "o coração despedaçar-se e ele vomitava bílis". No entanto, graças à embarcação, uma parcela da humanidade se salvou.

Como resultado dessa sobrevivência, chegou-se por fim a uma solução brilhante — uma espécie de barganha sinistra. Daí em diante, o grande deus abandonaria todas as tentativas de eliminar a humanidade. Apenas reduziria a população humana de forma contínua, tornando algumas mulheres inférteis e causando mortalidade infantil em grande escala.[4] Sofrimento para os homens, mas tranquilidade para um deus que queria descansar.

O narrador do Gênesis adotou esse texto antigo, aproveitando em sua história de Noé tanto seu esquema geral como muitos detalhes específicos. No entanto, na nova narração ocorreu um fato que causou uma diferença essencial entre o conto babilônio e o hebraico. O deus babilônio estava irado porque seu repouso vinha sendo perturbado, mas o mesmo não acontecia ao deus hebreu. Iahweh não precisava dormir e era indiferente à balbúrdia humana. Não desejava reduzir a população humana, e na verdade tinha determinado aos primeiros homens que fossem fecundos e se multiplicassem.

Ótimo. Mas por que, então, provocou o dilúvio? Qual foi seu motivo? Na fonte babilônia, tudo faz sentido, desde a criação do primeiro homem, passando por sua ruidosa multiplicação, pela tentativa de exterminá-los e até a promessa de que a população seria mantida sob controle mediante infertilidade e mortalidade infantil. O ruído é uma característica dos seres humanos, como sabe muito bem qualquer pessoa que tenha vivido numa cidade populosa. O mito de Atrahasis aparece perfeitamente apropriado a uma cultura urbana como a da Babilônia.

Todavia, os hebreus não se viam basicamente como citadinos, mas se apegavam, pelo menos na fantasia, às suas raízes rurais ou nômades. Imaginaram um Deus todo-poderoso e alheio ao barulho, inteiramente diferente para a ira homicida: "Iahweh viu que a maldade do homem era grande sobre a terra, e que era continuamente mau todo desígnio de seu coração" (Gênesis 6,5). Para o modo de pensar dos hebreus, tinha de existir uma razão *moral* que explicasse os desastres que recaem sobre os homens, alguma coisa em suas ações e em sua vida interior ("todo desígnio de seu coração"). O dilúvio foi uma resposta à maldade humana.

Essa reelaboração radical da antiga narrativa mesopotâmica foi um feito admirável. Os seres humanos — as pessoas de cabeça preta que se reproduzem e se espalham ruidosamente — não devem ser vistos como estorvos incômodos. Eles assumem a responsabilidade moral de seus atos. Até mesmo aqueles fatos que parecem ligá-los ao destino de todas as criaturas vivas, como a vulnerabilidade de todos a um desastre como o dilúvio, são, no caso dos homens, consequência de suas próprias escolhas, de suas decisões conscientes. Além disso, o narrador do Gênesis parece perguntar, com um olhar de censura para a Babilônia: que espécie de Deus é esse que precisa de escravos para comer, ou que não consegue dormir por causa do barulho, ou que castigaria com destruição suas próprias criaturas porque sua soneca tinha sido perturbada?

Entretanto, toda reelaboração de um mito tem um custo, e essa reelaboração em particular, apesar de sublime, teve um custo altíssimo. Afinal de contas, não é fácil justificar a infertilidade e a mortalidade infantil, bem como uma elevada vulnerabilidade a seca, peste ou dilúvio não como castigos por falhas morais, mas como expedientes divinos para controlar o crescimento da população humana. Os meios são cruéis, mas pelo menos não atribuem culpa, seja às vítimas individuais, seja à humanidade como um todo. A reprodução humana não é ilimitada, pois haverá fatores limitadores, dolorosos, estruturais e em grande parte indiferentes ao bem e ao mal. O reconhecimento dessa indiferença não precisava ser uma exortação ao mero fatalismo: a sabedoria e a devoção da espécie encarnada em Atrahasis eram recompensadas. Mas não é que os homens tivessem feito algo de errado, que devessem ter tentado se reproduzir menos ou ser menos barulhentos. Atrahasis não foi incentivado a considerar aqueles que foram levados pelo dilúvio como merecedores de sua sorte. Pelo contrário, ficou literalmente doente ao ver a destruição.

Não é fácil também justificar uma religião que considera certos deuses como protetores da humanidade e outros como ameaças malévolas. Um deus poderia criticar abertamente as intenções maldosas de outro ou agir em segredo para evitar um resultado planejado. Um fiel poderia pensar em jogar um deus contra outro ou expressar sentimentos ambivalentes em relação aos senhores do universo. É difícil achar no Gênesis um espaço para essas atitudes. Há na Bíblia hebraica muitos momentos de negociações sutis com Iahweh e de protestos velados contra seus decretos divinos, porém tudo isso ocorre dentro de um entendimento geral de que Iahweh, um deus justo, sábio e compassivo, é a expressão suprema de todos os valores morais e o árbitro desses valores. Esse entendimento promete maior coerência: o panteão babilônio (como o dos gregos e o dos romanos) parece, em comparação, um amontoado confuso de potestades competitivas. Entretanto, expõe à vista delicados problemas morais presentes na história bíblica de Noé e que recuam ainda mais no tempo para complicar a história bíblica de Adão e Eva.

No relato do dilúvio feito no Gênesis, o deus exterminador e o deus protetor são o mesmo. Essa redução do panteão a uma única divindade suprema, em lugar de deuses múltiplos, com um deles frustrando a intenção destrutiva de outros, preserva a onipotência do Criador, que, depois de fazer todas as coisas, agora pode destruí-las por sua própria vontade. Contudo, abrir mão de uma multiplicidade de deuses causa certos problemas, começando com a própria ideia de um deus que, apesar de onipotente e onisciente, arrepende-se de sua própria criação. O criador onisciente não previu o que suas criaturas fariam? Como é possível a uma divindade onisciente lamentar o que fez? E como é possível justificar ou mesmo entender a arbitrariedade e a crueldade da destruição que ele desencadeia, uma destruição que acaba não só com facínoras adultos, mas também com criancinhas, cordeiros recém-nascidos e florestas virgens?[5]

Na história mesopotâmica da criação, nem as ações dos deuses homicidas, nem as atitudes dos homens irreprimivelmente bulhentos são objeto de um julgamento moral. No Gênesis, porém, os homens são responsáveis por seus atos e pelo castigo que lhes é imposto. Deus não é arbitrário nem caprichoso. Foi a iniquidade fatal dos contemporâneos de Noé que levou Deus a lamentar ter criado o homem. E em algum ponto atrás dessa iniquidade espreitam os primeiros seres humanos e o comportamento que levou Deus a expulsar Adão e Eva do jardim perfeito em que viviam. Mas como é possível que essa iniquidade tenha partido de criaturas feitas à imagem de Deus?

Essas perguntas eram feitas desde o começo, perturbando o espírito de devotos e de céticos.[6] Apesar de todos os esforços de profetas e pregadores, de inquisidores e artistas, de filósofos morais e teólogos sistemáticos, elas continuaram, ao longo dos séculos, a persistir nas sombras de aconchegantes igrejas paroquiais e a dormitar sob a superfície das páginas de livros bem conhecidos e bastante folheados. George Smith se deu conta de que aquilo com que se deparara, passados mais de 2 mil anos, reanimaria os desconfortos semissepultos e abalaria até seus contemporâneos vitorianos mais complacentes. Era como se uma pessoa houvesse crescido com uma herança que julgava compreender perfeitamente e de que muito se orgulhava, mas agora essa herança tivesse passado a parecer menos confortável, coerente e encorajadora. As histórias dessa pessoa já não eram só dela. Havia ancestrais estranhos, com os quais nunca sonhara.

Smith perdeu a vida na busca desses ancestrais. Em outubro de 1875, a pedido do Museu Britânico, partiu para Nínive, no atual Iraque, com a esperança de encontrar outras tábulas. Houve retardos burocráticos em Istambul, um surto de peste, notícias inquietantes de agitação política na área onde pretendia fazer escavações, além de um calor cada vez mais insuportável. Ele contraiu disenteria e morreu, aos 36 anos, numa aldeola ao norte de Alepo. Sua pretensão à imortalidade, do tipo que os intelectuais têm esperança de alcançar, nasce no momento em que, com um salto, ele começou a tirar a roupa, o momento em que descobriu o *Gilgamesh*.[7]

É possível que tenha realmente existido um governante chamado Gilgamesh, que há cerca de 5 mil anos reinou na cidade de Uruk (hoje Warka, no sul do Iraque) e ordenou a construção de suas muralhas e baluartes. Entretanto, o Gilgamesh das tábulas que Smith decifrou é uma figura mítica, dois terços deus e apenas um terço humano. As tábulas trazem o nome da pessoa que compilou a história, o sacerdote-poeta Sin-lequi-unninni. Nada se sabe a respeito desse letrado, além de que, tal como Homero ou o narrador do Gênesis, era um artista brilhante, que trabalhava com materiais já existentes, textos e lendas orais que remontavam a um passado muito, muito remoto. É provável que a Torá tenha sido coligida no século v AEC; a *Ilíada* será um pouco anterior, talvez de 760 a 710 AEC. No entanto, Sin-lequi-unninni escreveu seu texto em algum momento entre 1300 e 1000 AEC, e as mais antigas narrativas escritas a respeito de Gilgamesh datam de aproximadamente 2100 AEC. Antecedendo em mais de mil anos Homero ou a Bíblia, é bem possível que o *Gilgamesh* seja a história mais antiga que já se descobriu.

Já na época do cativeiro da Babilônia, Uruk perdera grande parte da influência política que antes exercera na região, mas conservava um prestígio peculiar, pois fora ali, num passado distante, que se inventara uma coisa assombrosa. Pequenos produtores rurais tinham se reunido numa área de cerca de 5,5 quilômetros quadrados para formar uma unidade econômica e administrativa sem precedentes. Mesmo na época, as pessoas tiveram consciência de estarem participando de um fenômeno de singular importância. O que estava surgindo era a primeira cidade no antigo Oriente Próximo e, talvez, a primeira cidade na história humana.[8]

A história narrada no *Gilgamesh* não transcorre num jardim no começo dos tempos, e sim numa cidade muito populosa. A obra não procura reconstruir um mundo que existisse antes do homem, mas parece partir do princípio de que sempre vivemos em comunidades e sempre partilhamos histórias e, embora não nos ofereça um único momento antes do qual nada existia, inclui uma extraordinária cena de criação, que se assemelha ao momento primal mostrado no *Enuma Elish*. No começo da narrativa, a população de Uruk está sofrendo com os desejos descontrolados e incontroláveis de seu governante. Um terço humano e dois terços divino, Gilgamesh é um guerreiro poderoso e um grande construtor, mas seus apetites sexuais estão destruindo a moral da cidade. Atendendo às queixas do povo, os deuses lançam um plano complexo e tortuoso. O primeiro passo é dado quando a deusa-mãe Aruru lava as mãos, pega um pouco de argila e molda com ela uma criatura chamada Enkidu — que tinha "o corpo inteiro coberto de pelos desordenados" (1,105).[9]

Alimentando-se de ervas e saciando a sede em poços, Enkidu vagueia nu pelos ermos com gazelas. Ao encontrar armadilhas preparadas para seus companheiros animais, ele as quebra e enche de terra os buracos dissimulados abertos por caçadores. Certo dia, um caçador frustrado avista o homem selvagem. Compreendendo agora por que falhavam suas tentativas de capturar os animais, o homem vai a Uruk, uma viagem de três dias, para se aconselhar com Gilgamesh. Este aconselha o caçador a ir ao Templo de Ishtar, a deusa do amor, e pedir ajuda a uma sacerdotisa chamada Shamhat, uma prostituta do templo, versada em todos os prazeres.

Shamhat acompanha o caçador até o poço, onde ficam à espera de Enkidu.

"Tira as tuas vestes", o caçador diz a Shamhat. "Faze com que ele se deite sobre ti,/ Dispensa a ele, um humano, o trabalho da mulher!" (1,184-185). Tudo ocorre como o caçador havia esperado. Shamhat e Enkidu passam seis dias e sete noites entregues a uma impetuosa concupiscência. Ao fim desse tempo, quando Enkidu tenta retornar às gazelas e outras criaturas selvagens, todas fugiam dele. Enkidu se espanta por não ser mais capaz de contar com a companhia dos animais, porém sua desorientação e perplexidade são prelúdios de um novo estado de coisas. "Tu te tornaste semelhante a um deus", exclama Shamhat. "Por que vaguear pela estepe com bestas do campo?" (1,207-208). Não foi só o corpo dele que se transformou, mas também sua mente. Ele não é mais um selvagem entre animais selvagens.

Quando a benevolente Shamhat fala a Enkidu sobre Gilgamesh, suas palavras parecem despertar nele algum anelo. Mas eles não podem ir imediatamente à cidade. A vida civilizada requer iniciação, adaptação e um prolongado processo de aprendizado. A meretriz começa vestindo o pupilo nu. "Ela se desfez das próprias roupas e com uma peça o vestiu,/ Com outra ela própria se cobriu" (2,20-21). O vestuário não é uma resposta a um sentimento de vergonha, nem mesmo uma adaptação ao meio ambiente. É uma marca da passagem da natureza para a cultura.[10]

Essa passagem prossegue quando Shamhat leva Enkidu para jantar numa cabana com pastores. A refeição campestre é simples, mas para uma pessoa habituada a se satisfazer com grama e a sugar o leite de gazelas é tão estranha quanto o primeiro naco de alimento sólido na língua de um bebê. Shamhat o ensina a comer pão e beber cerveja. Tendo sorvido sete taças, Enkidu, que ficou descuidado e alegre, "tratou o corpo peludo com água,/ Ungiu-se com óleo, tornou-se um homem" (2,42-43). Esses versos podem indicar simplesmente que ele lavou o cabelo, mas podem também sugerir que tirou do corpo a pelagem animal. Ele está deixando de assemelhar-se aos animais. Estamos assistindo ao surgimento do homem.

Essa ascensão prepara o palco para a amizade entre Gilgamesh e Enkidu,[11] uma ligação planejada cuidadosamente antes que um pusesse os olhos no outro. "Vou mostrar-te Gilgamesh", exclama Shamhat, proporcionando a seu pupilo uma visão:

> Ele irradia virilidade, seu vigor é masculino,
> Todo seu corpo é sedutoramente vistoso. (1,236-237)

Também em Uruk, diz ela a Enkidu, Gilgamesh sonhará com uma estrela que caiu do céu. "Apaixonei-me por ela", diz Gilgamesh à sua mãe, a quem relatou seu sonho. Interpretando o sonho, a mãe lhe explica que a estrela pela qual se sentiu atraído é o amigo que ele está destinado a conhecer: "Tu te apaixonarás por ele e o acariciará como a uma mulher" (1,273).

A intensa carga erótica conduz ao primeiro encontro entre os dois, mas de forma surpreendente. Ao chegar a Uruk, Enkidu empenha-se em impedir o acesso de Gilgamesh a uma noiva que este pretende estuprar no dia de seu casamento, como era seu costume. As preces desesperadas do povo foram atendidas: o modo como o homem selvagem barra os desejos de Gilgamesh é o cumprimento, mediante um caminho muito sinuoso, do plano dos deuses para salvar a cidade.

Gilgamesh encoleriza-se com o fato de alguém se opor a seus desejos. Ele e Enkidu se engalfinham numa luta titânica que abala os portais e as muralhas de Uruk. Por fim, Gilgamesh leva a melhor, e o triunfo é selado com um abraço: "Beijaram-se e se tornaram amigos" (2,115). A noiva é esquecida. Amigos inseparáveis desse momento em diante, Gilgamesh e Enkidu envolvem-se em aventuras arrojadas e heroicas.

Em determinado momento, porém, os deuses decretam que Enkidu deve adoecer e morrer. Aterrorizado, o homem culpa Shamhat, que o tirou da vida nômade com as gazelas nos montes para a angústia de um homem mortal: "Que não tenhas jamais um lar que possas desfrutar", ele a amaldiçoa, furioso. "Que nunca afagues uma criança nascida de ti" (7,71-72). A questão aqui não pode ser a mortalidade em si — afinal, como Enkidu sabe, as gazelas eram caçadas e mortas —, mas sim a singular consciência humana da mortalidade. Essa consciência, a angústia especial que nos caracteriza, é o terrível custo da iniciação na civilidade, tão carinhosamente levada a cabo pela prostituta do templo. O benevolente Shamash, deus do Sol, o deus da justiça e da moderação, interveio diretamente para lembrar a Enkidu tudo o que ele devia àquela iniciação: o alimento e a bebida que o susteve e o deliciou, as belas vestes que passou a usar, as homenagens de que se orgulha e, acima de tudo, sua profunda amizade com Gilgamesh. Antes de morrer, embora ainda assustado, Enkidu arrepende-se de suas maldições e abençoa a prostituta que fez dele um ser plenamente humano.

Gilgamesh, que cuidou do amigo com desvelo durante sua longa agonia, mergulha numa dor infinda. À tristeza da perda soma-se o medo de sua própria morte:

> Enkidu, o amigo que tanto amei, tornou-se barro!
> Não hei também de deitar-me como ele,
> E não mais me erguer, nunca mais? (10,69-71)

Inconsolável, o herói deixa Uruk e se entrega a buscar um meio de fugir à morte. Está resolvido a encontrar o sobrevivente do antigo dilúvio, Utnapishtim, tido como o único homem a ter se tornado imortal.

A busca leva Gilgamesh ao litoral, onde conhece uma cervejeira, Siduri, dona de uma taberna. Ele explica a Siduri que está disposto a cruzar o oceano para descobrir Utnapishtim, e ela insiste para que aceite as coisas como são. Não faz sentido que Gilgamesh, ou seja lá quem for, se atormente com anseios de imortalidade. Ele deve aceitar os prazeres que a vida tem a oferecer:

> Quanto a ti, Gilgamesh, enche o estômago,
> Sê sempre feliz, noite e dia,
> Faz de cada dia um deleite,
> Brinca e dança, dia e noite.
> Mantém tuas roupas limpas,
> Mantém tua cabeça lavada,
> Banha-te com água.
> Olha com orgulho a criança que segura tua mão,
> Faz tua companheira sempre venturosa em teu corpo. (10,82-90)

As palavras da cervejeira sintetizam a sabedoria do dia a dia, o conselho ensejado pelo espetáculo de excessivos esforços heroicos: a pessoa deve conhecer seus limites, aceitar a condição humana, saborear os doces prazeres comuns que a vida oferece. "Essa, pois", ela conclui, "é a tarefa da humanidade."

Gilgamesh não se dispõe a aceitar esse conselho, mesmo depois de encontrar Utnapishtim e saber que a imortalidade conferida pelos deuses a ele e a sua mulher depois do dilúvio foi uma concessão irrepetível. Apiedando-se do herói atormentado, o ancião e sua mulher dão-lhe uma última esperança: revelam que uma árvore secreta da vida, uma planta espinhosa, cresce no fundo do mar e confere rejuvenescimento por artes mágicas. Prendendo pedras pesadas aos pés, o herói audaz mergulha no mar e se apodera da planta.

Entretanto, o sonho de rejuvenescimento é despedaçado. Durante seu retorno a Uruk, quando Gilgamesh se detém para se banhar numa lagoa de água doce, uma serpente se apodera da planta e foge. A planta era claramente eficaz, pois antes de sumir no mato a serpente rejuvenescida perdera a pele escamosa, mas a planta está irremediavelmente perdida. Gilgamesh senta-se e chora, sabendo que sua busca de imortalidade fracassou. Ele não será capaz de escapar à morte. No entanto, consola-se com a ideia de que ao partir deixará algo de esplêndido: os vastos alicerces, as escadarias e as muralhas de tijolos, os templos, pomares e açudes de sua cidade.

Essa foi a grande epopeia que circulou no Oriente Próximo durante muitos séculos antes que os hebreus decidissem escrever sua própria história dos primeiros tempos da humanidade: um exultante relato de iniciação sexual; uma gradual ascensão da selvageria à civilização; uma celebração da cidade como lugar grande e bom; uma difícil e relutante aceitação da mortalidade; acima de tudo, uma vida que tem como centro a experiência não de casamento e família, mas de uma profunda amizade entre dois homens. Depois, com o colapso das cidades da Mesopotâmia, esse relato desapareceu. Até sua recuperação, ocorrida por acaso, no século XIX, a história de amor entre Gilgamesh e Enkidu ficou esquecida durante milênios, registrada numa escrita que ninguém mais sabia ler e sepultada sob montanhas de escombros. Ela não se tornou parte de nossa herança. Em seu lugar, herdamos o Gênesis.

Embora a epopeia do *Gilgamesh* nada significasse para Santo Agostinho, Dante ou Milton, pode-se afirmar quase com certeza que era conhecida pelo narrador do Gênesis. Além de seu relato do dilúvio e da arca, ela proporcionava a narrativa de um deus que cria um homem com barro e um relato sobre a primeira experiência de sexualidade, amor, sofrimento e morte. Mesmo nos fragmentos incompletos que sobrevivem, ela constitui uma história bela e cativante. Se os hebreus tinham de dar uma resposta ao *Enuma Elish*, é possível que se sentissem obrigados a responder também ao *Gilgamesh*.

Não houve espaço para tal resposta no estilo conciso e impessoal da abertura, com seus sucessivos dias de criação culminando com a feitura do homem à imagem e semelhança de Deus: "homem e mulher ele os criou". Essa cosmologia, em sua sublime abstração, não poderia fazer sequer uma alusão à experiência da vida humana que o *Gilgamesh* representou com tanto brilho. Para isso, quem quer que tenha elaborado o Gênesis teria de começar de novo, produzir uma outra história.[12]

A narrativa apresentada no segundo e terceiro capítulos do Gênesis começa onde a abertura parou. No entanto, não se trata de uma simples continuação. No capítulo 1, Deus havia "criado o homem à sua imagem", mas não se fazia menção a algum material com que Deus houvesse trabalhado, da mesma forma que não se mencionava nenhum material para a criação do Sol e da Lua. Tudo era produzido pelo poder de Sua palavra. Correndo o risco de uma contradição, no capítulo 2, o autor fez um relato diferente, um relato que correspondia de maneira mais direta ao desafio apresentado por Enkidu, no qual a deusa Aruru cria um homem usando o barro. Agora Iahweh também forma um homem com barro, como fica claro no jogo de palavras com nome da espécie: em hebraico, barro ou argila é 'adama, e o termo que designa homem é 'adam. Em vez de acrescentar a essa figura de barro alguma substância tirada de seu corpo, o deus dos hebreus sopra em suas narinas "um hálito de vida". Não uma substância, mas um sopro. A imagem captura brilhantemente o milagre da animação: a matéria é o próprio pó inerte da terra, mas não é inerte. O barro respira; está vivo. Deus o criou e despertou-o para a vida, porém não se acha presente nele. Nisso está a possibilidade de liberdade e de alienação.

No *Gilgamesh*, o homem formado com o barro é um selvagem, com pelos ondulantes (talvez em todo o corpo) e dotado da força e do comportamento dos animais. No Gênesis, o homem de barro foi criado "à imagem de Deus" e tem, desde o primeiro momento, o status de um ser que não é igual aos outros animais, mas foi criado para dominá-los.[13] Não há uma lenta evolução rumo à plena condição humana; no Gênesis, a criatura de barro animada por Deus já é humana por completo. O fato de nada precisar aprender ou experimentar a fim de alcançar sua identidade elimina de um só golpe toda a necessidade da história da iniciação de Enkidu.

O objetivo de Adão não é a cidade. Ou melhor, se a vida urbana está à espera de seus descendentes, representa somente mais um desastre como consequência de sua expulsão do Éden. No capítulo 11 do Gênesis, alguns homens decidem construir uma cidade na planície de Sinar. Como que reconhecendo o primado da Mesopotâmia no tocante a essa invenção, o texto deixa claro que as pessoas pretendem que a cidade que construirão não seja feita de pedra, como as cidades de Canaã, e sim de tijolos.

Disseram um ao outro: "Vinde! Façamos tijolos e cozamo-los ao fogo!". O tijolo lhes serviu de pedra e o betume de argamassa. Disseram: "Vinde! Construamos uma cidade e uma torre cujo ápice penetre nos céus! Façamo-nos um nome e não sejamos dispersos sobre toda a terra!". (Gênesis 11,3-4)

"Avança", ordena Gilgamesh, com orgulho, a seu barqueiro, "e acompanha as muralhas de Uruk./ Estuda a área dos alicerces e examina os tijolos. As obras de cantaria não são feitas de tijolos cozidos?" (11,95). É praticamente seguro afirmar que o narrador do Gênesis conhecia essa passagem, e também tinha em mente, com toda probabilidade, a passagem do *Enuma Elish* em que Marduk aprova a construção de uma grande cidade: "Cria Babilônia, cuja construção solicitastes!/ Moldem-se seus tijolos de argila, e edificai bem alto o santuário!". No Gênesis, a metrópole feita de tijolos é um desastre:

> Ora, Iahweh desceu para ver a cidade e a torre que os homens tinham construído. E Iahweh disse: "Eis que todos constituem um só povo e falam uma só língua. Isso é o começo de suas iniciativas! Agora, nenhum desígnio será irrealizável para eles. Vinde! Desçamos! Confundamos a sua linguagem para que não mais se entendam uns aos outros". Iahweh os dispersou dali por toda a face da terra, e cessaram de construir a cidade. Deu-se-lhe por isso o nome de Babel, pois foi lá que Iahweh confundiu a linguagem de todos os habitantes da terra [...]. (Gênesis 11,5-9)

Os hebreus devotos que sempre haviam temido e odiado a Babilônia cosmopolita devem ter apreciado bastante essa história. Devem ter achado graça da confusão das línguas e da incapacidade dos ambiciosos construtores de terminar sua torre arrogante.[14] E só podem ter se contentado muito com a transformação da cidade como realização do destino humano na cidade como símbolo da vaidade e da soberba humanas.

Para o autor dos capítulos 2 e 3 do Gênesis era o jardim, e não a cidade, o lugar bom por excelência,[15] o lugar que Iahweh destinara ao homem que ele criara, dotando-o de "toda espécie de árvores formosas de ver e boas de comer". Não havia necessidade de sair dali, como fizeram Gilgamesh e Enkidu, para derrubar árvores a fim de construir portões resistentes. Na história do Gênesis não há sinal nenhum de uma estrutura no jardim onde vive o homem, nenhuma indicação de uma cabana, muito menos de um altar, de um santuário ou de um palácio. As árvores são prezadas como fonte de alimentos e de beleza, e não de material para arquitetura. O papel do homem no jardim não é construir coisa alguma, mas apenas "o cultivar e o guardar".

Essas tarefas implicam que o trabalho é uma parte essencial da existência humana desde o primeiro momento. O termo "paraíso" não consta da Bíblia hebraica e foi empregado pelos tradutores gregos, que podem ter sonhado com um reino de lazer perfeito, nunca imaginado pelos hebreus. O sonho no Gênesis não envolve lazer, mas sim um trabalho dotado de propósito — o cultivo e a guarda — que é visto como prazer. Trabalho, sim, mas não o trabalho duro que constituía uma parte essencial do mito de origem dos sumérios. Na realidade, o fato de o projeto de Iahweh incluir um rio que "saía do Éden para regar o jardim" (Gênesis 2,10)[16] parece eliminar a labuta pesada de cavar os canais de irrigação que ocupavam um lugar tão destacado para os babilônios. Deus criou as condições que possibilitam ao homem, mediante seus esforços, alimentar a si mesmo e a sua prole. Ficamos sabendo mais adiante que essa provisão de sustento vegetariano era fácil, pois não existiam ervas daninhas, e o trabalho evidentemente não fazia o homem suar.

No *Gilgamesh*, os deuses criam, com barro, um homem selvagem que se torna amigo do herói ou seu companheiro durante toda a vida. No Gênesis, vendo que não era bom que o homem estivesse só na terra, Deus forma a mulher a partir de um pedaço do corpo do próprio homem.[17] Essa segunda criação, separada, constitui uma reação assombrosamente criativa à narrativa mesopotâmica. Captura a mesma ânsia profunda de companheirismo, a intensa necessidade de "ajuda", o prazer extático causado pela existência de uma pessoa a quem a vida de outra está ligada, mas que ao mesmo tempo as transforma completamente.

Qual é a natureza dessa transformação? Que diferença traz, na representação do vínculo humano central, ao mudar esse vínculo, como faz o Gênesis, de um homem e um amigo para um homem e uma mulher? As duas histórias acentuam a importância de companhia humana: por mais poderosa e independente que seja a pessoa, ela não pode viver sozinha. Ambas falam do prazer e da alegria, assim como da utilidade, da companhia humana. Ambas passam a ideia de que, em suas realizações heroicas e em suas perdas trágicas, o destino humano é definido por decisões partilhadas e por ações coletivas. Nessa medida, é pequena a diferença entre elas.

Ao contrário do que se poderia esperar, o narrador do Gênesis não mostra a relação entre o primeiro homem e a primeira mulher como fundamentalmente hierárquica. Nada indica que a mulher feita por Deus seja diferente do homem em força ou posição. E, embora Deus ordene ao homem e à mulher, no primeiro capítulo do Gênesis, que frutifiquem e se multipliquem, no segundo capítulo, quando a mulher é formada com uma costela do homem, a ordem de se reproduzirem não é reiterada. Nem a hierarquia nem a reprodução parecem ter dominado a imaginação do narrador.

Em vez disso, o que o Gênesis enfatiza é a experiência de se apegarem um ao outro. O relato bíblico é muito mais breve. Ao contrário do que faz o *Gilgamesh*, o Gênesis não mostra o casal conversando um com o outro, não exibe suas discordâncias, nem mostra como chegaram a uma decisão comum ou enfrentaram uma perda. No entanto, em seus limites estreitos, o narrador do Gênesis acha tempo para repetir, uma e outra vez, a sensação estranha e extática de que o homem e a mulher eram o que ele chama de "uma só carne".

Quando Deus leva a mulher a Adão, este a acolhe com um jubiloso discurso de boas-vindas,[18] um poema arrebatado que expressa sua sensação de que a criatura que ele vê diante de si é, ao mesmo tempo, um pedaço de seu próprio corpo:

> Esta, sim, é osso de meus ossos
> e carne de minha carne. (Gênesis 2,23)

A mulher é parte da substância real do homem e, ao mesmo tempo, diferente, de modo que o homem, despertando de seu sono profundo, entoa um canto extasiado de louvor ao que vê diante dele — "Esta" — que é, também, um poema enlevado sobre si mesmo.

Não há nada parecido com isso no *Gilgamesh*. Por mais próxima que fosse a relação entre Gilgamesh e Enkidu — e o poema descreve a corrente emocional entre os dois como das mais profundas —, eles não demonstram esse sentimento peculiar, a um tempo metáfora e descrição literal, de uma existência partilhada. Esse é um sentimento que o narrador hebreu capturou num jogo de palavras, como se as próprias letras pudessem transmitir a ideia misteriosa de que o homem e a mulher estão entrelaçados:

> Ela será chamada mulher (*ishah*),
> porque foi tirada do homem! (Gênesis 2,23)[19]

Gilgamesh e Enkidu beijam-se, abraçam-se e dão-se as mãos; irmãos de armas, dividem aventuras perigosas e são próximos o bastante para que a morte de um devaste o outro. A relação entre eles é muito mais forte, intensa e matizada do que a relação entre Adão e Eva. Mas eles não são "uma só carne".

É possível que a sensação misteriosa de que o homem e a mulher estão fundidos — ish e *ishah* — esteja ligada à procriação. Afinal, os filhos são a personificação viva da conjunção de carne e ossos. Mas, como qualquer pessoa que já se sentiu apaixonada pode confirmar, a sensação de união independe de filhos, e com muita frequência os precede. Com certeza, isso acontece aqui: parte do fulgor do Gênesis consiste precisamente em separar a ordem da reprodução — e o fato da reprodução — dessa intensa sensação de que o homem e a mulher são uma só carne.

O narrador do Gênesis frisa essa diferença essencial em relação ao Gilgamesh: "Por isso um homem deixa seu pai e sua mãe, se une à sua mulher; e eles se tornam uma só carne" (Gênesis 2,24). Tornar-se uma só carne está ligado, nesse versículo, a uma ideia momentosa ausente do *Gilgamesh*: a ideia de uma pessoa deixar os pais (uma ideia absurda no contexto imediato do Gênesis, em que não havia pais a serem deixados) e formar uma nova unidade familiar. A Bíblia declara que o homem deixa a mãe e o pai, ao passo que no *Gilgamesh* é precisamente a mãe de Gilgamesh que cria a relação entre ele e seu amigo e continua a representar um papel central nela. Uma amizade profunda não acarreta necessariamente a criação de uma nova unidade familiar, mas a união do homem e da mulher como uma só carne, sim.[20]

A descrição do Gênesis termina com a visão do casal no jardim — não como um hermafrodita, como a expressão metafórica "uma só carne" implica repetidamente, mas como duas pessoas: "Ora, os dois estavam nus, o homem e a sua mulher, e não se envergonhavam" (Gênesis 2,25). Permanece um traço da unicidade mítica, não na nudez deles, mas no fato de essa nudez não os envergonhar. Essa visão simples é a soma total da vida em comum deles no jardim, mas basta.

Para o narrador do Gênesis, não há nenhuma iniciação, nenhuma transição para um meio cultural, a fim de tornar possível a relação primordial. A vida estava meio inacabada e insatisfatória antes da criação da mulher, mas agora está completa. Há vislumbres implícitos do futuro — de roupas, de vergonha, do jeito como as coisas são hoje —, mas são marcas de sofrimento ou vulnerabilidade após a violação da proibição divina. O Gênesis reescreve a iniciação como uma transgressão.

"Você agora se assemelha a um deus", disse a prostituta do templo a Enkidu após sua iniciação sexual. O narrador do Gênesis lembrava-se dessas palavras e as usou para representar não a ascensão, mas a ruína do homem e da mulher. A serpente que rouba de Gilgamesh o ramo que lhe teria permitido furtar-se à morte transforma-se na serpente que rouba ao homem e à mulher sua esperança de vida eterna. E a promessa com que a serpente persuade a mulher a comer o fruto proibido é a própria visão que Shamhat ofereceu a Enkidu: "Vós sereis como deuses". Enkidu não se transformou de verdade num deus. Vestido e instruído quanto às maneiras apropriadas de comer, ele se tornou plenamente humano, capaz de civilidade, amizade profunda e heroísmo. Há um preço — ele tinha agora consciência de sua mortalidade —, porém a mortalidade sempre foi seu destino. Tal como as gazelas com as quais corria, ele simplesmente não sabia disso.

Pode-se dizer também que o homem e a mulher do Gênesis só se tornam plenamente humanos depois que comem o fruto. Entretanto, enquanto para Enkidu a transformação acaba por ser uma bênção, para Adão e Eva é um desastre: suas vestes são uma resposta à vergonha e à carência, e seu alimento terá de ser tirado de uma terra recalcitrante e espinhenta. E, acima de tudo, a vida deles será abreviada por uma morte de que, de outra forma, teriam sido poupados. Eles também alcançaram um conhecimento maior — o conhecimento do bem e do mal —, mas esse conhecimento foi adquirido a um preço quase insuportável.

Se o narrador hebreu pretendia abalar crenças mesopotâmicas profundas, teve um êxito brilhante. Virou o mito de origem de cabeça para baixo. O que no *Gilgamesh* era triunfo, no Gênesis transformou-se em tragédia.

4. A vida de Adão e Eva

No fim de 1945, um camponês egípcio, Mohammed 'Ali al-Samman, saiu com um de seus seis irmãos mais novos para as montanhas perto de sua aldeia ao norte de Lúxor em busca de *sabakh*, um fertilizante formado a partir de matéria putrefata achada em cemitérios antigos e lugarejos abandonados. Usando uma picareta, desenterrou por acaso um jarro de barro vermelho lacrado, com cerca de um metro de altura. Ainda que receasse abri-lo, por temer que o jarro estivesse protegido por um sortilégio e liberasse um espírito mau, a curiosidade e a possibilidade de ganhar algum dinheiro com aquilo acabaram falando mais alto, e ele rompeu o lacre e meteu a mão no interior do jarro. Desapontado, achou não moedas de ouro, mas apenas treze livros, com capas de couro e algumas folhas de papel soltas. Levou o que tinha achado para sua aldeia, onde só conseguiu trocar os livros por cigarros e algumas piastras. Mohammed 'Ali livrou-se de alguns livros e, de volta à sua casa, jogou os outros numa pilha de palha, usada para manter o fogo aceso no grande forno de assar pão. A mãe dele usou algumas folhas para atiçar o fogo, mas pela cabeça do descobridor dos livros deve ter passado a ideia de que pudessem valer mais do que combustível, pois tirou o restante do monte de palha e os guardou.[1]

Aos poucos, a notícia da descoberta de Mohammed 'Ali ultrapassou os limites do vilarejo. Por meio de várias rotas sinuosas, e com a perda de mais algumas páginas pelo caminho, o tesouro acabou por chegar ao Cairo, onde negociantes de antiguidades logo se deram conta de seu valor potencial. Contudo, antes que os livros encontrassem compradores, o governo egípcio tomou conhecimento de sua existência e, conseguindo apoderar-se de todos eles, menos um,[2] colocou-os no Museu Copta do Cairo. Ali ficaram numa prateleira durante uma década, antes que se criasse um projeto para que fossem transcritos e traduzidos.

Os livros saídos do jarro de barro datam de aproximadamente 350-400 EC e são cópias de textos anteriores. Todo o conjunto passou a ser conhecido como a Biblioteca de Nag Hammadi, nome da cidade mais próxima do local onde foram achados. Eram feitos de folhas de papiro, não coladas umas nas outras para formar rolos — um formato familiar por causa dos rolos da Torá ainda usados atualmente nas sinagogas —, mas costuradas como códices, um formato mais conveniente que continuamos a usar em nossos livros impressos. Os cristãos estiveram entre os primeiros grupos a adotar os códices para seus textos sagrados, e ali, quase por milagre, havia toda uma coleção deles.

Aqueles textos tinham sobrevivido graças ao clima e ao acaso, mas também por uma ocultação deliberada. Escritos em copta, a língua que floresceu no Egito antes da conquista árabe, os livros haviam sido muito bem escondidos. As pessoas que os lacraram com todo cuidado num jarro de barro e o enterraram num local tão remoto não se identificaram, claro, mas provavelmente eram monges de um mosteiro próximo, temerosos da censura cada vez mais severa de livros que autoridades cristãs consideravam heréticos. Nesse período a Igreja julgava importante definir os limites do cânone e estabelecer uma nítida distinção entre as crenças aceitáveis e aquelas que, como as dos textos de Nag Hammadi, eram vistas como perigosas. Evidentemente, quem escondeu os livros queria impedir que obras preciosas, muitas delas com séculos de idade, fossem destruídas. Talvez confiassem que a perseguição chegasse ao fim e eles pudessem então retornar aos textos que a comunidade estudava havia tanto tempo. No entanto, a campanha contra a heterodoxia só se intensificou, e os manuscritos enterrados permaneceram intocados e esquecidos por 1500 anos.

Quando a biblioteca oculta enfim veio à tona, foi grande o interesse despertado em todo o mundo pela cópia única do chamado Evangelho de Tomé, com sua pretensão — ainda debatida acaloradamente — de revelar palavras desconhecidas de Jesus. Em muitos sentidos, porém, os textos mais surpreendentes diziam respeito a Adão e Eva.[3] Um deles, o Apocalipse de Adão, seria a voz do primeiro homem falando a seu amado filho Set. "Quando Deus me criou da terra, junto com Eva, sua mãe", recorda o pai, "vivi com ela em estado de glória." A glória em questão, Adão deixa claro, não era só dele; pelo contrário, ele a devia à sua mulher: "Ela me ensinou uma palavra de conhecimento do Deus eterno". E o conhecimento que eles então partilharam tornou-os imensamente poderosos: "Semelhávamos os grandes anjos eternos, pois éramos maiores que o deus que nos criara e que as potestades que o cercavam, e que não conhecíamos".

"Éramos maiores que o deus que nos criara": nessa versão da história do Gênesis, as criaturas tornam-se mais poderosas que Deus, que se revela cada vez mais ciumento e atemorizante, e o homem depende da coragem e da sabedoria da mulher. Eva é a verdadeira protagonista da história, pois foi ela que, com ousadia, se apoderou, para si e para toda a humanidade, do conhecimento que o ciumento Criador lhes negava.

Um outro texto da Biblioteca de Nag Hammadi, *O testemunho da verdade*, está escrito não da perspectiva de Deus ou de Adão e Eva, mas da serpente. As limitações de Deus, segundo o texto, são de uma clareza decepcionante. Que tipo de divindade recusaria aos homens o direito de comer da Árvore do Conhecimento? Um Criador realmente amoroso teria, com certeza, promovido o conhecimento, em vez de evitar que suas criaturas tivessem acesso a ele. O Deus do Gênesis não é nosso amigo. Foi a serpente, nessa versão da história, a grande benfeitora da humanidade.

É evidente que, para alguns membros dessa comunidade, a história de Adão e Eva tinha um sentido radicalmente distinto de tudo que passamos a esperar. Estavam tomados pela suspeita de que Iahweh fosse invejoso e desalmado. Atribuíam aos primeiros seres humanos palavras que não lemos nos versículos dispersos da Bíblia. Festejavam a serpente, que instou com os humanos para que comessem o fruto da Árvore do Conhecimento, e a mulher que, na busca do conhecimento, atreveu-se a violar a proibição de Iahweh. É verdade que essa interpretação foi derrotada: por isso tiveram de enterrar seus livros num jarro lacrado que acabou esquecido. Talvez tenha sido por isso que eles próprios foram esquecidos.

No entanto, na época não eram apenas monges de mosteiros no deserto que faziam perguntas sobre a história da criação e se esforçavam para buscar palavras que a Bíblia não oferecia. Vejamos as palavras iniciais de *A vida de Adão e Eva*,[4] um texto que começou a circular em grego no século I EC:

> Depois de serem expulsos do Paraíso, Adão e Eva construíram uma tenda e passaram sete dias sofrendo e se lamentando, tomados de profunda tristeza. Depois desses sete dias, porém, começaram a sentir fome e buscaram o que comer, mas nada encontraram [...]. Caminhando ao léu, procuraram durante vários dias, mas nada achavam que fosse semelhante ao que tinham no Paraíso. Só achavam o que os animais comiam. Adão disse a Eva: "O Senhor deu aos animais e às feras essas coisas para comerem. Nossa comida, entretanto, era o alimento dos anjos".

Provavelmente originário de um ambiente judaico e escrito numa língua semita, esse relato sobre os primeiros humanos logo chegou a comunidades cristãs primitivas e apareceu em grande número de outras línguas, desde o latim até o copta, o armênio, o georgiano e o eslavônico, e continuou a ser lido durante séculos.

Ao lado de um amplo conjunto de comentários, tanto rabínicos como patrísticos, a popularidade internacional de *A vida de Adão e Eva* indica que, na Antiguidade tardia, os versículos do livro do Gênesis tinham passado a ser vistos como pouco esclarecedores e excessivamente econômicos, uma mescla de enigmas éticos e silêncios desconcertantes. Os leitores queriam mais informações. Como teriam os primeiros seres humanos reagido à sua expulsão do Paraíso? Teriam batido no portão e suplicado permissão para voltar? Pelo menos entendiam o que lhes havia ocorrido? Para onde foram e como conseguiram sobreviver? O amor entre eles durou? O que disseram aos filhos sobre o que tinha acontecido? O Criador assistiu ao espetáculo do seu sofrimento com indiferença, com prazer ou, talvez, com uma ponta de arrependimento? E como viram a mortalidade — primeiro, o assassinato do filho, Abel, e depois o envelhecimento e a morte deles próprios?

Tais perguntas não eram isentas de risco. Essas cenas imaginárias, sem registro na Bíblia, eram relevantes para assuntos controvertidos: as fontes do pecado, a natureza do casamento, a diferença moral, se existia, entre as mulheres e os homens, a justiça da cólera de Deus, a identidade oculta de Satanás (o inimigo mortal da humanidade), a possibilidade de redenção. Judeus e cristãos se esforçavam para definir quais seriam os textos centrais, aprovados, da fé — o cânone — e quais deveriam ficar fora dos limites, na zona designada como "apócrifos", da palavra grega que significa "ocultos". O processo era longo e acidentado, repleto de discussões amargas, algumas das quais não foram até hoje inteiramente solucionadas a contento.

Não obstante sua ampla circulação, *A vida de Adão e Eva* nunca fez parte do cânone, em nenhuma de suas muitas versões, nem chegou a ser um dos livros apócrifos que com frequência apareciam como apêndices a Bíblias manuscritas e, mais tarde, a edições impressas. Manteve-se sempre à margem, incapaz de ganhar reconhecimento pleno no cânone e impossível de ser totalmente suprimido. Aventurando-se no território da ficção, o autor ou autores anônimos reagiam ao impulso quase irresistível de imaginar Adão e Eva, recém-expulsos, como pessoas diante de um terrível impasse. Daí a cena de abertura que já vimos de relance. No Paraíso, a dieta do casal fora idêntica à dos anjos. Quando, pelas primeiras vezes, sentiram a angústia da fome, compreenderam, desalentados, que seu apetite só poderia ser aplacado com o mesmo alimento que os animais consumiam. Com isso, pela primeira vez viram-se obrigados a admitir que também eram animais.

Em seguida, essa biografia antiga imaginava que Adão teria proposto um ritual desesperado de penitência. Ele disse à sua mulher que ficaria de pé, durante quarenta dias, dentro do rio Jordão, com água até o pescoço; por ser menos robusta, Eva se limitaria a 37 dias imersa no rio Tigre. Antes, porém, que o período chegasse ao fim, Satã assumiu a forma de um anjo de luz e disse a Eva que Deus, misericordioso, havia escutado seus lamentos e aceitado seu arrependimento. E ele fora enviado, declarou Satã, para levá-la ao alimento pelo qual ela vinha ansiando e que Deus amorosamente lhe preparara. Eva saiu do rio toda trêmula — "Sua carne parecia grama por causa da frieza da água" — e correu, feliz, à procura do marido. Mas, quando Adão a viu, clamou, angustiado, que mais uma vez ela fora ludibriada.

Eva atirou-se ao chão e perguntou a Satanás qual era a razão de tamanho ódio contra eles. *A vida de Adão e Eva* faz então um ensaio daquilo que viria a se tornar um dos temas principais na elaboração da história da criação. O diabo explicou a Eva que fora por causa de Adão que ele e sua coorte de anjos rebelados tinham sido expulsos do céu. Ao serem convocados a adorar o homem recém-criado, tinham se recusado, uma vez que se consideravam mais antigos e superiores. Devido a essa rebeldia, foram lançados no inferno. Agora se vingariam de qualquer maneira que pudessem.

Ainda de pé no meio das águas e resolvido a completar todo o prazo de seu ritual de penitência, Adão estava indignado com sua mulher. Desesperada, Eva pôs-se a vagar para oeste, decidida a viver em solidão até o dia de sua morte. Portanto, os dois não foram apenas as primeiras pessoas a se casar; foram também as primeiras a se separar. Deu-se, porém, que Eva estava grávida de três meses, e quando chegou a hora de dar à luz começou a gritar de dor. Ouvindo seus gritos, Adão foi ter com ela, e retomaram a vida de casados, junto com o recém-nascido. "Imediatamente a criança saiu correndo e trouxe com as próprias mãos uma braçada de grama, que entregou à mãe. Deram a ele o nome de Caim."

Não existe nenhum sinal de nada disso no Gênesis. Entretanto, o anônimo autor de *A vida de Adão e Eva* e seus ávidos leitores estavam procurando saber o que aconteceu depois do desastre, o que aconteceu a nossos primeiros ancestrais e encontrar uma motivação compreensível e uma identidade plausível para a serpente. Estavam em busca daquilo que no teatro se conhece como subtexto, uma história oculta que desse sentido a uma conduta que, na narrativa lacônica da Bíblia, parecia ininteligível: "A serpente disse então à mulher: 'Não, não morrereis! Mas Deus sabe que, no dia em que dele comerdes, vossos olhos se abrirão vós e sereis como deuses, versados no bem e no mal'." (Gênesis 3,4-5). Mesmo pondo de lado os problemas de uma serpente que fala — com que cordas vocais? Em que língua? Com que grau de consciência? —, havia o problema de um fundamento lógico.

Durante muito tempo, sábios rabínicos refletiram sobre as palavras de Deus no primeiro capítulo do Gênesis: "Façamos o homem à nossa imagem". A quem se refere aqui o "nós" subentendido? (Aparentemente o hebraico antigo não tinha um plural majestático.) Na religião da Babilônia ou de Roma, o plural sugeriria que Iahweh falava aos outros deuses, como faziam repetidamente Marduk ou Zeus. No entanto, mesmo que isso tivesse sido uma ideia possível para os hebreus num passado distante, uma pessoa que a propusesse nos tempos rabínicos seria tachada de herege, principalmente depois que os primeiros cristãos começaram a alegar que o plural se referia à Trindade.

No fim do século III EC, o rabino Samuel ben Nahman[5] imaginou o que teria acontecido quando Moisés, descendo do monte Sinai com a Torá, ditada pelo próprio Deus, chegou àquela palavra subtendida, "nós". "Por que proporcionais uma desculpa para os hereges?", indagou Moisés. "Escreve", redarguiu Deus. "Quem quiser errar, que erre."

A explicação correta, de acordo com a maioria dos rabinos, era que Deus estava se referindo a consultas aos anjos. Contudo, logo em seguida os rabinos passaram a especular que os anjos haviam ficado descontentes e se dividido em grupos conflitantes. O partido angélico do Amor apoiou a criação proposta; já o partido angélico da Verdade opôs-se a ela. Por isso, também a Justiça estava a favor; a Paz, contra. O rabino Hanina[6] afirmou que, para reduzir a oposição a seu plano, Deus havia falado aos anjos sobre toda a devoção que brotaria da humanidade, embora nada dissesse a respeito da iniquidade dessa mesma humanidade. E, enquanto as facções discutiam entre si, Deus agiu e fez o que Ele tencionava fazer.

Alguns comentaristas rabínicos começaram a elaborar um relato que atribuía a oposição à criação do homem não a partidos que defendiam este ou aquele princípio celestial, mas sim a anjos motivados por inveja ou má-fé — os sentimentos confessados por Satã em *A vida de Adão e Eva*. Partindo dessa especulação, os primeiros cristãos pouco a pouco produziram uma grandiosa narrativa centrada no Príncipe das Trevas e suas legiões.[7] Mais tarde, os muçulmanos criaram um relato semelhante, centrado na recusa de Iblis, o demônio, de obedecer à ordem de Alá e curvar-se diante de Adão. "O que te impediu de se prostrar como ordenei?", perguntou Alá, ao que Iblis respondeu: "Eu sou maior do que ele. Vós me criastes do fogo, e a ele do pó da terra". Por esse orgulho e essa arrogância, Alá amaldiçoou Iblis e o lançou no Jahannam, o inferno islâmico.

Os cristãos propuseram outra solução do problema do misterioso "nós" em "Façamos o homem à nossa imagem". João inicia seu evangelho com palavras que pareciam aludir à abertura do Gênesis: "No princípio era o Verbo e o Verbo estava com Deus e o Verbo era Deus". O "nós", concluíram, devia fazer referência ao Logos divino, o Verbo que se encarnaria em Jesus Cristo. Foi Cristo, então, que executou, contra a hostilidade maldosa dos demônios, o plano de criação de Deus. E caberia a Cristo, através de seu sublime sacrifício, redimir a humanidade, desencaminhada pelas mentiras que Satã, assumindo a forma da serpente, havia propagado.

Entretanto, nenhuma dessas interpretações satisfazia a todos, silenciava as discussões ou solucionava a necessidade de mais explicações. O Gênesis sintetiza toda a biografia posterior de Adão com pouquíssimas palavras: "Quando Adão completou cento e trinta anos, gerou um filho à sua semelhança, como sua imagem, e lhe deu o nome de Set. O tempo que viveu Adão depois do nascimento de

Set foi de oitocentos anos e gerou filhos e filhas. Toda a duração da vida de Adão foi de novecentos e trinta anos, depois morreu" (Gênesis 5,3-5). "Depois morreu" é uma frase que requereria elaboração, pois essa foi a primeira morte natural na história da humanidade. Em *A vida de Adão e Eva*, Adão reuniu seus filhos e lhes comunicou que estava doente — "Sinto fortes dores" —, mas eles não foram capazes de sequer compreender o que o pai queria dizer com as palavras "doença" e "dor". Como era possível que isso acontecesse? Angustiado, Adão enviou Eva e seu filho predileto, Set, às portas do Paraíso, para implorarem o óleo curativo da misericórdia, porém o arcanjo Miguel rejeitou o pedido taxativamente.

Ao voltarem, anunciando a recusa, Adão, percebendo que sua morte era iminente, aproveitou a ocasião, como fizera repetidamente ao longo de todo esse relato, para culpar sua mulher: "Adão disse a Eva: 'O que fizeste? Causaste-nos uma grande tribulação, trouxeste o erro e o pecado para todas as nossas gerações'". Adão sabia que o destino que estava agora sofrendo caberia também a seus descendentes, e desejava que a fonte do tormento que lhes adviria ficasse clara para toda a sua linhagem. Por isso, ordenou à sua mulher que contasse aos filhos o que fizera.

Seis dias depois da morte de Adão, foi a vez de Eva morrer. Como que cumprindo a determinação de Adão, ela reuniu Set e os demais filhos, mas modificou sutilmente a mensagem. Não havia motivo para que seus filhos e os filhos de seus filhos acreditassem que a culpa era toda dela. Eles e toda a linhagem estavam condenados a morrer, disse-lhes, por causa do que ela *e* Adão tinham feito.

A seguir, ela fez um preparativo crucial, estabelecendo uma transmissão cultural que se baseava não só na fala, mas também em uma inscrição mais duradoura. *A vida de Adão e Eva* atribui à primeira mulher a invenção da escrita.

> Fazei tábuas de pedra e também tábuas de barro, e escrevei nelas toda a história de minha vida, e a de vosso pai, como vistes e ouvistes de nós.
> Se ele punir nossa raça por meio da água, as tábuas de barro serão destruídas, mas as tábuas de pedra perdurarão. Se, porém, ele punir nossa raça por meio do fogo, as tábuas de pedra serão destruídas, mas as tábuas de barro serão cozidas.

Decidida a fazer com que a história sobrevivesse a quaisquer catástrofes futuras, Eva se preparou com cuidado para a possibilidade de um dilúvio ou de incêndios.

A vida de Adão e Eva proporcionou os detalhes que muitas pessoas desejavam e não encontravam na concisa narrativa do Gênesis. Para alguns judeus e cristãos, porém, a expansão da história só intensificava as antigas e perturbadoras questões éticas. Qual era o sentido daquilo tudo? "Por que fatigastes vossas mãos imaculadas para criar o homem", pergunta o visionário Sadraque num diálogo escrito no século II ou III EC,[8] "já que não pretendíeis ter misericórdia dele?" Deus responde que Adão violara sua ordem explícita e, "sendo iludido pelo demônio, comeu da árvore". Entretanto, invocar o diabo não resolvia a questão. "Se amáveis o homem, por que razão não matastes o demônio?" O debate prossegue, só terminando quando Deus o encerra com o tipo de interrogação que silenciaria Jó: "Dizei-me, Sadraque, quantas ondas cresceram e quantas arrebentaram desde que fiz o mar?".

Perguntar o número de ondas no oceano pode ter servido para pôr fim a essa conversa, mas obviamente não apaziguou as dúvidas maiores que a história de Adão e Eva continuava a provocar. A solução mais extremada foi proposta por um dos primeiros bispos cristãos, Marcião, nascido na cidade de Sínope, junto ao mar Negro, por volta do ano 85. Marcião propôs que a Igreja simplesmente abandonasse por completo a Bíblia hebraica como base na fé em Cristo. O Deus cujos atos e intenções estão registrados na história dos judeus, ele argumentava, acha-se manifestamente maculado pelo mal. Uma divindade que proíbe aos homens o acesso ao conhecimento no Jardim do Éden e depois os pune de forma terrível por um ato que só a posse desse conhecimento poderia ter impedido não é o Deus puro, espiritual, santo e bondoso cuja centelha os cristãos redimidos encontram em seu próprio coração. Marcião admitia que Iahweh era, com efeito, o Criador, como afirma o Gênesis, mas foi um criador maldoso. Foi o pai da lei implacável dada aos judeus, mas não o pai de Jesus Cristo. Marcião traçava a linha mais nítida possível entre o velho e o novo deus.[9] O culto a Iahweh deveria ter o mesmo destino do culto de Marduk, Amon Ra e de muitos outros deuses varridos pela nova revelação.

Entretanto, embora suas ideias atraíssem grande número de seguidores, por fim Marcião foi denunciado como herege. A Igreja adotou como suas as Escrituras hebraicas cujo Deus era o governante do universo e cujas antigas profecias Jesus havia cumprido. Jesus fazia sentido precisamente como uma resposta a Adão. Paulo havia estabelecido a conexão crucial:[10] "Visto que a morte veio por um homem", ele escreveu aos coríntios, "também por um homem vem a ressurreição dos mortos". As palavras do apóstolo davam a entender que era impossível compreender Cristo sem compreender o pecado dos primeiros humanos e a consequência daquele pecado.[11] O cristianismo não poderia dispensar a história do Jardim do Éden.

Na imaginação dos teólogos cristãos,[12] cada momento no plano cósmico começou a fazer sentido: o dia em que Cristo foi encarnado estava ligado misticamente ao dia em que Deus formou o homem do pó da terra; assim também estavam ligados o dia em que o menino-deus foi levado ao peito da mãe e o dia em que Deus formou as estrelas; o dia em que o Salvador sofreu na cruz e o dia em que Adão caiu; o dia em que Cristo se levantou dos mortos e o dia em que Deus criou a luz. Os vínculos entre as Escrituras hebraicas e o Novo Testamento, uma parte essencial de toda a visão da vida e da missão de Jesus, tal como narrada nos evangelhos, foram forjados com incansável zelo e engenhosidade. O método, conhecido como tipologia, exerceu uma influência imensa e duradoura sobre a fé cristã.

A tipologia bíblica insistia na realidade histórica dos acontecimentos descritos no Gênesis.[13] Se esses acontecimentos só encontravam seu significado maior no Novo Testamento, tal significado não os tornava menos reais por si sós. O pó com que Adão foi formado e o sopro animador em suas narinas, a ferida feita em Adão no lugar de uma de suas costelas, para com ela formar Eva, o jardim com sua árvore funesta, o suor em sua fronte quando ele foi obrigado a trabalhar, tudo isso era perfeitamente real e, ao mesmo tempo, "cumprido" na vida de Cristo — em sua encarnação, na medonha "árvore" em que foi pregado, na ferida que a lança do soldado causou em seu flanco e assim por diante. Questionar essas elaboradas conexões, como fizeram Marcião e seus seguidores, era incorrer em acusações de heresia. Já no ano 180 EC, no livro *Contra a heresia*, de santo Irineu de Lyon, lia-se claramente: os cristãos não tinham permissão de repudiar Iahweh ou afirmar que o Salvador era um deus previamente desconhecido e oculto ou renegar a história da criação dos homens. Sem Adão, não haveria Jesus.

No entanto, a história do casal nu, da serpente e do fruto proibido continuava a perturbar. Ela era, ou assim se dizia, uma pedra fundamental imprescindível da fé cristã, mas para alguns a pedra se mostrava instável ou até embaraçosa. Em que se distinguia dos mais ridículos mitos de origem dos pagãos? O culto Juliano, imperador romano do século IV EC, tratava todos esses mitos com o mesmo desprezo. Os gregos antigos, ele escreveu em *Contra os galileus*,[14] inventavam "histórias inacreditáveis e monstruosas". Que tipo de linguagem, perguntava de modo zombeteiro o imperador, devemos dizer que a serpente empregou para falar a Eva? E não é estranho que o deus hebreu negasse aos humanos, que ele criou, a capacidade de distinguir o bem e o mal? Esse poder é, decerto, um dos atributos cruciais da sabedoria, "de modo que a serpente foi uma benfeitora, e não uma destruidora da raça humana".

Quando Juliano morreu, em decorrência dos ferimentos que sofreu numa fatídica campanha contra os persas, o ceticismo imperial morreu com ele, e o cristianismo retomou seu lugar como a religião oficial do império. Contudo, o desconforto com a história hebreia da criação não desapareceu. Já na época em que Jesus estava ativo na Terra Santa, surgira uma técnica para aplacar esse desconforto, ao menos entre os judeus e cristãos de maior sofisticação intelectual. Essa técnica foi criada principalmente por Filo, filósofo judeu de Alexandria, de língua grega, que bem compreendia a razão pela qual as pessoas que liam Platão e Aristóteles podiam julgar certas histórias da Bíblia primitivas e eticamente incoerentes.

A solução proposta por Filo, radical e brilhante, pode ser resumida numa única palavra: alegoria[15] (em grego, "falar de outra coisa"). Todo o esforço de entender essas histórias de forma literal tem de ser abandonado. Pelo contrário, cada detalhe deve ser tratado como um enigma filosófico, uma alusão a um significado oculto e mais abstrato. A Bíblia diz que o mundo foi criado em seis dias, escreveu ele, "não porque o criador precisasse de um prazo — pois Deus com certeza fez tudo ao mesmo tempo". Os dias são mencionados porque "as coisas que passavam a existir exigiam ordem".[16] O primeiro ser humano — o homem criado no capítulo 1 do Gênesis — não foi uma criação de carne e sangue, de acordo com Filo, e sim uma espécie de ideia platônica de um ser humano. O Jardim do Éden não apresentava nenhuma semelhança com os jardins que pudéssemos ver. Com relação à Árvore da Vida que existia nesse jardim, "nunca surgiram no passado árvores da vida ou do conhecimento na terra, e é improvável que surjam no futuro".

Para Filo, a chave estava em não se concentrar nos detalhes literais da narrativa. Em vez disso, eles deveriam ser entendidos como símbolos, "que convidam a uma interpretação alegórica mediante a explicação de significados ocultos". Ao inserir Adão no jardim, Moisés não estava pedindo a seus leitores que evocassem a imagem de um camponês nu que tivesse sido posto a trabalhar num ermo rural. O ancestral original, escreveu o cosmopolita Filo, era "o único cidadão real do cosmos", e o jardim verdadeiro em que ele deveria labutar era a sua alma.[17] A Árvore da Vida era um símbolo da mais excelsa virtude, a reverência a Deus. A serpente não era uma cobra comum de jardim; era "um símbolo do prazer, primeiro porque é uma criatura sem pernas que rasteja sobre o estômago de cara para a frente, e depois porque pega torrões de terra como alimento, e por fim porque leva nos dentes um veneno que lhe permite matar todos aqueles que ela morde".

A estratégia de Filo possibilitou a judeus helenizados, impregnados de filosofia grega, abordar os elementos fabulosos da história não com embaraço, mas com a astúcia e a sofisticação exigidas por mitos como a caverna da *República*, de Platão. Sua postura intelectual fixou o rumo da exegese judaica durante séculos, chegando até a atualidade.[18] No entanto, não foi apenas para os judeus que o método alegórico de Filo serviu como inspiração e modelo poderoso. Esse método influenciou figuras relevantes no cristianismo primitivo, com destaque para o letrado alexandrino conhecido como Orígenes Adamâncio (o "Inquebrável").

Nascido em 184 EC, cerca de duzentos anos depois do nascimento de Filo, Orígenes era filho de um cristão martirizado durante um dos ciclos de perseguição pela Roma imperial. Jovem de intensa devoção, acreditava que seu próprio destino também o levaria à glória de morrer por sua fé. Em vez disso, talvez para seu desapontamento, tornou-se apenas um professor e teólogo de imensa influência. Ajudado por uma equipe de escribas que registravam o que ele ditava, consta que produziu cerca de 6 mil obras. "Obras" aqui significa aquilo que preencheria um único rolo de papiro, algo como um capítulo. Ainda assim, sua produção é espantosa e, embora grande parte dela se tenha perdido, os textos de Orígenes que sobrevivem — respeitados volumes de erudição bíblica, comentários pormenorizados, coleções de homilias, polêmicas e meditações teológicas — confirmam sua importância.

Sempre houve algo de alarmante em relação a Orígenes, algo que despertava a preocupação das autoridades eclesiásticas e provocava os conflitos que o obrigaram a levar uma existência peripatética e de extrema instabilidade. Imensamente culto, insone, pio e autopunitivo, possuía muitas das qualidades que com frequência levavam à beatificação e à canonização. Mas Orígenes não chegou a tornar-se santo. Algumas de suas posições teológicas — e é claro que em 6 mil obras havia uma verdadeira profusão delas — violavam aquilo que veio a se tornar a doutrina da Igreja. Orígenes propôs que o Deus Filho estava subordinado ao Deus Pai, e às vezes dava a entender que todas as criaturas, até o próprio Satanás, por fim seriam salvas e se reconciliariam com Deus. Essas duas ideias acabaram sendo declaradas heréticas.

Mas não se tratava apenas de uma questão de doutrina. Orígenes, asceta radical, remoía a resposta que Jesus dera a seus discípulos, quando lhe perguntaram se ele queria dizer que seria melhor nunca se casarem. "Nem todos são capazes de compreender essa palavra, mas só aqueles a quem é concedido", respondeu Jesus, acrescentando:

> Com efeito, há eunucos que nasceram assim, desde o ventre materno. E há eunucos que foram feitos eunucos pelos homens. E há eunucos que se se fizeram eunucos por causa do reino dos céus. (Mateus 19,11-12)

Ansiando por ser um daqueles que se fizeram eunucos por causa do reino dos céus, Orígenes pegou uma faca e se castrou.

Embora a prática só viesse a ser condenada formalmente no século IV EC, a Igreja mantinha uma postura tíbia em relação à automutilação. Ensinava que as palavras de Jesus aqui, como muitas outras que ele pronunciou — "deixa que os mortos enterrem os seus mortos"; "caso a tua mão direita te leve a pecar, corta-a e lança-a para longe"; "a ninguém na terra chameis 'Pai'" —, deveriam ser entendidas como metáforas. Os fiéis não eram ensinados, muito menos incentivados, a obedecer a essas ordens de modo literal.

No caso da obediência cruelmente literal, por Orígenes, das palavras de Jesus sobre os eunucos que se castravam por causa do reino dos céus, a ironia está no fato de ele ter se tornado o maior propugnador, na Igreja cristã primitiva, da interpretação alegórica das Escrituras. Ele deixou clara a sua posição ao responder a um ataque pagão feito por um filósofo grego chamado Celso. (O livro de Celso, *Alêthês Lógos* [O logos verdadeiro], não chegou até nós, mas conhecemos uma parte substancial dele por meio da resposta de Orígenes.) "Os judeus, na época, levando uma vida ignóbil em algum canto da Palestina e sendo um povo absolutamente inculto", escreveu Celso, teceram certas histórias "inacreditáveis e desinteressantes", como a que narra a criação de Adão e Eva, que os cristãos tinham tomado como fundamento de sua fé.[19] Diante desse desafio, Orígenes fugiu o mais depressa que pôde do sentido literal dessas narrativas. Escreveu que as palavras da Escritura deveriam ser entendidas exatamente da maneira como letrados pagãos como Celso tratavam seus próprios clássicos. Por que interpretar as fabulações profundas de Moisés com um literalismo tacanho, enquanto fábulas semelhantes em obras de Hesíodo e Platão eram tratadas como alegorias? Platão também pareceria um bufão se seus mitos fossem entendidos ao pé da letra e deixássemos de admirar a forma como escondia grandes mistérios filosóficos sob o manto da narrativa de histórias.

Assim, no Gênesis, insistia Orígenes, Adão não deveria ser visto como uma pessoa real: o termo em hebraico indica a natureza humana em geral. O Paraíso não se refere a um lugar determinado, mas sim à condição da alma. E a expulsão do homem e da mulher do Paraíso, como também o fato de Deus os terem coberto com túnicas de peles de animais, não é uma lenda popular grosseira; encerra "certa doutrina secreta e mística (que transcende em muito a de Platão) sobre a alma que perde as suas asas e é lançada à terra, até conseguir um descanso estável". Os muitos seguidores de Orígenes deram prosseguimento a seu trabalho interpretativo e o refinaram: o "Éden" era Jesus Cristo; o "Paraíso" era a Igreja; a "mulher" era percepção sensorial; e o "homem" era a razão. Lentamente, como numa pesquisa arqueológica, tesouros filosóficos foram sendo escavados sob a superfície pétrea da história do Gênesis.

Tivesse o enfoque de Orígenes triunfado, pouco a pouco Adão e Eva se tornariam símbolos esotéricos, que talvez despertassem interesse por apontar para problemas filosóficos sutis, mas de outra forma inconvincentes.[20] Teriam deixado de pretender ser reais e teriam dado início à lenta marcha para o esquecimento. Entretanto, embora a alegoria parecesse a algumas pessoas a perfeita solução para o desconforto e o risco de leituras literais, logo depois da morte de Orígenes a Igreja montou um ataque contínuo e implacável contra a interpretação da história de Adão e Eva como alegoria. Pesquisas recentes mostram que milhões de pessoas, mesmo hoje, apesar de tantas evidências científicas, ainda declaram acreditar na história de Adão e Eva, não como alegoria, mas literalmente. O motivo dessa crença literalista tem pouco ou nada a ver com ignorância. Tem tudo a ver com a história do cristianismo, uma religião marcada por um filósofo ainda mais influente do que Orígenes Adamâncio: Agostinho de Hipona.

5. Na casa de banho

Um dia, no ano 370 ec, um pai e seu filho de dezesseis anos foram juntos à casa de banho na cidade provinciana de Tagasta, onde hoje fica a Argélia. A princípio, a visita não poderia ser mais rotineira: Tagasta, como centenas de outras cidades romanas no mundo antigo, contava com certos elementos urbanos previsíveis, entre os quais alguma combinação de mercados, templos, jardins, tribunais de justiça, escolas, blocos residenciais, teatros, fóruns, oficinas, currais de animais, anfiteatros, ginásios, bordéis, casernas e, naturalmente, banhos públicos.

Essas casas de banho variavam enormemente no tocante a dimensões e luxo, desde os famosos e suntuosos Banhos de Diocleciano, na grandiosa capital do império, até instalações provincianas mais modestas, do tipo que o pai e o filho teriam procurado. No entanto, a rotina básica — a imersão na água, o suadouro, as massagens, a secagem final e o repouso — era a mesma em toda parte e continuou praticamente inalterada até o presente.[1]

Nesse caso, o que poderia ter acontecido ali, há mais de 1600 anos, que deixou uma lembrança capaz de chegar ao nosso mundo? Em algum momento, durante sua estada ali, talvez o pai tenha percebido uma ereção involuntária do adolescente ou simplesmente comentou alguma coisa sobre os recentes pelos pubianos do rapaz. Não seria de esperar que isso constituísse um evento de importância histórica, mas o moço se chamava Agostinho. Ele recordou o momento em sua famosa autobiografia, as *Confissões*, escrita por volta do ano 397, poucos anos depois de ter se tornado bispo no Norte da África. Naquele dia, como ele escreveu, "quando meu pai me viu nos banhos púbere e ingressando na inquieta adolescência, o anunciou feliz a minha mãe, como se já imaginasse seus netos".*[2]

É fácil para nós, mesmo separados por uma vasta distância de tempo e cultura, imaginar o embaraço do jovem. Mas não foi o embaraço — a intensa vontade de fazer o pai parar de olhar para ele ou de se enterrar sob o piso da casa de banho — que se fixou na memória de Agostinho. Em vez disso, o que ele nunca esqueceu daquele episódio foi o que aconteceu ao voltarem para casa. Seu pai, ele lembrou, "o anunciou feliz a minha mãe". Mesmo agora, não era o embaraço que ele desejava partilhar com Deus, a quem se dirigem as *Confissões*:

> Feliz da ebriedade pela qual este mundo se esqueceu de ti, seu criador, e amou em teu lugar tua criatura, intoxicado pelo vinho invisível de sua vontade pervertida e voltada para o que é ínfimo. Mas no peito de minha mãe tu já começaras a construir teu templo e as fundações de tua santa morada; [...] Assim, ela estremeceu de trepidação e tremor. (*Confissões* 2,6)

O sinal da maturidade sexual do adolescente tornara-se motivo de uma séria divergência entre seus pais, Patrício e Mônica — não a primeira, nem decerto a última.

Entre os dois, para nós parece mais fácil compreender o pai, embora Agostinho tenha escrito pouquíssimo sobre ele. Homem de recursos modestos, Patrício alimentava grandes esperanças em relação ao filho mais velho, cujo caráter promissor ele e toda a família reconheciam com clareza. O jovem Agostinho já tinha sido mandado à agradável cidade de Madauros, onde estudou por vários anos. Saíra-se bem ali, o suficiente para merecer seu envio à universidade de Cartago, de onde partiria para uma carreira brilhante, possivelmente lucrativa. Os dons que já demonstrara — o domínio da palavra, a facilidade de interpretação e de oratória — pareciam apontar para algo na área da docência,

---

* Os trechos de *Confissões* citados nos capítulos 5 e 6 foram extraídos da tradução de Lorenzo Mammì (São Paulo: Penguin Classics Companhia das Letras, 2017). (N. E.)

da lei ou do serviço público. O Império Romano precisava de administradores jovens e capazes, sobretudo nas ricas províncias africanas, onde grande parte de seus alimentos era produzida, acondicionada e embarcada para Roma e outras grandes cidades da Península Itálica. Na casa de banho, Patrício permitiu-se dar asas a suas fantasias e imaginar-se cercado de netos, a prole futura do bem-sucedido filho.

As fantasias devem ter sido ainda mais doces porque aquele era um momento difícil para Patrício. Agostinho, seu filho, estava de volta a Tagasta por uma razão: o pai não tinha dinheiro para mandá-lo a Cartago e estava tentando levantá-lo. Patrício não era pobre — possuía algumas propriedades e escravos —, mas uma educação universitária era extremamente dispendiosa. Outros pais, mesmo aqueles muito mais ricos, Agostinho reconhecia, não se disporiam a fazer frente às dificuldades e às despesas. O esforço não constituía segredo na cidade. "Todos enalteciam aquele homem, meu pai, que gastava mais do que a família possuía para seu filho ter todo o necessário para os estudos, inclusive viajando para longe." No entanto, o beneficiário desses cuidados paternais não olhava para trás quando adulto e se juntava ao coro de louvor. "Mas o mesmo pai não se preocupava de como eu cresceria em ti, ou quão casto seria" (*Confissões* 2,5).

Estamos de volta, pois, à cena na casa de banho e ao abismo que se abriu, em casa, entre o pai e a mãe do rapaz. Diante de uma intensa, ainda que tranquila, pressão de sua mulher, ardente cristã, para que fosse batizado, Patrício resistia. Embora houvesse permitido que, ao nascer, o filho fosse marcado com o sinal da Cruz, e ainda que ele próprio tivesse, havia algum tempo, concordado em receber instrução religiosa cristã, como "catecúmeno", não se preocupava com o desenvolvimento espiritual do filho diante de Jesus, nem via a comprovação da virilidade do filho senão com alegria. E se fosse chamado a justificar essa alegria, talvez invocasse a deusa Vênus, cujo poder erótico mantinha íntegro o universo, ou talvez repetisse as palavras do Benedick, o protagonista de *Muito barulho por nada*, de Shakespeare: "O mundo tem de ser povoado".

De qualquer modo, a castidade não se destacava entre as preocupações de Patrício. Embora admirasse as virtudes de sua mulher, era-lhe infiel, como escreveu Agostinho. As *Confissões* não informam como ou quando os boatos chegaram a seus ouvidos, mas fica claro que coube ao filho levar a infidelidade do pai ao conhecimento da mãe, que sabia de tudo e preferia não transformar aquilo em motivo de desavenças. Embora amável, Patrício era conhecido pelo gênio difícil, e a mãe tinha o cuidado de não provocá-lo. Agostinho lembrava-se de que muitas amigas de sua mãe apareciam com o rosto ferido ou com marcas de pancadas, queixando-se da violência do marido, mas que sua mãe as repreendia, lembrando-lhes que pelas leis do matrimônio elas eram *ancillae*, ou escravas, do marido.

Por isso, então, torna-se mais revelador que em nome do filho, mais do que do seu próprio, Mônica decidisse fazer uma cena. O comportamento sexual de Patrício era uma coisa; o do filho, outra coisa, bem distinta. Quando o marido lhe narrou, feliz, o que tinha visto na casa de banho, ela começou a temer, escreveu Agostinho, "as vias tortas pelas quais vagueiam os que te voltam as costas, e não a face" (*Confissões* 2,6). Não é difícil perceber qual era a senda que Mônica temia que o filho viesse a seguir. Ela procurou então, deliberada e sistematicamente, abrir um distanciamento entre o filho e o marido. "Minha mãe se esforçava", recordava Agostinho com admiração, "para que tu fosses meu pai mais do que ele" (*Confissões* 1,11).

Quanto a um ponto, o pai e a mãe concordavam totalmente: o filho brilhante merecia obter a educação a que seus dons notáveis faziam jus. (Agostinho havia sido o escolhido. Tinha ao menos um irmão[3] e uma irmã, cuja educação não parecia figurar nos planos de seus pais.) Foi preciso um ano de economias e de uso de relacionamentos pessoais, por parte do pai, para reunir os recursos necessários, e depois disso lá foi ele para Cartago. Ao deixar Tagasta por uma cidade maior, é provável que Agostinho tenha visto o pai pela última vez, pois ele menciona de passagem, nas *Confissões*, que tinha dezessete anos quando Patrício morreu. A menção ao pai chama a atenção pela frieza.

Se, junto com o luto, Mônica, agora viúva, sentia algum alívio com a morte do marido, uma influência tão perigosa, quaisquer esperanças que pudesse ter cultivado de que o filho amado começaria a seguir de imediato a senda reta da castidade viram-se logo despedaçadas. "E fui para Cartago", ele escreveu, "e por toda parte ao meu redor fervilhava o estrago dos amores pecaminosos." O que estava sendo feito lá? A frase "poluía a fonte do afeto pelas sujeiras da concupiscência" (*Confissões* 3,1) soa como um relato veemente de experiências homossexuais, ao passo que outras frases igualmente crípticas indicam uma série de ligações infelizes com mulheres. Essa promiscuidade febricitante, se era isso o que ocorria, transformou-se rapidamente em algo bastante estável.

Um ou dois anos depois de chegar a Cartago, Agostinho havia começado uma ligação com uma mulher com que viveu e a quem, segundo seu relato, foi fiel por mais de treze anos.

Embora o arranjo decerto não a fizesse feliz, esse concubinato — convencional para os padrões da época — teria sido, provavelmente, o melhor que Mônica poderia ter imaginado nesse estágio para o filho, em vista de suas inquietas energias sexuais. O que ela mais temia era um casamento precipitado, que pudesse tolher o avanço do filho. A mera coabitação com uma mulher de nível social inferior representava uma ameaça bem menor, mesmo depois que a mulher deu à luz um filho, Adeodato. Ao menos da perspectiva de Agostinho — e essa é a única de que dispomos —, não havia intenção alguma de casar-se com a mulher, cujo nome as *Confissões* nem se dá ao trabalho de citar. Ele entendia, e esperava que seus leitores também entendessem, "a diferença que passa entre o laço do contrato conjugal, estipulado para o fim da procriação, e o pacto de um amor libidinoso, no qual os filhos nascem contra a vontade dos pais, mesmo que, uma vez nascidos, nos forcem a amá-los" (*Confissões* 4,2).

"O pacto de um amor libidinoso": na lembrança que tinha Agostinho daqueles anos, toda a sua vida era um acordo desse tipo. O sexo não passava de uma parte dela. Orgulhoso de sua astúcia e falta de escrúpulos, ele estudou direito; aprimorou seus dotes retóricos; participou de competições dramáticas de declamação de poemas; consultou astrólogos; frequentou amigos cujas deficiências morais e intelectuais observou com complacência.

Já na meninice adquirira o amor pela literatura. Na escola, lembrava-se, havia aprendido a "chorar a morte de Dido [rainha de Cartago], que se mata por amor, enquanto eu, o pior dos miseráveis, tomado por essas histórias, suportava de olhos enxutos morrer longe de ti, Deus, minha vida" (*Confissões* 1,13). Em Cartago, ele se viu atraído pelo teatro, juntando-se a plateias que gostavam de se entristecer com espetáculos de sofrimento imaginário, em vez de se horrorizarem com sua própria vida. A natureza ficcional da adversidade a torna prazenteira, pensava Agostinho, porque só nos arranha superficialmente.[4]

Em seu entender, as fábulas e ficções eram o prato perfeito para quem tomou a decisão de manter sua existência no nível mais superficial possível. Evitando uma introspecção perigosa, fugindo de intimidades reais e recusando-se a admitir as suas próprias escolhas, ele tentava levar a vida superficialmente: uma ligação marital sem importância, um filho cujo nascimento não lhe trouxera alegria, a busca ambiciosa de triunfos desimportantes, uma procura incessante de estímulos banais.

No entanto, alguma coisa em seu íntimo não se satisfazia. Ele era um jovem extremamente sério que tentava simular leviandade. Um dia, lembrando-se da fé de sua mãe e dos preceitos com que fora educado, abriu as Escrituras para "ver como elas eram" (*Confissões* 3,5). No entanto, desapontou-se. Sua linguagem (é quase certo que estaria lendo a Vetus Latina, a mais antiga tradução da Bíblia para o latim) não estava à altura da dignidade de Cícero. Para uma pessoa cujo gosto literário tinha sido formado por Virgílio e Ovídio, o estilo daqueles textos era rude, enquanto o conteúdo parecia de uma humildade decepcionante se comparado com os sofisticados tratados filosóficos que atraíam Agostinho e seus amigos.

Mesmo em seus mais afincados esforços para permanecer na superfície das coisas, os gostos de Agostinho, como atestam as *Confissões*, não se restringiam à comédia ou ao entretenimento ligeiro. Inclinavam-se para espetáculos de sofrimento, como antes ele se dedicara à leitura da trágica sorte da abandonada Dido. Por que, Agostinho se perguntava continuamente, há tanto desconsolo no mundo? Por que os homens, vezes sem conta, fazem escolhas prejudiciais? Qual é a causa da crueldade, da degradação e da violência que em toda parte caracteriza a condição humana? Agostinho encontrou as respostas para essas perguntas penosas num culto que, apesar de ilegal, fizera avanços substanciais no mundo romano do século IV. Tornou-se seguidor do maniqueísmo, sistema religioso que se originara na Pérsia no século anterior.

Embora o fundador visionário do sistema, o profeta Mani, se dissesse um "apóstolo de Jesus Cristo", a adesão de Agostinho a essa religião não foi sua conversão à fé católica que a devota Mônica vinha pedindo em suas preces. Muito pelo contrário. Para os maniqueus, o universo não era regido por um único Deus onipotente que enviara Seu filho amado para salvar a humanidade. Em vez disso, o universo estava cindido entre os poderes da luz e das trevas, dois mundos beligerantes e irreconciliáveis. Jesus era um dos avatares da luz. Durante a longa história do maniqueísmo, que se propagou pelas rotas comerciais através da Ásia Central e chegou à China, Jesus assumiu seu lugar entre outros vultos de pureza luminosa, acompanhado de Buda, Zoroastro e Krishna.

Do lado bom do universo, as forças divinas tentavam ajudar as almas puras, alojadas em corpos humanos, a ascender para a luz. No entanto, contra esse esforço voltava-se um lado perverso, um mundo assustador de cobiça, violência, injustiça e insaciável apetite sexual. Da mesma forma que Marcião, os maniqueus tinham pouca paciência com as Escrituras dos hebreus. Escarneciam dos capítulos iniciais do Gênesis como uma lenda popular ingênua e eticamente incoerente. Identificavam o Iahweh dos hebreus não como o pai de Jesus, e sim como o potentado demoníaco que criou um mundo trevoso e decaído. A luta entre a luz e as trevas era encenada em todos os níveis do universo, desde os vastos confins do espaço interestelar até os recessos mais recônditos do indivíduo.

Os verdadeiros crentes, que formavam o cerne desse culto — aqueles que não só dominavam seu complexo e sinuoso ideário, como também traduziam seus princípios num estilo de vida —, eram ascetas rigorosos conhecidos como os Eleitos. Tratava-se de um círculo fechado a que Agostinho não aspiraria se integrar — ou pelo menos ainda não. Instalado confortavelmente na relação com a amásia e o filhinho, e dando os primeiros passos na carreira de professor, aquele moço não era, de forma alguma, um candidato ao ascetismo maniqueísta. Mais correto seria dizer que ocupava um lugar no círculo externo de crentes, um daqueles conhecidos como "ouvintes".

Como seria de esperar de uma pessoa articulada e versada em filosofia, Agostinho era um excelente "ouvinte". Por ser um intelectual inquieto que fugira de uma mãe devota, preocupada e severa, e também de uma cidade provinciana, o fato de participar de uma sociedade secreta sofisticada e que se opunha à cultura dominante com certeza o fascinava. Talvez se sentisse atraído também para a natureza esotérica e sincrética do culto, para sua pretensão de conhecer a verdade escondida por trás de tudo no universo. Acima de tudo, porém, o maniqueísmo tinha a resposta para uma pergunta sobre a qual Agostinho cismava havia algum tempo. Aquele culto solucionava o enigma atormentador: de onde vinha o mal, no mundo e nele próprio?

Se, como afirmavam judeus e cristãos, um único Deus onipotente e onisciente criara todas as coisas, por que teria feito um mundo com tanta perversidade? E por que ele, Agostinho, que desejava ser puro e bom, sentia aqueles conflitos interiores? Podia Deus ser, ao mesmo tempo, bom e mau? Ou, pior, poderia Deus, como afirmavam algumas pessoas, ser indiferente à bondade ou à maldade?[5] Era melhor crer que o Deus de bondade perfeita e irrepreensível não era onipotente, pois tinha de haver-se com um congênere maléfico, um inimigo satânico de sagacidade e recursos iguais. E era também melhor acreditar que a pureza, a bondade e a luz que Agostinho descobria em si mesmo, nos recessos ocultos de seu íntimo, eram concedidas pelos poderes hostis e exóticos das trevas.

Essas foram as convicções que Agostinho levou consigo, junto com a amante e o filho, de Cartago para Tagasta, quando decidiu voltar a fim de assumir um lugar como professor de literatura. E tais convicções ainda perduravam quando retornou a Cartago, onde começou a ministrar cursos de oratória, e se mantiveram quando se mudou para Roma e Milão. Foi um período de progresso profissional expressivo, até mesmo espetacular, do tipo que o pai sonhara para ele. Agostinho ganhou um prêmio de poesia, deslumbrou a todos com uma interpretação de Aristóteles, publicou seu primeiro livro, um tratado de estética; cercava-se de amigos de valor e obteve o apoio de um protetor influente. Cartago representou um degrau importante em relação a Tagasta; Roma, o objetivo cintilante das fantasias de todos, um salto gigantesco em prestígio e remuneração. E ainda que, comparada com Roma, Milão pudesse parecer menos sedutora, na verdade era ali que se achava a corte imperial, e Agostinho tinha sido nomeado para uma cátedra de retórica imensamente prestigiosa na cidade.

Ao longo dessa ascensão, que durou uma década, de um degrau na carreira para o seguinte só houve um problema importante, e seu nome era Mônica. Na mudança de Cartago por Tagasta, onde Agostinho obteve seu primeiro cargo de professor, sua mãe recusou-se a dividir a mesma casa com ele, não por causa da amante e do filho — para Mônica, ainda concentrada em conseguir um casamento socialmente vantajoso para o filho, a amante era irrelevante —, mas por causa do credo maniqueísta. Essas crenças eram-lhe repulsivas, e ela fazia questão de ser vista chorando amargamente, como se o filho tivesse morrido. Agostinho registrou nas *Confissões* que foi só quando um anjo, num sonho, "a incitou a olhar e ver que onde ela estava eu também estava", que a mãe consentiu em morar na mesma casa e sentar-se à mesa com ele. Mesmo então, ele acrescentou, "não menos solícita nas lágrimas e nos lamentos" (*Confissões* 3,11).

Como pode atestar qualquer pessoa que tenha sobrevivido ao amor dominador de uma mãe ansiosa, as satisfações emocionais de ser o objeto de tanta atenção e zelo concentrados precisam ser comparadas com seus consideráveis custos. Em algum momento de sua juventude, Agostinho deve ter desejado superar o pai e os irmãos no amor da mãe. Se isso ocorreu, claramente deve ter realizado seu desejo, e com sobras. Mas havia muitos sinais de que agora ele desejava desfazer esse triunfo.

Como Agostinho se recusava a deixar o maniqueísmo, podemos estar seguros de que os suspiros e as lágrimas de sua mãe, além das pressões emocionais sobre ele, continuaram sem pausa. E redobraram quando ele se preparou para trocar Cartago por Roma: "chorou amargamente minha partida e me seguiu até o mar. [...] ela me retinha com todas as forças, chamando-me de volta ou querendo viajar comigo" (*Confissões* 5,8). Não conseguindo fazer com que ela aceitasse sua partida, ele a enganou, dizendo que estava apenas se despedindo de um amigo, e persuadiu-a a passar a noite num santuário perto do porto. "Naquela noite parti às escondidas."

Agostinho devia estar ciente que estava reencenando em sua própria vida a cena da *Eneida*, de Virgílio, que tanto o comovera no passado: a passagem em que o herói Eneias, abandonando traiçoeiramente Dido, sua amante, parte em segredo de Cartago para se tornar o fundador de Roma. Aquele momento literário achava-se entranhado de forma profunda. Ele claramente o utilizou para dar sentido ao que tinha feito, para apresentar-se como um herói épico, que agia obedecendo a uma ordem divina, ao mesmo tempo que reconhecia a intensidade do sofrimento que sua partida causava, como se o tivesse assistido pessoalmente: "Na manhã seguinte, ela estava transtornada de dor, despejando seus sinais e suas aflições em teus ouvidos", disse ele a Deus, "por julgar que não tinhas dado ouvidos à sua oração".

É provável que tenha sentido alguma culpa. E contudo, ao recordar esse momento, permitiu-se, pelo menos uma vez, expressar parte da ira contra a mãe que vinha crescendo dentro de si havia muito tempo. "Tu [...] açoitavas o desejo carnal [*carnale desiderium*] dela pelo justo flagelo das dores." A expressão que Agostinho usa para se referir ao amor da mãe — "desejo carnal" — pareceria mais apropriada aplicada a uma amante do que a uma mãe. Mônica havia tomado o que quer que estivesse bloqueado ou insatisfeito em sua relação com o marido e o transferido para o filho. Este, sufocado, tinha de fugir. E o sofrimento que sua fuga causa à mãe era condizente, refletiu Agostinho, com seu papel de mulher: "aqueles tormentos revelavam nela os vestígios de Eva, buscando nos gemidos o que pariu entre os gemidos".

O legado de Eva é duplo no Gênesis: as mulheres são condenadas a parir filhos com dor e a desejar que os maridos as dominem. Ao recordar sua relação com a mãe, Agostinho imaginou-se tanto seu filho como seu marido. Isso porque a busca do filho pela mãe atribulada não terminou no porto de Cartago. Anos depois, quando Agostinho havia assumido seu cargo em Milão, Mônica embarcou num navio no Norte da África para ir ter com ele.

Dessa vez Agostinho não continuou a fugir. Disse à mãe que se sentia cada vez mais desencantado com o maniqueísmo. Muito embora não estivesse pronto a abraçar o cristianismo e ser batizado na fé, tinha ficado impressionado com Ambrósio, o bispo católico de Milão. Ambrósio abordava as Escrituras na tradição de Filo e Orígenes. Revelando alegorias escondidas em histórias aparentemente ingênuas, seus sermões, fascinantes para um intelectual, ajudaram a minar o antigo desprezo de Agostinho pela Bíblia hebraica. O que ele via como meros absurdos quando tomados no sentido literal começou a se afigurar como mistérios profundos. Como maniqueu, fora atraído para um sistema esotérico que apenas um punhado de adeptos podia apreender plenamente. Agora se via atraído para a direção oposta: em sua aparente simplicidade, a Bíblia era acessível a todos,[6] mas tratava das questões mais profundas que qualquer pessoa pudesse suscitar.

Enquanto isso, sua carreira avançava. Ele dava aulas de manhã e passava as tardes com os amigos mais chegados, discutindo filosofia. A mãe, instalada na casa dele, junto com a amante e seu filho, ocupava-se providenciando o casamento vantajoso que era a meta dela havia muito tempo e que, provavelmente, tornara-se também a dele. Agostinho estava com trinta anos. Foi encontrada uma herdeira cristã adequada, cujos pais consentiram com o casamento. No entanto, a menina, provavelmente de dez ou onze anos, teria de esperar ainda uns dois anos a fim de chegar à idade mínima para casar-se, segundo as leis romanas. Por isso o casamento, embora acertado, teve de ser adiado.

Nesse ínterim, Mônica pôde projetar uma segunda mudança importante na vida do filho. "Quando aquela com quem costumava me deitar foi arrancada do meu flanco por ser um empecilho ao casamento, meu coração, que se apegara a ela, despedaçado e ferido, deixou um rasto de sangue" (*Confissões* 6,15), escreveu Agostinho. Não há motivo para duvidarmos da realidade dessa dor: o casal vivia junto havia quinze anos e tinha criado um filho. Mas, embora Agostinho narrasse com sensibilidade seu próprio sofrimento — "minha ferida, gerada pela separação anterior, não sarava: ao contrário, depois da inflamação e de uma dor mais intensa, gangrenava, e doía de maneira mais fria, por assim dizer, porém mais desesperada" —, ele não deixou uma só palavra a respeito dos sentimentos da amante sem nome. Tudo o que escreveu foi: "Ela voltou para a África prometendo a ti que não conheceria outros homens, e deixou comigo o filho que tive com ela". E com isso ela desaparece do relato, eliminada como se já não importasse, como se seu destino nada significasse para ele. Tudo o que restava era o torturante apetite sexual que servira para aplacar. Tendo de esperar ainda quase dois anos, ele escreveu, logo tomou outra amante.

Durante muito tempo Agostinho se comparara com um amigo íntimo, Alípio. Embora ainda no começo da adolescência, admitia Alípio, tinha já alguma experiência do prazer carnal, "mas não se apegou a ela" (*Confissões* 6,12). Agora, dizia, julgava o ato degradante e levava uma vida de perfeita continência. Para Agostinho, em contraste, o desejo sexual era uma presença constante, e na verdade a conjunção se tornara habitual. Os sermões de Ambrósio, com seu ardente elogio da castidade, sua recomendação de continência e seu sonho de uma fuga do corpo, só pareciam ressaltar o abismo que separavam Agostinho das aspirações supremas da devoção cristã. Espiritualmente ambicioso, ansiava poder cumprir ele próprio tais aspirações, mas sabia ser isso impossível.

No entanto, como ele em breve poderia atestar, a graça de Deus atua de formas estranhas. Em pouco mais de um ano, Agostinho, batizado por Ambrósio, romperia seu noivado, abandonaria o magistério, se dedicaria à castidade perpétua e decidiria voltar à África e fundar uma comunidade monástica. Ao fugir da mãe, sem se dar conta disso, iniciara um caminho que realizaria todos os sonhos dela.

Agostinho fez questão de descrever o processo de sua conversão — o evento mais importante de sua vida — em pormenores minuciosos. Dois momentos se destacam. O primeiro teve lugar num jardim ligado à casa, em Milão, em que moravam ele, a mãe e seu amigo Alípio. Agostinho ainda se debatia entre aceitar ou não o batismo, pois sabia que essa decisão assinalaria uma transformação decisiva e irrevogável de toda a sua existência. Sentia-se dividido entre direções opostas, como se houvesse nele duas vontades distintas, numa guerra encarniçada, que, ainda assim, eram ambas aspectos de seu único eu. Desejava desesperadamente converter-se de uma vez por todas. Percebia a casta beleza da continência — a renúncia perpétua ao sexo — a acenar para ele, instando-o a tapar os ouvidos aos murmúrios impuros de seu corpo. Contudo, esses murmúrios, seus antigos desejos, recusavam-se a silenciar. Com o conflito interior se tornando cada vez mais insuportável, ele buscou a sombra de uma figueira e pôs-se a chorar, exclamando: "Por quanto tempo, por quanto tempo 'amanhã e amanhã'? Por que não agora?" (*Confissões* 8,12).

Enquanto fazia a si mesmo, obsessivamente, essas perguntas, escutou uma criança que, na casa vizinha, repetia várias vezes as palavras *tolle lege, tolle lege*, "toma e lê, toma e lê", trecho de uma brincadeira infantil. Entendendo isso como uma ordem divina, Agostinho correu para seu exemplar das Escrituras, abriu-o e leu a primeira passagem que caiu sob seus olhos. Eram as palavras da Epístola de são Paulo aos Romanos: "Como de dia, andemos honestamente; não em orgias e bebedeiras, nem em devassidão e libertinagem, nem em rixas e ciúmes. Mas vesti-vos do Senhor Jesus Cristo e não procureis satisfazer os desejos da carne". O conflito terminara. Agostinho se convertera.

Ele entrou em casa para contar à mãe. Diante de seu anúncio — "me reconduziste a ti, para que, sem procurar mulher ou outra esperança do século, permanecesse na regra de tua fé" —, Mônica mostrou-se radiante, pois havia recebido muito mais do que ousara pedir em suas preces. Sua alegria, escreveu Agostinho, era "muito mais preciosa e casta do que esperara de netos nascidos de minha carne".

Mônica triunfara no conflito que surgira muitos anos antes, quando Patrício, relatando o que vira na casa de banho, havia caído na risada, prevendo a vinda de netos. Na verdade, havia nascido um neto,[7] o resultado do relacionamento a que Agostinho renunciara, mas não haveria uma prole legítima, nem mais relações sexuais. Embora os cristãos não fossem obrigados a renunciar ao sexo — "melhor casar-se do que ficar abrasado", escrevera Paulo —, a conversão de Agostinho no jardim de Milão era marcada precisamente por essa renúncia, que conformava profundamente sua interpretação do Jardim do Éden. "Por isso", diz o Gênesis, "um homem deixa seu pai e a sua mãe, se une à sua mulher, e eles se tornam uma só carne." Agostinho logrou, em sua própria vida, inverter essa trajetória. Durante muitos anos, com efeito, deixara os pais e se unira à amante. Para o pai, pelo menos, nunca voltou. Mas, embora certa vez houvesse fugido de sua mãe em Cartago, ela era o amor de sua vida na terra, como ele era o dela, e a partir de pouco depois de seu voto de continência perpétua os dois partilharam uma notável experiência mística.

Ao lado da família e de amigos que haviam decidido retornar com ele à África para ali fundar uma comunidade monástica, Agostinho estava no porto romano de Óstia, de onde o pequeno grupo pretendia partir em breve. Olhando por uma janela para o jardim de uma casa em que se hospedavam, Agostinho e a mãe estavam sentados a sós e conversando. A conversa, serena e deleitosa, levou-os a concluir que nenhum prazer físico, por maior que fosse, jamais poderia igualar ou mesmo se aproximar remotamente da alegria dos santos. E então, "alçados por um sentimento mais intenso rumo ao idêntico", uma coisa extraordinária aconteceu: eles se sentiram ascendendo cada vez mais alto, passando por todos os graus da matéria e pelas esferas celestiais e, subindo mais alto ainda, chegando à região de suas próprias almas e avançando para a eternidade que se situa além do próprio tempo. "E, enquanto falávamos e a desejávamos [a sabedoria], a atingimos pela duração total de um batimento do coração" (*Confissões* 9,10). É difícil transmitir em tradução a força emocionante desse relato e o que significava para os dois, o filho de 33 anos e a mãe de 56, chegarem juntos a esse instante. E logo isso passou: *suspiravimus*. "Suspirávamos", lembrava Agostinho, e voltaram ao som de nossa fala.

Os dois recordaram o ocorrido e tentaram compreender o que lhes acontecera. O que haviam experimentado só poderia ser capturado, refletiu Agostinho, em silêncio total, que em seguida tentou evocar num período longo e ininterrupto, um momento do qual qualquer tradução é um reflexo débil e desarticulado:

> Dizíamos, então: se em alguém se calar o tumulto da carne, se se calarem as imagens da terra e das águas e do ar, se se calar a abóbada celeste e a própria alma se calar e se ultrapassar deixando de pensar em si mesma, se se calarem os sonhos e as aparições da imaginação, se toda linguagem e todo signo e tudo o que se dá transitoriamente se calar completamente em alguém — porque, para quem as escuta, todas essas coisas dizem: Nós não fizemos a nós mesmas, quem permanece na eternidade nos fez —, se dito isso silenciarem, após termos orientado nosso ouvido para quem as fez, e este só falar não por elas, mas por ele mesmo, para que ouçamos sua Palavra, não pela língua carnal ou pela voz de um anjo ou pelo estrondo de uma nuvem ou pela analogia de um enigma, mas ouçamos ela mesma, a que amamos nessas coisas, ela sem elas, assim como agora nos estendemos e por uma rápida reflexão atingimos a sabedoria eterna que permanece acima de

tudo, se isso se prolongar e forem eliminadas as outras visões de um gênero muito inferior e essa única capturar e absorver e imergir seu observador numa beatitude interior, de maneira que a vida eterna seja igual à intuição instantânea de que já temos saudade, não será isto: Vem alegrar-te com teu Senhor? [8]

O clímax espiritual vivido por Agostinho e por sua mãe naquele dia foi a experiência mais intensa que ele viveu na vida, talvez até, como observou Rebecca West, "a experiência mais intensa já vivida por um ser humano".[9] Dias depois, Mônica adoeceu, e no nono dia morreu. Nas *Confissões*, o autor interrompe nesse ponto a narração de sua vida e passa para uma meditação filosófica sobre o tempo e para o começo de uma interpretação do livro do Gênesis.

Nos mais de quarenta anos que sucederam a esse momento de êxtase — anos de intermináveis controvérsias, de exercício de poder e de produção febril de textos —, Agostinho, agora sacerdote, líder de uma comunidade de monges e bispo da cidade de Hipona, no Norte da África, dedicou um tempo extraordinário à tentativa de compreender a história de Adão e Eva. Pensava nela quando se sentava, com um livro na mão, em sua cátedra de bispo, quando falava a seus clérigos e à congregação em assembleias solenes, quando enfrentava complexas questões teológicas e quando, incansável, ditava cartas e mais cartas à sua rede de amigos e aliados. Refletia sobre a questão mesmo enquanto travava intensas polêmicas contra heresias. Continuava a pensar nos mistérios da história mesmo ao ouvir as notícias terríveis, no ano 410, sobre o saque de Roma, durante três dias, por um exército visigodo chefiado por Alarico. Com o passar das décadas, ele se convencera de que o relato não era de forma nenhuma um conto, ao menos não no sentido de uma fábula ou um mito. Era a verdade literal e, sendo assim, a chave científica para a compreensão de tudo o que havia acontecido.

Graças à sua capacidade intelectual, habilidade institucional e enorme carisma espiritual, esse homem conseguiu, sozinho e lentamente, conduzir toda a vasta cristandade ocidental numa mesma direção. É principalmente a ele que nosso mundo deve o papel peculiar e central que Adão e Eva vieram a ocupar. Eram muitos os que discordavam, pois na época, tal como hoje, o relato bíblico sobre os primeiros seres humanos no jardim mágico parecia, à primeira vista, mais ficcional do que histórico. No entanto, Agostinho não cedia. Insistia que o plano divino e, portanto, a sorte das pessoas e das nações achavam-se ligados à realidade do que havia ocorrido naquele jardim. Nada abalava a sua fé, e no fim de sua longa vida, com cerca de 80 mil guerreiros vândalos sitiando Hipona, enquanto o domínio romano na África se desfazia, Agostinho ainda buscava no que Adão e Eva tinham feito, no começo do tempo, o sentido oculto do desastre que sobrevinha a seu mundo.

6. Liberdade original, pecado original

Junto de intelectuais pagãos e maniqueus, o jovem Agostinho havia, no passado, desprezado a aparente simplicidade da antiga narrativa bíblica. Mais tarde, em Milão, escutando com atenção enlevada os sermões de Ambrósio, sua opinião mudou. "Eu caí em Adão, em Adão fui expulso do Paraíso, em Adão morri", ele ouviu Ambrósio proclamar; e Cristo "não me chamará de volta a menos que Ele tenha me achado em Adão."[1] Entretanto, as palavras arrebatadoras do sermão propunham uma pergunta para a qual Agostinho não tinha resposta: exatamente o que significava estar "em" Adão?

Agostinho sabia que estava atacando um problema que as grandes mentes teológicas da fé cristã não haviam conseguido solucionar. Em sua tentativa, que instrumentos poderia usar que já não tivessem sido empregados por seus notáveis predecessores? Ele crescera com uma noção clara de sua sagacidade, mas não bastaria criar uma nova e refinada interpretação alegórica. Convenceu-se de que a única forma pela qual poderia compreender verdadeiramente sua relação com Adão seria olhar para dentro de si mesmo. Não existia outro caminho para voltar ao começo do tempo. Todos os registros daqueles primeiros momentos cruciais, afora as palavras enigmáticas das Escrituras, haviam desaparecido. No entanto, ele poderia encontrar uma solução nos recônditos de sua própria vida interior.

Refletindo sobre o tormento de sua irresolução no jardim de Milão, antes de se dispor a receber o batismo, Agostinho se esforçava para analisar seus agoniados sentimentos interiores. "Lutava comigo mesmo", escreveu:

> Quando eu deliberava sobre começar já a servir o Senhor meu Deus, como me propusera havia muito tempo, era eu que queria, e era eu que não queria [...] por punição de um pecado mais livre, por ser eu um filho de Adão. (*Confissões* 8,10)

Essa autoanálise levou-o de volta à pecaminosidade de seu pai, não Patrício, mas sim seu "primeiro pai". O pecado de Adão ainda estava vivo em Agostinho, do mesmo modo que o castigo com que um Deus colérico puniu aquele pecado, e inversamente Agostinho ainda estava "em Adão".

Recordando sua infância, Agostinho julgou poder até identificar um momento determinado em sua vida que reproduzia o crime original de Adão. Isso ocorreu durante seu infausto retorno a Tagasta, enquanto o pai levantava dinheiro para mandá-lo à universidade. Tendo saído com amigos depois do escurecer, o adolescente de dezesseis anos e alguns colegas sacudiram os galhos da pereira de um vizinho e se apoderaram dos frutos. A árvore não era deles, que não estavam com fome. Jogaram as peras — que não eram agradáveis nem pelo aspecto, nem pelo sabor — aos porcos. Por que tinham cometido aquele ato, que sabiam ser errado? Escreveu Agostinho, "fizemos aquilo pelo prazer do proibido" (*Confissões* 2,4).

O fato de o ato ser gratuito — não tinha justificação nem objetivo — era precisamente sua razão de ser: se tivesse existido um motivo premente, uma compulsão terrível, talvez parecesse haver de fato no mundo uma força independente do mal, como queriam os maniqueus. Mas Agostinho havia renunciado ao maniqueísmo. Como cristão católico, agora acreditava que em todo o universo só existia um Deus único, onisciente, onipotente, perfeitamente bom. Em tal plano, o mal só podia ser vazio e inautêntico, uma mera paródia do bem.

Embora nem sempre fosse fácil definir com exatidão qual, dentre os poderes de Deus, determinada ação pecaminosa parodiava, essa ideia do mal como mera imitação ajudava a solucionar o desafio maniqueísta com que Agostinho lutava havia muito. Entretanto, a solução não reduzia a extensão da maldade e do sofrimento humanos, e de fato durante grande parte do tempo Agostinho escrevia como se o mal fosse qualquer coisa exceto uma

1. Uma das mais antigas imagens dos primeiros seres humanos no Éden. *Adão e Eva*, afresco das catacumbas de Roma, século III EC.

2. Adão e Eva, depois da Queda, no sarcófago de um cristão em Roma. *Sarcófago de Junius Bassus* (detalhe), c. 359 EC.

3. Adão com alguns animais por ele nomeados. *Adão no Jardim do Éden*, século v.

4. As cenas mostradas nessa porta de bronze formam uma elaborada estrutura narrativa. As cenas de episódios do Gênesis, na folha esquerda, são cuidadosamente combinadas com cenas dos Evangelhos, na folha da direita. Bernwardstür [Portas de Bernardo], *c.* 1015.

5. Um famoso problema: quem é a pessoa que observa essa cena?
A criação de Eva (detalhe de Bernwardstür).

6. Adão acusa Eva, Eva acusa a serpente, e Deus acusa os três (detalhe de Bernwardstür, na catedral de Hildesheim).

7. Deus empurra Adão e Eva para fora do Paraíso. Adão carrega as ferramentas que usará para lavrar a terra (século XII).

8. A figura de Eva, no portal da Catedral de Saint-Lazare, do século XII, parece a meio caminho entre a penitência e a provocação. Gislebertus, *A tentação de Eva*, c. 1130.

9. Segundo a tradição, a cabeça sob os pés ensanguentados de Jesus, como nesse crucifixo de *c.* 1200, é a de Adão.

10. Deus começa a transformar em Eva a costela tirada de Adão adormecido. Detalhe de *Deus criando Eva a partir de uma costela de Adão*, século xv.

11. Eva, na companhia de judeus, traz a morte ao mundo, enquanto Maria, erguendo o crucifixo, oferece a redenção aos cristãos. *Mors per Evam, vita per Mariam, c.* 1420.

12. No Paraíso, Dante e Beatriz veem toda a história da salvação, desde a Queda até a Anunciação e a Crucificação. Giovanni di Paolo, *O mistério da Redenção*, do *Paraíso*, canto VII, *c.* 1450.

13. No século XVII, muito tempo depois de terem sido pintados, Adão e Eva de Masaccio ganharam folhas de figueira, que só foram removidas na década de 1980. Masaccio, *A expulsão* (fotografia feita em *c.* 1980, antes da restauração), 1424-8.

14. Masaccio enfatiza a nudez e o sofrimento acabrunhante de Adão e Eva. Masaccio, *A expulsão*, 1424-8.

15. Essas figuras de Adão e Eva transmitem uma intensa sensação de vida. A cena sobre Adão mostra as oferendas de Caim e Abel; a que encima a figura de Eva mostra o assassinato de Abel por Caim. Jan e Hubert van Wyck, interior dos painéis esquerdo e direito do Retábulo de Ghent, 1432, óleo sobre madeira, Catedral de São Bavão, Ghent.

pálida imitação de algo bom. No caso de adolescentes arruaceiros que se apoderavam de frutas que não lhes pertenciam, a transgressão poderia parecer desimportante, mas, se bem compreendida, encerrava tudo que era preciso saber sobre a pecaminosidade humana. Alguns anos depois de escrever as *Confissões*, Agostinho logrou encontrar no ato de Adão, ao comer o fruto proibido, toda uma litania de pecados: orgulho, blasfêmia, fornicação, roubo, avareza e até homicídio ("pois ele trouxe a morte para si").[2] O que parecia ser um nada transformou-se em tudo.

Naquela época, como hoje, o mundo estava cheio de crimes inenarráveis. Adultos abusavam de crianças indefesas, quadrilhas conspiravam para atacar e mutilar seus inimigos, estupradores aproveitavam-se de mulheres desprotegidas. Como podia Agostinho, tão sagaz e inteligente, pretender ver fornicação e assassínio no ato de comer um fruto e atribuir toda a criminalidade e a aflição subsequentes a um único ato remoto e singular? Ele havia, claro, herdado a história do Gênesis e, com ela, a alegação de são Paulo de que Jesus viera para desfazer as consequências catastróficas da desobediência de Adão. Mas como podia aquela primeira desobediência no Éden explicar a iniquidade humana e o peso do sofrimento dos homens? Tudo isso era fácil de explicar se o corpo fosse parte do lado sombrio de um universo dividido entre um deus maléfico e um deus benévolo. No entanto, se só existia um Deus — o Criador que fez tudo e viu que tudo era muito bom —, por que a vida era tão aterradoramente difícil? Por que morriam tantos bebês, com frequência junto com as mães que os haviam trazido ao mundo? Por que existiam crianças famintas ou maltratadas? Por que algumas pessoas ficavam cegas, surdas ou loucas?

Alguns daqueles que sofriam eram claramente culpados de ações perversas, mas no caso da maior parte da desventura humana a fonte não era tão óbvia. Agostinho estava determinado a livrar a criação de qualquer imputação de injustiça. Contudo, se Deus não era injusto nem impotente, a responsabilidade cabia aos homens.[3] Condenada ao trabalho exaustivo, à dor e à morte, a raça humana recebeu o que merecia. Deus é bom, mas também é justo, e a justiça exigia a punição do crime.

Como Agostinho sabia muito bem, a crença maniqueísta segundo a qual havia um deus mau, assim como um deus bom, não era a única alternativa ao monoteísmo ético do cristianismo ortodoxo. Os seguidores do filósofo grego Epicuro, entre os quais o grande poeta romano Lucrécio, acreditavam que a ordem moral não estava, por assim dizer, impressa fisicamente no universo. A moral era o que os próprios homens criavam e mantinham. Os homens talvez pretendessem alegar que seus códigos de conduta eram instituídos por um legislador divino, mas tais afirmações eram fantasias supersticiosas. As leis eram uma obra inconclusa, inteiramente secular e contingente. Os juízos morais só têm sentido nesta vida, pois não existe vida além-túmulo. A alma, segundo os epicuristas, compõe-se de átomos, assim como o corpo, e quando o corpo morre também a alma morre. Portanto, não existem punições ou galardões *post mortem*.

Agostinho compreendia o fascínio dessa argumentação, que debatia com os amigos quando tentavam compreender a natureza do bem e do mal. "Teria dado razão a Epicuro em meu coração", escreveu ele em *Confissões*, "se não acreditasse que após a morte havia vida da alma e permanência dos méritos, coisa que Epicuro não quis aceitar" (*Confissões* 6,16). Agostinho não queria viver num universo em que a dívida moral não fosse saldada, em que o sofrimento humano nada significava senão a vulnerabilidade da matéria, em que a iniquidade não fosse castigada ou a devoção excepcional não recebesse um galardão eterno. Era melhor acreditar que um Deus onividente estivesse mantendo as contas em dia, até o último escrúpulo, mesmo que tal Deus pudesse tratar a humanidade com cólera homicida, do que crer num Deus indiferente ou ausente.

Em vista da extensão da perversidade humana, isso significava, Agostinho concluiu, que a criminalidade estarrecedora devia ocultar-se em ações aparentemente inócuas. De outra forma, a bondade de Deus — sua paciência, sua indulgência e sua benevolência — seria questionada. O mundo feito por Deus era perfeitamente bom, e teria permanecido assim na ausência do ato original de iniquidade humana. Todas as desgraças que se seguiram — a sucessão infindável de crimes horrendos, os horrores da tirania e das guerras, os desastres aparentemente naturais como terremotos, incêndios e inundações, bem como aquilo que Hamlet chama de os mil choques naturais de que a carne é herdeira — não passam de punições distribuídas por um Deus justo. Esse é o sentido de estar "em" Adão.

Aparentemente, parece uma insanidade. Seria de fato possível argumentar que todo o sofrimento tenha sido consequência de um crime cometido por um ancestral distante, um crime que uma pessoa não teria como recordar e cuja natureza parece não justificar uma pena cruel? Poderia alguém afirmar que uma doce criança acometida de uma doença degenerativa esteja apenas recebendo a punição que mereceu?

Agostinho via com lucidez o que era difícil e, na verdade, repulsivo nessas afirmações. Recusou-se a abraçar a crença dos epicuristas de que a conduta humana, boa ou má, era vista por Deus com indiferença. Havia, ele insistia, um único Deus-Criador onisciente, onipotente e benevolente. No entanto, como explicar os sofrimentos daqueles que pareciam inocentes?

Como era de esperar em seu caso, Agostinho começou a narrativa de sua vida com lembranças de seus próprios sofrimentos na infância. Como aluno, detestava que, na escola, os mestres o açoitassem, o que era então, como seria ainda durante séculos, a principal técnica pedagógica para estimular o aprendizado diligente. Orava a Deus, com fervor, para ser poupado do látego, porém seus rogos de nada valiam: se não se afincasse no estudo, era surrado. Isso lhe parecia uma injustiça grotesca, já que os adultos que ministravam os açoites eram, eles próprios, culpados de preguiça e coisas piores, e as *Confissões* registram, com desalentado amargor, a revolta que perdurava em seu peito.[4] Todavia, essa revolta não o levava a condenar o açoitamento de estudantes. Muito pelo contrário. Embora os açoitamentos fossem injustos, refletia Agostinho, faziam bem ao menino, ao incentivá-lo a aprender, malgrado sua inclinação para os jogos. Eu merecia ser punido, escreveu Agostinho, pois era "criança tão pequena e pecador tão grande" (*Confissões* 1,12).

Um "pecador tão grande". As crianças pequenas merecem ser surradas, mesmo quando aqueles que as surram fazem-no pela razão errada e são até piores do que elas. Quanto mais Agostinho explorava sua própria infância — e ele o fazia com uma atitude indulgente, sem paralelo em todo o mundo antigo —, mais perturbadores eram os fatos que percebia:

> Em seguida comecei a rir, antes no sono, depois na vigília. Isso me foi contado e eu acredito, porque vi outras crianças agir dessa forma; mas, quanto a mim mesmo, não lembro. Pouco a pouco começava a perceber onde estava, e queria manifestar minhas vontades àqueles que poderiam satisfazê-las, e não conseguia, porque aquelas estavam dentro, e estes, fora, e não podiam penetrar minha alma com nenhum de seus sentidos. Então me lançava em gestos e sons, sinais que imitavam minhas vontades, pelo pouco que podia, da maneira que podia: mas não eram realmente semelhantes. E quando não me obedeciam, ou por não entender, ou

para não me prejudicar, indignava-me que adultos não se submetessem e gente livre não me servisse, e vingava-me deles chorando. (*Confissões* 1,6)

Qualquer pessoa que já tenha visto um bebê, e mais ainda quem já tentou, em vão, acalmar um bebê aos prantos, há de compreender a precisão dos comentários de Agostinho, que provavelmente nos levam a um cômodo onde ele, ao lado da amante, observava atentamente o pequenino Adeodato.

É aqui, quando temos a impressão de estamos nos aproximando de um território familiar e tranquilizador, que percebemos os objetivos teológicos de Agostinho. Isso porque o que ele observou — desejos, indignação, vingança — representava em sua opinião a plena presença, no bebê, da catástrofe moral da vida adulta. Já encontramos tudo ali, no quarto do bebê: a violência, o desejo de escravizar outras pessoas, a urgência de desejos caprichosos. O fato de a criança ser impotente — ela só pode agitar os bracinhos e chorar — não altera o que para Agostinho é a dura verdade: desde o berço há algo de moralmente errado em nós.

O bebê que chora quando quer o peito da mãe e impõe suas imperiosas exigências de atenção, escreveu Agostinho, merece ser censurado, ainda que o costume e o bom senso não nos permitam agir assim. O costume e o bom senso são convenientes à sua maneira: impedem que sejamos motivos de chacota ou vistos como estranhos por nossos vizinhos. Entretanto, impedem que vejamos a verdade das coisas. Para Deus, "ninguém é livre do pecado [...], nem o recém-nascido, que tem apenas um dia de vida sobre a terra" (*Confissões* 1,7).

Então, o que poderia parecer cruel no sofrimento humano é apenas justo. E, embora tivesse todos os motivos para detestar os pecadores, Deus foi misericordioso, deu Seu filho unigênito para satisfazer as rigorosas pretensões de justiça e redimir a humanidade pecadora. Aqueles que abraçassem essa verdade revelada — e da maneira que a Igreja autorizava — seriam salvos. Todos os demais seriam condenados. Não seria desculpa o fato de você ter nascido antes da vida de Cristo ou de viver num rincão do planeta onde as boas-novas não pudessem alcançá-lo. E se não fosse batizado não adiantaria ter levado uma vida de completa retidão moral. Você passaria a eternidade no inferno, e com justiça, por causa da nódoa que herdou do pecado de Adão e Eva.

Essa posição tornou-se uma das pedras angulares da ortodoxia cristã. Contudo, desde sua exposição, nunca deixou de ser contestada. Entre os contemporâneos de Agostinho que a julgavam absurda e repulsiva, o principal foi o monge inglês Pelágio. Tendo chegado a Roma por volta do ano 390, Pelágio impressionou a todos pelo escopo de sua erudição, pela eloquência e pela simplicidade ascética de sua vida. Quase da mesma idade de Agostinho, era, em certo sentido, uma cópia fiel dele: um desconhecido que, vindo da periferia do mundo romano, graças a seu intelecto, seu carisma e sua ambição, chegou à grande capital e teve um impacto significativo sobre a vida espiritual do império.

Pelágio e seus seguidores eram otimistas morais. Acreditavam que todos os seres humanos nasciam inocentes. Os bebês não chegam ao mundo com uma dotação especial de virtude, mas tampouco trazem a nódoa inata do vício.[5] Somos aquinhoados com a possibilidade de escolher o bem e fugir do mal. Na verdade, somos todos descendentes de Adão e Eva e vivemos num mundo eivado das consequências do ato primordial de desobediência deles. Contudo, esse ato, cometido no passado distante, não nos condena, inescapavelmente, à pecaminosidade. Como poderia ser? Qual seria o mecanismo da infecção? Por que um Deus benevolente permitiria algo tão monstruoso? Não, nós temos a liberdade de moldar nossa própria vida, seja para servir a Deus ou a Satã.

Nesse caso, por que a grande massa de homens e mulheres é tão pecadora? A resposta, no entender de Pelágio, era essencialmente social. Tornamo-nos o que somos sobretudo por imitação, e adquirimos, ao longo da vida, hábitos dificílimos de mudar. "O longo costume do pecado", que começa na infância, pouco a pouco nos submete, cada vez mais, a seu poder, "até que ele parece adquirir, em algum grau, a força da natureza (*vim naturae*)".[6] No entanto, é importante entender que, na verdade, não é nossa natureza que nos compele a pecar.

Não herdamos de nossos primeiros pais uma disposição para pecar; herdamos uma história cumulativa. Entretanto, a história é um pesadelo do qual podemos acordar. "Dizemos", afirmava Pelágio, "que o homem é sempre capaz de pecar e de não pecar." Por quê? "Porque temos livre-arbítrio." Era em defesa dessa liberdade que Pelágio rejeitava a crença na iniquidade inata e insistia na inocência dos recém-nascidos. O pecado de Adão não tem nenhum efeito determinante sobre sua posteridade, e é possível a todas as pessoas, ao menos em princípio, ser perfeitamente boas. Em relação à morte — que Agostinho e outros viam como consequência direta daquele pecado, não somente para Adão e Eva, mas para toda a humanidade —, Pelágio argumentava que se tratava simplesmente de uma condição da natureza física do homem. Adão morreria de qualquer modo, tivesse pecado ou permanecido inocente. Morrer não é um castigo; faz parte do que significa estar vivo.[7]

Quando essas ideias chegaram ao Norte da África, Agostinho horrorizou-se. Toda a sua concepção da condição humana, corrompida desde o nascimento e condenada à morte pela queda de Adão e Eva, parecia sob ataque. Pelágio obtivera o apoio de diversas famílias aristocráticas romanas, mas Agostinho também tinha amigos poderosos em Roma, aos quais então escreveu, recomendando-lhes lançar um contra-ataque. Pelágio foi acusado de heresia e levado a julgamento.[8] Agostinho e seus aliados redigiram longos e indignados tratados teológicos, que enviaram a Roma como testemunhos para a acusação. (Os textos da defesa — o lado derrotado — foram todos destruídos, mas seu conteúdo pode ser reconstruído a partir das citações incluídas nos ataques.) Temendo que os ataques, por si sós, pudessem não bastar para garantir a condenação de seu inimigo doutrinário, Agostinho teve o cuidado de enviar, por meio de um aliado, um magnífico presente à corte papal — oitenta corcéis numidianos. Pelágio foi condenado, excomungado e exilado no Egito.

Por volta do ano 420, Pelágio já havia morrido, porém a luta de modo algum tinha chegado ao fim. Juliano de Eclana, aristocrata italiano muito bem relacionado na Igreja e na corte, logo ergueu o estandarte de Pelágio. Argumentou que a posição inflexível de Agostinho quanto à punição divina era, a um só tempo, sinistra e grotesca, uma tentativa de impor à comunidade de cristãos uma doutrina artificial e singularmente cruel. Segundo Juliano, a Igreja corria o risco de ser envenenada por uma série de crenças estranhas e incivilizadas, concebidas por um demagogo africano arrogante e psicologicamente deformado. Deveriam os cristãos, perguntava Juliano, acreditar que um Deus misericordioso e benévolo torturaria crianças de peito só porque não eram batizadas?[9] Se um gentio — ou seja, um não cristão — veste um nu, "será isso um pecado, por não ser o ato ditado pela fé"? A castidade de uma pagã não é castidade? E o que dizer de um não cristão que salva alguém de um perigo, trata as feridas de um doente ou se recusa a dar falso testemunho mesmo sob tortura? Deverá um Deus irado punir essa pessoa simplesmente por não ser cristã? Estarão todos os heróis virtuosos do mundo anterior a Cristo condenados por toda a eternidade? Implacável, Agostinho respondeu que sim, que todos eram pecadores, todos estavam condenados.[10]

Juliano apelou para o sarcasmo. "Se aceitarmos que a castidade dos pagãos não é castidade, deveremos então, pela mesma razão, dizer que o corpo dos não cristãos não é um corpo verdadeiro, que os olhos dos pagãos não têm o sentido da vista, e que as plantações que crescem nos campos dos pagãos não são plantações reais, e muitas outras consequências tão absurdas que seriam capazes de levar um homem inteligente ao riso." No entanto, Agostinho não cedeu um milímetro. A posição do pelagianismo, insistiu, é que era absurda: "Seu riso levará os homens inteligentes não ao riso, mas a lágrimas, tal como o riso do demente faz chorar seus amigos sãos". Não havia espaço para uma solução conciliatória.

A essência do problema, argumentou Juliano, era a visão que Agostinho tinha do sexo, e dessa vez Agostinho concordou sem nenhuma objeção. Juliano acreditava que a experiência humana da conjunção carnal era natural e saudável, uma parte fundamental do plano de Deus, que remontava ao momento em que ordenou que os primeiros seres humanos fossem fecundos e se multiplicassem. Era aqui, afirmava Agostinho, que os pelagianos cometiam seu erro crucial. Isso porque o sexo, como conhecemos, não é nem natural nem saudável. O problema não se limita ao sexo fora do casamento, a práticas e posições não voltadas para a procriação e à homossexualidade — embora Agostinho, ao lado de muitos outros, atacasse tudo isso como abominações. O problema é que mesmo a forma mais legítima de intercurso sexual — entre um casal formado por marido e mulher, empenhados em gerar um filho — também é corrupta. A corrente de iniquidade que passa por isso é precisamente o mecanismo que transporta a mácula do mal de uma geração a outra e que infecciona os sonhos daqueles mais determinados a se manterem puros e castos. A iniquidade humana é uma doença sexualmente transmissível.

Agostinho sabia que lhe seria difícil defender essas alegações, se não, talvez, dentro da Igreja, pelo menos junto aos leigos. Na época, como hoje, a maioria das pessoas considerava seu prazer sexual legítimo e bom. Juliano argumentava que, pela lógica louca de Agostinho, todos os pais eram assassinos, pois o próprio ato que gerava seus filhos também os condenava à destruição. Aquilo que o soturno bispo de Hipona invectivava como pecado era simplesmente o "fogo vital", que é, pelo próprio desígnio de Deus, nossa maneira natural de nos reproduzirmos.[11]

Agostinho redarguia que nossa maneira de nos reproduzirmos fora corrompida por Adão e Eva e se mantivera corrompida desde então. É impossível, mesmo para o mais piedoso casal, limitar sua conjunção sexual aos estreitos limites aprovados, cumprir o dever conjugal "sem o ardor da luxúria" (*De nuptiis*). E esse ardor, que Agostinho chama pelo termo técnico "concupiscência", não era simplesmente um dote natural ou uma bênção divina: era uma maldição, uma marca de punição, um toque do mal. A ação de um homem e uma mulher casados entre si que pretendem gerar um filho não é má, insistia Agostinho; é lícita. "Porém a ação não é executada sem iniquidade" (*Contra Juliano*).[12] Seria muito melhor não haver necessidade de desejo sexual, se fosse possível trazer crianças ao mundo de alguma outra forma que não a estimulação lúbrica dos órgãos genitais mediante a luxúria.[13]

No mundo que conhecemos, essa vontade dos devotos não é possível. O reconhecimento obsessivo e atormentado do fato por parte de Agostinho — da presença inescapável da excitação não só no ato sexual entre cônjuges, como também no que ele chama de "os próprios movimentos que ele causa, para nossa tristeza, mesmo no sono, e até nos corpos de homens castos" — moldou sua ideia mais influente, que pesou nos séculos que se seguiram e da qual nos libertamos apenas parcialmente: o *originale peccatum*, o Pecado Original.[14]

Estamos marcados desde o começo pelo mal. Não se trata de atos particulares de crueldade ou violência, de formas específicas de patologia social, ou dessa ou daquela pessoa que fez uma escolha desastrosa. É desalentadoramente raso e ingênuo pensar, como fazem os pelagianos, que partimos de uma tábua rasa ou que, de modo geral, sejamos razoavelmente decentes ou que está em nosso poder escolher o bem. Olhemos em torno. Há algo profunda, estrutural e essencialmente errado conosco. Toda a nossa espécie é aquilo que Agostinho chamava de *massa peccati*, um acúmulo de pecados.

Nenhum sinal dessa ideia é encontrado nas palavras de Jesus, recolhidas nos evangelhos, nem existe no vasto conjunto de textos rabínicos que fluiu para o Midrash Rabbah ou o Talmude, ou ainda na tradição islâmica, também vasta.[15] Podemos encontrar algumas antevisões dela — no estranho Livro dos Jubileus, do fim do século II AEC, por exemplo, e nos textos do bispo Irineu de Lyon (*c.* 130-*c.* 220 EC), entre outros —, mas ninguém lhe atribuíra o poder e a importância doutrinal que ganhou nas obras de Agostinho. E ninguém antes de Agostinho se arriscara a propor essa prova, a prova que se faz sentir na estimulação da excitação sexual e em nosso conhecimento de que todos só chegamos ao mundo por meio dessa excitação. Temos origem no pecado, e o pecado nunca deixa de manifestar seu poder sobre nós.

Juliano e os demais pelagianos protestaram: Agostinho, alegaram, estava apenas revertendo à velha doutrina maniqueísta segundo a qual a carne era criação e possessão de um deus perverso. Com certeza era uma traição do cristianismo, com sua fé num messias que se fez carne. Nada disso, respondeu Agostinho. Deus resolvera tornar-se um homem, mas fez isso "através de uma virgem, cuja concepção não fora carnal, porém espiritual, não fora obra de luxúria, mas de fé".[16] A existência de Jesus não dependera do mais diminuto toque daquele ardor mediante o qual todos os outros seres humanos são gerados. E todos nós poderíamos ter sido como Jesus; ou seja, poderíamos ter chegado ao mundo, sobrevivido no mundo e nos reproduzido no mundo intocados pela luxúria. É por culpa nossa, por consequência de um ato que cometemos, que não somos intocados pela luxúria.

Foi nesse ponto, quando Agostinho teve de apresentar evidências de nossa perfídia individual e coletiva, que chamou Adão e Eva como testemunhas. Isso porque o Pecado Original, que mancha cada um de nós, é não só um pecado inerente a nossas origens individuais — ou seja, à excitação sexual que permitiu a nossos pais nos gerarem —, como também um pecado cujo rastro pode ser seguido até o casal de quem toda a nossa raça se origina. É o equivalente moral de uma doença, uma falha genética que herdamos de nossos ancestrais mais distantes. E, embora seja uma herança inescapável, arcamos com a culpa por ela, uma culpa ligada à nossa espécie.

Para proteger Deus da acusação de ser responsável pelos defeitos inatos em Sua criação, Agostinho precisou demonstrar que as coisas poderiam ter transcorrido de outra forma no Paraíso, que nossos progenitores, Adão e Eva, não estavam destinados a se reproduzir da maneira que hoje nos reproduzimos, que eles, por perversão, tomaram a decisão errada e que, inescapavelmente, nós reiteramos o crime que cometeram. Para sustentar isso, mergulhou mais fundo nas palavras enigmáticas do Gênesis do que qualquer pessoa já fizera até então. Estava decidido a reconstruir as vidas perdidas de nossos ancestrais remotos, achar o caminho de volta ao Jardim do Éden e assistir às conjunções carnais de nossos primeiros pais.

Muito antes de seu encontro com os pelagianistas, antes mesmo de ser ordenado sacerdote, Agostinho tentara decifrar o código antigo. No fim de agosto do ano 388, num dos primeiros trabalhos que escreveu depois de sua conversão, *Sobre o Gênesis: Uma refutação dos maniqueus*, ele tratou os capítulos iniciais do Gênesis como uma alegoria sutil. Não foi em referência ao corpo físico que Deus fizera o homem à sua imagem. Na verdade, Adão fora originalmente dotado de um corpo espiritual, se não era ainda uma alma pura, era ao menos "almesco".[17] O Éden é menos um lugar do que uma experiência espiritual. Eva é um símbolo da alma que cada ser humano deveria amar. O mandamento de que fossem fecundos e se multiplicassem não se referia originalmente à carne, e sim a "uma prole espiritual de alegrias intelectuais e imortais que encheriam a terra". Da mesma forma, as árvores eram símbolos de prazeres espirituais. Quanto aos versículos perturbadores — "que agora ele não estenda a sua mão e colha também da Árvore da Vida, e coma e viva para sempre! E Iahweh Deus o expulsou do jardim do Éden" (Gênesis 3,22-23), corretamente entendidas as palavras significavam o oposto do que, na superfície, parecem dizer: "A razão pela qual o homem foi expulso e obrigado às labutas exaustivas desta vida foi *a fim de* que em um momento ou outro ele pudesse realmente estender a mão para a Árvore da Vida e viver para sempre. A mão estendida é decerto um excelente símbolo da cruz, por meio da qual reconquista-se a vida eterna."[18]

Agostinho veio a considerar que esse hábil exercício de interpretação alegórica, para explicar a Origem, era um erro.[19] O argumento não conseguia esconder certo embaraço em relação à passagem que pretendia explicar. Em grande parte, confirmava, com sua aversão ao corpo, o próprio maniqueísmo que pretendia refutar. Ao tratar Adão e Eva não como pessoas reconhecíveis, mas como figuras simbólicas, o argumento arriscava-se a permitir que Jesus também fosse tratado como um símbolo mítico, e não como o Salvador vivo. E falhava redondamente em mostrar, em sua leitura simbólica da história, alguma base para o Pecado Original.

Por volta do ano 400, depois de escrever as *Confissões*, a postura de Agostinho começara a mudar. Concluiu que o caminho a seguir era, antes de mais nada, tomar as palavras do Gênesis como literalmente verdadeiras: tão verdadeiras quanto a sua própria vida e a de seus pais, a de suas ex-amantes e a de seus amigos. A história do homem e da mulher nus, da serpente falante e das árvores mágicas talvez parecesse uma das lendas populares do tipo que havia menosprezado quando jovem. No entanto, a tarefa do verdadeiro crente não consistia em tentar salvá-la mediante o ardil de tratá-la como a capa ingênua de um sofisticado mistério filosófico. Em vez disso, a tarefa deveria ser tratá-la como a narrativa sem retoques de uma realidade histórica e em convencer os demais a tratá-la também da mesma maneira.

Dedicando-se a esse projeto,[20] Agostinho estudou bastante e escreveu febrilmente. Empenhou-se num trabalho intitulado *O sentido literal do Gênesis*, cujo objetivo era falar "sobre as Escrituras segundo sua correta descrição do que realmente aconteceu, e não de acordo com suas referências enigmáticas a eventos futuros". Agostinho devotou-se a esse trabalho durante quinze anos, resistindo às insistências dos amigos para que lhe pusesse um ponto final e o divulgasse. Dentre seus muitos livros, é provável que tenha sido a esse que dedicou uma atenção mais prolongada e contínua.[21]

Por fim, o projeto o derrotou, e Agostinho sabia disso. Esforçava-se por entender literalmente a narrativa hebraica da criação do cosmos, mas não conseguia se dispor a pensar que os dias nos quais Deus formou o universo fossem semelhantes aos nossos, ou que a luz feita no primeiro dia (antes da criação do Sol) tivesse alguma semelhança com a nossa, ou que Deus houvesse de fato descansado no sétimo dia, da forma como as pessoas descansam depois do trabalho. Ele sabia que a Bíblia dizia que Deus formara o homem com o pó da terra, mas "que Deus houvesse moldado o homem com barro e com mãos materiais", ele admitia, "era uma ideia excessivamente pueril". Deus falou a Adão, mas era tolice achar que tivesse pregas vocais divinas. Para cada lado que se virasse, dava com problemas análogos. Perto do fim da vida, repassando o que escrevera em *O sentido literal do Gênesis*, ele reconheceu que aquela era "uma obra em que se faziam mais perguntas do que encontravam-se respostas; e entre as que foram encontradas, somente algumas se achavam garantidas, enquanto as restantes estavam formuladas de uma maneira tal que ainda requerem novas pesquisas".[22]

No entanto... ele voltava repetidamente a insistir que a história — se não todos os seus elementos, ao menos os fundamentais — deveria ser entendida de forma literal. Vencendo sua resistência, Agostinho afirmou que Adão fora uma pessoa real, formada de barro como um homem adulto. Existira uma árvore real, cujo fruto real Adão recebera ordem de não comer, pois do contrário morreria.[23] Deus falava a Adão não misticamente, mas "por meio de signos vocais que ele seria capaz de compreender". Todos os animais tinham sido de fato levados a Adão, não reunidos por Deus "do modo como caçadores e criadores de aves rastreiam e impelem em direção a cercados os animais que capturam", mas impelidos por anjos de modo que surgissem no local adequado e na hora certa. Por que haveríamos de duvidar que Deus houvesse literalmente feito a mulher da costela do homem — "nós que não sabíamos como uma árvore era feita a partir do enxerto do galho de uma árvore no tronco de outra árvore, se do mesmo modo ignorávamos como os lavradores servem a Deus em seu ato de criar essas coisas?".

Ai de quem não se atém, sempre que possível, ao sentido literal das palavras da Bíblia.[24] Eva desobedeceu à advertência divina — "se comeres um bocado dele, havereis de morrer a morte" — por presumir, com resultados desastrosos, que as palavras de Deus não deviam ser tomadas literalmente. Ela preferiu acreditar que Deus, sendo misericordioso, perdoaria de pronto qualquer transgressão. "Foi por isso que ela pegou seu fruto, deu-lhe uma mordida e também ofereceu-o ao marido." Muito melhor teria sido se ater ao entendimento mais explícito e mais literal da ordem de Deus.[25]

O problema é que, por mais que uma pessoa tente, não pode levar toda palavra ao pé da letra, e Agostinho não conseguia encontrar uma regra simples e confiável para o grau apropriado de literalidade. Segundo a Bíblia, depois que Adão e Eva comeram do fruto proibido, "abriram-se os olhos dos dois" (Gênesis 3,7). Porventura isso significa que tinham sido criados com os olhos fechados "e deixados a perambular, cegos, às apalpadelas, no paraíso das delícias, e assim estendendo as mãos e tocando tudo sem querer, inclusive a árvore proibida, e assim tateando os frutos proibidos para colher alguns, sem saber o que eram?". Não, o texto não pode significar isso, pois já nos foi dito que os animais tinham sido levados a Adão, que os deve ter visto antes de nomeá-los; e nos foi dito que Eva viu que a árvore proibida "era boa ao apetite e formosa à vista". Ainda assim, por ser uma palavra ou uma frase usada metaforicamente, isso não significa que toda a passagem deva ser entendida como uma alegoria. Era imperativo descobrir o núcleo literal.

Não é de admirar que Agostinho tenha lutado durante quinze anos para escrever *O sentido literal do Gênesis*. A questão envolvida era de vida ou morte, não só para os primeiros pais, como também para todos os seus descendentes. Sempre que podia, Agostinho agarrava-se com todas as forças ao sentido literal. Adão e Eva não estavam literalmente cegos, ele admitia, antes de comerem o fruto. Mas deveria haver alguma maneira de entender as palavras "vossos olhos se abrirão" não como uma figura de linguagem. Era preciso alguma coisa, ele insistia, que o casal tivesse realmente visto pela primeira vez depois de sua transgressão e que não fosse meramente metafórica. Mas o que poderia ter sido? A resposta lhe ocorreu: "Eles voltaram os olhos para seus próprios órgãos genitais e foram tomados de luxúria, com aquela excitação que antes não tinham conhecido".

A chave desse entendimento estivera oculta na experiência de Agostinho, aos dezesseis anos, na casa de banho, ou seja, nos sinais de *inquieta adulescentia* que seu pai observara. O movimento de excitação, que deleitara o pai do jovem e horrorizara sua mãe, podia agora ser percebido no primeiro momento em que Adão e Eva foram tomados, ao mesmo tempo, por lascívia e vergonha. Pela primeira vez, viram o que nunca tinham visto antes e, se o que viram lhes despertou luxúria, também os encheu de vergonha e os levou a usar folhas de figueira para cobrirem, como que com um véu, "aquilo que era posto em ação mesmo contra a vontade daqueles que o desejavam".[26] Até aquele momento, eles tinham desfrutado — pela única vez, refletia Agostinho, em toda a história da raça humana — de uma perfeita liberdade. Agora, porém, porque tinham, de forma espontânea, inexplicável e orgulhosa, escolhido viver não para Deus, mas para si mesmos, tinham perdido sua liberdade.[27] E, com eles, também nós perdemos a nossa.

Agostinho veio a crer que o sinal dessa perda, tanto a sua própria como a dos primeiros seres humanos, não era a excitação, e sim seu caráter involuntário. Mais de cinquenta anos depois, continuava a reflexionar sobre seu significado. Se somos saudáveis, escreveu, somos livres para mover outras parte do corpo — olhos, lábios e língua, mãos e pés — como desejarmos. "Mas, quando se trata da grande função masculina da procriação de crianças, os membros que foram criados expressamente para essa finalidade não obedecem à direção da vontade, mas a luxúria tem de ser aguardada para pôr em ação esses membros, como se ela tivesse direito legal sobre eles."

Era estranho, pensava Agostinho, que não possamos simplesmente comandar essa parte crucial do corpo. Ficamos excitados, a excitação está dentro de nós — nesse sentido ela nos pertence inteiramente — e no entanto isso não obedece ao poder executivo de nossa vontade. A ereção do pênis ou sua recusa a enrijecer dependem dos caprichos de uma libido que parece ser independente por completo. Era característico de Agostinho, e, com efeito, de toda a sua época, pensar sobre o sexo em termos masculinos, mas ele estava convicto de que as mulheres deviam passar por uma experiência equivalente à excitação sexual masculina.[28] É por isso que no Gênesis, como consequência da primeira transgressão, a mulher, tal como o homem, sentiu vergonha e se cobriu. "Não foi um movimento visível que a mulher cobriu, quando, nos mesmos membros, ela sentiu algo de comparável ao que o homem sentia, e eles enrubesceram por causa da atração mútua."

A experiência de Agostinho quanto à excitação sexual, tão intensa, insistente e profundamente misteriosa, fez com que voltasse repetidas vezes ao mesmo conjunto de perguntas: A quem pertence este corpo, afinal? De onde vem o desejo? Por que eu não comando a minha carne? "Às vezes ela se recusa a agir quando a mente quer, enquanto muitas vezes age contra a vontade da mente!"[29] O adolescente na casa de banho confrontou uma estranha cisão entre sua vontade e seu corpo. A mesma coisa, reconheceu Agostinho, sentia o idoso monge, atormentado em sua cela pela irrupção de "pensamentos voluptuosos", "lembranças inquietantes associadas a prazeres indignos", "certo tumulto de sórdidas interrupções". Há também outros apetites físicos, é claro, que mesmo a pessoa mais devota e disciplinada inevitavelmente experimenta. Todavia, no caso da comida e da bebida, escreveu Agostinho, é possível exercer certo controle e, enquanto se satisfaz o apetite, continuar a pensar sobre coisas da mente e do espírito. Já o desejo sexual é diferente: "Não alicia ele toda a alma e todo o corpo?".[30]

Mas qual foi a alternativa que Adão e Eva — e nós — perdemos para sempre? Como, especificamente, iriam se reproduzir, se não fosse pela maneira como todos os seres humanos se reproduzem e têm se reproduzido ao longo de toda a história? Os pelagianos tinham declarado que a sexualidade humana era uma parte natural e feliz do desígnio de Deus. O primeiro homem e a primeira mulher eram humanos, exatamente como nós, e teriam se reproduzido do mesmíssimo modo que nós. Por acaso Agostinho pensava, perguntou Juliano, que Adão e Eva não pertenciam a nossa espécie?

Agostinho não podia fugir à pergunta, como certa vez tentara fazer, alegando que Adão e Eva eram espíritos "almescos", e não seres corpóreos. Tendo se comprometido com um entendimento literal, havia passado a acreditar que os primeiros seres humanos tinham corpos materiais, tal como nós. Não eram gigantes, como alguns haviam especulado, nem dotados de superpoderes. Sem dúvida, eram versões perfeitas daquilo que personificamos de forma tão inadequada e parcial, porém, ainda assim, pertenciam à nossa espécie.

Entretanto, havia (ou teria havido, se eles continuassem a viver no Paraíso) uma diferença de importância crucial.[31] Adão e Eva deveriam ter prole, insistia Agostinho, sem excitação involuntária. "Não sentiriam na carne a atividade de luxúria turbulenta, [...] mas somente o movimento de vontade pacífica, mediante o qual comandamos os outros membros do corpo." Para Agostinho, o autodomínio tranquilo — a excitação somente quando a pessoa a desejasse, e nunca quando não a desejasse — era o cerne do que entendemos hoje como sermos livres.

Para quem está habituado a pensar em liberdade em termos políticos ou sociais, essa concepção de liberdade — uma tranquilidade interior e um controle do corpo imperturbáveis — parece estranhíssima. Para uma pessoa incomodada durante toda a vida pelo problema de ereções indesejadas, fazia sentido. E Agostinho tinha certeza de que não estava sozinho. Ele se valia de uma longa tradição de filosofia moral, tanto pagã quanto cristã, que se centrava numa obtenção de controle sobre si mesmo que nada, nem mesmo a dor excruciante ou o prazer requintado, poderia perturbar. No Paraíso, ele escreveu em *A cidade de Deus*, Adão e Eva, que não sentiam dor, medo da morte e nenhuma perturbação interior, viviam em perfeita serenidade, que se estendia ao intercurso sexual. O encontro do homem e da mulher no processo reprodutivo estava programado para transcorrer de forma absolutamente calma. Sem sentir nenhuma exaltação — sem experimentar aquele estranho aguilhão, como se alguma coisa o impelisse adiante —, "o marido teria relaxado no regaço da mulher com tranquilidade de espírito".[32]

Como seria isso possível, perguntavam os pelagianos, se os corpos de Adão e Eva fossem substancialmente iguais aos nossos? Basta lembrar, respondia Agostinho, que mesmo hoje, em nossa condição atual, certas pessoas fazem com o corpo coisas que outras julgam impossíveis. "Há pessoas que até podem mover as orelhas, uma de cada vez ou as duas juntas. Outras, sem mexer a cabeça, conseguem fazer com que todo o escalpo — toda a parte coberta por cabelo — deslize em direção à testa, e depois a levam de volta a seu lugar." Outras ainda, como ele testemunhara pessoalmente, podiam suar sempre que quisessem, e existiam até pessoas capazes de "produzir sons musicais, à vontade, pelo traseiro (sem nenhum cheiro), dando a impressão de estarem cantando por aquela região". Nesse caso, por que não imaginarmos que Adão, em seu estado incorrupto, pudesse causar em si mesmo uma ereção peniana, por sua mera vontade, só o suficiente para penetrar Eva? Tudo teria se dado com tamanha tranquilidade que a semente seria "enviada ao útero, sem prejuízo da integridade da mulher, do mesmo modo como o fluxo menstrual pode hoje originar-se do útero de uma donzela, sem perda da virgindade". E tampouco para o homem haveria "qualquer deterioração da integridade de seu corpo".[33]

É com certo desconforto que imaginamos Adão e Eva em coito. Agostinho sabia que seus leitores se sentiriam incomodados ou, pior ainda, que isso os faria rir. Ele estava fazendo todo o possível para imaginar uma época em que a cópula carnal não era vergonhosa, mas, exatamente por estarmos caídos, não podemos recuperar essa época. Mesmo contendo deliberadamente sua eloquência em favor da modéstia, ele entendia que qualquer tentativa de descrever a relação sexual de nossos primeiros pais provocaria uma sensação de embaraço. Havia um desconforto adicional: discutir a atividade sexual num sermão ou numa conversa provoca de forma inevitável a evocação de imagens mentais. Tais imagens levam a sonhos nos quais é impossível distinguir entre fantasia e realidade. "A carne é estimulada de imediato a movimento", refletiu Agostinho no fim de *O sentido literal do Gênesis*, "e o resultado é aquele que em geral se segue a esse movimento."

Entretanto, as poluções noturnas involuntárias, fossem elas suas (o que ele parece estar admitindo aqui), fossem de seus leitores, são um risco que vale a pena correr. Isso porque, para entender quem eram Adão e Eva e o que deveria ser a condição humana, era vital apreender corretamente como eles deveriam reproduzir-se. O embaraço que nos acomete quando tentamos visualizá-los fazendo sexo é parte do problema. "Todos sabem", comentou Agostinho em *A cidade de Deus*, que ato um casal realiza para a procriação. Toda a cerimônia de casamento tem como fim a consagração desse ato. "No entanto, quando esse ato está sendo cumprido, com vistas ao nascimento de uma criança, não se permite que nem mesmo as crianças que já nasceram, como resultado desse ato, o assistam." "Nem mesmo as crianças": será que Agostinho imaginava que no Paraíso as crianças teriam permissão de assistir à cópula dos pais? Sim, era exatamente isso que ele imaginava, já que o evento teria sido despercebido, desinteressante e sem nenhum traço de excitação involuntária.[34]

Assim as coisas deveriam ser para Adão e Eva. No entanto, concluiu Agostinho, isso nunca aconteceu, nem mesmo uma só vez. O pecado ocorreu primeiro, "e eles incorreram na penalidade de exílio do Paraíso antes que pudessem unir-se na tarefa de propagação como um ato deliberado, não perturbado por paixão". Nesse caso, qual era o sentido de todo o esforço elaborado de imaginar sua vida sexual? Agostinho talvez nunca conseguisse fazer com que todos os cristãos do mundo acreditassem que a postura de Adão e Eva em relação ao sexo fosse antinatural ou maldosa, mas podia tentar ganhar um importante debate doutrinário com os maniqueus e os pelagianos e sustentar uma visão doutrinária de Jesus como o filho miraculoso de uma virgem que engravidou sem a experiência do ardor sexual. E, em questões de doutrina, num embate entre uma posição moderada e de senso comum e uma posição rígida, radical e intransigente, essa sempre tinha forte possibilidade de sucesso.

Além desses propósitos doutrinários, o interesse obsessivo de Agostinho pela história de Adão e Eva relacionava-se a um fato em sua vida. O que ele descobriu (ou, melhor dizendo, inventou) sobre o sexo no Paraíso em sua opinião provou que originalmente o homem não deveria sentir o que sentira em Tagasta quando adolescente. Provou-lhe que não deveria sentir os impulsos que o atraíam para os lupanares de Cartago. Acima de tudo, provou que ele, ao menos no estado redimido pelo qual ansiava, não deveria sentir o que sentia reiteradamente com sua amante, a mãe de seu único filho, aquela que ele amou durante quinze anos (um período tão longo quanto o que dedicou a escrever o livro *A interpretação literal do Gênesis*), aquela de quem se desfez por ordem da mãe, aquela que declarou que nunca estaria com outro homem, tal como ele nunca estaria com outra mulher, aquela que o fez sentir, depois da separação, conforme escreveu, que alguma coisa tinha sido arrancada de seu flanco (*avulsa a latere meo*).

Não foi porque a serpente o enganou que Adão caíra, escreveu Agostinho em *A cidade de Deus*. Ele escolheu pecar por orgulho — uma "ânsia de exaltação indevida" — e porque "não podia suportar ser separado de sua única companheira". Agostinho havia desfeito a escolha de Adão — da melhor maneira que podia dentro dos limites de sua condição decaída. Havia tentado, com a ajuda de sua mãe, depois canonizada, afastar-se do ardor, fugir da excitação. Na verdade, ainda tinha aqueles sonhos involuntários, aquelas estimulações indesejadas, mas o que sabia sobre Adão e Eva no estado de inocência garantia-lhe que um dia, com a ajuda de Jesus, ele teria um perfeito controle sobre o próprio corpo. Estaria livre.

7. O homicídio de Eva

O relato que Agostinho fez do lacrimoso anseio de sua mãe para salvar do pecado o marido e o filho foi tão vigoroso que, com o passar dos séculos, resultou em um culto. Quando, um dia, os restos mortais de Mônica foram transferidos de Óstia, onde ela morreu, para Roma, consta que teriam ocorrido milagres ao longo de todo o percurso. Seus despojos sagrados foram depositados para veneração numa basílica construída perto da Piazza Navona, numa capela especial à esquerda do altar-mor. A bela fachada da basílica é revestida de travertino retirado do Coliseu, e à mãe ou ao filho não teria escapado o simbolismo disso. Preces que invocam sua mediação entraram para o Breviário Romano, e o dia de santa Mônica — padroeira de esposas pacientes, mães sofredoras e vítimas de maus-tratos — é comemorado em 27 de agosto. Um povoado espanhol na Califórnia tornou-se uma cidade florescente (e uma via expressa), que ainda leva seu nome. Para seu filho rebelde — e através das palavras dele para muitos outros —, ela serviu de caminho de volta à inocência paradisíaca.

Quanto à outra mulher que Agostinho amou, sua parceira sexual durante quinze anos e a mãe de seu filho, ela simplesmente desapareceu de seus volumosos textos, da mesma forma que de sua vida. Agostinho não estava interessado em utilizá-la como um emblema da tentação carnal ou em considerá-la culpada de seus próprios desejos sexuais. Afinal, seu modelo básico para a presença perturbadora desses desejos era a estimulação solitária: a ereção de um adolescente numa casa de banho e os sonhos eróticos de um ancião.

Entretanto, se Agostinho não se concentrou na mulher como a fonte primordial de tentação e da perda da inocência, outros o fizeram. Ao tornar a história de Adão e Eva o episódio central do drama da existência humana, Agostinho abriu as comportas para uma corrente de misoginia que turbilhonou durante séculos em torno da figura da primeira mulher. Não importava que a tradição rabínica tivesse pouquíssimo interesse em dirigir a culpa para Eva ou que o Alcorão mostrasse Adão e Eva como igualmente culpados.[1] Não importava que o cristianismo, em seus anos de formação, houvesse acolhido bem as mulheres, juntamente com escravos, criminosos e outras categorias oprimidas pela ordem social romana, e lhes oferecesse lugar à mesa dos abençoados. Não importava que Agostinho e numerosos teólogos que o sucederam considerassem Adão o principal responsável pela catástrofe que recaiu sobre a humanidade. Muitas outras autoridades, dentro e fora da igreja, de bom grado atribuíam a responsabilidade quase inteiramente a Eva.

Ao assim proceder, podiam se basear, pelo menos de forma indireta, numa antiga tradição pagã que culpava as mulheres pelas dores do mundo. Praticamente todos, tanto pagãos como cristãos, conheciam a história de Pandora, narrada, como se sabe, por Hesíodo, um respeitado poeta grego do século VIII AEC. Zeus, rezava a história, fora ludibriado pelo titã Prometeu e estava furioso com ele. Como o titã tinha beneficiado os homens, foi sobre eles que Zeus estava resolvido a vingar-se. Para isso, ordenou ao deus-ferreiro Hefesto que modelasse com barro uma bela figura, a primeira mulher, e determinou que cada um dos deuses desse a ela um presente. Atena ensinou-lhe a tecedura; Afrodite transmitiu-lhe as artes da sedução; as Graças presentearam-na com colares de ouro; as Estações teceram-lhe uma coroa com flores da primavera; e o astuto Hermes deu-lhe "os princípios morais de uma meretriz".[2]

A irresistível Pandora — o nome significa "portadora de todos os dons" — foi então enviada ao irmão de Prometeu, Epimeteu, que fora advertido a não aceitar nenhum presente de Zeus. No entanto, Epimeteu, é claro, impressionado com os encantos de Pandora, esqueceu o aviso. Uma vez em sua casa, Pandora abriu a tampa de um jarro (traduzido erroneamente, no século XVI, como uma caixa), e antes que pudesse tapá-lo de novo dele escaparam todos os males que vêm afligindo a humanidade desde então. Só uma coisa permaneceu no jarro, junto da tampa: a esperança.

Segundo essa narrativa, a humanidade se vira no meio de uma luta entre um deus e um titã. Como não houvera nenhuma transgressão humana, também nenhum ritual humano de penitência poderia apaziguar a cólera da divindade. Até então os homens tinham vivido livres de enfermidades e de trabalhos pesados, mas, por causa de Pandora, essa vida desaparecera para sempre. Não há nisso nenhuma grande lição moral a ser aprendida. Tudo quanto pôde ser salvo do desastre, afora a informação de que Zeus sempre vence, é uma consciência da fonte das desgraças da vida: "a mortal raça feminina e a tribo das esposas" (*Teogonia*).

Os primeiros cristãos não abraçaram o mito de Pandora, do mesmo modo como não adotaram o restante do panteão grego e romano. Entretanto, os fiéis não podiam deixar de olhar de soslaio para a cultura que estavam rejeitando; Pandora pode nunca ter existido, escreveu o teólogo Tertuliano, do século II, mas a tentação sedutora que ela simbolizava continuou a provocar um mal terrível. Em seu livro sobre trajes femininos, ele raivosamente listou as punições que Deus fizera cair sobre Eva e suas descendentes. Em seguida, prosseguiu, com fúria crescente:

> E não sabeis que cada uma de vós é uma Eva? A sentença de Deus sobre vosso sexo se mantém nesta era: e a culpa deve também necessariamente existir. *Vós* sois o portal do demônio: sois a desveladora daquela árvore proibida; sois a primeira rebelde da lei divina; sois aquela que persuadiu aquele a quem o demônio não teve coragem de atacar. Destruístes com toda facilidade a imagem de Deus, o homem. Por causa de vossa culpa — isto é, da morte, até o Filho de Deus teve de morrer. E pensais em vos adornar além de vossas túnicas de peles?

Embora Tertuliano fosse muito lido, ao que parece os cristãos ortodoxos o encaravam com cautela, mas suas reprovações à vaidade incorrigível e às falhas morais da mulher encontraram muitos ecos.[3]

Jerônimo, contemporâneo de Agostinho, estava mais inserido na corrente dominante do cristianismo primitivo. Sua tradução da Bíblia para o latim (conhecida como a Vulgata, ou seja, "para divulgação popular") tornou-se a principal versão da Bíblia no Ocidente. Muito influente e admirado — ele veio a ser o santo padroeiro dos tradutores, bibliotecários e redatores de enciclopédias —, Jerônimo tratou muitas vezes dos adornos e artifícios femininos que tanto indignavam Tertuliano. Vituperava as mulheres "que pintam as faces com ruge, e os olhos com beladona, cujo rosto é coberto de pó [...]; às quais nenhum número de anos consegue convencer de que estão idosas; que empilham na cabeça tranças de cabelo alheio; que buscam recuperar a juventude pretérita a despeito das rugas da idade".[4]

Entretanto, Jerônimo, celibatário, foi muito mais longe do que Tertuliano (que era casado com uma cristã). Já não bastava lançar advertências contra cosméticos ou insistir em que as mulheres cobrissem o cabelo ou se mantivessem dentro de casa. Cercado por um círculo de mulheres ardentemente devotas que o mantinham com generosidade e com as quais mantinha copiosa correspondência, Jerônimo reprovava energicamente o casamento. Não tinha como desfazer, de modo retroativo, os casamentos já celebrados, mas recomendava severamente que as viúvas não voltassem a se casar.

"A uma viúva, libertada do vínculo marital", escreveu ele no ano 384 a uma mulher chamada Marcella, "somente um dever é imposto, o de continuar viúva." Nem a idade nem as circunstâncias de sua vida importavam. A viúva cristã deveria estar decidida a não incorrer pela segunda vez em casamento. "Se o escorpião, zeloso de seu propósito determinado, com blandícias a incita a comer de novo do fruto proibido, que uma maldição, em vez de uma bota, o esmague, e que a mulher diga enquanto morre no pó que ele merece: 'Sai da minha frente, Satã.'" "Comer de novo do fruto proibido": para Jerônimo, o casamento era a Queda.

Alguma coisa tinha mudado. A história hebraica da criação parecia encerrar uma celebração extática do casamento — "Esta, sim, é osso dos meus ossos e carne de minha carne" — e da procriação. Os rabinos haviam interpretado a injunção divina de ser fecundo e multiplicar-se como um mandamento solene. Se uma pessoa fosse casada e capaz de ter filhos e deixasse de fazê-lo, teria, de acordo com o Talmude, cometido um crime equivalente a homicídio.

Agostinho e Jerônimo estavam no centro de uma reformulação radical da vida espiritual e, por isso, de uma reformulação da vida a que os cristãos devotos de fato deveriam aspirar. A maioria dos fiéis, eles reconheciam, continuaria inevitavelmente a se casar e a produzir filhos. Assim era o mundo. No entanto, se a vocação suprema fosse uma vida de castidade, renúncia ascética e contemplação, na companhia de outros monges e freiras celibatários, nesse caso toda a narrativa da existência ideal de Adão e Eva no Jardim do Éden teria de ser refeita.

Numa polêmica acerba contra Joviniano, pregador cristão que havia escrito em favor do casamento, Jerônimo sustentava que, no Paraíso, Adão e Eva eram virgens, levando uma vida abençoada de abstinência física. Enquanto Adão jejuou, ele escreveu, "permaneceu no Paraíso; ao comer, foi expulso; mal foi expulso e tomou uma esposa". Da mesma forma, ele lembrou a uma de suas seguidoras, Eva era virgem no Paraíso. "O Paraíso é o teu lar", disse-lhe. "Por conseguinte, conserva-te como nasceste."[5] A jovem fez devidamente um voto de virgindade perpétua e seguiu Jerônimo à Palestina, onde levou uma vida radicalmente austera.

Essas posições ascéticas não deixavam de ser contestadas nas comunidades cristãs do século IV, mas Jerônimo e seus aliados levaram a melhor. Os textos de Joviniano em louvor ao casamento foram reprovados e queimados. Condenado por heresia e rotulado por seus adversários como "o Epicuro do cristianismo", ele foi açoitado e exilado para uma pequena ilha no Adriático. Outros autores que declararam ser o casamento tão santo quanto a virgindade foram julgados hereges e punidos, às vezes brutalmente. Muitos cristãos, homens e mulheres, podem ter considerado, em segredo, que o casamento não era em nada inferior à abstinência monástica, que as relações sexuais entre marido e mulher nada tinham de ilícitas e que as mulheres eram moral e intelectualmente iguais aos homens e deveriam ter liberdade para se manifestar na igreja, mas eram aconselhadas a guardar suas opiniões para si.

As mulheres que acompanharam Jerônimo renunciaram a uma vida de riqueza e privilégio. Ajudando a fundar conventos de freiras num ambiente hostil e perigoso, eram pessoas audazes, determinadas e bastante doutas. Apesar de todas as dificuldades, levavam a vida de forma a recuperar ao menos os resquícios da pureza da primeira mulher, antes que cometesse o erro fatal de estender a mão e provar o fruto proibido. No entanto, essa vitória espiritual e o poder que a acompanhava não as livraram totalmente da nódoa herdada. Não havia como negar que Eva tinha pecado, e as consequências desse pecado alcançavam até as mais devotas de suas descendentes. Um de seus castigos, imposto diretamente por Deus, foi que a mulher seria dominada pelo homem: "e ele te dominará".

Todas elas precisavam compreender que qualquer autoridade que as mulheres exercessem estaria rigidamente submetida a limites que remontavam ao pecado da primeira mulher.

Como muitos outros que dividiam essa perspectiva, Jerônimo contava com o apoio de um documento de fundação da fé cristã. Ele citava uma passagem da Primeira Epístola a Timóteo,[6] uma das três cartas pastorais atribuídas ao apóstolo Paulo:

> Eu não permito que a mulher ensine ou domine o homem. Que ela conserve, pois, o silêncio. Porque primeiro foi formado Adão, depois Eva. E não foi Adão que foi enganado, mas a mulher que, seduzida, caiu em transgressão. (1Timóteo 2,12-4)

Ainda que, na Epístola aos Gálatas, Paulo houvesse afirmado que "não há homem nem mulher, pois todos vós sois só um em Cristo Jesus" (Gálatas 3,28), em sua carta a Timóteo a diferença de gênero reapareceu com toda a força. E sua justificativa não foi só os costumes de Éfeso, onde Timóteo servia, mas sim uma diferença insuperável que datava do começo dos tempos.

"Não foi Adão que foi enganado, mas a mulher que, seduzida, caiu em transgressão": essas palavras foram repetidas vezes sem conta ao longo dos séculos. Foram incutidas em criancinhas, invocadas sempre que o equilíbrio de poder entre marido e mulher se via ameaçado, lançadas contra mulheres inteligentes e articuladas que pareciam não conhecer seu lugar. "Uma mulher foi a causa efetiva da condenação", escreveu um perito em direito canônico quase mil anos depois de Jerônimo, "uma vez que foi a origem da mentira e Adão foi enganado por ela." Ela com certeza não teria permissão de ensinar. "Uma mulher ensinou uma vez", disse um frade espanhol no século XIII, "e o mundo inteiro foi derrocado."[7]

Essa insistência incessante no pecado de Eva e nos defeitos de suas filhas convinha, obviamente, ao mundo mental de monges e frades que haviam feito votos de castidade e abjurado — pelo menos oficialmente — a companhia do outro sexo. Convinha também àqueles maridos que estavam envolvidos numa luta para dominar a mulher e as filhas. As aflições trazidas por Eva tornaram-se um assunto recorrente na batalha dos sexos, uma acusação previsível e da maior utilidade, já que parecia encerrar a autoridade da própria Bíblia.

A barulhenta Mulher de Bath, do clássico quinhentista *Contos da Can-*

tuária, de Chaucer, proporciona um vislumbre cômico de uma briga típica. Seu marido, Jankin, segundo seu relato, gostava imensamente de ler para ela, de noite ou de dia, textos de uma infinidade de autores misóginos, entre os quais estava, inevitavelmente, um cardeal chamado são Jerônimo, "inimigo de Joviano". Uma noite, ela lembrava, seu marido, sentado junto ao fogo

> Pôs-se a ler das maldades da mãe Eva
> Que a raça humana inteira pôs na treva.
> Por essa falta, o nosso bom Senhor
> Jesus nos redimiu com sangue e dor.*

Jankin destacava a conclusão: "Portanto, a feminina iniquidade,/ causou a perdição da humanidade".

A Mulher de Bath ficou possessa. Estendendo a mão, arrancou duas folhas do "livro amaldiçoado" e golpeou o rosto do marido, fazendo com que caísse de costas. Ele se ergueu e esmurrou com tanta força sua cabeça que ela caiu desacordada. No entanto, prossegue o relato, tudo acabou esplendidamente: temendo tê-la matado e se arrependendo de sua violência, Jankin prometeu pôr de lado seu anseio de dominação: "Ele pôs finalmente em minhas mãos/ O controle das coisas e o bridão". Para confirmar a promessa, ele queimou o livro — *Contra Joviano*, de Jerônimo — que registrava a calamidade trazida por Eva.

A história cômica de Chaucer talvez tenha tido equivalentes na vida real, mas o símbolo moral da transgressão de Eva era reiterado interminavelmente em imagens e sermões, brincadeiras alegres e críticas ferozes. Era visto com a força de uma evidência científica.

Não eram só os homens que a invocavam e tiravam suas conclusões misóginas. Muitas mulheres devotas, como aquelas que financiavam e acompanhavam Jerônimo, aceitavam e abraçavam o julgamento contra a natureza das mulheres. Havia as exceções de praxe: mulheres ousadas e virtuosas que desafiavam o vilipêndio rotineiro. De modo geral, não obstante, predominava a depreciação, mesmo entre cristãos que se mostravam indiferentes aos pressupostos sociais reinantes na época. Meras regras sociais eram uma coisa —

---

* Os trechos de *Contos da Cantuária* aqui citados foram extraídos da tradução de José Francisco Botelho (São Paulo: Penguin Classics Companhia das Letras, 2013). (N. E.)

eram feitas para serem desafiadas ou quebradas. Já a transgressão de Eva era apresentada como outra coisa: fato histórico, verdade antropológica, natureza biológica, doutrina religiosa. Todas as tribulações da existência humana podiam ser ligadas a Eva, e suas filhas traziam essa mácula.

A feroz condenação de Eva com frequência estava ligada ao ardente louvor de Maria, representada como aquela que desfazia o pecado da primeira mulher. Desde cedo, a antítese era exposta em detalhes. Eva fora tirada da carne do velho Adão; o Novo Adão nasceu da carne de Maria. Ao encontrar a Eva virgem, a palavra da serpente meteu-se em seus ouvidos; encontrando a Virgem Maria, a Palavra de Deus entrou em seus ouvidos. Através de Eva, a palavra da serpente construiu o edifício da morte; por meio de Maria, a Palavra de Deus produziu o tecido da vida. O nó de desobediência, que Eva fizera com sua descrença, Maria desfez com sua fé e sua obediência. Eva fizera nascer o pecado; Maria fizera nascer a graça. *Eva* tornou-se *Ave*.[8]

Esse elaborado contraponto ajudou a lançar ao longo dos séculos um assombroso conjunto de imagens: desenhos, iluminuras de livros, esculturas, afrescos e quadros. No lado esquerdo das magníficas portas de bronze da catedral de Hildesheim, Eva amamenta Caim, enquanto do lado direito Maria amamenta Jesus. Num quadro do mestre flamengo Rogier van der Weyden, em Boston, são Lucas desenha um retrato da Virgem enquanto ela amamenta o filho. No braço do trono de madeira em que se senta, estão talhadas figurinhas minúsculas de Adão e Eva. Examinando-se bem de perto, vê-se que Eva estende a mão para pegar um fruto: assim, o mestre reúne o Pecado Original e a redenção. Também um esplêndido retábulo em Cortona, de Fra Angelico, mostra a Anunciação no primeiro plano, enquanto no fundo o arcanjo Miguel expulsa Adão e Eva do Paraíso. E uma iluminura italiana do *Paraíso*, de Dante, do século xv, faz um jogo ainda mais radical com o tempo e o espaço. À direita, em frente a uma capelinha, o arcanjo Gabriel ajoelha-se diante de Maria. Um pouco atrás dele, à esquerda, Adão e Eva, nus e cobrindo as partes íntimas, assistem à cena, extasiados.[9]

Como a devoção marista, na Idade Média, estava com frequência ligada a polêmicas antijudaicas — afinal, dizia-se que os judeus tinham sido responsáveis pelos sofrimentos de Maria —, as representações de Eva e de Maria muitas vezes estendem o contraste entre essas duas figuras femininas à oposição entre os judeus e os cristãos. Numa iluminura de uma Bíblia alemã de 1420, Eva está de um lado da árvore fatal, e Maria do outro. Nua, Eva estende uma das mãos para pegar um fruto; com a outra mão, toca numa caveira sustentada por um membro de um grupo de judeus barbados e de chapéus cônicos. Maria, vestida, ergue um crucifixo e olha bondosamente para um grupo de padres e monges. A oposição é entre a sinagoga e a igreja[10] — e, portanto, entre a lei e a graça, entre a morte e a vida.

Num quadro inesquecível de 1605-6, agora na Galeria Borghese, em Roma, Caravaggio representou a Virgem abaixando-se para pôr o pé desnudo sobre a cabeça de uma cobra que se contorce.[11] Ela segura o filho nu, que põe seu pé sobre o dela; o peso conjunto dos dois esmagará a cobra. Nas sombras, a avó do menino, santa Ana, assiste à cena com o rosto enrugado e fatigado. Embora não seja vista, Eva está implicitamente presente, pois o fato fora predito no começo dos tempos: "Porei hostilidade entre ti e a mulher, entre a tua linhagem e a linhagem dela" (Gênesis 3,15), disse Deus à serpente que ludibriara Eva e a levara à transgressão. Agora o salvador do Novo Testamento e sua mãe estão cumprindo a profecia do Antigo Testamento. Isso representa um triunfo do cristianismo, e por isso o menino Jesus aparece conspicuamente incircunciso.

Todo o contraste simbólico poderia ser utilizado para dar a entender que o pecado de Eva era uma bênção disfarçada. Afinal, foi sua ação que, em última análise, levou a Maria e, através de Maria, ao nascimento do Salvador. Entretanto, como Maria era tudo quanto Eva não era, representá-las lado a lado muitas vezes servia para intensificar a condenação da impulsividade, da vaidade e do orgulho que a primeira mulher legara à sua progênie. Os teólogos pareciam competir entre si para censurar as mulheres por sua herdada fraqueza. Até mesmo um filósofo de suprema inteligência e sensibilidade moral como Tomás de Aquino concluiu que o homem foi mais feito à imagem de Deus do que a mulher. A mulher, segundo ele, é um *vir occasionatus*, um homem defeituoso ou mutilado.[12] Isso era uma antiga ideia pagã; Tomás de Aquino a tirou de Aristóteles. Mas encontrou terreno receptivo no pensamento medieval, onde parecia explicar a tardança da criação da mulher, sua origem no que parecia ser uma costela torta e sua fragilidade diante das bajulações da serpente.

Nesse caso, perguntava Tomás de Aquino, por que Deus a criara? Ela estava destinada a ser uma auxiliar, mas, como Agostinho observara séculos antes, outro homem teria sido mais útil para ajudar no trabalho agrícola. Além disso, escreveu Aquino, "para viverem juntos e fazer companhia um ao outro, dois amigos juntos são melhores do que um homem e uma mulher". A criação de Eva só fazia sentido completo, ele concluiu, para os propósitos de procriação.

O poder procriador das mulheres era reconhecido e homenageado, sobretudo nas inúmeras imagens, ternas e reverentes, da Virgem com o Menino. Entretanto, embora o culto à Virgem Maria aumentasse continuamente em importância, isso não diminuía a depreciação de Eva. Pelo menos para alguns cristãos medievais, em especial aqueles que viviam em comunidades monásticas, a misoginia alcançava níveis que hoje nos parecem claramente patológicos. Se os destemperos misóginos não pareciam misóginos na época era porque contavam com um espaço relativamente confortável dentro de uma estrutura maior de fé e em instituições que os tornavam aceitáveis. São Pedro Damião, beneditino do século XI, era particularmente devotado a Maria — foi o autor de um famoso *Officium Beatae Virginis*—, porém essa devoção não amenizava seu ataque furioso[13] contra "a causa de nossa ruína":

> Ó, vós, cadelas, porcas, corujas uivantes, corujas noturnas, lobas, sanguessugas, [que] bradam "Traz! Traz!" (Provérbios 30,15-16). Vinde, ouvi, meretrizes, prostitutas, com vossos beijos lascivos, vossas pocilgas para porcos gordos, coxins para espíritos imundos, semideusas, sereias, bruxas, devotas de Diana, se quaisquer portentos, se quaisquer presságios foram encontrados até hoje, devem ser julgados suficientes para o vosso nome. Pois sois as vítimas de demônios, destinadas a ser eliminadas por meio da morte eterna. Por vossa causa, o demônio ceva-se mediante a abundância de vossa luxúria, é alimentado por vossos festins sedutores.

Nessa linguagem desvairada de ódio, o casal humano do Gênesis — "E criou Deus o homem à sua imagem; à imagem de Deus ele o criou, homem e mulher ele os criou" — se transformou em algo sinistro. Mais particularmente, a mulher, longe de ser a parceira do homem, tornou-se sua inimiga mortal. Ainda que também ela, no fim das contas, seja uma vítima de Satã, é também a aliada do Maligno e a principal agente da queda da humanidade. Em algum ponto da mente do santo, que medita em sua cela, ocultam-se suspeitas mais antigas do que o cristianismo, mais antigas até do que a religião dos judeus. A mulher não é uma mera aliada de Satã; é sua amante, juntando seu corpo ao dele em ritos torpes.

Nessas fantasias obscenas, a serpente é, às vezes, a forma como Satã se une à mulher. Em uma variante, é a mulher a serpente real. Comentaristas eruditos observaram que o nome hebraico Eva estava relacionado ao termo aramaico que designa serpente, mas os misóginos não precisavam que a filologia os conduzisse nessa direção. A mulher usava seu encanto sexual para tentar e, em última análise, destruir o homem. A vitimização real da mulher era convenientemente esquecida, ou antes, era vista como surgida por culpa delas próprias, que aprenderam, na qualidade de filhas de Eva, a despertar o desejo masculino.

Nas formas mais extremas assumidas por esse argumento — menos um argumento que uma perturbação ou uma compulsão mental —, a mulher deixava de ser plenamente humana. "Uma mulher é um animal menstrual", escreveu um dos primeiros comentaristas do direito canônico da Igreja, "e, em contato com seu sangue, os frutos não crescem, o vinho azeda, as plantas morrem, as árvores não frutificam, a ferrugem ataca o ferro, o ar escurece."[14] A desumanização das mulheres, da mesma forma como a desumanização semelhante dos judeus, era um convite à violência.

Em 1486, dois frades dominicanos, Heinrich Kramer e Jacob Sprenger, publicaram um livro famoso, O martelo das feiticeiras, em que descreviam a inquisição que o papa os autorizara a levar a efeito numa ampla área da Alemanha e da Suíça. Suas investigações, confirmadas por confissões obtidas mediante tortura, haviam levado à identificação de um número substancial de pessoas suspeitas de bruxaria, entre elas alguns homens, mas na maior parte mulheres acusadas de ligações com o diabo. Os indiciados eram condenados e executados. Os inquisidores mostravam-se ansiosos por justificar o que tinham feito e a incentivar outras pessoas a assumir aquela importante missão.[15]

Citando os Padres da Igreja e muitas outras autoridades, Kramer e Sprenger explicaram o motivo pelo qual muito mais mulheres do que homens são atraídos para a prática da bruxaria. Isso ocorre, escreveram, em razão de uma inclinação natural das mulheres a fazer o mal. Naturalmente, haviam existido mulheres heroicas, devotas e até santas: tal como Pedro Damião, Sprenger era particularmente ardoroso no culto da Virgem Maria. Mas as mulheres verdadeiramente boas eram exceções raras: de modo geral, formam um grupo dos mais reprováveis. "Como apresentam defeitos em todas as faculdades da alma e do corpo", escreveram os inquisidores, "não surpreende que façam com que mais atos de bruxaria prejudiquem as pessoas de quem não gostam."

Os atos de bruxaria, insistiram os inquisidores, não são meras fantasias: quem os comete ajusta contratos reais com o diabo, a quem cultuam e servem em troca de poderes maléficos. "Os demônios podem, em corpos que assumem", explicaram, "falar com feiticeiras, vê-las, escutá-las, comer com elas e ter filhos com elas." Os poderes demoníacos conferidos às bruxas são, amiúde, de abrangência bastante localizada — matar a vaca de um vizinho, aleijar uma criança ou tornar um homem impotente —, mas podem também se estender muito além da aldeia: "Verificamos que praticamente todos os reinos do mundo foram derrubados por causa de mulheres".

Tudo começa com Eva. Os defeitos fatais, escreveram Kramer e Sprenger, "podem ser observados na forma original da mulher, uma vez que ela foi formada a partir de uma costela curva, ou seja, de uma costela do peito do homem, que é torta e, por assim dizer, oposta ao homem". Na verdade, o diabo a ludibriou, mas foi a mulher, e não o diabo, que enganou Adão e provocou a ruína humana. O fato de ela ter assim procedido só confirma a teoria segundo a qual as mulheres são animais imperfeitos: "Em termos do intelecto ou do entendimento de assuntos espirituais, elas parecem pertencer a uma variedade diferente daquela dos homens".

Somente um fiapo de cuidado verbal — "elas *parecem* pertencer a uma variedade diferente daquela dos homens" — impediu que Kramer e Sprenger afirmassem com todas as letras aquilo que seu livro com frequência deixava implícito: que as mulheres não eram inteiramente humanas. Embora a obra contasse com uma cuidadosa aprovação oficial de sua ortodoxia, os teólogos da Universidade de Colônia apontaram nela erros heréticos, e três anos depois de sua publicação, O martelo das feiticeiras foi condenado pela Inquisição como falso. Apesar de sua condenação, a obra logrou circular em várias edições, e Heinrich Kramer, o mais entusiasta dos inquisidores, foi repetidamente autorizado pelas autoridades eclesiásticas a dar prosseguimento à sua obra sinistra. Mulheres inocentes continuaram a morrer por aquilo que era descrito como uma propensão inata para o mal, que remontava à mãe Eva.

Contudo, embora se recorresse ao traço misógino incorporado ao cerne da narrativa das origens para justificar os maus-tratos cruéis cometidos contra as mulheres, e embora a transgressão de Eva permitisse tudo, de insultos casuais a assassinato judicial, nem sempre a história do Gênesis foi inevitavelmente empregada para provar a imperfeição inata das mulheres, sem exceção.[16] Todos os mais importantes teólogos cristãos, de Agostinho e Tomás de Aquino a Lutero e Calvino, sustentavam que a primeira mulher, tal como o primeiro homem, fora criada à imagem de Deus. Essa convicção impunha algum freio às depreciações mais extremas de Eva. E, vez por outra, até seus supostos defeitos podiam ser utilizados para defender as mulheres ou, pelo menos, negar sua culpa. Em meados do século xv, a destacada e culta humanista Isotta Nogarola argumentou com mordaz eloquência que as imperfeições das mulheres — sua ignorância e inconstância — faziam parte da natureza que lhes fora dada por Deus e eram, portanto, uma mitigação de sua iniquidade. Bem compreendida, Eva era "como um menino que peca menos que um ancião ou como um campônio que peca menos que um nobre". Criado perfeito e dotado de livre-arbítrio, Adão não tinha essa desculpa.[17]

Muitos cristãos, homens e mulheres, acreditavam que cabia a Adão culpa maior que a de Eva. A mulher fora ludibriada por Satã; o homem transgredira por vontade própria. E, embora se dissesse que a primeira mulher arcava com a maior parte da culpa pela ruína de toda a humanidade, havia ainda um meio de mitigar seu crime: lembrando, como tinham feito os primeiros Padres da Igreja, a salvação que seu ato ajudara a provocar.

No começo do século xv, uma mulher notavelmente ilustrada, a humanista francesa Christine de Pizan (Cristina de Pisano), imaginou-se conversando com a "Dama Razão". "Se alguém disser que o homem foi banido por causa da Dama Eva", garante-lhe a Razão, "digo-te que ele ganhou mais com Maria do que perdeu com Eva" (*Livro da cidade das damas*, 1405).[18] Na verdade, Eva foi uma benfeitora da humanidade: "Homens e mulheres deveriam comprazer-se com esse pecado".

Alguns intérpretes ousados foram mais longe. Talvez o caso mais notável tenha sido o de uma freira enclausurada em Veneza, Arcangela Tarabotti, muito articulada e muito infeliz. Nascida em 1604, com uma deficiência física congênita — da mesma forma que o pai, ela era coxa —, Arcangela fora posta no convento muito pequena, o que era feito comumente por pais que desejavam livrar-se da obrigação do dote ou que achavam que a filha não encontraria marido. Por ocasião de seu 17º aniversário, ela já tinha feito votos perpétuos, que a trancavam no convento pelo resto de seus dias. No entanto, não se resignou calada a seu destino e durante toda a vida sempre achou meios de se comunicar com o resto do mundo.

Seu livro mais conhecido, publicado em 1654, dois anos depois de sua morte, aos 48 anos, é *La tirannia paterna*, uma pungente denúncia da crueldade que levou ao sofrimento que ela e outras moças suportaram, e também das mentiras que os homens usavam para justificar tal crueldade. Interpretada corretamente, a Bíblia deixa claro que a primeira mulher não era simplesmente igual ao primeiro homem, mas superior a ele. Adão foi feito de simples barro; Eva, de uma substância mais nobre, o corpo do homem. Adão nasceu fora do Éden; Eva, no próprio Paraíso. Ela foi o compêndio de todas as perfeições, a obra-prima final e suprema de Deus.

Apesar de sua evidente inferioridade, usando de violência e ludíbrio, os homens conseguiram subjugar as mulheres e encobriram suas maldades culpando Eva por tudo. A primeira mulher é injustamente tida como responsável por todos os males que recaíram sobre a humanidade. E calúnias maldosas contra ela vêm sendo usadas há séculos para justificar e reforçar a quase escravização de todas as mulheres. Que mentira, escreveu Arcangela; Deus "não disse a Adão: 'Tu dominarás a mulher'. Tanto o homem como a mulher nasceram livres, trazendo consigo, como uma preciosa dádiva de Deus, o dom inestimável do livre-arbítrio".[19] Entretanto, os homens não consentem ao sexo oposto a liberdade que eles próprios tanto prezam. Aprisionam as mulheres em casamentos opressivos ou, pior ainda, em conventos soturnos onde, à parte as poucas que têm uma vocação verdadeira, as internas são condenadas a uma existência infeliz: "A vida de cada uma delas não tem princípio nem fim, elas roem, mas não consomem, matam, mas não tiram a vida".

Uma freira do século XVI dificilmente poderia pôr em dúvida toda a história dos primeiros seres humanos no jardim. No entanto, se a autora de *La tirannia paterna* não tinha como negar a verdade das Sagradas Escrituras, podia ao menos empurrar sua interpretação numa direção mais humana. Eva foi induzida a comer o fruto proibido não por orgulho, mas por sua sede de conhecimento: "de modo algum um desejo digno de censura". Sua beleza pode ter contribuído para a queda de Adão, mas não se pode dizer que isso tenha sido culpa da mulher: "Homens vãos, odiais a beleza feminina porque vossos corações impuros vos impedem desfrutar da presença delas sem luxúria".

Presa por toda a vida na cela conventual, Arcangela Tarabotti se esforçava com toda sua força para desmascarar os usos que eram dados à história de Adão e Eva. "Não encontro, literal ou simbolicamente, uma remota sombra de que Deus desejasse que houvesse mulheres trancafiadas em conventos contra a sua vontade", ela escreveu. "O abençoado Criador, em cuja mente estavam presentes as numerosas procriações futuras da raça humana, poderia ter confiado a nosso primeiro pai, Adão, a tarefa de fundar ordens religiosas femininas dedicadas a Seu serviço. Mas Ele não fez isso [...]." No relato bíblico, a mulher sucumbiu aos engodos do demônio na forma da serpente, mas, como Arcangela renarrou essa história, Deus deixou clara a forma injusta como Eva e todas as mulheres tinham sido tratadas desde então: "Na verdade", diz Deus a Eva, "o demônio representa o homem, que de agora em diante lançará sobre ti a culpa de seus erros e não terá outro objetivo senão enganar-te, trair-te e eliminar todos os teus direitos a domínio concedidos por minha onipotência."

É possível que outras mulheres, tanto dentro do convento como fora de suas paredes, concordassem com Arcangela, e é possível também que ela tivesse aliados masculinos. Contudo, mesmo que realmente existissem, poucos estariam em condições de falar tão abertamente. Ou nenhum. O livro *La tirannia paterna* foi alvo de ataques imediatos, e em 1600 a Inquisição condenou-o do começo ao fim, proibiu qualquer publicação futura e colocou-o no índice de livros proibidos.

Malgrado os esforços heroicos de Arcangela Taraboti, Isotta Nogarola e outras mulheres, foi quase impossível apagar por completo, de dentro da religião, a maldição da culpa de Eva. Por mais que algumas pessoas atribuíssem a culpa maior a Adão ou que festejassem com entusiasmo o poder redentor de Maria, permaneceu a nódoa da misoginia, tal como a borra renitente que, por mais que o barril seja escovado, nunca pode ser retirada totalmente. Foi só a partir de uma posição firme fora da história narrada que a feminista Mary Wollstonecraft pôde comentar, indignada: "É provável que a opinião vigente, de que a mulher foi criada para o homem, tenha sido suscitada pela história poética de Moisés", como ela escreveu, em 1792, em *Reivindicação dos direitos das mulheres*,

> no entanto, como é de presumir que pouquíssimas pessoas que hajam dedicado uma reflexão séria sobre o tema imaginassem que Eva fosse, literalmente, uma das costelas de Adão, devemos permitir que a dedução seja ignorada; ou que só seja admitida na medida que prova que o homem, desde a mais remota Antiguidade, julgou conveniente exercer sua força para subjugar a companheira, e que inventou a dedução para mostrar que a mulher deveria manter o pescoço dobrado sob a canga, pois toda a criação só existiu para a conveniência ou o prazer dele.

Perto do fim do século XVIII, como consequência do Iluminismo e das revoluções nos Estados Unidos e na França, Mary Wollstonecraft presumiu que "pouquíssimas" pessoas ponderadas liam a história de Adão e Eva no sentido literal. Com isso podia dizer abertamente que essa história sempre servira e continuava a servir como justificativa da subjugação das mulheres.

As pessoas não eram mais crédulas na década de 1480 do que na de 1780 ou do que hoje, aliás. No caso das acusações de bruxaria, há evidências generalizadas de ceticismo, inclusive no seio da Igreja. As histórias sobre pessoas que voavam pelo ar, de relações íntimas com o demônio e de poderes ocultos para causar mutilações ou cometer homicídios eram com frequência denunciadas como delírios, fantasias de pessoas com problemas mentais ou com objetivos pessoais não revelados. Agostinho, porém, conseguira impor o princípio da realidade literal dos fatos ocorridos no Jardim. A insistência na realidade da conversa de Eva com a serpente dava a caçadores de bruxas, como Kramer e Sprenger, a liberdade de que precisavam, e suas afirmativas eram reforçadas por imagens, produzidas em massa e cada vez mais poderosas, da fatídica cena no Jardim do Éden.

Entre as mais eficientes dessas imagens estavam os quadros, as xilogravuras e as gravuras em metal de um artista alemão, ativo no começo do século XVI, Hans Baldung Grien, que também produziu as imagens mais impressionantes e intensamente chocantes de bruxas. Com longas cabeleiras agitando-se qual labaredas em torno de corpos roliços e desnudos, as bruxas cabriolam juntas em obscenos rituais satânicos. Tais rituais nunca se distanciam muito da maneira como Baldung Grien imaginava Eva. Num de seus quadros mais famosos, hoje na Galeria Nacional do Canadá, em Ottawa, vê-se uma Eva carnuda, de pé e com o cabelo solto, segurando um fruto numa das mãos, ao lado da árvore fatal. Nenhum galho cobre discretamente sua nudez. Pelo contrário, seu corpo está voltando frontalmente para o observador, mas ela não olha para nós. Com uma expressão dissimulada, seus olhos estão voltados para a serpente, que se enrolou em volta da árvore. Num gesto de claras implicações eróticas, ela estende a mão e toca a serpente com os dedos.

O artista deixou inequivocamente claras as consequências desse joguinho sexual. Atrás da árvore, sorrindo para Eva e segurando-lhe o braço, enquanto ergue a outra mão para colher um dos frutos, aparece Adão. No entanto, não é o Adão que esperamos ver no Paraíso. Já cadáver, sua carne se solta dos ossos. A serpente completa o círculo mordendo o braço pútrido que o marido estendeu para tocar sua mulher. Melhor seria nunca ter tido uma mulher, nunca ter sido excitado sexualmente, nunca ter visto o corpo feminino. Porém o quadro se centra sensorialmente no corpo de Eva, e foi pintado, de maneira óbvia — na verdade, pornográfica —, para despertar excitação.

8. Personificações

Sob as ruas da Roma moderna estende-se uma vasta rede de catacumbas, uma cidade dos mortos, na maior parte ainda não escavada. São muitos quilômetros de túneis abertos no tufo calcário, formando um labirinto lúgubre e desconcertante. Nos séculos III e IV, os pagãos cremavam seus mortos e juntavam as cinzas em urnas funerárias depositadas nas catacumbas, em espaços que chamavam de *columbaria*, devido à sua semelhança com pombais (o termo latino para pombo era *columba*). Entretanto, por crerem que o fim do mundo estava próximo, os cristãos da época optaram por sepultar os mortos, e não cremá-los. Por que dificultar a ressurreição, pensavam, reduzindo o corpo a cinzas? Por isso, passaram a depositar seus mortos, milhares deles, em nichos, chamados de *loculi*, ao longo dos caminhos sinuosos das catacumbas.[1]

Os despojos dos ricos às vezes eram colocados em nichos encimados por arcos ou, numa opção mais dispendiosa, em saletas chamadas *cubiculae*. Esses pequenos cômodos, onde famílias inteiras eram sepultadas, são hoje alvo de muito interesse, pois suas paredes e tetos são decorados com afrescos. Com o passar dos séculos, o ar úmido e a fumaça das lamparinas de parentes dos mortos e de peregrinos revestiram esses afrescos com uma camada negra que os protegeu. Retirando essa camada, as imagens fulgem, brilhantes, como se tivessem sido pintadas ontem, e não há mais de 1600 anos.

Nas Catacumbas de Marcelino e Pedro — um local extraordinário num bairro degradado e meio distante de Roma —, certas imagens se repetem com frequência: a ressurreição de Lázaro, Noé abrindo a arca e vendo chegar uma pomba com um raminho no bico, Daniel na cova dos leões e uma sequência narrativa que mostra Jonas sendo lançado ao mar, tragado por um peixe enorme, atirado pelas ondas numa praia e repousando à sombra de uma parreira. São cenas de superação de perigos mortais, criadas para tranquilizar os mortos ou confortar os vivos, não só os parentes do morto, como também os peregrinos que visitavam as catacumbas para orar junto das relíquias dos santos e mártires. Nos *cubiculae*, dispostos ao longo da rede de túneis estreitos e subterrâneos, veem-se também outras imagens consoladoras: Cristo como o Bom Pastor, cuidando de Suas ovelhas, Cristo entronizado com os Apóstolos, os eleitos sentados num banquete, a mulher com o sangramento tocando a fímbria do manto de Jesus Cristo, Jesus falando com a samaritana junto do poço e até causando certo estranhamento, Orfeu, que, segundo o mito pagão, desceu ao reino dos mortos e de lá retornou à luz do mundo.

    Os artistas que pintaram essas cenas fizeram uma homenagem surpreendente às pessoas responsáveis pela criação das catacumbas: ofereceram aos parentes dos mortos e aos peregrinos várias representações, bastante realistas, dos trabalhadores que abriram os túneis, com suas roupas de trabalho e portando suas ferramentas. De costas para os observadores, esses operários vigorosos são mostrados escavando o tufo calcário para abrir novos túmulos. Ainda mais surpreendente, na penumbra criada por tochas, os visitantes podiam ver afrescos que mostravam Adão e Eva nus, cada qual de um lado da árvore.[2]

    Os criadores dessas imagens dos primeiros seres humanos tinham poucos modelos do mundo hebreu em que surgira a história. Poucos ou nenhum. É certo que sempre se julgou que Adão e Eva tivessem corpos, de um tipo ou de outro. Como vimos, para alguns rabinos seriam corpos de gigantes enormes; para outros, corpos cobertos, enquanto ainda estavam no Paraíso, por uma carapaça protetora; para outros ainda, corpos ligados ao chão do Éden por uma espécie de cordão umbilical mágico. Não obstante, a proibição judaica de imagens que pudessem ser objeto de idolatria fazia com que quase não existissem representações vívidas desses corpos, guias para mostrá-los, por assim dizer, em carne e osso.

    Os primeiros cristãos não tinham nenhuma preocupação semelhante em relação a imagens talhadas ou esculpidas. E como os romanos que abraçaram o cristianismo eram herdeiros de séculos de arte grega e romana, seria de esperar que fizessem representações do primeiro homem e da primeira mulher — tidas como as pessoas mais belas que haviam existido — nus e desinibidos. Entretanto, na Catacumba de Marcelino e Pedro, Adão e Eva aparecem curvados e humilhados, já tomados de vergonha. Ansiosos, de cabeça baixa e os braços curvados para a frente, eles cobrem as partes íntimas. Estão cercados por símbolos de esperança. Na parede à esquerda, o cadáver de Lázaro, ainda amortalhado, sai da tumba; à direita, Moisés golpeia a rocha para fazer jorrar as águas vivificantes. Sobre suas cabeças, Noé se ergue, lembrando um boneco de engonço, saindo de uma arca minúscula. Entretanto, aqui as figuras de Adão e Eva não mostram nenhum elemento de redenção. Têm todos os motivos para sentir vergonha: são os responsáveis pela morte, que criou a necessidade das catacumbas.

No século III, os romanos de todas as crenças tinham se distanciado da nudez pública permitida na antiga Grécia — o termo grego *gymnasium* indica um lugar onde pessoas desnudas praticam exercícios. Entretanto, mesmo depois que a modéstia se impôs, a estatuária romana continuou a copiar modelos gregos e, portanto, a mostrar deuses e heróis à vontade em seus corpos nus, musculosos e bem-proporcionados. Os cristãos podiam ver essas figuras por toda parte. Nada poderia sinalizar uma distância maior de Apolo e Vênus do que essas pinturas emblemáticas de Adão e Eva, cheios de vergonha, na penumbra das catacumbas.

Com a conversão do imperador Constantino, o Grande, o cristianismo deixou definitivamente a clandestinidade e saiu para a luz do dia no mundo romano, porém os fiéis permaneceram ligados à imagística da vergonha com que haviam se habituado nas câmaras mortuárias subterrâneas. Por volta de 359 EC, o poderoso senador romano Júnio Bassus morreu e foi inumado num grandioso sarcófago de mármore. Como convinha a um recém-convertido — "batizado há pouco", como declara a inscrição, ele "subiu a Deus no oitavo dia das Calendas de setembro" —, seu sarcófago apresentava entalhes com cenas do Velho e do Novo Testamentos. Lá estavam Adão e Eva, nus, mas não representavam a bem-aventurança paradisíaca que o senador esperava alcançar. Em vez disso, indicavam, nas palavras de são Paulo, "este corpo de morte", do qual o falecido se libertara. Junto da árvore fatídica, em torno da qual a serpente se enrolava, Adão e Eva mantinham os olhos baixos e desviados um do outro. Envergonhados, execrados e agora dolorosamente sozinhos, embora estivessem juntos, comprimem folhas de figueira contra a genitália.

Outros sarcófagos cristãos, do mesmo período e de séculos seguintes, repetem idêntica visão.[3] Até quando Adão e Eva são representados nos momentos que antecederam a transgressão, eles já sentem vergonha de seus corpos. O fruto ainda não foi mastigado, mas a Queda se deu antes de realmente acontecer; ou, para qualquer pessoa que vê essas imagens, já ocorreu, de modo decisivo e irreversível. Afinal, o observador caiu como resultado do que aconteceu no Jardim, e não há como fugir da vergonha.

Nas representações de Adão e Eva no começo da Idade Média, as únicas exceções significativas à regra da vergonha são os primeiros momentos da história, antes que a ação se precipite para seu trágico desenlace. Um belo entalhe em marfim, mais ou menos do ano 400, hoje no Museu Nacional do Bargello, em Florença, mostra Adão com os animais que lhe foram levados para que os nomeasse. Adão não aparece de pé diante deles, como seria de esperar, com a postura de um general passando suas tropas em revista. Em vez disso, parece estar flutuando numa espécie de espaço onírico, como num desenho de Maurice Sendak, junto de ursos, leões e outras feras — inteiramente esquecido de sua nudez. As cenas mais comuns são as da criação, e em especial a criação de Eva. Adão aparece adormecido, enquanto Deus retira a forma de Eva de seu flanco. Ambos estão nus e não procuram cobrir-se, de modo que, pelo menos ali, estamos diante de um momento em que o corpo não exibe a consciência de seu aviltamento.

No entanto, mesmo esses corpos, representados num momento de perfeita inocência, parecem ter encolhido, como se já se sentissem envergonhados. As figuras perderam a maior parte da exuberância de carnes que caracterizara as representações pagãs. Em vez disso, estão a caminho de se tornarem delgadas e descarnadas. Tanto a Bíblia de Grandvier-Montval, com iluminuras, mais ou menos do ano 840, quanto a suntuosa Primeira Bíblia de Carlos, o Calvo, do mesmo período, mostram Adão e Eva, ainda inocentes e nus, quase como se fossem corpos ressuscitados, como Lázaro da tumba.

Essa forma de representar os primeiros humanos, como figuras ascéticas, pouco mais que pele e ossos, durou séculos. Minha imagem predileta é a de um manuscrito iluminado do século XV, de origem boêmia, que se encontra na Biblioteca do Vaticano. O texto é do teólogo francês do século XII conhecido como Pedro Comestor — o último nome é um apelido latino, "o Comedor", não porque ele se distinguisse como glutão, mas porque era um insaciável devorador de livros. Muitos leitores da Idade Média tomavam conhecimento do Gênesis não na Bíblia, que não era comumente lida, porém na paráfrase popular, e com frequência ilustrada com iluminuras, de Pedro Comestor. Na versão da Biblioteca do Vaticano — Vat. Lat. 5697 —, Adão está adormecido, nu, numa espécie de leito rochoso, enquanto Deus, coberto por um manto, está de pé atrás dele, segurando com cuidado na mão esquerda uma costela, sobre a qual se vê a cabeça de Eva. Deus ainda não formou o resto de seu corpo, o que faz com que ela lembre um boneco usado em jogos de sombras, mas com a mão direita Deus já abençoa a costela que tirou de Adão. Como Agostinho recomendara, o artista opta por tomar o texto no sentido literal: "Depois, da costela que tirara do homem, Iahweh modelou uma mulher" (Gênesis 2:22).

Essas figuras em cenas da criação são, com efeito, um gesto em relação à nudez de Adão e Eva no Paraíso, mas em geral, na arte cristã no fim da Antiguidade e no começo da Idade Média, só em teoria os corpos do primeiro homem e da primeira mulher estão ali. Os artistas que produziram essas imagens não ignoravam o passado pagão; podiam ter visto ainda muitos exemplos de nus clássicos em seu esplendor impudente. Podiam, se assim desejassem, ter tomado esses nus como modelos para os primeiros seres humanos em sua perfeição e em sua inocência antes da queda. Contudo, preferiram fazer outra coisa, algo que marcasse o limiar da fé que havia sido transposto.

É claro que esse limiar não assinalava também o abandono de ambição artística. Muito pelo contrário, como atestam inumeráveis igrejas românicas e góticas adornadas com esplêndidas pinturas e esculturas. Nos planos decorativos dessas igrejas, Adão e Eva aparecem, com muita frequência, na forma de pequenas figuras nuas esculpidas em portais, ou mostradas em pinturas como um idoso patriarca ou uma matriarca que Cristo liberta do Limbo, ou simplesmente, no caso de Adão, como uma caveira ao pé da Cruz no Gólgota, "o lugar da caveira", onde Jesus foi crucificado.

Veem-se dezenas de milhares dessas caveiras, pintadas em paredes de igrejas ou em livros de orações medievais ou, atualmente, em museus. Pouquíssimas pessoas hoje em dia ainda se dão conta daquilo que um observador medieval tão bem sabia: que aquela caveira é a de Adão, que trouxe a morte ao mundo. Na aldeia de San Candido, num vale obscuro na região das Dolomitas conhecida como Alta Pusteria, há uma igreja antiga que ostenta, sobre o altar-mor, um crucifixo pintado. Jesus, barbudo, lança um olhar impassível do madeiro em que foi pregado, mas seus pés, sanguinolentos, descansam num crânio. O crânio, nesse caso, não é exatamente uma caveira, pois ainda tem carne e traços fisionômicos: com efeito, o fiel contempla o rosto de Adão. Ele caiu, em consequência de sua transgressão no Jardim, mas, mediante o sacrifício de Cristo, será redimido.

Uma das mais extraordinárias representações medievais dessa visão de queda e redenção foi criada há cerca de mil anos numa antiga cidade do norte da Alemanha, perto de Hanover. Bernardo, um abastado e instruidíssimo nobre que servira como tutor de Oto III, imperador do Sacro Império Romano-Germânico, foi nomeado bispo de Hildesheim em 993, como recompensa por seus serviços. Tendo visitado a Itália e visto as maravilhas do mundo antigo, Bernardo estava decidido a transformar seu bispado numa nova Roma. Fez com que a colina da catedral fosse cercada por muralhas e pôs-se a trabalhar num complexo plano decorativo, que ele próprio supervisionou. O resultado desse esforço é hoje pouco visível, e parte devido a reconstruções posteriores e em parte porque em 22 de março de 1945 — dois meses antes do fim da guerra — aviões aliados bombardearam intensamente o centro medieval de Hildesheim. Felizmente, os tesouros artísticos da catedral, retirados com vistas à sua proteção, sobreviveram e foram devolvidos a seus lugares na reconstrução realizada depois da guerra. Nos maiores deles, duas enormes portas de bronze, com figuras em relevo, Adão e Eva aparecem com destaque.

As portas de Bernardo, cada qual fundida numa peça inteiriça, foram um feito técnico fantástico: nada naquela escala tinha sido fundido em bronze desde a queda do Império Romano.[4] As dezesseis cenas nelas representadas, oito em cada folha, constituem um elaborado programa narrativo, que começa, no alto da folha da esquerda, com a criação de Adão e Eva, passa pela queda do homem, no meio, e acaba com o assassinato de Abel, embaixo; na folha da direita, temos, embaixo, a Anunciação à Virgem, no meio a Crucificação, e em cima a aparição de Cristo a Maria Madalena. Todo o plano é coreografado de forma elaborada, com as cenas do Antigo Testamento de um lado, coordenadas cuidadosamente com cenas do Novo Testamento do outro.

Adão e Eva são as figuras centrais da folha esquerda, com toda a sua história apresentada em painéis sucessivos. Mesmo nas cenas que antecedem a Queda, não há nada de confiante, independente ou belo com relação a esses primeiros seres humanos: em suas posturas e suas formas, mais parecem crianças desajeitadas, pouco à vontade no mundo ou com seus próprios corpos. As figuras são especialmente eloquentes na transmissão da visão medieval do corpo em desgraça: depois da Queda, Eva, meio abaixada, cobre suas partes pudendas com uma folha de figueira, que segura com uma das mãos, enquanto com a outra aponta a serpente, mostrada com forma de dragão, com a cauda entre as pernas. Adão, também curvado e se cobrindo, tenta imputar a culpa a Eva, enquanto Deus (inteiramente vestido, é claro) aponta-lhe um dedo acusador. Quem não se encolheria diante desse dedo?

A cena da criação no primeiro desses painéis gerou um enigma que ninguém resolveu de forma satisfatória. No meio do painel, Deus está inclinado e formando com os dedos divinos um homem deitado no chão. Presumivelmente, trata-se de Adão, que está sendo criado naquele instante, a partir do barro. Entretanto, à direita, do outro lado de uma árvore cuja forma se assemelha bastante a um coração, vê-se outra figura, evidentemente também Adão, que assiste à cena assombrado. Nesse caso, a criatura que está sendo moldada no centro poderia ser Eva, mas não há sinal de uma costela, e o observador, espantado, está bem desperto. Será que, como alguns sugeriram, Deus já tirou a costela de Adão e agora esteja findando o trabalho como acréscimo de um pouco de barro? Ou talvez a cena mostre Adão a recordar, maravilhado, sua própria criação? Ou talvez o artista não estivesse pensando no capítulo 2 do Gênesis, que narra a criação do homem com barro e, depois, da mulher com a costela, e sim no capítulo 1, em que os dois foram criados ao mesmo tempo: "homem e mulher ele os criou"? Isso ao menos ajudaria a explicar a evidente ausência de qualquer diferença sexual. As figuras são andróginas e permanecem andróginas nos painéis até a cena da Queda, em que Eva, atraindo Adão, segura o fruto bem diante de seus peitos pomiformes. A diferenciação sexual é, de forma clara, parte da desgraça que está para se abater sobre eles. E essa desgraça torna impossível aos artistas medievais dar-lhes corpos nus que sejam orgulhosos e livres de vergonha.

A regra da vergonha, tão destacada nas portas de Hildesheim, do século XI, se manteve ao longo da Idade Média.[5] No entanto, alguns artistas começaram a explorar maneiras novas e surpreendentes de representar a nudez, mesmo sob o signo da ruína. A mais espetacular dessas explorações é encontrada na cidade de Autun, no leste da França. Ali, por volta de 1130, num lintel sobre um portal da igreja de Saint-Lazare, um pedreiro chamado Gisleberto entalhou uma imagem de Eva em tamanho natural. Trata-se apenas de um fragmento de uma decoração maior, cujo restante se perdeu. A imagem de Eva também teria se perdido, se não tivesse sido incorporada à cantaria de uma casa, onde foi descoberta quando a residência começou a ser demolida, em 1856.

A Eva de Gisleberto exibe as marcas tradicionais da vergonha: a genitália acha-se oculta discretamente pelo tronco esculpido e pela folhagem de um arbusto e, embora estendida no chão, ela está de joelhos, como que cumprindo uma penitência. Apoia a cabeça na mão direita, num gesto que pode representar tristeza ou remorso. No entanto, aqui a imagem convencional do corpo humilhado desaparece estranhamente. Essa Eva tem um poderoso fascínio erótico. Seu cabelo longo cai, solto, sobre os ombros, e a parte superior do torso está voltada para nós, mostrando os belos seios. O frágil braço esquerdo estende-se para trás junto do corpo, enquanto a mão se fecha sobre um fruto de uma árvore atrás dela, uma árvore em torno da qual uma serpente parece se enrolar. Essa mão parece estar atuando de modo independente, sem a vontade consciente de sua dona.

Quanto mais a olhamos, mais essa Eva medieval nos fascina e resiste a uma clara decisão. É evidente que está colhendo o fruto, mas ainda não o levou à boca, e na realidade, apoiando a cabeça na mão e lançando um olhar reflexivo ao longe, parece distante daquele momento fatal. Talvez ainda esteja inocente e, como nesse caso não sentiria vergonha, a folhagem que encobre suas partes íntimas só está no lugar certo por um feliz acidente. Portanto, a sedução de seu corpo não seria um sinal da *sua* sexualidade desperta; na medida em que nos excita, passa a ser um sinal de *nossa* queda. Ao mesmo tempo, porém, sua postura ajoelhada e o olhar melancólico sugerem inescapavelmente que ela já caiu. Deve ter perdido a inocência, afinal, e a contorção de seu belo corpo em nossa direção é uma provocação deliberada. Ela é, portanto, uma sereia, uma serpente.

O que será ela: inocente ou culpada? Tentadora ou penitente? Um símbolo de tudo que se espera que deixemos para trás ao entrar na igreja ou um modelo de conduta apropriado ao espaço sagrado? É impossível dizer, e o impasse se baseia no que está escondido atrás de vegetação sinuosa que encobre nossa visão de sua cintura. Pois é ali, fora de nossa visão, que o corpo dela se arqueia de uma forma impossível para um corpo humano real.[6] Gisleberto conseguiu utilizar as convenções não naturalistas da arte medieval e a sutileza intelectual da filosofia da época para criar uma Eva que tem, ao mesmo tempo, consciência e inconsciência do pecado. O que o escultor sacrificou foi um corpo humano inteiramente crível, como gregos e romanos o haviam representado de maneira tão magnífica, mas aquela herança clássica se achava no passado distante, e Gisleberto, se é que chegou a perceber isso, teria considerado que esse sacrifício era um preço baixo a pagar pelo efeito que obteve de forma brilhante.

Os artistas medievais não precisavam se valer dos recursos da pintura e da escultura da Antiguidade para explorar com extraordinária sutileza os significados intricados da história de origem do Gênesis. Em um vasto número de lintéis esculpidos, pilares de altar entalhados, murais pintados e iluminuras em manuscritos, eram representados o misterioso sono de Adão quando a costela foi removida de seu tronco; a moldagem artesanal de Deus da primeira mulher; a traiçoeira serpente se enrolando em torno da árvore; o ato fatal da coleta do fruto; a experiência primeva da vergonha; e o momento da expulsão através dos portões do Paraíso. Esse momento foi particularmente dramático, pois constituía a transição crítica da vida no jardim (construído para esse fim, com todas as necessidades humanas atendidas por desígnio divino) para a vida num mundo rude, nada hospitaleiro e governado pela morte. Assim, no Saltério de Santo Albano, criado na Inglaterra na primeira metade do século XII (e hoje conservado em Hildesheim, Alemanha), o próprio Deus empurra Adão e Eva para além das delgadas colunas que indicam os portões do Paraíso. Vestidos de peles, eles carregam ferramentas: o homem, uma foice; a mulher, um fuso. Adão lança um olhar para Deus e para o querubim posto como sentinela no portão; Eva olha para a frente e aponta com o dedo alguma coisa mais adiante. É difícil ver suas expressões, mas Eva parece sorrir um pouco, como se não estivesse inteiramente desolada. Na bela Bíblia do Cruzado, feita cerca de um século depois na França (e hoje na Biblioteca Morgan, em Nova York), Adão e Eva, que um anjo armado de espada põe para fora do portão de uma torre estreita, estão menos preparados para o mundo. Não têm vestimentas, nem instrumentos. Ainda nus e envergonhados, cobrem as intimidades com folhas de figueira. Ambos têm a cabeça baixa, sinal de sua tristeza.

Contudo, nada nas inúmeras representações dessa cena poderia ter antecipado a intensidade emocional do afresco da expulsão pintado por volta de 1425 na igreja das freiras carmelitas em Florença. A obra, composta pelo jovem artista toscano Tommaso di Ser Giovanni di Simone, ou, como é mais conhecido, Masaccio, significa um grande e importantíssimo ponto de virada provocado pela pressão exercida pelo movimento intelectual e artístico conhecido como Renascimento.

Quando vi esse afresco pela primeira vez, na década de 1960, as figuras de Adão e Eva achavam-se cobertas recatadamente, ainda que de forma sumária, por folhas de figueira.[7] Entretanto, uma limpeza rigorosa, na década de 1980, removeu as folhas de figueira — descobrira-se que tinham sido uma adição posterior, enquanto na pintura original Adão e Eva estavam inteiramente nus. Impelidos pelo anjo armado de espada, além de certos raios misteriosos que parecem vir do portão às suas costas, as duas figuras caminham. O peso de Eva está apoiado em sua perna direita, e o de Adão na perna esquerda.

Ambos estão absolutamente desolados e infelizes. Com a cabeça virada para trás, de olhos fechados, enquanto a boca emite um vagido silencioso, Eva tenta cobrir o sexo com uma das mãos, e os seios com a outra. Dolorosamente ciente de que está exposta, ela reage, como aquelas mulheres nuas nas terríveis fotos feitas pelos nazistas, a uma sensação de vergonha que não tem relação nenhuma com a cena em que se encontra. Ou seja, não é uma emoção social, nem uma preservação da dignidade, o que a leva a tentar esconder o sexo; é uma sensação primordial do que deve fazer em face de uma exposição insuportável. A reação de Adão é outra: de cabeça baixa, ele cobre o rosto com as duas mãos, num paroxismo de tormento.

O historiador de arte Michael Baxandall propôs a existência de uma distinção moral desenhada no afresco entre a mulher e o homem: os gestos de Eva revelam que ela sente vergonha, ao passo que Adão mostra sua sensação de culpa. Talvez. As figuras inesquecíveis de Masaccio dependem, em todo caso, da avassaladora sensação de personificação que transmitem, uma ilusão de realidade evocada pela perspectiva e intensificada pelas sombras que projetam e pelo efeito de movimento. O pé direito de Adão ainda toca o limiar do Paraíso, mas não por muito tempo. Eles estão agora no mundo, e ao contrário do anjo, que possui asas, uma bela vestimenta, uma espada e uma espécie de tapete mágico, os humanos acham-se absolutamente despreparados. A principal fonte de seu sofrimento é, sem dúvida, a vergonha e a culpa que sentem como resultado de sua transgressão, porém o vislumbre do solo estéril que seus pés agora pisam talvez sugerisse outro motivo também, mais material. Eles estão entrando num ambiente muito hostil e não dispõem de absolutamente nada que os defenda ou proteja. Dessa perspectiva, o pênis de Adão, que, depois da retirada das folhas de figueira, ganhou uma centralidade impressionante no afresco, é menos um sinal de sua virilidade que do fato de ele ser aquilo que, em *Rei Lear*, Shakespeare chamou de "homem desprovido".

Masaccio morreu em 1428, aos 26 anos de idade, mas em sua vida breve transformou, quase sozinho, a arte italiana. Jovens pintores estudavam o que ele tinha feito e imitavam as revolucionárias técnicas novas que conferiam a suas imagens tanta força dramática. Seu Adão e sua Eva não haviam deixado de ser símbolos abstratos e decorativos da culpa humana; eram pessoas sofredoras e específicas que possuíam corpos com volume, peso e, acima de tudo, movimento.

Mais ou menos na mesma época, no norte da Itália, outro grande artista, o mestre flamengo Jan van Eyck, descobriu uma forma até certo ponto radical de dar a Adão e Eva uma realidade física assustadoramente nova. As figuras nos painéis exteriores de seu famoso Retábulo de Ghent, de 1432, não são dramáticas da maneira como são as de Masaccio. Elas não se lamentam ou tremem de culpa e não são postas para fora do jardim com violência. Estão em nichos pintados nas extremidades de uma vasta visão de redenção por meio do místico Cordeiro de Deus.

Redimidos no fim dos tempos estarão todos aqueles a quem Deus escolheu salvar, uma imensa multidão dos descendentes dos primeiros humanos. Van Eyck os mostra no painel central, reunidos em torno da fonte de águas da vida. Os próprios Adão e Eva, considerava-se, estarão incluídos nessa multidão, de modo que as figuras estão em seus nichos não só como o casal que trouxe o pecado ao mundo, como também entre os salvos.

Não havia nada de novo nessa expectativa teológica. A novidade nesses painéis era o assombroso realismo com que era representado o casal desnudo. Adão e Eva apareciam quase em tamanho natural e, como não se viam sinais das miraculosas pinceladas do pintor, parecem de alguma forma vivos e presentes em cada poro sob a superfície de perfeito acabamento. Hoje em dia, em Ghent, os observadores não têm permissão de se aproximar muito do magnífico retábulo, que teve, afinal, uma melancólica tradição de violação, que incluiu roubo pelos nazistas e, no século XIX, o acréscimo de vestes em Adão e Eva. Graças a imagens digitais, porém, hoje se pode examinar as pinturas bem de perto, e as figuras parecem vivas, de carne e osso. Adão e Eva cobrem o sexo com folhas de figueira, mas esses gestos de modéstia parecem apenas intensificar a exposição de ambos e convidar a uma inspeção compulsiva e espantada de sua nudez. A expressão de Adão é sóbria; suas mãos estão avermelhadas, provavelmente por causa do trabalho. Eva segura um fruto de aspecto estranho, provavelmente algum cítrico; sua barriga — o ventre do qual todos descendemos — é bastante proeminente. Tudo, no detalhe mais minúsculo, parece aberto a exame; as unhas dos pés de Adão, cortadas, e seus pelos aleatórios são especialmente perturbadores.

Nenhum artista, inclusive Michelangelo, que cerca de oitenta anos depois pintou seu famoso afresco da criação de Adão no teto da Capela Sistina, jamais igualou, que dirá superou, o extraordinário realismo do Adão e da Eva de Van Eyck. Que ele tinha plena consciência do que realizara está implícito em toda a sua concepção da obra, mas um pequeno detalhe, invisível, proporciona uma percepção especial dessa concepção. Um reflectograma em infravermelho — uma técnica moderna para olhar sob as camadas de tinta a fim de ver as intenções originais do pintor e as alterações feitas à medida que a obra avançava — revelou uma mudança surpreendente na orientação do pé direito de Adão. De início Van Eyck tinha pintado Adão de pé no interior de seu nicho, com os dois pés paralelos. Em dado momento, porém, presumivelmente quando a figura ganhou o efeito de realidade física, ele mudou de ideia. Virou o pé para fora, de modo que os dedos parecem projetar-se para fora do nicho e na direção do observador. É como se Adão houvesse ganhado vida e pisasse em nosso mundo.

No século XV, quando o retábulo foi pintado, o Adão de Van Eyck só podia causar esse efeito mágico sobre as pessoas que estivessem em Ghent, que visitassem a catedral de São Bavão e que vissem o retábulo aberto. Havia, claro, a mesma necessidade de estar em Florença para ver o Adão e Eva de Masaccio na igreja de Santa Maria del Carmine, ou de estar em Roma para ver o Adão de Michelangelo no teto da Capela Sistina ou as centenas de outras pinturas do Renascimento que participaram do projeto de conferir corpos aos primeiros seres humanos. Todas essas obras só podiam ser vistas onde tinham sido pintadas. Em alguns casos, sua reputação pode ter se espalhado, com a produção e circulação de cópias. No entanto, seus efeitos reais só podiam ser sentidos por quem pudesse visitar os lugares onde estavam.

Tudo isso mudou em 1504, quando o alemão Albrecht Dürer, de 33 anos, criou sua gravura *A queda do homem*.⁸ A obra logo se tornou famosa e, como a técnica da gravura em cobre permitia a tiragem de muitas cópias a partir da matriz original, as impressões circularam bastante. Milhares de pessoas em toda a Europa viram a mesma imagem fascinante e se persuadiram de que agora sabiam como eram os primeiros habitantes humanos do Jardim do Éden antes da Queda. Na longa história de Adão e Eva, quase nada teve uma mesma especificidade tão satisfatória.

A gravura de Dürer mostra Adão e Eva com seus corpos magníficos voltados para nós, um de cada lado da Árvore do Conhecimento do Bem e do Mal. Sumiram da imagem o jardim fechado e bem tratado ou as torres e arcadas góticas decorativas. Eles estão de pé numa floresta densa; em meio às sombras mais atrás veem-se um coelho, um alce e um boi. Só há um vislumbre do céu, à distância, sobre um penhasco do qual um cabrito montês, quase invisível, parece prestes a saltar. A árvore fatídica não difere muito, no tocante à forma, de qualquer outra das árvores em torno deles, mas dos galhos logo acima da cabeça de Eva pendem frutos. Eva segura um desses frutos na mão esquerda; para colhê-lo, ela arrancou da árvore também o pedaço de um galhinho, pois do fruto sai uma haste com folhas que tapa parte de seu corpo. Não há sinal algum de vergonha em sua postura, mas as folhas do galhinho cobrem sua genitália. Com a outra mão, ela também segura um fruto na ponta dos dedos. É de presumir que o esteja recebendo de uma serpente enrolada em torno da árvore, mas seu gesto é delicado e ambíguo o bastante para levar a crer que pudesse estar alimentando com ele o animal, em vez de estar recebendo dele o fruto. Eva virou a cabeça, com a cabeleira longa ondulando ao vento, e fita atentamente a serpente e o fruto.

Adão também virou a cabeça, mas dirige o olhar para Eva. Estendendo a mão direita para trás, ele segura um galho da árvore, presumivelmente a Árvore da Vida; um galho menor, que nasce da parte mais baixa do tronco dessa árvore, cobre sua genitália. O braço esquerdo de Adão estende-se na direção de Eva, com a mão aberta, como que pronta a receber o fruto que ela está tirando da boca da serpente. Os dois estão ainda perfeitamente inocentes, sem nenhum sinal de vergonha, mas esse é o último momento. Adão está pronto para tirar a mão da Árvore da Vida. A natureza humana está prestes a mudar para sempre, e no mesmo instante toda a natureza também mudará.

A Bíblia nada diz a respeito de estarem os animais do Jardim do Éden destinados a ter morte natural. Os versículos do Gênesis só levam a crer que as primeiras criaturas eram todas vegetarianas: "A todas as feras, e todas as aves dos céus, a tudo que rasteja e que é animado de vida", disse Deus, "eu dou como alimento toda a verdura das plantas" (Gênesis 1,30). Essa dieta logo será alterada para sempre. Adão está quase pisando na cauda de um ratinho, enquanto um gato dormita junto de seu outro pé. Sabemos que, assim que o fruto fatal for comido, o gato dará o bote e o pobre ratinho também será comido. Porém, tal como o salto suspenso do cabrito montês à distância, tudo se acha ainda no reino do está para acontecer.

A representação desse momento final de inocência, como que capturado por uma câmera de altíssima velocidade, é suficientemente brilhante para explicar a celebridade quase instantânea da obra. Os conhecedores se assombravam com a fenomenal perícia técnica do artista, uma perícia que, como observa um grande especialista na obra de Dürer, "faz igual justiça ao rubor cálido da pele humana, à escorregadura fria de uma serpente, às ondulações metálicas de melenas e cachos, ao acetinado, à felpa, à penugem ou ao eriçado dos pelos de animais e à penumbra de uma floresta virgem". No entanto, o que mais pasmou os contemporâneos de Dürer foi a beleza natural das duas figuras desnudas, nossos primeiros pais, e em especial a de Adão. Era como se quase ninguém já houvesse visto antes tal perfeição corporal, decerto não no Adão desesperado de Masaccio, na Eva bulbosa de Van Eyck, quanto mais nos brônzeos ícones de vergonha das portas de Hildesheim.

Com certeza, muitos nus também esplêndidos foram criados precisamente nessa época ou pouco depois. Tomados pelo desejo de ressuscitar a arte antiga, com sua pletora de nus idealizados, os pintores e escultores do Renascimento se voltaram para Adão e Eva, que podiam ser representados despidos em toda a sua majestade ainda antes da queda. Todo o século XVI é rico nessas representações, em especial com as famosas pinturas de Ticiano, Tintoretto e Veronese na Itália, do jovem e do velho Cranach, de Lucas van Leyden, Hans Baldung Grien e de Jan Gossaert no norte da Europa. E, claro, avultando literalmente sobre todas essas obras, o gigantesco Adão de Michelangelo, que desperta para a vida no teto da Capela Sistina.

Não obstante, mesmo nesse vasto campo de genialidades, destaca-se a influência do Adão e Eva de Dürer. É como se a gravura em cobre fosse uma enorme pedra atirada num lago, onde pôs-se a gerar ondulações sem fim.

Mesmo quando o artista revidava agressivamente contra Dürer — como ocorreu quando Baldung Grien transformou Adão num cadáver em decomposição —, pode-se detectar as impressões digitais do mestre. A imagem de 1504, tão pública e tão perfeita, era o modelo inescapável.

Tal perfeição não ocorreu com facilidade. Resultou de uma busca de décadas e, tal como em outros avanços importantes na história de Adão e Eva, foi uma somatória de tudo em toda a carreira e na vida do artista. Prodigiosamente talentoso desde a infância, treinado primeiro na loja do pai, ourives, e depois como aprendiz de um pintor, Dürer dominou a arte de representar praticamente tudo o que atraía seu olhar arguto: um charco num bosque, as cores tremeluzentes da asa de uma ave, um tufo de grama, um besouro. A mesquinhez de muitos objetos a que aplicou seus dotes estupendos não lhe causava embaraço: "Acredito que não existe homem nenhum", ele escreveu, "que seja capaz de apreender toda a beleza da mais humilde criatura viva."[9] Assombrava-o e emocionava-o a variedade inesgotável das coisas. "Se viver séculos fosse concedido" a um artista hábil, ele escreveu, ele teria mais do que o suficiente, "a cada dia, para moldar e produzir muitas novas figuras de homens e de outras criaturas que ninguém houvesse antes visto ou imaginado." É precisamente a perícia artística — uma combinação de talento dado por Deus e trabalho imensamente árduo — que permite ao observador perceber essa variedade maravilhosa, bem como capturar pelo menos algumas de suas inumeráveis manifestações. Onde o olho não treinado vê apenas um pequeno repertório de formas tediosamente reduplicadas, Dürer via um vasto panorama de objetos diversos. Em especial seu treinamento como gravador em madeira e metal aguçou sua sensibilidade a essa diversidade, pois ele sabia, conforme escreveu, que é impossível para o artista mais consumado produzir exatamente a mesma imagem duas vezes, ou mesmo imprimir duas imagens idênticas a partir da mesma matriz de cobre.

Quando tinha treze anos, Dürer dirigiu sua capacidade de atenção para si mesmo. Olhando-se num espelho, um objeto raro na época, desenhou o que viu. Cerca de quarenta anos depois, já tão renomado que até seus rabiscos eram colecionados, deparou com esse desenho entre seus papéis e escreveu um bilhete assinado no alto da folha: "Desenhei esse meu retrato, olhando para um espelho no ano de 1484, quando ainda era uma criança". Esse desenho, uma admirável demonstração de perícia, deu início, por parte de Dürer, durante toda sua vida, a uma série de autorretratos, analisados num excelente estudo do historiador de arte Joseph Koerner. Um dos mais incomuns desses autorretratos foi feito em 1503, um ano antes da gravura de Adão e Eva: com pena e pincel, Dürer retratou a si mesmo nu. Silhuetado contra um fundo escuro, ele se debruça um pouco para a frente, apoiando-se numa perna, com o cabelo comprido preso atrás numa rede, com uma expressão alerta e os músculos retesados. Sua nudez não lhe causa nenhum sinal de vergonha. Definir esse autorretrato como incomum é pouco: como observa Koerner, não existe nada semelhante em toda a arte ocidental até Egon Schiele no começo do século xx.[10]

Não importa o que Dürer achasse que estava fazendo, quer ele fosse motivado por vaidade, quer estivesse mostrando os efeitos de uma doença ou eternizando uma beleza que julgasse ter, o desenho devia ter alguma relação com os corpos nus da gravura de Adão e Eva, quase da mesma época. Dürer vinha pensando constantemente naquela gravura desde algum tempo, desenhando esboços e modelos geométricos abstratos, fazendo estudos de mãos segurando ou colhendo frutos, refletindo sobre a forma ideal do corpo humano. Havia estudado e desenhado muitos nus; quando o Renascimento redespertou o interesse pela estatuária grega e romana, isso se tornou um elemento central no treinamento de todos os artistas e uma parte importante de suas atividades. No entanto, o autorretrato de 1503 é um tanto diferente: atesta a busca do corpo original, do corpo essencial.

Dürer era um descendente de Adão — disso ele tinha certeza — e isso obrigava a que seu próprio corpo nu tivesse, ao menos em pequena medida, que se assemelhar ao de Adão. É claro que no Paraíso o corpo de Adão era perfeito, e desde aquela época todos os corpos tinham se afastado da perfeição original. Contudo, Dürer evidentemente compreendeu que, para apreender o corpo de Adão — tão distante no passado, tão inacessível —, era preciso apreender a si mesmo.[11] Não importava que nenhum artista antes dele tivesse ido tão longe: Dürer se via obrigado a examinar, avaliar e representar, com característica intensidade, sua própria carne, sem máscaras e exposta. Ao invés de esconder a genitália, seu autorretrato nu atribui-lhe uma notável centralidade, como que para revelar o que a folha de figueira normalmente oculta. Mas não está claro se sua semelhança de família com o primeiro homem confirmava o narcisismo do artista ou se o prejudicava, ao chamar a atenção para o quanto seu corpo estava distante da perfeição.

O que está claro é que Dürer entendeu que não podia utilizar nenhum corpo que já tivesse visto — o seu ou o de qualquer outro homem — como o modelo vivo para o seu Adão. Precisava dar a Adão uma beleza perfeita. Embora fosse possível ver beleza em toda parte no mundo, inclusive na imagem que fitava num espelho, essa beleza não era a mesma que havia sido conferida ao primeiro homem e à primeira mulher — os únicos seres humanos criados diretamente por Deus. "Originalmente", escreveu Dürer, "o Criador fez os homens como eles deveriam ser." Conceber aquela beleza na imaginação, quanto mais capturá-la numa imagem, era quase impossível; afinal, não existia ninguém, ele acreditava, capaz de apreender toda a beleza que havia até numa folha de grama.

Mesmo assim, como deixou claro em *Vier Bücher von menschlicher Proportion* [Quatro livros sobre a proporção humana] e em outros tratados teóricos, ele se entregou à tarefa de ver — e representar com exatidão — toda a formosura da mais bela de todas as criaturas vivas: o corpo humano nu, com a aparência que Deus lhe dera. Muito embora esse objetivo fosse praticamente inalcançável, Dürer decidiu que convinha enfrentá-lo.[12] "Não nos deixemos dominar", escreveu, "por pensamentos dignos de gado." E, mesmo sabendo que poderia falhar, confiava em seu treinamento, em seus estudos, e seu gênio pessoal o deixara mais bem preparado que qualquer outra pessoa viva para aquela empreitada.

Dürer tinha um olhar penetrante para as infinitas diferenças, mesmo entre as criaturas superficialmente semelhantes da mesma espécie. Tendo viajado pelo mundo, sabia que existiam mais coisas no céu e na terra do que se imaginava em Nuremberg ou em suas cercanias. É quase seguro afirmar que em 1500 já tivera notícia das descobertas de Colombo, que alteraram o mapa geográfico e etnográfico do mundo. (Anos depois examinaria alguns objetos trazidos do México por Cortés e escreveria que aquele tesouro "era para mim muito mais belo do que milagres".) Como cristão, acreditava numa única verdade para toda a humanidade, mas essa verdade não apagava todas as distinções. A beleza admirada num lugar não era, necessariamente, admirada em outro. "Existem muitos tipos diferentes de homens em diversas terras", observou. "Quem viajar bastante saberá que isso é verdade e o verá com seus próprios olhos."

Entretanto, na procura da verdadeira aparência de Adão e Eva, Dürer achava-se empenhado na busca "da mais bela figura humana concebível", ou seja, o único modelo perfeito para todos os grupos humanos, em todas as épocas e em todos os lugares. "Não aconselho ninguém a me seguir", escreveu, "pois só faço o que posso, e isso não basta sequer para convencer a mim mesmo."

Dürer decidiu que a melhor forma de avançar, talvez a única, seria imitar o antigo pintor grego Zêuxis. Nenhuma obra de Zêuxis, que viveu no século V AEC, tinha sido preservada, porém entre as muitas histórias que ainda circulavam a seu respeito havia uma que narrava a maneira como havia conseguido representar com sucesso Helena de Troia, a mais bela mulher do mundo. Em vista da impossibilidade de encontrar um modelo adequado, ele reuniu cinco belas mulheres para servir de modelos e selecionou de cada uma delas o melhor traço, que em seguida juntou num retrato esplêndido. Decidido a proceder da mesma forma, Dürer começou a observar e colecionar traços especiais.

Chegou a nós uma folha de desenhos em que Dürer, com sua refinada atenção, observou a maneira como as mãos se estendem na direção de fruto ou o pegam, e principalmente os vincos nos pulsos causados por esse ato. Não se sabe a quem pertencia esse pulso, mas o importante é que era de determinada pessoa que o artista observou com a pena na mão. Não era possível, escreveu Dürer, simplesmente imaginar o que se pretendia representar. Mesmo o maior artista tinha de olhar, esboçar e guardar na mente o que tinha visto. "Assim, o tesouro do coração, colhido e secreto, se manifesta abertamente na obra, e surge a nova criatura, que um homem cria em seu coração."

No tesouro secreto do coração de Dürer acumulavam-se muitos corpos e partes de corpos — esse pulso, aquele ombro, essas coxas e quejandos —, junto com pormenores cruciais como a maneira precisa como os artelhos tocam o chão quando o peso do corpo se apoia no outro pé, ou o jeito como o quadril se ergue e o lado do corpo se enruga ao estender-se o braço.[13] Parece ter sido o flanco do próprio Dürer, que ele havia observado num espelho e desenhado no autorretrato em que está nu, que serviu de modelo para Adão ao estender a mão no sentido do fruto fatal.[14] A essa distância no tempo, porém, é impossível identificar com qualquer grau de segurança as fontes da maior parte dos traços de Adão e de Eva.

Talvez haja uma dica. Num de seus cadernos, Dürer deixou observações sobre africanos que tinha visto. (Vários desenhos interessantes confirmam esse interesse.) De acordo com seus comentários, as tíbias dos negros eram demasiado proeminentes, e seus pés, ossudos demais. Em seguida, porém, depois de mencionar esses problemas, ele escreveu: "Vi entre eles alguns cujos corpos eram os mais bem-feitos e belos que eu já tinha contemplado, nem consigo imaginar como poderiam melhorar, tão excelentes eram seus braços e todos os seus membros". Não chegou a nós nenhuma indicação de que Dürer tenha usado modelos negros para suas imagens de Adão e Eva. No entanto, como estava obcecado em busca de figuras que não pudessem ser melhoradas e como escreveu que vira pessoas assim entre os africanos que observou, é tentador pensar que tinha em mente esses braços e membros excelentes quando fez a gravura de Adão e Eva.

Restava um problema: mesmo depois de ter coletado e juntado os melhores traços que pudera encontrar, Dürer sabia que um artista suficientemente talentoso sempre poderia pretender encontrar uma figura mais bela. Ele mesmo sabia que tinha visto e feito esboços de exemplos dessa beleza superior nos nus clássicos que o Renascimento voltara a pôr em circulação. A fonte da superioridade, concluiu, devia estar não tanto em determinados traços, e sim nas proporções, mas, como eram tantas as diferenças entre as pessoas, calcular as proporções exatas da beleza perfeita era dificílimo: "Parecia-me impossível a um homem afirmar que poderia determinar as melhores proporções da figura humana; isso porque a falsidade está em nossa percepção, e a escuridão paira tão pesada em nosso redor que até nossas apalpadelas fracassam".[15]

Em 1500, Dürer conheceu um artista, o pintor veneziano Jacopo de' Barbari, que alegava ter a resposta: "Ele me mostrou as feições de um homem e de uma mulher que desenhara obedecendo a um cânone de proporções". Era esse cânone de proporções que Dürer vinha procurando: não, ou não somente, para corpos nus, inclusive o seu, com todas as suas diferenças peculiares, e sim um conjunto de mensurações geométricas objetivas que possibilitasse ao artista desenhar o corpo humano ideal. Infelizmente, era evidente que Jacopo encarava os detalhes cruciais como segredos profissionais, e se recusou a dividi-los com o jovem e talentoso pintor alemão. "Eu preferia ver qual era o seu método", escreveu Dürer mais tarde, "a contemplar um novo reino."

Na época em que conheceu Jacopo, era possível que Dürer tivesse seus próprios segredos profissionais. Por volta de 1490, tinha sido descoberta uma antiga estátua de mármore perto de Anzio, ao sul de Roma. Quase intacta, era uma cópia romana, feita no século II, de uma representação grega de Apolo, o deus do Sol. Antes mesmo que o papa Júlio II a instalasse no pátio interno do Vaticano, onde se tornou conhecida como o *Apollo Belvedere*, a estátua já começara a despertar o interesse de artistas. Ao viajar à Itália em 1494-5, Dürer não a viu, pois não chegou a ir a Roma, mas deve ter visto desenhos cuidadosos dela ou réplicas em cera ou bronze. Aquela estátua, ele começou a achar, era a resposta para o enigma que vinha se desesperando para solucionar. Ele a mediu e calculou. Ali estavam as proporções exatas que procurava: a cabeça tinha um oitavo da extensão do corpo; o rosto, um décimo; o tórax, um sexto, com sua base a um terço da coroa da cabeça.

A partir de 1495, Dürer desenhou a figura vezes sem conta, tentando capturar não só as proporções, como também sua forma precisa, a maneira como o peso se apoiava numa perna, o jeito como os joelhos se curvavam, a forma como um braço se estendia para trás e o outro para cima, o modo como a cabeça se virava. Por volta de 1503, pegou a régua e o compasso e mais uma vez, usando pena e tinta marrom, mediu as proporções da figura. Os braços e as mãos não estavam acabados — estariam destinados a segurar uma taça e uma cobra, como num desenho feito em 1501, ou um cetro e o disco do sol, como num desenho de 1502. Dessa vez, porém, ele virou a folha em que tinha feito seu esboço preliminar e, usando-o como guia, desenhou um homem apoiando-se no galho de uma árvore com uma das mãos e segurando uma maçã com a outra. Ele havia transformado Apolo em Adão.

Foi assim, então, que Dürer criou seu esplêndido Adão: uma figura feita com belos pedaços de corpos reunidos segundo um esquema geométrico idealizante baseado num ídolo pagão. Para a sua Eva, procedeu do mesmo modo — ainda que, a meu ver, com menos sucesso. Em seguida, aplainando a placa de cobre e revestindo-a de cera, desenhou as figuras como imagens especulares. Depois disso, pegou o buril — o instrumento de aço temperado e com ponta cortante de que era mestre absoluto — e entalhou com todo cuidado a densa rede de linhas na placa. Depois de aquecer e entintar a placa, produziu a primeira cópia e viu o que tinha feito. Tinha todos os motivos para se sentir muitíssimo satisfeito. Reproduzida muitas vezes, com cópias vendidas por toda a Europa e, depois, em todo o mundo, a gravura tornou-se a imagem definitiva de Adão e Eva, ou tão perto de definitiva como seria possível a qualquer representação de figuras representadas com tanta frequência. É claro que, como qualquer outra pessoa que já usou uma pena, Dürer continuou a desenhar e pintar imagens de Adão e Eva. No entanto, todas as imagens subsequentes, fossem as suas ou as de outros, parecem estranhamente aludir, deliberada ou inadvertidamente, ao casal de 1504.

A gravura *A queda do homem* garantiu a Dürer seu nome e sua fama, como ele parecia confiar que aconteceria. Um pouco atrás do galho que Adão segura há um outro, tão próximo do anterior que quase parece ser sua extensão. Nele está pousado um papagaio, uma daquelas criaturas cuja beleza o artista ansiava capturar. Ao lado do papagaio, um pouco acima do ombro de Adão, pende — ao mesmo tempo de maneira naturalista e com total implausibilidade — uma tabuleta na qual, juntamente com seu monograma, está inscrito "ALBERT DVRER NORICUS FACIEBAT 1504" (Feito por Albrecht Dürer, de Nuremberg, 1504). O verbo latino na verdade tem o sentido de tempo estendido — não "fez", mas "estava fazendo". A plaquinha faz crer que o artista estava presente, e não só presente, porém trabalhando, no jardim naquele momento decisivo na história do mundo. É por causa do que Albrecht Dürer estava "fazendo" — o trabalho que executou para gerar a matriz de cobre e o trabalho que prossegue a cada vez que a placa é reproduzida — que nós, em nossa condição decaída, temos uma visão daqueles corpos perfeitos que existiram antes que surgissem o tempo, o trabalho e a mortalidade.

9. A castidade e seus descontentes

Se coube a Albrecht Dürer dar, em 1504, a mais importante contribuição para a imagem física de Adão e Eva, a mais importante colaboração para a história do primeiro casal foi dada, quase dois séculos depois, pelo escritor inglês John Milton. *Paraíso perdido* é o maior poema na língua inglesa (ou pelo menos é o que eu e muitas outras pessoas acreditamos). No entanto, *Paraíso perdido* é mais que isso: é um cumprimento, sem precedentes e até chocante, da ordem de Agostinho para que o Gênesis seja lido de forma literal. Milton viu essa exortação como um desafio no sentido de tornar Adão e Eva reais. E, da mesma forma que Dürer, aplicou a essa empreitada todos os recursos criados pelo Renascimento e também todas as experiências de sua própria vida e de seu tempo, todas turbulentas. Seu poema transformou para sempre a narrativa antiga.

A experiência decisiva na vida de Milton — aquela a que sua imaginação sempre retornou, obsessivamente — não foi seu encontro com Galileu em Florença, nem a eclosão da Guerra Civil Inglesa, nem a decapitação do rei ungido, nem mesmo o drama de sua cegueira. Foi o breve período de um mês, ou talvez cinco semanas, que viveu como recém-casado, no verão de 1642, com sua jovem esposa, Mary Powell. Sobre os fatos cotidianos desse breve período, quase nada sabemos. Sobre eles caiu uma cortina que não temos como descerrar. Entretanto, alguma coisa aconteceu no verão de 1642, quando ele tinha 33 anos, que modificou tudo na vida de Milton e deu forma ao grande poema que ele viria a compor sobre Adão e Eva.

Filho mais velho de um abastado prestamista e notário apaixonado por música, Milton foi um estudante brilhante e insaciável. Tudo em sua educação na St. Paul's School, uma instituição de elite em Londres, e depois no Christ's College, em Cambridge — o estudo do grego, do hebraico e do aramaico, as intensas leituras da Bíblia e o mergulho na teologia —, apontavam para uma carreira convencional como um douto eclesiástico anglicano.[1] Contudo, Milton, que era tudo menos convencional, jamais aceitou ordens e, em vez disso, tornou-se uma pedra no sapato da Igreja.

Já em Cambridge surgiram os primeiros sinais de problemas que viriam no futuro. No outono de 1626, o estudante de dezessete anos teve uma séria altercação com seu principal supervisor acadêmico, o professor William Chappell. Não se conhecem os pormenores, porém Milton foi açoitado e, em seguida, suspenso temporariamente — mandado para sua casa em Londres — durante um período letivo. O indignado mestre insistiu que Milton deveria ser expulso "tanto da universidade como da sociedade dos homens". Já Milton, num poema em latim que escreveu para seu melhor amigo, afirmou que não sentia a menor falta de Cambridge, pois estava se divertindo muito, lendo poesia, indo ao teatro e vendo moças bonitas.[2]

Tudo isso poderia indicar que Milton era um aluno insubordinado — um inimigo mais tarde escreveu que ele fora "vomitado" da universidade por ser "um jovem sem medidas e perturbador"[3] —, mas na verdade era o oposto disso. Um esteta de intensa intelectualidade e longas melenas, desprezava tanto o currículo acadêmico da universidade, que julgava irremediavelmente antiquado, como a cultura de seu corpo discente, que para ele estava voltado para bebedeiras e façanhas sexuais. Seus colegas o apelidaram "A Senhora do Christ's".

É fácil imaginar as zombarias cruéis a que o poeta supersensível devia ser submetido, mas Milton não estava indefeso: possuía uma autoconfiança inabalável, a que se somavam habilidades verbais aguçadas, capazes de tirar sangue. Não precisava provar ser homem frequentando tabernas e prostíbulos — e muito menos destacando-se em trabalhos agrícolas —, dizia aos colegas.[4] Mostraria sua virilidade não no bordel, mas em sua literatura. Sua prosa era agressiva e cortante, enquanto sua poesia era cheia de fantasias eróticas, mal disfarçadas por trajes clássicos.

Milton exibia seus poemas aos companheiros, sobretudo ao colega Charles Diodati. Foi a esse amigo íntimo que ele revelou sua mais profunda ambição literária.[5] "Ouve, Diodati", ele escreveu numa carta de 1637, "mas em segredo, para que eu não me ruborize, e permite-me falar-te com grandiloquência por um instante. Perguntaste-me o que eu almejo? Que Deus me perdoe, mas o que anseio é uma fama imortal." Milton tinha consciência de que havia algo de embaraçoso em um jovem autor, quase inexperiente, dedicar-se a fantasias de voar como Pégaso. Cinco anos depois de ter se formado em Cambridge, Milton estava vivendo com sua família no interior do país — o pai recentemente trocara Londres por um povoado perto de Windsor — e continuava a ler com ardor. Muitos de seus contemporâneos já tinham se casado e iniciado carreiras profissionais. Seguindo os passos do pai, Diodati tornara-se médico. Com 29 anos, Milton continuava solteiro, um perpétuo estudante. Mas sonhava, como confessou ao amigo, tornar-se famoso como um grande poeta.[6]

Contudo, não estava avançando para essa meta. Longos períodos passavam sem que produzisse algo de valor. Mas, embora estivesse vivendo, como ele expressou, em "obscuridade e cômodos apertados", e ainda que admitisse que deveria ruborizar-se, mesmo assim percebia dentro de si uma sensação de possível grandeza. E, no outono de 1637, ele não deixava de ter, afinal, um motivo de esperança. Já escrevera diversas obras de extraordinária beleza: "L'Allegro" e "Il Penseroso", poemas gêmeos sobre alegria e melancolia; "Lycidas", pungente elegia sobre um amigo da universidade que se afogara; e um trabalho mais ambicioso, o poema dramático *Comus*, encomendado pelo rico e poderoso conde de Bridgewater e apresentado no castelo de Ludlow em 29 de setembro de 1834.

Comus era o que se chamava de mascarada, um entretenimento teatral criado para uma única ocasião formal. No caso, a ocasião foi a comemoração festiva da nomeação do conde como administrador-chefe de Gales, e entre os intérpretes estavam os filhos do conde — sua filha Alice, de quinze anos, e seus dois irmãos menores. Os Bridgewater estavam quase no topo da hierarquia social inglesa, mas procuravam esconder um vergonhoso segredo de família: anos antes, o cunhado do conde fora executado depois de acusações de sodomia e estupro. Os detalhes eram os de sempre na crônica policial: cobiça, perversão sexual, incesto e homicídio, tudo misturado. No julgamento ruidoso que levou à sua condenação, a principal testemunha de acusação fora sua mulher.

O episódio era recente o bastante para tornar os Bridgewater bem cautelosos quanto à possibilidade de uma mancha em seu prestígio social, e por isso devem ter pedido ao jovem poeta que escrevesse alguma coisa em louvor da correção sexual. Milton, então na casa dos vinte anos, evidentemente gostou do tema, e é bem possível que tenha tido a ideia sozinho: uma mascarada que enaltecesse o poder especial da castidade. Seu enredo se centra numa moça — chamada simplesmente "Lady" —, que, junto com os dois irmãos menores, perde-se na floresta quando ia se encontrar com os pais. Quando os irmãos saem para procurar comida e água e não retornam, ela cai nas mãos do perverso bruxo Comus. O feiticeiro leva a donzela, que de nada suspeita, para seu palácio, onde, depois de sentar-se numa cadeira encantada, ela se vê impossibilitada de mover-se, presa com "colas de viscoso calor". Louvando os prazeres da indulgência sensual, o ardiloso mago oferece-lhe uma bebida em sua taça mágica, porém a mocinha rejeita seus "fermentados sortilégios" e invoca a ajuda da temperança e da castidade. Protegida por suas virtudes férreas, é por fim resgatada, reunida aos irmãos e levada aos pais amorosos.

Milton transformou essa história da virgindade triunfante de uma donzela numa esplêndida mostra de cultura e habilidade poética: apresentou a família Bridgewater em mais de mil linhas de versos, ricos em alusões clássicas e em efeitos musicais. Como o gênero da mascarada sempre pretendeu ser, *Comus* era um grandioso espetáculo público em homenagem a membros da elite, e não uma expressão pessoal do autor.[7] Entretanto, Milton deu a esse poema dramático, seu único envolvimento no gênero, uma intensidade peculiar e profundamente pessoal. Quando o "lascivo e desregrado ato pecaminoso", adverte o irmão de Lady, "conduz à degradação do corpo,/ Infecta-se a alma por contágio". O "lascivo e desregrado ato pecaminoso" devia ser evitado a todo custo. *Comus* era uma mostra da resolução do poeta de preservar a própria virgindade e de evitar que sua alma se infectasse.

A zombaria de que ele era alvo de seus colegas universitários, que o chamavam de "Senhora", deixa claro que a postura de Milton não era típica dos jovens de sua época. Nesse tempo, como durante a maior parte da história, eram as moças solteiras que mais se preocupavam com a virgindade.[8] Milton julgava que esse foco era uma inversão do que deveria ocorrer. Mais tarde escreveu que tinha pensado bastante nisso. Se numa mulher a falta de castidade era escandalosa, deveria então ser ainda mais desonrosa no caso de um homem, que é "tanto a imagem quanto a glória de Deus".[9]

Agostinho e seu amigo Alípio teriam aprovado isso sem reservas. Ao fazerem votos monásticos, tinham-se comprometido a uma vida de continência sexual. No entanto, embora mantivesse intacta sua virgindade, Milton não estava defendendo o ideal católico do mosteiro e do convento de freiras. Como bom protestante, ele abraçava o ideal da "castidade matrimonial". A pureza que ansiava proteger e preservar em si mesmo, era, como ele acreditava plenamente, compatível com relações sexuais, desde que santificadas pelo casamento. Ele deveria guardar a virgindade até sua noite de núpcias.

O fervoroso clima evangélico do começo do século XVII despertava preocupações e convicções semelhantes em outros moços conscienciosos, embora constituíssem uma clara minoria. O que era totalmente incomum era alguma ligação com a poesia. O medo de Milton de que o "desregrado ato pecaminoso" — o coito pré-marital — ameaçasse sua inspiração poética e comprometesse seu sonho de imortalidade era nitidamente peculiar. Na época, como em muitos séculos antes (e depois), a poesia estava vinculada de modo inseparável a anseios e satisfações eróticas. Em geral se julgava que o desejo sexual intensificasse o poder criativo, e não que o extinguisse. Impregnado de Ovídio e Catulo, de Shakespeare e John Donne, Milton compreendia isso perfeitamente: seu bruxo Comus fala a língua sedutora do *carpe diem*. Mas tanto a Lady da mascarada como a Senhora do Christ's deveriam resistir com firmeza à sedução.[10]

O esforço de Milton para preservar sua virgindade pode ter sido árduo, primeiro em Cambridge, depois em Londres e, a seguir, no campo. Nas cercanias de Cambridge funcionavam bordéis, prostitutas exerciam seu ofício nos teatros londrinos que Milton frequentava e ao menos de vez em quando o jovem literato deve ter lançado um olhar às dóceis ordenhadeiras. Ele, porém, resistia. Numa de suas obras tardias, ele observou, presumivelmente pensando em seu passado, que é possível controlar o desejo sexual mediante dieta — evitando certos alimentos que provocariam a luxúria — e exercícios físicos. Além disso, naturalmente, cultivava suas intensas amizades masculinas, enterrava-se em livros e às vezes os punha de lado para escrever ao menos um pouco da poesia que sua contenção sexual queria proteger e aprimorar.

O verdadeiro teste deve ter ocorrido em 1638, quando Milton, então com trinta anos, embarcou para o continente, acompanhado de um criado. Depois de uma breve parada em Paris, cidade que parece não ter apreciado, partiu para a Itália, onde permaneceu mais de um ano, visitando muitas cidades e passando longos períodos em Florença, Roma, Nápoles e Veneza. Fluente em italiano, o culto Milton foi recebido por uma longa lista de intelectuais, poetas, pintores e cientistas, juntamente com seus protetores aristocratas. Em Florença, visitou Galileu, então com 75 anos, que estava em prisão domiciliar vitalícia, "um prisioneiro", como escreveu Milton, "da Inquisição, por defender ideias no campo da astronomia diferentes das adotadas pelos licenciadores franciscanos e dominicanos".[11] Em todas as cidades italianas que visitava, percorria ricas bibliotecas, assistia a concertos, trocava poemas em latim com novos amigos. Nas cartas que remetia aos sobrinhos e outros na Inglaterra, louvava a beleza natural da paisagem, o clima magnífico, o refinamento da língua, "a nobreza das estruturas, a humanidade e a civilidade corretas de seus habitantes".[12]

Nos muitos rastros sobreviventes dessa viagem extensa, não há o menor sinal de aventuras sexuais. Talvez isso não seja tão surpreendente: por que algum desses rastros sobreviveria? Contudo, segundo o relato do próprio Milton, ele voltou à Inglaterra, após essa longa permanência no exterior, com sua virgindade, bem como seu protestantismo, totalmente intactos. Se esse relato for verdadeiro, e não temos razão alguma para duvidar, Milton estava entre os raríssimos ingleses jovens da época que voltaram dessas viagens num estado de inocência sexual.[13] Para os cavalheiros ingleses que faziam o chamado Grand Tour, a Itália era o mundo dos *Modi*, obra de Marcantonio Raimondi, com suas famosas gravuras de posições sexuais, acompanhadas por sonetos fesceninos de Aretino, por pinturas de Giulio Romano, Annibale Carracci, Correggio e muitos outros mestres da excitação erótica, e por imagens de esculturas que capturavam em pedra o toque de dedos em pele quente. E os prazeres não eram somente virtuais: ingleses da época que viajavam à Itália davam testemunhos frequentes da beleza de suas mulheres e, mais precisamente, dos prazeres sofisticados proporcionados por suas cortesãs.

Embora transitasse com facilidade na alta sociedade italiana, desde as academias literárias e científicas a salões aristocráticos e cortes de bispos e cardeais, Milton parece ter feito questão de mostrar o que julgava ser sua superioridade moral. Logo na Itália da Contrarreforma, ele não deveria de modo algum alardear suas convicções religiosas — afinal, era um convidado, recebido com a máxima gentileza por seus anfitriões católicos —, mas evidentemente se recusava a ser discreto. Numa carta a um amigo, o poeta holandês Nicolas Heinsius informou que "o inglês" — Milton — "era odiado pelos italianos, entre os quais morou durante um bom tempo, por causa de seu moralismo exagerado".[14] O virgem de trinta anos, ardentemente protestante, deixava claro que não seria seduzido.

Milton estava em Nápoles, pensando em estender suas viagens à Sicília e à Grécia, quando recebeu notícias inquietantes da Inglaterra: a situação política, já tensa quando ele partira, havia deteriorado, e o país parecia estar sendo levado para águas cada vez mais perigosas. Ele decidiu que, em vez de viajar ainda mais, voltaria para casa. Mesmo assim, não se apressou. Não tinha resolvido o problema vocacional que o vinha preocupando. Claramente adorava estar na Itália, "o lugar por excelência", como ele expressou, "da *humanitas* e de todas as artes da civilização".[15] E talvez não se sentisse pronto para enfrentar de frente uma dolorosa perda pessoal: em algum momento depois de agosto de 1638, recebera a notícia da morte de seu grande amigo, sua alma gêmea, Charles Diodati.

Logo após regressar à Inglaterra, no verão de 1639, Milton homenageou a memória do amigo numa longa elegia pastoral em latim. As convenções do gênero — um pastor lastimoso e seus rebanhos numa idílica e clássica paisagem grega — criam uma espécie de distância formal do mundo real, mas ainda assim o poema é profundo, intenso e revelador. Ao receber a notícia terrível na Itália, Milton escreveu, ele não se permitira aceitar plenamente sua realidade. Foi apenas ao voltar para casa que sentiu toda a imensidão de sua dor. Seria tão importante, agora se perguntava, viajar para tão longe a fim de ver "Roma em seu túmulo" e permanecer fora por tanto tempo, quando poderia ter permanecido na companhia de seu querido companheiro? Se não houvesse tamanha distância entre eles, teria sido capaz ao menos de tocar a mão do amigo moribundo e despedir-se dele. Agora lhe doía uma sensação de indizível solidão. A ideia consoladora a que Milton se apegava no fim de seu poema era que Charles — "um mancebo sem jaça" — com certeza ascendera em glória aos céus. "Como nunca viveste a alegria do leito conjugal", dizia Milton ao amigo morto, "honras virginais estão-te reservadas."

Não está claro o quanto eram consoladoras nessa altura as "honras virginais" para o próprio Milton, agora com 32 anos. Ele já não era um jovem promissor no limiar de uma carreira brilhante, mas o que era exatamente? Dinheiro não representava um problema de fato. O pai prestamista pusera alguns empréstimos em nome do filho, de modo que Milton, que se instalou em Londres, tinha agora uma pequena renda independente. Ele suplementava essa renda incumbindo-se de educar alguns alunos particulares, começando com seus dois sobrinhos. Mas todo aquele estudo obsessivo, o gigantesco aprendizado e a imensa ambição intelectual, tudo isso só serviria para ele virar um mestre-escola pronto a castigar um punhado de garotos por não saberem conjugar direito os verbos latinos?

O sonho de imortalidade literária não morrera nele. Milton enchia páginas e páginas de anotações — estão guardadas na biblioteca do Trinity College, em Cambridge — com os títulos e breves resumos de possíveis projetos literários, na maioria tragédias sobre temas bíblicos. São muitos os esboços de uma peça em cinco atos sobre a queda do homem, um deles intitulado *Adam unparadiz'd* [Adão perde o Paraíso], e outro, *Paraíso perdido*. Milton listou cuidadosamente os personagens: entre eles estariam Adão e Eva, é claro, e uma série de outros, de Lúcifer a Moisés, e da Misericórdia ao Descontentamento. Mais tarde eliminou toda a lista com uma cruz. Sem dúvida teria dificuldade para escrever aquela peça, em vista de sua escassa experiência com mulheres. Seja como for, Milton não avançou muito com nenhum de seus projetos. A História interveio.

O país estava se desintegrando, dividido ferozmente entre Carlos I, que sonhava com o poder absoluto, e um Parlamento hostil, cada vez mais intransigente. Tal como nos meses caóticos que precederam a Revolução Francesa e a Revolução Russa, eram inúmeras as facções, as opiniões antagônicas, as tentativas fracassadas de entendimento, os aliados improváveis, as inimizades cambiantes. Para Milton, porém, no começo da década de 1640, existia apenas uma grande luta: os pios contra os ímpios. À testa dos ímpios, em sua opinião, estavam os bispos da Igreja da Inglaterra: ricos, mundanos, cínicos, cheios de presunção e irremediavelmente atolados no erro.[16] Na liderança dos pios estavam os esclarecidos visionários da reforma religiosa radical, homens e mulheres cujos inimigos às vezes os chamavam de Puritanos.[17] Esses denodados reformadores tinham aliados no Parlamento, aliados que se dispunham a enfrentar as legiões armadas controladas pelos bispos e pelo rei.

No começo da década de 1640, as coisas começaram a chegar a um ponto crítico.[18] Em Londres, a pouca distância da casa de Milton, multidões de inspiração puritana promoviam distúrbios, exigindo reformas de alto a baixo para salvar a Inglaterra do papado, mediante a abolição do episcopado. Relatos de prisões, manifestações, queixas do Parlamento, movimentos de tropas e massacres enchiam as páginas das gazetas, que tipografias clandestinas imprimiam em quantidades enormes.

Mergulhado em seus livros e só os largando de vez em quando para dar aulas de grego, latim e hebraico a seus alunos, Milton até então vinha observando de longe o tumulto crescente. Entretanto, a partir de 1641, não pôde mais manter sua posição de observador atento. Em cinco longos tratados, escritos e publicados num prazo bastante breve, despejou sobre os bispos e seus defensores todo o desprezo e a fúria, junto com uma sólida mostra de erudição, que vinham guardados dentro de si. O longo aprendizado durante o qual polira seu sarcasmo em resposta aos colegas beberrões e bordeleiros e também à aridez intelectual de seus mestres arrogantes, de repente fez sentido: em sua imaginação, os dois inimigos fundiram-se em um só. Os bispos, Milton escreveu, eram tipicamente homens que "desperdiçam a juventude vadiando, bebendo e frequentando prostitutas; os estudos, com questões desimportantes e sofismas idiotas; a vida adulta, com ambições e ócio; e a velhice, com avareza, desvarios senis e doenças".[19]

Mas que justificativa apresentou Milton para se arvorar em juiz de pessoas tão acima dele e descarregar neles o que definia como "iracúndia santificada"?[20] Quem era ele — um perpétuo estudante, que escrevera uma mascarada e fizera um Grand Tour pela Itália — para opinar sobre a sorte da nação? Sua resposta, num trabalho publicado em abril de 1642, baseava-se nas mesmas leituras profundas e na disciplina moral em que ele esperava alicerçar sua carreira como grande poeta. Sua autoridade e sua inspiração, afirmou, vinham não só de seu rigor intelectual, como também de sua pureza.[21] Ele jamais se deixara macular por sexo fora do casamento com mulher nenhuma. Era um virgem de 33 anos. *Essa* era a sua autoridade moral.

Pouco mais de um mês depois de publicar essa descrição de si mesmo, Milton foi a uma casa senhorial chamada Forest Hill, perto de Oxford, a fim de tratar de um empréstimo pendente, um daqueles investimentos que seu pai, precavido, fizera em seu nome. O tomador do empréstimo, Richard Powell, recebera trezentas libras e concordara com juros de 8% em dois pagamentos anuais. O país continuava tenso devido à possibilidade de guerra civil — o próprio Milton estivera fazendo treinamentos com uma milícia —, mas as estradas entre Londres e Oxfordshire estavam abertas, e o pagamento dos juros sobre o empréstimo estava atrasado. Milton foi a Forest Hill em junho e voltou para

Londres em julho. Não se sabe se chegou a receber as doze libras que lhe eram devidas. O que se sabe é que levou para casa uma esposa, a filha mais velha do homem que lhe devia dinheiro — Mary Powell, de dezessete anos.[22]

No século XVII, com frequência os casamentos entre pessoas de recursos mais pareciam resultado de lentas negociações comerciais do que de paixões românticas, mas no caso deste, o caráter repentino parece indicar, ao menos da parte de Milton, algo mais do que cálculo. Na verdade, fazia bastante tempo que ele vinha pensando a respeito da natureza do amor, das qualidades morais que esperava encontrar numa noiva, da castidade compatível com as alegrias do leito conjugal etc. Mas esses não eram, de forma nenhuma, os cálculos que caracterizavam o mercado de casamentos. Na verdade, na tarde de junho em que Milton contemplou a jovem pela primeira vez, parece ter sentido a sedutora perspectiva de felicidade. E na verdade, findas as tratativas matrimoniais, Milton recebera do pai da moça a promessa de um dote de mil libras, uma bela soma. No entanto, não houvera tempo para as devidas diligências, e o pretendente arrebatado nada sabia sobre as finanças do sogro. Na verdade, Richard Powell era um mal-afamado especulador de terras, sem a menor perspectiva de pagar o empréstimo original de trezentas libras, quanto mais de honrar o dispendioso acordo de casamento.

O que a noiva sabia sobre o marido também devia ser quase nada. Sua família era ardorosamente realista, e Milton já se tornara conhecido como um dos inimigos mais desabridos dos bispos. Num momento em que o país estava prestes a explodir, teria sido mesmo possível evitar por completo o assunto à mesa de jantar em Forest Hill? Pode-se imaginar que Richard Powell, ansioso pelo casamento, tivesse dito à filha e a todos os demais na família que não pronunciassem uma palavra sobre política; e talvez Milton, deslumbrado e feliz, tenha dado um descanso à sua raiva.

Todavia, quer se conhecessem bem ou mal, John e Mary chegaram casados à casinha na rua Aldersgate. A noiva adolescente se fez acompanhar, na viagem a Londres, por alguns de seus parentes — provavelmente os pais e alguns de seus muitos irmãos e irmãs —, que iriam comemorar ali a boda. Passados alguns dias, os visitantes voltaram para casa, e os recém-casados puderam começar a pensar no que tinham feito.

Milton não havia, como acreditava fervorosamente, transigido com a castidade em que, durante tantos anos, fundamentara a opinião sobre si mesmo, sua autoridade moral e sua vocação poética. "O casamento", ele escreveu, "não deve ser chamado de profanação."[23] O próprio Deus o instituíra antes da Queda,[24] no Jardim do Éden, quando Adão e Eva ainda eram perfeitamente castos e puros. Um casal poderia desfrutar do estado de inocência concedido a Adão e Eva. Quando se casou com Mary Powell, de Forest Hill, Milton poderia ter dito a si mesmo, usando as palavras de Adão: "Esta, sim, é osso de meus ossos e carne de minha carne". E, se no umbral do quarto sentisse uma pontada de ansiedade, poderia ter recordado as palavras que se seguiam no Gênesis: "Ora, os dois estavam nus, o homem e sua mulher, e não se envergonhavam".

Ele estava, achou, prestes a entrar no Paraíso.

A nova vida de Mary Powell como a sra. Milton durou pouco mais de um mês antes que ela arrumasse as malas e voltasse para Forest Hill. A desculpa oficial foi um "chamado aflito" da mãe pela companhia da filha, com a promessa de que retornaria a Londres dentro de mais ou menos quatro semanas, ou seja, em fins de setembro. Nem ela nem o marido deixaram uma descrição da trabalheira que deve ter sido fazer as malas de novo, tão pouco tempo depois do casamento e com uma justificativa tão frágil. O sobrinho de Milton pôs a culpa na "vida filosófica" na rua Aldersgate, maçante para uma moça habituada a uma alegre vida rural. O bisbilhoteiro John Aubrey, futucando em busca de detalhes, ouviu dizer que Mary tinha sido criada "num ambiente em que havia muita companhia, diversões, danças etc.". De um momento para outro, ela se viu numa casa taciturna, que ninguém visitava e cujo silêncio só era quebrado pelo choro dos jovens estudantes que seu marido castigava no cômodo ao lado. Esses eram os deleites da vida filosófica. Aubrey registrou em seu caderno de anotações uma outra causa de dissenção: Mary era uma realista, e "religiões diferentes não se dão bem no mesmo travesseiro".[25]

Mary não voltou na data aprazada, nem mandou algum recado que explicasse a situação. Foi o marido abandonado que lhe escreveu, mas não recebeu resposta. Voltou a escrever várias vezes, mas nenhuma notícia veio de Forest Hill. Nesse meio-tempo, a crise nacional agravou-se. Relatos do passado tendem a manter a vida pessoal e a política em esferas distintas, mas é claro que sempre se misturam.

Em agosto de 1642, uma moça muito jovem e infeliz fugiu de um casamento em que se sentia presa, e no mesmo mês o rei Carlos tomou, em Nottingham, a medida fatídica de reunir suas tropas, erguer seu estandarte — uma bandeira em que se lia a divisa "Dar a César o que é de César" — e iniciar uma guerra civil. Os dois fatos não poderiam ser menos relacionados, mas não ocorreram em universos separados. Milton e sua mulher podem não ter discutido no leito divergências entre o anglicanismo e o puritanismo, mas, uma vez iniciadas, as hostilidades decerto exacerbaram e acirraram quaisquer tensões que já fervessem em fogo brando. No nível mais prático, as viagens entre Londres (o centro do partido parlamentarista) e Oxfordshire (o núcleo dos realistas) tornaram-se de início difíceis, depois arriscadas e, em seguida, perigosíssimas. Milton não foi a Oxfordshire pessoalmente para buscar a mulher, mas, quando suas cartas deixaram de ser respondidas, mandou um criado. O serviçal voltou, registrou Edward Phillips, sobrinho de Milton, não só sem uma resposta satisfatória, como também com a notícia de que fora "despedido com certa demonstração de desprezo".

Sem a menor dúvida, a família da noiva se entusiasmara no começo em relação ao casamento com o londrino rico, a quem deviam muito dinheiro. Fosse outra a época, talvez urgissem e até obrigassem a filha infeliz a voltar para o marido ofendido. Entretanto, no verão de 1642, da perspectiva de Forest Hill, parecia que o rei, que havia instalado seu quartel-general perto dali, em Oxford, em breve faria picadinho de seus inimigos. Assim que o partido monárquico levasse a melhor e restaurasse a ordem no país, viria um ajuste de contas com os rebelados. E entre aqueles que haviam perturbado a paz se encontrava o homem descomedido e arrogante que escrevera textos incendiários contra os bispos. Mary ficou à espera em Forest Hill.[26]

E Milton? Permaneceu em sua casa em Londres. Aquela não era uma época agradável. Ele cometera um erro catastrófico e não tinha a desculpa da inexperiência da juventude. Por muito tempo orgulhara-se de sua prodigiosa cultura, de sua probidade moral e de sua eloquência. Sabia que estava destinado à grandeza — e isso não era um segredo bem guardado, mas uma promessa aberta a si mesmo e ao mundo. Agora, porém, revelara-se um néscio, um alvo ao mesmo tempo de comiseração e de ridículo.

No fim de outubro, o exército do rei avançava a passos largos pelo vale do Tâmisa rumo a Londres. O fim da insurreição estava torturantemente à vista. As forças reais chegaram a Turnham Green — perto o suficiente para ser hoje o local de uma estação do metrô londrino,[27] na District Line —, onde encontrou fortificações erigidas às pressas pelas milícias treinadas, grupos formados por lojistas, artesãos e aprendizes, além de uma modesta participação de idosos veteranos. O rei hesitou, avaliou a situação (que incluía a aproximação das tropas parlamentares, lideradas pelo conde de Essex) e recuou. Londres nunca mais esteve a seu alcance.

Embora Milton estivesse em treinamento quando o exército do rei se aproximou — um poeta refinado e melenudo, com uma lança ao ombro e marchando de um lado para outro numa área de exercícios —, não saiu da rua Aldersgate para erguer barricadas em Turnham Green. Em vez disso, escreveu um soneto, que afixou em sua porta (ou talvez tenha apenas imaginado fazê-lo). O poema pedia a quem quer que se aproximasse de sua casa indefesa que protegesse de todo mal a pessoa que ali residia. Por quê? Porque aquela era a casa de um poeta, e um poeta tem como "espalhar teu nome por terras e mares". É justo dizer que essa não foi a maior mostra de heroísmo de Milton. Contudo, o episódio transmite, meio jocosamente e meio a sério, sua fé no poder da poesia e em sua própria vocação como poeta. E a verdade é que ele estava sendo, a seu modo, extraordinariamente corajoso, ainda que essa não fosse uma forma de coragem que chamasse a atenção de um historiador militar.[28]

Nesse momento de crise nacional, seria de esperar que Milton procurasse sumir de vista ou, se estivesse resolvido a agir impetuosamente, renovar seus ataques aos bispos. Em vez disso, fez outra coisa, algo que exigiu inacreditável coragem ou então uma incrível introversão.[29] Dedicou-se a escrever uma série de textos raivosos em que exigia o divórcio consensual e que o direito a um novo casamento fosse tornado legal para todos os ingleses e inglesas. Isso se justificava, argumentou, por uma correta compreensão da história de Adão e Eva.

Os contemporâneos de Milton julgaram esses textos chocantes, e por uma boa razão. Na Inglaterra seiscentista, o casamento era visto como um compromisso vitalício: só chegava ao fim com a morte de um dos cônjuges. No passado, no século XVI, Henrique VIII rompera com a Igreja católica romana, mas não, conforme comumente se afirma, porque exigisse divorciar-se de Catarina de Aragão, sua esposa havia dezoito anos. Na verdade, o rei não desejava um divórcio, que o arcebispo da Cantuária, protestante, tampouco lhe concedeu. O prelado lhe concedeu uma anulação.[30] A Igreja da Inglaterra não mudou de modo significativo o entendimento católico do casamento. Mais de trezentos anos passariam antes que as mudanças desejadas por Milton fossem por fim aprovadas pela Lei da Reforma do Divórcio de 1969-73.

Se um homem e uma mulher estivessem legalmente casados — se não houvesse bigamia, incesto, insanidade ou outra circunstância que proibisse um casamento e se a relação tivesse sido consumada —, o vínculo não poderia ser desfeito.[31] Uma esposa cujo marido repetidamente a espancasse ou a sodomizasse com violência podia despertar solidariedade. Se os maus-tratos fossem cruéis o bastante, a ela poderia até ser concedida uma separação legal, "de leito e de mesa", embora obtê-la não fosse nada fácil. No entanto, a não ser em caso de adultério ou heresia, não havia concessão de divórcio nem direito a um novo casamento. O mesmo ocorria em casos de abandono:[32] se uma mulher abandonava o marido (ou vice-versa), o cônjuge abandonado podia ser objeto de comiseração, mas nem ele nem ela poderiam voltar a se casar com outra pessoa. Com relação à incompatibilidade — o reconhecimento de que a relação não dera certo e não podia ser consertada —, isso era um assunto tradicional de comédias, mas não algo a ser apreciado por tribunais.

Ou seja, Milton estava preso a um casamento que agora considerava um erro catastrófico, e o mesmo acontecia com Mary. Tudo na natureza de Milton se rebelava contra aceitar passivamente a situação em que se encontrava. Durante anos ele se poupara para o casamento. Estava destinado, e disso tinha absoluta certeza, para alguma coisa melhor do que uma tranquila e melancólica transigência, um raivoso ressentimento ou a hipocrisia sorrateira que via a seu redor. Além disso, quanto mais pensava no assunto, mais a lei existente lhe parecia um pesadelo, não só para ele, mas para todos os ingleses.[33]

O grande problema não era que essa lei se arrimava em costumes tradicionais, consolidados nas regulamentações do direito canônico. A alma livre de uma pessoa corajosa e ilustrada, escreveu Milton, pode facilmente pôr de lado "as asneiras da ignorância canônica".[34] O problema sério de verdade era que o próprio Messias, citando a história de Adão e Eva, parecia proibir explicitamente o divórcio, salvo por questões de adultério.

No evangelho de Mateus, os fariseus perguntam a Jesus sobre a legalidade do divórcio. Em resposta, Jesus lhes recorda que, no livro do Gênesis, o primeiro homem mantém-se fiel à sua mulher,[35] e eles se tornam uma só carne. "Portanto, o que Deus uniu, o homem não deve separar" (Mateus 19,6). Nenhum cristão que desejasse mudar as leis do divórcio podia ignorar essa passagem ou se desvencilhar facilmente dela.

Arrostando de frente a dificuldade, Milton reinterpretou as palavras de Jesus, invocando a "lei da caridade", como era chamada tradicionalmente. O Novo Testamento trazia a Boa-Nova;[36] não era possível, pois, que pretendesse tornar a lei mosaica mais inflexível e opressiva. Por conseguinte, ele escreveu, os duros pronunciamentos de Jesus a respeito do divórcio não podiam ter o sentido que pareciam demonstrar. O Salvador dera aos fariseus a resposta que aqueles "inquisidores arrogantes" mereciam. Mas a resposta que pretendia dar a homens e mulheres de boa-fé era inteiramente diferente, e a chave é a sua referência a Adão e Eva.

Jesus está nos orientando a voltar ao começo da vida humana, a imaginar Adão sozinho no Jardim e entender o fim para o qual Deus criou Eva. Esse fim, argumentava Milton, não era primeiro e antes de tudo o sexo. Acreditar que o vínculo do casamento tivesse sido instituído principalmente para satisfazer e regulamentar os desejos da carne era um erro fundamental, que lançava a espécie humana na categoria de meras alimárias do campo. A Igreja, tanto a católica quanto a anglicana, havia reduzido o que significava para um homem e uma mulher ser "uma só carne" ao fato cru da ejaculação, que Milton chamou, numa de suas frases mais veementes, "a quintessência de um excremento".

O principal propósito do casamento era menos ainda, ele pensava, a geração de filhos. Até mesmo o tribunal eclesiástico não era tolo o bastante para crer que um casamento fosse inválido por não produzir prole. Deus ordenara aos primeiros seres humanos que fossem fecundos e se multiplicassem, junto com o gado do campo e as aves do ar. Mas o primeiro casamento — o de Adão e Eva — foi instituído por uma razão diferente, perfeitamente encapsulada nas próprias palavras de Deus: "Não é bom que o homem esteja só". Não há aqui nada de complicado ou obscuro, e todos deveriam ser capazes de compreender seu significado. "A solidão foi a primeira coisa que o olho de Deus viu que não era boa."[37] A principal finalidade do casamento não é nem sexo nem filhos; é o companheirismo. Um Adão solitário, ainda que habitasse no Paraíso, estaria condenado à infelicidade. Foi para "a prevenção da solidão da mente e do espírito", como se expressou Milton, que Deus criou a mulher e a pôs como auxiliar do homem.

Na certeza de ter compreendido o propósito do casamento original, paradisíaco, Milton abordou sua angústia pessoal. Articulou, com clareza e energia — talvez pela primeira vez na história —, uma experiência que qualquer pessoa que já vivenciou um casamento infeliz conhece. Se você estiver casado com a pessoa errada, a sua solidão — "a solidão malvista por Deus" — não diminui, mas só aumenta. Isso não deveria ser possível, pois seu cônjuge está ali no aposento também, mas você se sente mais sozinho do que quando estava só. Os silêncios são carregados de dor, e as palavras, mesmo quando destinadas a pôr fim ao isolamento, apenas o intensificam. Foi isso o que aquelas semanas no verão de 1642 lhe haviam ensinado. E ele considerou a lição insuportável.[38]

E o que dizer de Mary? Fora ela, afinal, que deixara os pais e onze irmãos e irmãs, além dos criados que conhecia tão bem, em Forest Hill, um lugar animado e alegre; fora ela que viera, com dezessete anos, para a casa sombria na rua Aldersgate e que possivelmente achava o marido, homem letrado e sempre questionador, além de muito mais velho, esquisito e intimidante. Era Mary que, em sua nova vida, devia se sentir dolorosamente solitária. Seria agradável pensar que Milton reconhecesse o sofrimento dela, assim como o seu, e pelo menos em princípio estivesse disposto a isso. O panfleto incendiário que publicou em agosto de 1643, um ano depois de Mary abandoná-lo, tinha o título de *The Doctrine and Discipline of Divorce, Restored to the Good of Both Sexes* [A doutrina e a disciplina do divórcio, instaurado para o bem de ambos os sexos]. Ambos os sexos, não somente o masculino.

No entanto, tudo na maneira como Milton descrevia o dilema que tomou a si resolver leva a crer que ele só estava verdadeiramente atento a seu próprio sofrimento. (Qualquer pessoa que já tenha conversado com alguém envolvido num divórcio penoso sabe que não deve esperar muita empatia em relação à outra parte no relacionamento despedaçado.) Ele considerava seu próprio desempenho como marido perfeitamente justo e apropriado; achava que as palavras que dizia a Mary eram recebidas com uma resistência enlouquecedora. Julgava-se a vítima de uma companheira muda e destituída de espírito, que o privara da "conversação prazenteira" que era todo o sentido de um casamento e que somente era possível "quando há uma disposição apropriada dos espíritos".[39]

Nesse caso, como pudera ter cometido um erro tão desastroso? Milton buscou em torno, analisando os casamentos de seus amigos e conhecidos, inclusive daquelas pessoas que julgava bastante inferiores a ele em inteligência e moralidade, e teve de reconhecer que muitos daqueles casamentos, talvez todos, eram mais felizes e mais sensatos do que o seu. Nos textos que escreveu sobre divórcio, embora nunca reconheça diretamente que está pensando em si mesmo, Milton procura explicar como aquilo podia ter acontecido. A "mudez acanhada de uma virgem", ele agora entendia, pode esconder sua preguiça e sua obtusidade. Ou talvez não tenha concedido ao pretendente suficiente "liberdade de acesso" até ser tarde demais. Ou, se tiver dúvidas persistentes, haverá, inevitavelmente, amigos que tentam persuadi-lo "de que o conhecimento, à medida que aumentar, há de tudo consertar".

Nada disso, porém, explica a contento por que canalhas infames com frequência fazem bons casamentos, ao passo que aqueles que "passaram uma mocidade casta" podem facilmente cometer erros terríveis. A resposta, pensava Milton, estava no fato de que aqueles que saltitaram alegremente de uma amante para outra acumularam fundos de experiência valiosa. No entanto, ao moço casto e inexperiente, que incorreu num único erro fatal, dizem-lhe que nada há a fazer: terá que se avir com seu desatino até o fim da vida.

Milton se recusava a isso, pelo menos não sem resistência. Privado da conversação prazenteira do casamento e certo de que nunca a teria com a mulher que desposara, sentiu crescer dentro de si uma emoção diferente que não se furtou a nomear: "Entra em cena então o Ódio", escreveu a respeito de casamentos fracassados, "não aquele Ódio que peca, mas aquele que é somente uma insatisfação natural e o afastamento de um objeto equivocado". O amor se transformara em aversão.

Milton sofria com a ideia de ficar preso por toda a vida a um casamento sem amor. Sabia que jamais buscaria consolo no bordel ou no adultério. No entanto, praticar o sexo com uma parceira odiada — "triturar no moinho de uma cópula pesarosa e servil",[40] conforme expressou — era uma forma de "trabalho forçado". No lugar de uma só carne, escreveu com amargor, havia "duas carcaças acorrentadas artificialmente uma a outra", ou, antes, "uma alma viva presa a um corpo morto".[41] Poderia Deus ser tão tirano?

Se Deus pretendia infligir tal suplício, Milton teria então de acreditar que, em vez de ser um dos eleitos, era o que os calvinistas chamavam de réprobo, um pecador rejeitado por Deus. E se ele se recusasse a crer que era um dos condenados? Havia para Milton um medo ainda pior, mais terrível e talvez mais tentador do que a sensação de ser um réprobo. Uma pessoa sensível presa para sempre num casamento infeliz poderia começar a duvidar de que Deus tivesse alguma coisa a ver com aquilo. O ateísmo era a última e a pior de uma série de alternativas desventuradas que começavam com o bordel e a cama da vizinha.

Entretanto, pensava Milton, nada disso era verdadeiramente necessário. Isso porque não era possível que o Deus que havia criado o casamento no Jardim do Éden quisesse condenar a uma vida inteira de desventura todos aqueles que cometiam um erro inocente. Se o amor, o apoio mútuo e a intimidade eram parte integral do casamento, como Deus desejara, então tinha de haver a possibilidade de divórcio. Desencaminhados por uma Igreja corrupta, homens e mulheres tinham sido trancafiados numa prisão que eles mesmos construíram, e da qual precisavam desesperadamente que alguém os tirasse. Uma pessoa capaz de proporcionar o fio "que leve para fora desse labirinto de servidão", argumentava Milton, "merece ser reconhecida como uma benfeitora pública dessa vida civil e humana, acima dos inventores do vinho e do azeite".

Ele sabia que em 1644 sua situação pessoal era conhecida por muitos de seus leitores. O mundo era pequeno, e ele já se tornara altamente visível com seus ataques veementes aos bispos. Agora que a jovem esposa o deixara, estava ciente de que sua cruzada em favor do divórcio pareceria a alguns uma simples causa pessoal. No entanto, e daí? Ele transformaria uma crise privada numa enorme questão de interesse público, e ao assim proceder seria o salvador do próprio casamento, uma pessoa merecedora de mais admiração agradecida do que os inventores do vinho e do azeite.

Em 1643, foi publicada *The Doctrine and Discipline of Divorce* (o título significa, de fato, "a teoria e a prática do divórcio"), mas sem o nome do autor. Entretanto, no ano seguinte, depois de duas impressões terem sido vendidas quase imediatamente, ele publicou uma versão revista e ampliada, dessa vez ousando pôr seu nome na página de rosto: John Milton.

Em vez de admiração, houve uma onda de zombaria e indignação.[42] *The Doctrine and Discipline of Divorce* merecia "ser queimada pelo Verdugo"; seus argumentos eram "pouco menos que uma blasfêmia contra o próprio Cristo".[43] No que se refere à exposição de Milton sobre a insuportável solidão que aflige quem se casava com a pessoa errada, um de seus adversários escarneceu: "O senhor julga que nenhuma mulher esteja capacitada a uma conversa interessante [...] a menos que fale hebraico, grego, latim e francês, e critique o direito canônico tão bem quanto o senhor".[44]

Milton havia argumentado que os filhos de um casamento infeliz — "os filhos da ira e da angústia", como os definiu — apresentam mais problemas que aqueles cujos pais concordam com um "divórcio pacífico". Também as esposas infelizes, ele dizia, têm tantas razões para apoiar o divórcio e a possibilidade de um novo casamento quanto os maridos infelizes. Por que deveriam as mulheres, da mesma forma que os homens, ser forçadas a permanecer presas a um cônjuge que passaram a detestar? Contudo, para quase todos os contemporâneos de Milton no século XVII, esses argumentos pareciam iníquos ou de uma incrível ingenuidade. Permitiriam aos homens, diziam, abandonar suas responsabilidades e corromper a instituição que o próprio Deus criara no Éden. O poeta que no passado se orgulhara de sua virgindade e que escrevera uma mascarada em homenagem à castidade agora abria um caminho largo para os libertinos.

Milton revidou. Por acaso, perguntou, seus adversários tinham se dado ao trabalho de ler *The Doctrine and Discipline of Divorce* e refletido sobre seus argumentos? Deus poderia ter criado um companheiro homem para Adão — ou mil deles, se assim desejasse —, "mas apesar disso, porém, Deus reconheceu que ele estava sozinho e lhe trouxe Eva. Não fez isso apenas ou mesmo principalmente por causa da relação sexual, mas sim porque o casamento oferece uma satisfação especial, além do leito aprazível, que nenhuma outra companhia proporciona".[45]

Normalmente loquaz sem fazer esforço, Milton agora enfrentava dificuldade para descrever como seria essa satisfação, que ele próprio não experimentara. Só podia ser profundamente satisfatória, já que Deus pretendia que Adão, nas palavras de Milton, "passasse tantos anos secretos num mundo vazio com uma só mulher". Mas, se não era apenas sexo — se havia alguma coisa "além do leito aprazível" —, o que era, exatamente? Era, ele escreveu, de modo meio canhestro, "uma espécie de êxtase e maviosidade errante no gozo de vagares matrimoniais". Isso era o máximo a que podia chegar.

Milton não tinha dificuldades semelhantes para encontrar insultos a fim de descrever seus críticos: "idiota", "aparvalhado", "notório leguleio", "palerma odioso", "gourmand", "bárbaro", "chicaneiro estulto", "lapuz presunçoso", "pacóvio", "asno selado".[46] No entanto, seus oponentes não batiam em retirada sob essa torrente de impropérios. Uma queixa contra *The Doctrine and Discipline of Divorce* foi apresentada a uma comissão parlamentar criada para investigar a publicação sem licença prévia de obras imorais e contrárias à religião. Milton sentiu-se na posição enlouquecedora de um libertador que é rejeitado pela própria população que está tentando libertar.⁴⁷

Era característico dele recusar-se a aceitar derrotas. Vasculhando volumes de teologia em busca de argumentos que o apoiassem, continuou a escrever e publicar, em defesa do divórcio, panfletos cujo tom variava do erudito ao furioso. Contudo, essa atividade febril tinha um custo, ou pelo menos assim pareceu a Milton. Foi por essa época que ele começou a sofrer de problemas digestivos, que o atormentaram pelo resto da vida, e a notar um problema ainda mais sério: "Mesmo de manhã, se eu começasse a ler, como de costume, percebia que meus olhos logo apresentavam uma dor bem no interior, e eu interrompia a leitura, embora mais adiante a situação melhorasse, depois de um moderado exercício físico. Todas as vezes que eu fitava uma lâmpada, uma espécie de arco-íris parecia obscurecê-la".⁴⁸ Ele não sabia então, naturalmente, que a deterioração de sua visão, qualquer que fosse a causa real do problema, levaria dentro de poucos anos à cegueira total, mas deve ter pressentido que estava pagando um preço escorchante por seus esforços.

Em 1644, publicou *Areopagitica*, uma das defesas mais eloquentes e respeitadas já escritas da imprensa livre. Fazia muito tempo que Milton combatia a censura.⁴⁹ Agora, em respostas a exigências de que seu livro fosse queimado pela justiça, ele escreveu: "Quase dá no mesmo matar um homem ou matar um bom livro", pois "quem mata um homem mata uma criatura dotada de razão, criada à imagem de Deus, mas quem destrói um bom livro mata a própria razão, mata a imagem de Deus, por assim dizer".⁵⁰ Como seus adversários imaginavam que a verdade poderia surgir um dia, se não fosse através do embate público de ideias rivais? Por acaso julgavam que os homens eram meros fantoches, construídos — como nos espetáculos que no século XVII eram chamados de "movimentos" — apenas para repetir textos que as autoridades lhes ditavam? "Muitos são os que se queixam da divina Providência, que permitiu que Adão delinquisse. Línguas obtusas!" E Milton declarou: "Quando Deus deu-lhe a razão, deu-lhe liberdade de opção, pois a razão não passa de escolha: de outra forma ele seria um simples Adão artificial, um Adão como as figuras que vemos nos movimentos". Fosse o que fosse ou viesse a se tornar, Milton não seria um Adão artificial, um títere a pronunciar palavras alheias e a aceitar leis que estava convicto de serem injustas.⁵¹ Não tínhamos sido criados por Deus para sermos livres?

Três anos haviam passado desde a desastrosa lua de mel no verão de 1642, e, até onde sabemos, Milton não tinha ouvido uma palavra de Mary. No entanto, a história — a mesma que havia transformado Londres e Oxford em cidades inimigas — agora interveio no impasse marital. As marés da guerra mudaram. A vitória dos realistas, que parecera ao alcance da mão na época em que Mary voltou para sua família em Forest Hill, perdeu brilho e desapareceu, como uma miragem. Na primavera de 1645, o Parlamento ganhava força. Sitiada, a Oxford realista começou a ficar sem provisões, e o rei Carlos decidiu liderar suas tropas pessoalmente, contra as forças inimigas reunidas no norte. Os soldados realistas sentiram-se estimulados pela presença do rei; muitas esposas e amantes dos oficiais mais ricos foram em suas carruagens assistir ao esperado triunfo. Mas, numa manhã nevoenta de meados de junho de 1645, na batalha de Naseby, o Novo Exército Modelo, sob o comando de Thomas Fairfax e Oliver Cromwell, esmagou as forças do rei na batalha que pôs fim à guerra civil.[52]

Quando a notícia do desastre chegou a Oxfordshire, os Powell, realistas, se viram diante da ruína. Sabiam que tinham de agir depressa, mas o que fazer? A filha mais velha estava casada, ao menos nominalmente, com uma importante figura do lado parlamentar, porém o abandonara. E não havia como esperar que Milton, que não fizera segredo de sua solidão infeliz ao lado de uma esposa que passara a detestar — "uma alma viva presa a um cadáver" —, a recebesse de volta. A estratégia escolhida pelos Powell dependia da cooperação dos primos de Milton, William e Hester Blackborough, que moravam perto dele em Londres e com certeza estavam ansiosos por obter uma reconciliação. Num dia de verão, logo depois da derrota realista, Milton passou na casa de seus parentes para vê-los, conforme era seu costume. Como narrou um sobrinho de Milton, uma porta se abriu "e de repente ele ficou surpreso ao ver uma pessoa que imaginava que nunca mais veria". A cena fora preparada com todo cuidado, e até certo brilhantismo. Submissa, Mary caiu de joelhos diante do marido que abandonara e suplicou que a perdoasse.

Milton, ardoroso defensor da "liberdade de escolha", bem poderia ter decidido dar meia-volta e ir embora. Mas não foi isso o que fez. Levantou a esposa arrependida e a levou para casa.[53] Dessa vez o casamento durou. Com certeza, as crianças a quem ele dava aulas ainda choravam sob sua vareta e a casa decerto continuava a ser soturna para Mary, agora com vinte anos. Mas nem lhe passava pela cabeça correr para a alegre residência senhorial de sua família no campo. Ocupada por tropas parlamentares, Forest Hill era coisa do passado, como também o vasto mundo social em que Mary fora criada.

O dote de mil libras, que sempre fora um faz de conta, agora estava fora de questão. A família de Mary, que perdera a moradia com a vitória parlamentarista, recebeu permissão de sua mudar para Londres. Mas onde iriam morar? Onde mesmo? A turma toda — Richard Powell e sua mulher, Anne, junto com o pequeno George, Archdale, William, as duas Elizabeths e, talvez, até outros da prole inumerável —, todos foram morar com a filha e com o genro que tinham odiado.

No outono, Mary estava grávida, e em 29 de julho de 1646 nasceu a primeira criança dos Milton, uma menina. Numa carta em latim, escrita em 20 de abril de 1647, a Carlo Dati, seu amigo italiano, Milton revela pelo menos um pouco do que devia sentir quanto à ocupação de sua casa. "Aqueles que estão intimamente ligados a mim pelo simples fato da proximidade", ele escreveu, "embora não haja nada mais que os recomendem a mim, estão comigo no dia a dia, me ensurdecem com o barulho que fazem, e, juro, me atormentam como bem entendem."

E Mary? Teria passado a lamentar a separação e culpar a si mesma ou às interferências de sua mãe por aquilo?[54] Nada sabemos sobre seus sentimentos depois que voltou para a casa de Milton. Em outubro de 1648, ela deu à luz uma segunda filha, batizada como Mary; e, em março de 1651, deu à luz um menino, batizado como John. No fim do verão estava grávida de novo — quatro gestações em seis anos e meio de coabitação depois da reconciliação.

O fim do casamento se deu não por divórcio, mas através do meio que a própria cerimônia de casamento imaginara: "até que a morte nos separe".[55] Em 2 de maio de 1652, Mary Milton trouxe ao mundo mais uma menina, porém alguns dias depois, aos 27 anos de idade, morreu. "Minha filha Deborah nasceu no dia 2 de maio, um domingo, um pouco antes das três horas da manhã, em 1652", escreveu Milton em sua Bíblia, e a seguir acrescentou, com surpreendente vagueza: "Minha mulher, a mãe dela, morreu cerca de três dias depois".[56]

Embora Mary não tenha deixado nenhum registro de sua vida interior — não chegou a nós nenhum diário ou cartas que tenha escrito —, houve uma surpreendente tentativa de imaginar o que ela pensava ou sentia. Essa tentativa de imaginação é, de certo modo, comovente, mas também inteiramente indireta ou incerta, pois é do próprio Milton. Em seus textos sobre divórcio, Milton, ferido e indignado, não podia permitir-se refletir sobre o que sua esposa infeliz devia estar vivendo e, até onde podemos saber, não parecia interessado no estado preciso dos sentimentos dela depois de sua volta. Anos depois, porém, tentou registrar como teria soado a voz dela, se ele tivesse sido capaz de escutá-la. Mesmo então, ele não lhe deu, de nossa perspectiva, uma presença plena e robusta, e é possível, ao que sabemos, que estivesse irremediavelmente errado. No entanto, é notável que Milton escutasse alguma coisa além da câmara de eco de sua própria infelicidade. Imaginando-se como Adão, ele chamava de Eva a mulher cuja voz tentava evocar.

10. A política do Paraíso

Em 1381, pregando a camponeses ingleses empobrecidos durante a Revolta dos Camponeses, o pároco John Ball destacou que depois da Queda não existiam nobres presunçosos dando ordens a servos oprimidos. Para cultivar seus alimentos, o primeiro homem teve de lavrar a terra ele mesmo; e, para fazer roupas, a primeira mulher precisou fiar sua própria lã. Ball usou um lema revolucionário que logo ficou famoso: "Quando Adão lavrava e Eva tecia, onde estava a fidalguia?". Caso seus ouvintes não entendiam o que ele pretendia dizer, Ball explicava o sentido de seus versinhos incendiários: "No princípio, todos os homens foram criados iguais".[1] Os rebeldes queimavam os autos dos tribunais, abriam as cadeias e matavam as autoridades da Coroa.

Quando a rebelião foi esmagada, coube a Ball, um de seus instigadores, o medonho tratamento especial reservado aos traidores: sua cabeça foi fincada numa lança na Torre de Londres; depois que seu corpo foi esquartejado, as quatro partes foram enviadas como escarmento para diferentes cidades. Embora o destino de Ball marcasse o fim da Revolta dos Camponeses, seu lema não foi esquecido, nem sua morte eliminou as interpretações radicais de Adão e Eva. Essas interpretações sempre estiveram à espreita na história bíblica — tanto na liberdade sem peias do Paraíso como no trabalho manual de Adão e Eva depois da Queda — e estavam à disposição de quem procurasse meios de justificar e legitimar o protesto social.

Em períodos de agitação política e social, o tempo tem uma estranha capacidade de se vergar, como se o presente se desintegrasse no passado, e o passado rompesse seu aprisionamento e se mostrasse no presente. Não foram apenas as figuras bíblicas que de repente se tornaram contemporâneas. Em consequência do Renascimento na Itália, com frequência era o passado clássico, pagão, que irrompia. Na Roma trecentista, Cola di Rienzo, filho ilegítimo de um taberneiro, se fizera coroar como tribuno e defendia a unificação da Itália e a criação de um novo Império Romano. No fim do século XVIII, líderes das revoluções Americana e Francesa eram representados usando togas. Na década de 1920, seguidores alemães da Revolução Russa viam-se como os herdeiros diretos da revolta dos escravos romanos, encabeçada por Espártaco. Entretanto, no inflamado clima religioso da Inglaterra seiscentista, uma cultura de fervorosos leitores da Bíblia, era a história de Adão e Eva que parecia soturnamente próxima.

Era tão próxima para algumas pessoas — ou pelo menos era o que se dizia — que elas se reuniam em segredo, homens e mulheres juntos, despiam-se e adoravam a Deus como Adão e Eva o teriam cultuado no Paraíso. Não está comprovado que essas pessoas, conhecidas como adamitas, realmente existiram, mas mesmo como fantasia no espírito de alarmados defensores da ortodoxia o boato revela a potência percebida da história do Gênesis. As autoridades conservadoras, preocupadas com o excessivo entusiasmo religioso, procuraram fixar firmemente os fatos ocorridos no Jardim na mais remota Antiguidade. Um bispo anglicano politicamente moderado, o erudito James Ussher, estudou de perto os registros históricos, contou com todo cuidado as gerações inferidas por todos os versículos bíblicos que informam que "fulano gerou beltrano" e determinou que o mundo tinha sido criado na noite que precedeu o dia 23 de outubro de 4004 AEC. Acrescentou que Adão e Eva tinham sido expulsos do Paraíso na segunda-feira, 10 de novembro. Essas datações punham os eventos primordiais em seus devidos lugares.

Entretanto, muitos contemporâneos de Ussher preferiam apoiar o médico e naturalista Sir Thomas Browne, segundo o qual "o homem sem umbigo ainda vive em mim". A distância histórica não fazia sentido; Adão, com seu pendor para a tentação, se agitava e respirava dentro do próprio Browne. Mesmo aqueles que defendiam a ideia de que a Queda ocorrera como o evento específico havia muito, muito tempo, com frequência insistiam, seguindo o pregador John Everard, que "devemos trazer essas crônicas para perto de nós: de outra forma, o que significa para mim que houve o Sinai e Sião, ou que Agar e Sara existiram?".[2]

Trazer as crônicas para perto de si não era apenas uma questão de assumir uma responsabilidade pessoal pela pecaminosidade. Podia significar também recuperar um senso de inocência perdida. Já perto do fim do século XVII, o fundador dos Quakers, George Fox — várias vezes preso por dissensão religiosa —, declarou em juízo que, por meio de sua fé, ele era levado em espírito ao Paraíso.[3] "Todas as coisas eram novas, e toda a Criação instilava em mim uma sensação diferente de antes." E Fox explicou: "Eu penetrei no estado de Adão, no qual ele se encontrava antes que caísse". Para alguns contemporâneos de Fox, essa inocência perfeita jamais se perdera; todos os homens a possuíam na simples experiência da infância. A sombria insistência de Agostinho, de que todas as crianças, mesmo as recém-nascidas, já eram corruptas e pecadoras por natureza, era uma falsidade. "Eu fui um Adão então", escreveu o poeta Thomas Traherne, recordando seus primeiros anos. "Um pequenino Adão numa esfera/ de Alegrias."[4]

A verdade profunda, acreditavam todos esses pesquisadores seiscentistas, podia ser encontrada no Gênesis. Milton nunca cessou de procurar ali. Esboçando em seu caderno de notas a ideia de um drama trágico sobre a queda de Adão e Eva, expressou a esperança de que essa seria a grande obra de arte que vinha gestando em segredo em seu íntimo. No entanto, a peça se recusava a ser escrita. Ele continuava a acreditar que Deus lhe concedera o talento para produzir uma obra que perduraria na memória humana, como as de Homero e Virgílio, mas esse seu talento parecia estar soterrado. Ela temia estar atrasado, que o momento crucial de oportunidade lhe escapara, que seu tempo estava se esgotando e que, ainda assim, o ato criativo não acontecia.

Ao se aproximar de seu quadragésimo aniversário, em dezembro de 1648, deve ter ficado claro até para ele, sempre impelido por um ego de enorme robustez, que não estava nada perto de escrever a obra-prima com que sonhava. Podia se convencer, como justificativa, de que havia outras coisas em que pensar. O país, que em 1646 se acomodara numa trégua carregada de tensão, menos de dois anos depois afundara de novo na guerra civil. Dessa vez, depois de mais destruição, mais derramamento de sangue e de outra série de sítios, o triunfante Novo Exército Modelo não se inclinava a negociar um acordo de transigência. Num ato sem precedentes, o rei foi acusado de alta traição, julgado e condenado, com 59 juízes assinando a sentença de execução.

Em 30 de janeiro de 1649, Carlos I subiu a um cadafalso erigido diante da Casa de Banquetes do Palácio de Whitehall. Depois de pronunciar um discurso que só as pessoas próximas dele puderam ouvir, disse uma oração, pôs a cabeça no bloco e fez sinal de que estava pronto. O carrasco encapuzado — sua identidade, cuidadosamente oculta, permanece desconhecida — separou a cabeça do tronco com um só golpe. Uma testemunha, um pastor puritano que, por isso, não era amigo do rei, informou que no instante em que o golpe foi desferido ouviu-se "um lúgubre gemido geral entre os milhares de pessoas que assistiam à execução", um som "que eu nunca escutara antes e que espero nunca escutar de novo". A Inglaterra havia escolhido um rumo radicalmente novo para um destino desconhecido.

Uma pessoa prudente teria optado por uma postura discreta naquele momento, mas John Milton era tudo menos isso. Já tinha passado a ser malvisto por causa de seus ataques virulentos aos bispos e, mais ainda, por sua campanha em favor do divórcio. Mas então foi muito mais longe. Em 3 de fevereiro de 1649, apenas duas semanas depois da execução de Carlos I, publicou *The Tenure of Kings and Magistrates* [O exercício do reinado e da magistratura]. Com esse panfleto, Milton, que não tivera responsabilidade nenhuma pelo regicídio, dava um passo à frente e assinava publicamente a sentença capital. Os reis sempre pretendem passar a ideia de terem sido escolhidos por Deus, ele escreveu, mas na verdade o "direito divino dos reis" é uma balela, da mesma forma que é uma balela afirmar que os súditos dos reis nasceram para obedecer às suas ordens. Em termos que lembram John Ball e antecipam de modo impressionante a Declaração de Independência dos Estados Unidos, Milton formulou o princípio que considerava essencial: "Todos os homens nasceram naturalmente livres".

Da mesma forma que Ball, Milton chegou à sua posição radical refletindo muito sobre Adão e Eva no Paraíso:

> Nenhum homem que saiba alguma coisa pode ser néscio o bastante para negar que *todos os homens, é evidente, nasceram livres*, sendo a imagem e semelhança do Próprio Deus, e postos, por privilégio, acima de todas as criaturas, para comandar, e não para obedecer.

As palavras de Deus, no Gênesis, aos primeiros seres humanos — "Dominai sobre os peixes do mar, as aves dos céus, e sobre todos os animais que rastejam sobre a terra" — eram para Milton uma declaração política, de liberdade inata e irrestrita. Os homens tinham vivido nessa liberdade até que "a partir da transgressão de Adão, caindo entre eles mesmos na comissão de erros e de violência, e prevendo que tais rumos só poderiam levar à destruição de todos eles, acordaram por comum acordo proteger uns aos outros de dano mútuo e se defenderem em conjunto". Por conseguinte, os arranjos políticos são contratos sociais, e nada mais que isso. Se o governante viola sua parte do contrato, os súditos deixam de estar na obrigação de obedecer.

Tais afirmações, como, um século depois, John Adams e Thomas Jefferson viriam a entender, eram absolutamente revolucionárias. Para Milton, decorriam de forma natural de sua leitura do Gênesis, que levava à posição que ele assumira ao atacar os bispos: "Temos o mesmo privilégio humano de que todas as pessoas gozaram desde Adão, tendo nascido livres".[5] Como resultado de seu casamento infeliz, deduziu as implicações dessa posição. O casamento, como provava a criação de Eva, tinha a ver com a busca da felicidade, e não com laços indissolúveis. "O homem que se casa", ele escreveu em *The Doctrine and Discipline of Divorce*, "pretende tão pouco tramar sua própria ruína quanto aquele que jura vassalagem." Milton explicitou sua analogia política: "Tal como o que todo um povo sente em relação a um mau governo, o mesmo sente uma pessoa em relação a um mau casamento". O desenrolar dos acontecimentos da guerra civil deram às palavras que Milton escreveu em 1643 uma estranha força profética: em 1649 o povo inglês exigiu o divórcio e, como o rei se recusasse a concedê-lo, o povo fez o que precisava ser feito para recuperar a liberdade e a felicidade que era seu direito inato, legado pelos primeiros seres humanos.

Para muitos revolucionários nesse momento decisivo, Adão e Eva pareciam aliados cruciais. Pouco depois da execução do rei, um homem chamado Gerrard Winstanley uniu seus seguidores. Winstanley, um alfaiate do norte da Inglaterra que se tornara insolvente no cataclismo econômico provocado pela guerra, havia chegado quase ao fundo do poço: para manter-se vivo, tinha se tornado pastor de gado. Mas não entrou em desespero. Refletia obsessivamente sobre o primeiro homem e a primeira mulher no Éden, sobre o motivo pelo qual a sociedade seguira um caminho tão desastroso depois da Queda e sobre como seria possível reverter os danos.

Em 1º de abril de 1649, Winstanley liderou um pequeno grupo de homens e mulheres que pensavam como ele para arar a terra e plantar lavouras em St. George's Hill, em Surrey, a pouco mais de trinta quilômetros de Londres. Eles eram Adão e Eva, disse-lhes seu líder, e juntos recriariam o Jardim do Éden. Tiveram o cuidado de não se apropriar de nenhuma propriedade alheia, e a terra que cultivavam era comunal, pertencente a toda a comunidade, como tinha sido antigamente. No entanto, os proprietários de terras da região logo perceberam o radicalismo daquela ação simbólica. Os "Diggers" ou Cavadores, como eram chamados os membros da comuna, estavam fazendo um desafio à propriedade privada e a toda uma estrutura de classes que concentrava a riqueza, a terra, o prestígio e o poder nas mãos de um minúsculo grupo de elite, destinando o restante da população à impotência e à penúria. O sistema deformado, imposto mediante violência, permitia aos poucos privilegiados cercar, como sua propriedade privada, o que Deus tinha destinado a todos.

A Queda não fora, dizia Winstanley a seus seguidores, um fato que se dera no passado arcaico. É algo que acontece aqui e agora, sempre que uma pessoa, ébria de egoísmo, torna-se cobiçosa e põe-se a tiranizar as demais com a finalidade de acumular riqueza. "Quando um homem cai, não lance a culpa sobre outro que morreu há 6 mil anos, mas culpe a si próprio." A propriedade privada é o fruto fatal.[6]

O Paraíso, escreveu Winstanley, não é algo que nossos progenitores distantes conheceram brevemente e um dia perderam para sempre. É a vida que cada um de nós experimentou quando éramos jovens:

> Olhai uma criança recém-nascida ou com poucos anos de idade: ela é inocente, inofensiva, humilde, paciente, dócil, fácil de ser agradada, nada invejosa. Essa criancinha é *Adão*.[7]

Mentem os pregadores que nos ensinam que jamais poderemos reconquistar a inocência nesta vida. Não só a possuímos quando crianças, como também a recuperamos quando adultos, desde que nos livremos de nosso apego e de nossas posses. "Não haverá mais compras e vendas, nem feiras nem mercados, porém toda a terra será um tesouro comum para todo homem, pois a terra pertence ao Senhor."[8] Toda a hierarquia social que surgiu paralelamente a nosso espírito aquisitivo e nossa cupidez será desmantelada. Não haverá mais senhores e servos, nem fidalgos e plebeus. Os homens não mais dominarão as mulheres. Todos serão iguais. Em St. George's Hill, os Diggers se dispuseram a provar que essa visão não era um sonho ocioso; era uma vida que podia ser construída aqui e agora.

Os proprietários locais queixaram-se, mas as autoridades enviadas pelo Novo Exército Modelo nada viram de início que fosse ameaçador num grupo de visionários não violentos que simplesmente queriam praticar a agricultura em terras comunais. Como o exército se recusasse a agir, os proprietários de terras decidiram resolver, eles mesmos, a questão. Não permitiriam que uma comuna radical tentasse criar um paraíso sem classes na região deles. Surrey não era lugar para novos casais de Adão e Eva. Em 1650, contrataram capangas armados para espancar os lavradores, destruir suas lavouras e queimar suas choupanas. Embora os textos ardorosos de Winstanley — *A nova lei da justiça*, *O fogo no mato*, *A lei da liberdade* — continuassem a circular, a experiência social tinha chegado ao fim.

Apesar de seu radicalismo político e de sua oposição ferrenha à censura, Milton nunca viu com simpatia pessoas como Winstanley. As seitas que surgiam em toda a Inglaterra nas décadas de 1640 e 1650 — Diggers, Familists, Muggletonians, Quakers, Ranters — eram, ele escreveu, "apenas ventos e borrascas que põem à prova o navio de nossa fé".[9] O grande projeto em curso não era a redenção deste ou daquele grupelho de puristas visionários, e sim da nação como um todo. Milton não tinha a menor intenção de tremer de frio numa choça depois de plantar repolhos o dia inteiro, ou de tomar a comunhão nu, ao lado de uma chusma de pretensos Adões e Evas de olhar desvairado.

Na mesma época em que os sequazes dos proprietários de terras expulsavam os Diggers de St. George's Hill, Milton havia aceitado o cargo de secretário de Línguas Estrangeiras no recém-formado Conselho de Estado republicano. O lugar, que lhe renderia a bela remuneração de 288 libras anuais, fora oferecido apenas um mês depois da publicação do panfleto em que ele defendia a execução do rei. Milton havia passado de uma posição marginal, como o malvisto defensor do divórcio, a um lugar próximo ao centro do poder. Era o principal propagandista na Europa da República inglesa, o culto e incansável defensor da execução do rei e do regime parlamentarista.

A tarefa de Milton consistia em dar respostas minuciosas aos muitos ataques de consternados defensores da monarquia em toda a Europa ao que os revolucionários ingleses tinham ousado fazer. A argumentação não era menos ofensiva em latim — a língua em que se travavam os debates — do que em inglês, mas Milton sempre fora capaz de revidar ataques muito bem. O problema era que seus sonhos de imortalidade literária pareciam agora mais distantes do que nunca; e, pior, o problema da visão vinha se agravando continuamente. O arco-íris que vinha atormentando sua visão quando escrevia os textos sobre o divórcio dera lugar a sintomas mais graves: uma névoa parecia pairar em sua testa e suas têmporas; os objetos em que tentava fixar a vista flutuavam e se negavam a permanecer parados; além disso, clarões intensos dançavam diante de seus olhos fechados. Ele tentou todas as terapias que encontrava, mas nada ajudava, a não ser o repouso, e não havia tempo para isso.

Em 1652, aos 44 anos de idade, ele estava completamente cego. Seus inimigos diziam que a afecção era um castigo divino por sua colaboração no regicídio, mas Milton comentou que, segundo a mesma lógica, seria possível concluir que Deus havia permitido o regicídio a fim de castigar o rei por seus crimes. Era mais razoável pensar que sua cegueira fora motivada por causas naturais, agravadas por suas atividades ininterruptas. Apesar de tudo, Milton não deixou seu posto como secretário de Línguas Estrangeiras. O Conselho ainda precisava de seus serviços e, renovando sua nomeação, contratou assistentes que liam os documentos para ele, traziam livros e tomavam ditados. Dotado de uma excelente memória, ele se habituou a seguir discussões complexas, redigir, revisar e traduzir textos mentalmente e ditar os resultados. Esse treinamento se mostrou de importância crucial no futuro, quando ele finalmente veio a escrever o grande poema que acreditava estar em sua cabeça.

Ao mesmo tempo em que servia ao Estado, Milton estava atarefado em sua vida doméstica. Precisava ajustar-se de inúmeras maneiras à sua perda de visão. Era preciso cuidar de investimentos, seguir lides jurídicas, fazer e receber visitas. Administrar sua casa devia ser uma tarefa extremamente complexa, apesar de seus amplos recursos. A morte de Mary, em 1652, fez com que se tornasse um viúvo cego, com três filhas pequenas, a maior das quais só tinha seis anos. De uma forma ou de outra, levou bem os quatro anos seguintes, com a ajuda de criados e, talvez, da mãe de Mary (apesar da animosidade entre os dois). Depois disso, quando estava com 48 anos, Milton se casou com Katherine Woodcock, vinte anos mais nova. Um ano depois, ela deu à luz uma filha, a quarta de Milton, mas a família quase não teve tempo de assumir sua nova configuração.

Não haviam passado mais que quatro meses depois do parto quando Katherine morreu, "de consumpção", segundo a anotação que Milton fez em sua Bíblia, e sua filhinha viveu apenas mais um mês.

Em 1658, depois de uma infecção urinária, Oliver Cromwell, de 59 anos, morreu de repente, vítima de septicemia. Foi sucedido por seu filho Richard, mas as forças conflitantes que o pai, duro e matreiro, havia logrado manter reunidas começaram a se voltar umas contra as outras. A República desintegrou-se em facções irreconciliáveis, e houve uma onda de apoio popular a um retorno à maneira como eram as coisas antes. O filho do rei morto foi convidado a retomar o trono que era seu por direito — que sempre fora, como se disse — e em 29 de maio de 1660, data de seu trigésimo aniversário, Carlos II entrou em Londres, em meio ao repique de sinos e dos aplausos extasiados de seus simpatizantes.

Milton não deveria ter sido apanhado de surpresa por essa reviravolta política, mas foi isso o que evidentemente aconteceu, considerando que deixara de esconder ou guardar em lugar seguro para si mesmo e para as filhas todo o dinheiro que havia poupado — a soma bastante significativa de quase 2 mil libras, referentes a seus vencimentos como secretário. Esse e outros recursos maculados pelos serviços prestados à República seriam confiscados, como ele se deu conta tarde demais, da mesma forma que os republicanos haviam antes confiscado a propriedade de realistas importantes.

No entanto, talvez esse tenha sido o menor dos problemas de Milton. Como ele bem sabia, a Restauração seria batizada com sangue. Quando as autoridades reais começaram a listar as pessoas que consideravam as principais responsáveis pelo regicídio e suas consequências, os inimigos de Milton já pediam em altos brados a prisão e a execução do traidor cego. A sentença tradicional para os condenados por traição determinava que fossem "pendurados pelo pescoço e, estando vivos, serem baixados, castrados, e suas entranhas serem retiradas do ventre e no local queimadas, estando vivos". Para evitar essa sorte, alguns de seus companheiros republicanos tinham seguido para a Holanda ou outros lugares, onde poderiam contar com proteção, mas o cego Milton, que seria facilmente localizado por vigias posicionados em todos os portos, não tentou deixar o país. Em vez disso, buscou abrigo na casa de um amigo em Londres. A identidade desse amigo nunca foi descoberta, mas, fosse quem fosse, correu um grave risco.

Os alvos imediatos e mais óbvios da justiça realista foram os 59 juízes que tinham presidido o julgamento de Carlos I e outras pessoas ligadas de perto à sua execução em 1649. Alguns já estavam mortos, e outros se evadiram. (Entre os que evitaram a captura estavam três signatários de sentença capital que lograram chegar a New Haven, Connecticut, e hoje são homenageados em nomes de ruas: Dixwell, Whalley e Goffe.) Dez outros, menos ágeis ou afortunados, foram devidamente presos, julgados e executados. Entretanto, essas mortes horrendas não bastaram para ajustar as contas pela machadada que decapitou o rei ou pelos onze anos seguintes de governo republicano.[10]

O filho recém-coroado do mártir real era afável e tolerante, e estava mais interessado em conquistas sexuais do que em vingança. Porém o ajuste de contas ainda não estava terminado. Ansiosos por demonstrar sua lealdade, os Comuns e o Conselho Privado preparou uma lista adicional de pessoas que consideravam merecedoras de punição — execução ou prisão perpétua. Milton era um forte candidato à inclusão nessa lista. Afinal de contas, ele achara na história de Adão e Eva a principal justificativa para a execução do monarca: "Todos os homens, é evidente, nasceram livres". Mas, embora seu nome fosse mencionado, ele ficou de fora da lista final, quase com certeza devido à intervenção eficaz de amigos influentes no Parlamento e no tribunal.[11] Quando mais tarde o rei assinou um Ato de Imunidade e Graça, que perdoava todos os demais que haviam servido ao regime derrubado, Milton ficou livre.

Ele deixou o esconderijo e voltou para casa, mas permaneceu recolhido. Segundo um de seus primeiros biógrafos, Milton "vivia num terror perpétuo de ser assassinado".[12] Muita gente queria vê-lo morto, mas, tivesse ele ou não bons motivos para sentir medo, de qualquer modo sua vida pública tinha chegado ao fim. Emitiu-se uma proclamação real para que as pessoas que possuíssem exemplares de suas "obras iníquas e traidoras" os entregassem às autoridades, que se encarregariam de fazer com que fossem queimados pelo verdugo público.

Milton reencontrou as três filhas, que tinham catorze, doze e oito anos. O pai cego precisava de ajuda. Embora houvesse perdido grande parte de sua riqueza, ainda era um homem de recursos, e criados continuaram a fazer muitas tarefas domésticas básicas. No entanto, já não existiam os competentes assistentes que antes estavam à sua disposição na secretaria, traziam-lhe livros e liam para ele. A essência de sua vida era a leitura, e agora, entregue aos próprios meios, ele ansiava, mais do que nunca, ter acesso a seus preciosos livros. Quando alguns amigos leais o visitavam, Milton podia pedir que lessem para ele, e contratou um jovem quacre que sabia um pouco de latim para ir todos os dias à sua casa. Mas o rapaz volta e meia era preso — ser quacre era ilegal — e sua ajuda, de toda forma, não bastava. Milton começou a exigir que as meninas lessem para ele, muitas vezes em línguas que não conheciam. Ele lhes ensinou a reconhecer e pronunciar os caracteres do grego, do hebraico e de outras línguas, mas Milton, que se envolvera tanto com a educação de crianças, não se deu ao trabalho de fazer com que as próprias filhas compreendessem o que estavam lendo. Quando visitantes observavam como era estranho que as meninas lessem em tantas línguas sem entender nada, o pai respondia em tom jocoso que "uma língua só basta para uma mulher". Evidentemente, isso era visto como brincadeira.

Em 1663, cinco anos depois da morte de sua segunda mulher, Milton casou-se de novo, dessa vez com Elizabeth Minshull, que chamava de Betty, trinta anos mais jovem e filha de um pequeno proprietário rural. A essa altura, suas relações com as filhas adolescentes, sobretudo com a mais velha, Mary, tinham se rompido quase por completo. Quando soube do casamento do pai, marcado para uma data próxima, Mary comentou que "esse casamento não era novidade para ela, mas se viesse a saber da morte dele, isso sim, seria uma boa notícia". Toda a família continuou a viver sob o mesmo teto por mais seis anos, porém não há sinais de que as relações tivessem melhorado.

As esperanças políticas de Milton estavam em ruínas. Seu trabalho em ritmo insano e os textos eloquentes produzidos ao longo de mais de vinte anos pareciam ter sido inúteis; exultantes, os inimigos queimavam seus livros; a maior parte de sua riqueza se esvaíra; muitos de seus amigos estavam mortos ou na clandestinidade; as filhas, que ele havia alternadamente posto de lado ou maltratado, o odiavam; ele era incapaz de usar uma pena, quanto mais ler um livro; a cegueira e o medo de assassinos o mantinham enjaulado. Tudo estava perdido e, no entanto, seu mundo interior se expandira de forma vasta, incalculável. E toda noite ou nas primeiras horas da manhã, a lhe darmos crédito, ele recebia nesse mundo interior uma visita feminina.

Milton chamava essa visitante noturna de Urânia. O nome era pagão, a antiga Musa da astronomia, mas em latim seu sentido literal era "a celestial", e ela era para Milton a misteriosa força interior que lhe estava possibilitando, enfim, compor o grande poema épico que durante toda a vida considerara estar destinado a escrever. As anteriores tentativas de escrever essa obra tinham dado em nada. Ele conseguira mostrar a amigos alguns versos dispersos, e só. Shakespeare morrera aos 52 anos, tendo já se retirado para Stratford e abandonado sua carreira como escritor profissional. O que podia o combalido Milton, que comemorara seu 52º aniversário no ano em que Carlos II voltara para Inglaterra, realizar nesse estágio tardio da vida? Contudo, de repente ele contava com a assistência praticamente miraculosa de um ser que descrevia como sua "benfeitora celestial".

Por mais estranho que pareça, entendo que devemos levar a sério o que Milton dizia a respeito das visitas celestiais. A Musa o visitava, como ele disse, "sem rogos". Por ela protegido, o poeta descia aos infernos, ascendia "ao Céu dos Céus" e sobretudo, como se ainda pudesse enxergar, vagueava por bosques umbrosos, por colinas ensolaradas ou pelo riacho sagrado que corria pelos lugares santos de Jerusalém. E emergia dessas fantasias carregado de uma música peculiar, que nunca fora capaz de reproduzir, que ninguém nunca fizera soar.

Milton adotou uma rotina. Acordava às quatro da manhã (ou às cinco no inverno), e deixava-se ficar no leito por meia hora, escutando alguém que lia para ele, de preferência a Bíblia em hebraico. Depois sentava-se durante uma hora ou duas num silêncio contemplativo. Às sete, estava pronto. Chegava um secretário, e Milton começava a ditar os versos que tinha composto mentalmente — os versos que lhe haviam chegado do alto ou brotado de dentro de si. Se o secretário tardava a chegar, o poeta cego punha-se a reclamar, como se lhe doesse o que era forçado a suster: "Quero ser ordenhado".

O que retinha em si irrompia de roldão: ele era capaz de ditar até quarenta linhas de versos pentâmetros iâmbicos sem rima, densos e sintaticamente complexos. A seguir, o secretário lia o que ele ditara, e então, sentado numa espreguiçadeira, com uma perna passada sobre um braço, começava a revisar e cortar o texto, às vezes reduzindo as quarenta linhas a vinte. Toda a manhã era passada assim.

E com isso ele dava por terminado o dia de trabalho. Preocupado com seu atraso e ansioso por completar a obra que finalmente começara a escrever — "Me aprouve em busca longa e tarda estreia" (*Paraíso perdido* 9,26),* como ele expressou —, Milton sentia claramente a pressão do tempo e devia estar ansioso por apressar-se. Sabia, porém, que não podia forçar a produção de mais versos. Tinha de esperar outra noite, outra aparição não solicitada. Depois do

---

* Os trechos de *Paraíso perdido* citados daqui em diante foram extraídos da tradução de Daniel Jonas (São Paulo: Editora 34, 2015). (N. T.)

almoço, caminhava por seu pequeno jardim durante três a quatro horas ou, se o clima não permitisse o passeio ao ar livre, sentava-se num balanço que ele próprio projetara, oscilando para a frente e para trás. De noite, fazia música, recebia algumas visitas e ouvia poesia. Às nove recolhia-se ao leito, à espera da volta da Musa.

Durante longos meses, que se estenderam por anos, como que por milagre esses retornos prosseguiram. As manhãs traziam mais versos, mais ocasiões para que ele fosse "ordenhado". Sua obrigação era continuar, escapar da lâmina do assassino que temia pairar sobre si e, mais realisticamente, evitar a infecção pela peste bubônica, que, vez por outra, dizimava a população londrina.

No verão de 1665, tinha uma primeira versão — mais de 10 mil versos — de um magnífico poema a exibir a seu assistente quacre. O que parecera impossível se tornara realidade. Publicado em 1667 e novamente, em edição revista, em 1674, *Paraíso perdido* foi a obra com que Milton pretendeu alcançar a imortalidade poética e com a qual confessou sonhar, ainda adolescente, em sua carta ao melhor amigo. Ele havia de fato conseguido rivalizar com Homero e Virgílio. Ascendera ao cume que já fora conquistado por Shakespeare. Escrevera um dos maiores poemas do mundo.

11. A construção da realidade

É quase impossível explicar racionalmente uma façanha criativa de tamanha magnitude — como indicam as referências do próprio Milton às visitas noturnas da Musa —, mas a única parte dela que faz sentido perfeito é que o tema do poema precisava ser Adão e Eva. Essas figuras tinham obcecado todos os aspectos da vida de Milton, desde sua expectativa de felicidade conjugal até sua defesa do divórcio, desde seus métodos educacionais até sua visão de Jesus, desde seu radicalismo político até sua explicação do fracasso da revolução. A história narrada no Gênesis era para ele a chave que deslindava o sentido de praticamente tudo: da antropologia, da psicologia, da ética, da política, da fé. E como Agostinho, que também tinha essa obsessão, Milton aplicou toda a sua vida a essa história.

Aplicar toda a sua vida a essa história não quer dizer que tenha transformado os personagens em personificações de seus contemporâneos — Mary Powell como Eva, Cromwell como Satã, ele próprio como Adão e assim por diante. Significa que tudo o que era mais importante para ele foi parar no poema — suas viagens na juventude, suas intensas leituras dos clássicos e de Shakespeare, seus anseios sexuais, a desastrosa lua de mel com Mary, a solidão manifestada nos textos sobre divórcio, suas meditações teológicas, as reuniões do conselho de que participou como secretário de Cromwell, a experiência amarga da derrota, toda a sua vida.

Tudo era importante pela mais fundamental das razões: cada um de nós, Milton acreditava, era literalmente o herdeiro das figuras centrais, Adão e Eva. Eles eram tão reais como nós, e o seu destino afetava diretamente o nosso.

Milton tinha certeza disso, pois acreditava, como Agostinho, que a verdade literal de Jesus Cristo estava ligada à verdade literal de Adão e Eva. O sangue concreto do Salvador cancelava a dívida em que todos incorremos por causa da transgressão concreta dos primeiros pais concretos. Milton era bem versado nos níveis espirituais da interpretação das Escrituras que, ao lado do sentido literal, teólogos medievais como Hugo de São Vítor (*c.* 1096-1141), São Boaventura (1221-74) e São Tomás de Aquino (*c.* 1225-74) haviam meticulosamente elaborado. Milton sabia que as figuras e os eventos históricos descritos na Bíblia formavam apenas uma parte de um conjunto bem maior de significados postulados pelo "método quádruplo" de leitura. Estava impregnado de tipologia das Escrituras, que trazia à tona os vínculos *alegóricos* entre os fatos narrados no Antigo Testamento e a vida do Salvador. Tinha o dom de extrair do passado sagrado orientação *moral* para o presente. E refletia constantemente sobre a visão beatífica a que podia ascender um leitor versado em interpretação *anagógica*. (O termo "anagogia" relaciona-se ao vocábulo grego que indica "ascensão da alma".)

Milton sabia, pois, que era possível extrair da história de Adão e Eva no Antigo Testamento e da história de Jesus e Maria no Novo Testamento um rico e elaborado conjunto de associações simbólicas, lições éticas e sugestões espirituais. Porém estava convencido de que tudo teria de provir da verdade literal das palavras da Bíblia e fazer um retorno a elas. Na ausência dessa verdade, a fé cristã de Milton e todas as posições que assumira com base nessa fé ficariam destituídas de significado. Se o Jardim e seus primeiros habitantes fossem meras fábulas alegóricas, toda a estrutura entrelaçada das histórias sagradas se transformariam em mitos não mais confiáveis do que as fábulas pagãs de Prometeu e Pandora.

Felizmente, como sua fé lhe garantia, Moisés proporcionara no Gênesis um testemunho escrito infalível de que Adão e Eva eram pessoas reais. Milton empreendeu tirar proveito dessa realidade. Entretanto, como fazê-lo? E por que ele haveria de ter mais sucesso do que Agostinho, que tinha deixado inacabado seu livro *O sentido literal do Gênesis*, depois de quinze anos de trabalho tentando completá-lo? A resposta, entendia Milton, estava não só em si mesmo — nos talentos que tinha certeza de que Deus lhe dera —, como também na boa sorte de seu momento. Aparentemente, esse momento podia parecer péssimo: seus sonhos para a Inglaterra foram destroçados, e sua carreira estava em ruínas. No entanto, bem corretamente entendido, o momento era providencial.

Ele se transformara em poeta graças à maior revolução na representação artística desde o mundo antigo. O Renascimento tinha alterado todas as regras. Pintores como Masaccio, Paolo Uccello e Piero della Francesca tinham criado a perspectiva linear: em seus quadros, as figuras distribuíam-se num espaço calculado geometricamente. O tamanho dessas figuras e a relação entre elas não dependiam mais de sua importância espiritual ou social, como era de regra na arte medieval, e sim do local exato onde apareciam naquele espaço. Usando artifícios como a redução das dimensões de uma figura, segundo a perspectiva, e um ponto de fuga comum num espaço unificado, os pintores conseguiam obter uma ilusão de vida sem precedentes.

E não era somente a inovação técnica que modificara tudo; era também a liberação de titânicas energias criativas. Milton agora estava cego, mas havia passado mais de um ano na Itália, e o que vira e sentira por lá permanecia gravado em sua consciência. Ele não deixou registro dessas ocasiões, mas certamente conheceu obras de Mantegna, Ticiano, Tintoretto, Botticelli, Leonardo da Vinci e Rafael. Sobretudo, como qualquer pessoa que já leu obras de Milton inevitavelmente pensa, não teria havido um dia em que alguém — talvez seu amigo Lucas Holstein, o bibliotecário do Vaticano — levou o poeta ao coração do Vaticano e lhe mostrou a Capela Sistina, de Michelangelo? É possível que a sensibilidade ferrenhamente protestante de Milton de início tenha se chocado com o que viu; as cores deslumbrantes, caleidoscópicas, talvez tenham lhe parecido, no começo, o que o interior da basílica de São Pedro pareceu à heroína de *Middlemarch, um estudo da vida provinciana*, de George Eliot: "uma doença da retina". Mas é impossível não imaginar o futuro autor de *Paraíso perdido* erguendo os olhos, ainda não enevoado pela doença que mais tarde lhe roubaria a vista, e fitando, atônito, a estupenda visão no teto. Cercado por *putti* angélicos, o majestoso Deus de cabelos brancos e barba ondulante, com o braço esquerdo em torno de uma bela mulher nua (presumivelmente Eva, ainda não nascida), estende o forte braço direito e retesa o dedo indicador para tocar o dedo frouxo de Adão. Aquele toque, percebemos de imediato, animará o primeiro homem, ainda deitado no chão, e fará com que seu corpo magnífico se ponha de pé. Estamos vendo a origem de nossa espécie, o momento em que a vida humana começou — e por isso a própria possibilidade de nossa existência.

A cena inesquecível de Michelangelo faz parte de uma visão ainda mais ampla, uma impressionante sequência de cenas do Gênesis que narram tanto a criação do universo como a futura alienação do homem de seu Criador. Todo o plano então interliga, de uma forma santificada pela tradição cristã, o Antigo e o Novo Testamentos, o que conduz ao grandioso espetáculo do afresco do Juízo Final pintado na parede do altar. Os contemporâneos de Michelangelo sentiam um misto de temor e respeito pelo que chamavam de sua *terribilità*. Um único artista, dotado de imensa perícia, tensão visionária e uma ambição quase infinita, conseguira captar tudo numa obra gigantesca. Era como se houvesse representado ou imitado não só o poder criativo do próprio Deus, mas efetivamente tivesse se apropriado daquele poder para si mesmo.

Milton tinha sua própria versão literária da *terribilità* de Michelangelo. Imbuído da cultura do humanismo renascentista, com seu sonho de recuperar a glória do passado clássico, estava decidido a dar a Adão e Eva a vitalidade que Homero dera a Heitor, e Virgílio a Eneias. Faltava aos capítulos iniciais do Gênesis, ele reconhecia, a luta emocionante da guerra de Troia ou a especificidade histórica da fundação de Roma, mas Milton estava seguro de que a história da origem, narrada daquela forma concisa, era muito mais importante e, se bem entendida, ao mesmo tempo mais heroica e mais pungente do que as obras-primas grega e latina. O problema residia em como elaborar a narrativa bíblica, sublime, mas lacônica, a fim de conferir-lhe a solenidade dos épicos pagãos.

Esse processo de elaboração não era recente na tradição cristã. Ampliando as velhas especulações das Midrashim, segundo as quais alguns anjos haviam objetado à criação dos primeiros seres humanos e se aborrecido com as qualidades que Deus lhes concedera, Ambrósio, Agostinho e seus contemporâneos começaram a propor uma outra história por trás da tentação de Eva pela serpente: a rebelião de Satã e suas legiões. Na Idade Média, tais especulações tinham se transformado num relato de uma verdadeira guerra no céu, com Satã liderando um terço dos anjos numa insurreição arrojada, louca e condenada contra Deus e, ao ser vencido, conspirando para prejudicar as criações de Deus: o primeiro homem e a primeira mulher.[1]

Milton usou essa lenda como uma oportunidade para imitar e até superar as grandes cenas de batalha dos épicos clássicos. *Paraíso perdido* inclui relatos profusos de batalhas celestiais, com espadas flamejantes, arremessos de montanhas inteiras e até a invenção diabólica da pólvora. No entanto, o poeta que certa vez afixara um soneto em sua porta, pedindo bom tratamento por parte de qualquer soldado de passagem, não logrou evocar a determinação inexorável dos guerreiros de Homero e Virgílio. E havia um problema intransponível: os anjos, tanto os bons como os maus, podem deixar de respirar devido ao impacto de uma montanha, mas, como são feitos de substância imortal, logo se recuperam. Pior ainda, como o poder de Deus é infinito e absoluto, não há quem duvide do resultado final da refrega. O próprio Milton admitiu que não podia esperar que seus leitores levassem inteiramente a sério sua tentativa de conferir à narrativa bíblica a tensão marcial das epopeias. Quando Deus pede a seu filho que o ajude a reparar uma defesa contra o exército inimigo que se aproxima, o filho no mesmo instante percebe que o pai está brincando. Deus dispensa ajuda.

O que Milton pôde trazer efetivamente para a descrição da rebelião no céu veio de seus anos como secretário de língua latina de Cromwell, ouvindo atentamente as deliberações do Conselho de Estado. É provável que nenhum grande poeta épico — decerto não Dante, nem mesmo Virgílio — jamais tenha conseguido esse acesso contínuo, diário e íntimo aos salões em que homens influentes e ambiciosos tentam impor sua vontade política. Em *Paraíso perdido*, o acesso privilegiado provavelmente contribui para explicar o clima assombroso de convicção passado pelas cenas de reuniões no inferno, quando Moloch, Belial, Mamon e Belzebu debatem as estratégias a serem adotadas pelos demônios.

Milton buscou transformar o literário em realidade não como os grandes artistas visuais tinham feito, usando linhas, cores e formas, e sim mediante a utilização de ritmo encantatório, de retórica, de metáforas e da rica sonoridade de sua língua materna. Eram pouquíssimos os precedentes renascentistas para dar vida à história de Adão e Eva numa obra literária em vernáculo. Os artistas plásticos tinham liberdade para mostrar o Jardim do Éden do modo que lhes aprouvesse, mas os escritores precisavam proceder com extrema cautela. Era difícil, e talvez perigoso, tomar liberdades excessivas com as palavras das Sagradas Escrituras. Contudo, em sua poesia, como em sua atividade política, Milton era homem de excepcional ousadia. E sabia com precisão onde poderia buscar inspiração literária. Além dos poetas gregos e latinos que o Renascimento tinha voltado a cultivar, ele dispunha de recursos nativos próximos a que recorrer.

Podia achar em seu próprio mundo, perto o bastante para quase poder tocar, o portentoso conjunto de força literária que desejava. O *First Folio* de Shakespeare, que, nas palavras de Ben Jonson, homenageava o grande dramaturgo, "não de uma era, mas de todos os tempos", foi publicado quando Milton tinha quinze anos. A segunda edição, de 1632, incluía um novo poema de louvor a Shakespeare: "Para nosso espanto e nosso assombro", afirmam os versos, "edificaste para ti mesmo um monumento duradouro". O autor anônimo dessas palavras era o jovem John Milton: esse foi seu primeiro poema em inglês a ser publicado.

Para criar um Satã convincente, Milton estudou com cuidado o que Shakespeare tinha feito. A descrição da ambição homicida e do desespero de Macbeth proporcionava um molde psicológico e retórico para o Príncipe das Trevas, e Milton acrescentou traços que tirou de Ricardo III e de Iago. Ele era um aprendiz brilhante quase em excesso, pois o resultado foi um personagem tão vívido que ameaçava tomar conta do poema, sobretudo nos primeiros cantos. Nos cantos finais, Milton preferiu, deliberadamente, reduzir Satã, a fim de dar espaço aos personagens centrais de sua obsessão de toda a vida, Adão e Eva.

Entretanto, Adão e Eva constituíam um desafio muito maior do que qualquer outro que dificultasse a representação do céu e do inferno. Praticamente não havia precedentes, literários ou de outra natureza, para a descrição continuada de um casamento. Shakespeare quase nada tinha a oferecer a Milton, assim como Homero, Virgílio, Dante ou Petrarca. O casamento pouco figurava nas obras desses autores, e mesmo quando aparecia era como uma meta desejada ou como um simples fato, e não como uma parceria prolongada de companheiros íntimos. Uma exceção importante em Shakespeare era o casamento dos Macbeth, mas que pouco serviria como modelo para o casal edênico. Milton acreditava profundamente que a essência do casamento era um colóquio íntimo entre marido e mulher, mas não existiam exemplos em que se basear para imaginar e representar essa intimidade — não só para ele, mas para toda a cultura literária de que estava impregnado.

Se em suas leituras abundantes Milton houvesse encontrado uma peça francesa do século XII, *Le Jeu d'Adam*, teria visto Adão e Eva como grosseirões cômicos. (O diálogo entre eles era do tipo: "Quem era aquela cobra com quem tu estavas falando, moça?".) Ou, se tivesse procurado obras francesas ainda mais populares, talvez desse com o Adão e a Eva mostrados nos nada sutis contos cômicos conhecidos como *fabliaux*. Segundo um deles, bastante típico e intitulado "A cona que foi feita com uma pá", Deus criou Eva a partir de um osso duro do flanco de Adão, a fim de mostrar aos maridos que deveriam espancar as mulheres com frequência, preferivelmente três ou quatro vezes por dia. A primeira mulher era uma criatura muito atraente, mas por descuido Deus a deixara incompleta — faltava-lhe a genitália. Incumbido de terminar a tarefa, o Diabo examinou todas as ferramentas disponíveis — "martelos, enxós,/ formões, picaretas, machados afiados, ferramentas de corte com lâminas duplas,/ tesourões de podar" e instrumentos análogos — e preferiu uma pá, pois sabia que "com a lâmina cortante de uma pá/ poderia fazer uma fenda ampla e profunda/ num abrir e piscar de olhos". Depois de fazer a frincha, empurrando a pá até o cabo, o Diabo peidou na língua da mulher. É por isso, conclui o conto, que toda mulher fala sem parar.

Essas obras rudes e misóginas abundavam no arquivo literário herdado por Milton — estão presentes em muitas épocas e em muitas culturas —, mas ele não queria saber delas. Via facilmente que eram uma traição vulgar da visão bíblica do casal humano. O que lhe restava? Como era realmente a inocência perfeita? Como poderia mostrar, de modo convincente, como era o primeiro casamento, o ideal? Qual seria a aparência das primeiras pessoas? Comiam como os animais ou preparavam e serviam as refeições? Como passavam os dias? Faziam sexo? Sonhavam à noite? E, se sonhavam, por acaso, em seu estado de perfeita felicidade, às vezes tinham pesadelos? Vez por outra se sentiam enfastiados, aborrecidos ou ansiosos no Paraíso? Será que às vezes discutiam? E como foi que uma relação que prometia uma felicidade perfeita acabou catastroficamente mal?

Para começar, Milton recordou coisas que tinha visto quando ainda enxergava. Lembrou-se de paisagens que o deixaram embevecido, sobretudo na Toscana, e as fundiu com descrições lembradas dos inúmeros livros que lera ou que seus assistentes haviam lido para ele. O Jardim que Deus — "o Lavrador soberano" — fez para os primeiros humanos não era, Milton tinha certeza, um daqueles projetos formais que estavam em moda, com sebes podadas, engenhosamente dispostas em complexos padrões geométricos. O Paraíso tendia, no máximo, a ser luxuriante, muito verde, um terreno bem irrigado, situado no alto de um descampado íngreme e cercado de árvores altíssimas. Devia ter abundância de flores, escolhidas não só por suas cores diversas e refinadas, como também por sua rica fragrância. (Milton lembrava-se das notícias, dadas por marinheiros, de aromas magníficos que os ventos da costa da Arábia levavam a seus navios.) E, ainda que fosse fechado, o Jardim oferecia vistas deleitáveis, do tipo que Milton, cego, ainda podia visualizar mentalmente, amplos panoramas com rios, florestas e planuras distantes. O Paraíso, como ele o imaginava, lembrava uma belíssima propriedade campestre: "Tal a cena feliz, rural, sortida" (*Paraíso perdido* 4,248).

Em relação ao senhor e à senhora dessa propriedade, Milton recorreu a quadros e gravuras de Adão e Eva que decerto devia ter examinado intensamente durante suas viagens pela Itália e também ao retornar ao lar. As imagens que permaneciam em sua memória não eram as de figuras curvadas de vergonha e tristeza. Eram antes o par desnudo, esplendoroso em sua dignidade, vitalidade e independência, obras do Alto Renascimento. O primeiro homem e a primeira mulher, ele escreveu, mostravam "duas das mais distintas formas, altas/ e eretas, como Deus, com honra indígena" (*Paraíso perdido* 4,288-9). Adão exibia uma ampla testa; o cabelo, partido na fronte, não descia abaixo dos ombros largos. O cabelo dourado de Eva era bem mais longo; as tranças revoltas, soltas, ondeiam livremente até muito abaixo da cintura estreita. Nenhum deles ocultava "as partes secretas" que os homens hoje escondem em culpado pejo, pois desconheciam culpa ou vergonha.

Milton não queria mostrar Adão e Eva através de uma espécie de névoa mística ou delicadamente ocultados das vistas por folhas de figueira dispostas estrategicamente. Quis vê-los — e que seus leitores os vissem — em todo o vigor da juventude robusta. Nada havia neles de etéreo. Muito apaixonados, pensava Milton, decerto caminhavam de mãos dadas pelo deleitável jardim, detendo-se com frequência para conversar, se beijar e entregar-se a "jogos de amor" (*Paraíso perdido* 4,338). Quando tinham fome, sentavam-se na margem macia de um ribeiro e comiam frutas, abundantes a toda volta deles. "Polpa sápida mascavam", assim o poema descreve a cena, "e a sede nunca a pele transbordante/ vazava" (*Paraíso perdido* 4,335-6).

Milton estava, em parte, digressionando para provar um argumento teológico. Adão e Eva não eram símbolos alegóricos; eram pessoas de carne e osso, melhores do que nós, certamente, mas não diferentes em espécie, nem abstrações filosóficas. Até os anjos, ele propunha, deviam ser entendidos em termos humanos, pois nossa natureza material não nos aparta de formas superiores de vida. Assim, quando o poema narra uma amistosa visita ao Éden do arcanjo Rafael, enviado por Deus para alertar Adão e Eva em relação a Satã, fala do convidado celeste sentado com os humanos para uma refeição: "Assentaram-se,/ e às viandas passaram, nem de aspecto/ o anjo, nem em vapor, glosa comum/ de teólogos, mas co'a ávida vontade" (*Paraíso perdido* 5,433-7). Os seres espirituais são feitos de matéria, tal qual o homem; Milton foi ainda além. Insistiu que, se os anjos realmente comiam alimentos de verdade, então deveriam também, como os homens, digeri-los e eliminar o "excedente".[2] No entanto, acrescentou, pensando em seus próprios problemas digestivos de toda a vida, pelo menos os anjos não sofriam de desconfortos gástricos: "[do faminto] que quer transubstanciar/ a enérgica cocção; e o excedente/ fácil transpiram espíritos" (*Paraíso perdido* 5,437-9).

Todavia, não era apenas uma existência corpórea que Milton tinha de representar vividamente, a fim de fundamentar na realidade a verdade literal de nossos primeiros pais. Essa era a parte fácil, graças à arte renascentista que ajudava a moldar sua visão. Eram suas vidas interiores e a substância do relacionamento entre eles que constituía a dificuldade muito maior. A questão mais difícil era como fazer o casamento de Adão e Eva ganhar vida. Se Shakespeare não tinha como ajudá-lo nesse passo, muito menos poderiam fazê-lo Agostinho, Lutero ou Calvino. Os anos de serviço público de Milton, redigindo polêmicas iradas, tratados educacionais e correspondência diplomática, de nada também lhe valiam. O caminho que ele buscava só foi encontrado, com coragem e insistência, em suas experiências mais privadas: na amizade fraterna com Charles Diodati, nas fantasias que cultivara nos longos anos em que se esforçara para preservar sua castidade e, acima de tudo, nos sentimentos nele despertados na época de seu primeiro casamento e de sua desastrada lua de mel. Como poeta, Milton aspirava criar alguma coisa real — esse, como ele sabia, era o segredo da grande literatura. E teve êxito. Em *Paraíso perdido*, Adão e Eva ganharam uma vida mais intensa — a vida de pessoas plenamente realizadas e a vida de um casal — do que jamais tinham tido nos milhares de anos passados desde que foram concebidos.

Em sua conversa com o arcanjo Rafael, o Adão miltoniano recorda o momento em que Deus reuniu todos os animais diante dele, dois a dois. Como era esperado, Adão deu nomes aos bichos — o poema discretamente evita indicar quanto tempo durou o desfile —, mas inexplicavelmente sentiu que lhe faltava alguma coisa, embora não soubesse bem o que era. Volta-se então para a figura divina de pé a seu lado e indaga: "Tudo proveste tu: porém comigo/ Não vejo quem partilhe. Que bem-estar/ Em solidão, quem pode a sós gozar, Ou gozando ele a sós, que agrado encontra?" (*Paraíso perdido* 8,363-6). Deus sorri e lhe pergunta o que quer dizer com solidão: não fora o homem apresentado a todas as espécies existentes no mundo? Algumas dessas espécies, acrescenta Deus, são racionais, e Adão poderia conversar com elas. Mas Adão insistiu: todos os animais, mesmo os de melhor nível, estavam muito abaixo dele. A comunhão que ele queria deveria ser mútua; de outro modo, qualquer tentativa de conversa logo se mostraria tediosa. Ele precisava ter como companhia um igual. "Pois entre desiguais que sociedade", pergunta ele a Deus, "se harmoniza, que acorde ou puro gozo?" (*Paraíso perdido* 8,383-4).

A resposta divina foi estranha. O que pensas de *mim*?, perguntou Deus a Adão; estou só por toda a eternidade e não tenho igual. Todas as criaturas com quem converso estão infinitamente — no sentido literal — abaixo de mim, sem mencionar o fato de que todas foram criadas por mim. "Pareço-te deter ou não assaz/ Felicidade?" (*Paraíso perdido* 8,404-5) Essa é uma pergunta incômoda por parte de qualquer pessoa, quanto mais se feita por Deus, e não admira que a resposta do homem tenha sido diplomática, a ponto de se tornar incompreensível. Entretanto, em meio a suas despropositadas lisonjas e evasivas, Adão consegue comentar que, embora não se atrevesse a falar em nome de Deus, tinha consciência de seu desejo de conversar com outra pessoa, outro ser humano, e não com um dos animais inferiores. Além disso, acrescentou que Deus, sendo perfeito, não tinha necessidade nenhuma de se reproduzir, mas que ele, o homem, sabia que tinha, de certo modo, uma deficiência.

Não está claro o motivo pelo qual o primeiro homem tinha essa sensação de deficiência. O Gênesis não oferecia orientação nenhuma, de modo que Milton teve de recorrer à sua própria experiência, ao que tenha sido o que o levou, naquele fatídico julho de 1652, a pôr fim à sua existência solitária e tomar uma esposa. Adão devia estar penosamente cônscio, pensou Milton, do que ele chamava de sua "única imperfeição", ou seja, a imperfeição de ser solteiro.

Nesse ponto da conversa, Deus falou outra coisa que Adão deve ter considerado inquietante. Disse a Adão que estivera apenas o testando, para ver se ele se conformaria com um dos animais que lhe tinham sido apresentados. Não há nada na Bíblia em relação a um teste. "Não é bom que o homem esteja só", diz

Deus no Gênesis. "Vou fazer uma auxiliar que lhe corresponda." Essas palavras claramente incomodavam Milton, como haviam incomodado gerações de comentaristas antes dele. Poderia ocorrer que só agora Deus se dava conta de algo que lhe escapara? Como poderia um Deus onipotente cometer um engano? Seria possível, como o rabino Eleazar propusera no Talmude, que Adão houvesse tentado fazer sexo com todos os animais antes da criação da mulher?[3] Milton, que havia aprendido o hebraico, meditara sobre os comentários rabínicos, mas julgava essa ideia extremada em excesso. Era melhor imaginar, pensava, que Deus, desejoso de observar os poderes de discriminação do homem, levara os animais a Adão para ver se ele se contentaria com um deles como parceiro de conversa. Ao insistir num interlocutor humano, Adão havia sido aprovado no teste, declarou Deus, acrescentando que já sabia, antes de Adão falar, que não era bom para o homem estar só.

Foi bom que o teste já estivesse findo nesse ponto, diz Adão ao arcanjo Rafael, pois a tensão de conversar com Deus foi tão grande que ele — "tonto, gasto, prostrado" (*Paraíso perdido* 8,457) — estava prestes a desmaiar. E realmente desmaiou, mas então, como se estivesse em transe, viu a si mesmo deitado no chão, enquanto Deus se abaixava, abria o lado esquerdo de seu tórax e retirava uma costela, "animada com espíritos cordiais e vivos veios" (*Paraíso perdido* 8,466-7). Os rabinos do mesmo modo levaram em consideração a possibilidade de que Adão pudesse ter assistido à criação da mulher a partir de seu osso, mas imaginaram que, se tivesse feito isso, ficaria tão desgostoso com o que vira que Deus teria de destruir a criatura e começar de novo. Milton, que talvez tivesse em mente esse comentário da Midrash, insistiu que para Adão o que vira só lhe causava emoção. A aparência de Eva, lembra-se Adão, "me infundira/ Doçura ao coração, nunca sentida" (*Paraíso perdido* 8,474-5).

Antes de Milton, outras pessoas haviam ao menos insinuado o surgimento de tais sentimentos em Adão. Como ele sabia, os versículos em hebraico do Gênesis os sugerem num poema que repete várias vezes o pronome feminino *zo't*, "esta".[4]

> Esta, sim, é osso de meus ossos
> e carne de minha carne!
> Ela será chamada "mulher",
> porque foi tirada do homem! (Gênesis 2,23)

Em *O Jardim das delícias terrenas*, famoso e estranho quadro de Hieronymus Bosch, Adão ergue o olhar para a núbil Eva, recém-criada, com um olhar de arrebatado assombro. Para transmitir tal assombro, Milton podia recorrer ao enorme florescimento da poesia de amor no Renascimento inglês — "Quem já amou que não amou à primeira vista?", perguntou Christopher Marlowe — e parece ter recorrido também à sua primeira experiência pessoal com a doçura do amor. O Adão de *Paraíso perdido* — o homem que emergiu dos sonhos noturnos do poeta — articula seus sentimentos com intensidade e eloquência extraordinárias.

Despertando de sua visão, Adão descobre que, em comparação com Eva, tudo mais no mundo — e ele estava, afinal de contas, no Paraíso — de repente parecia pobre e sem graça. Ao sair para procurá-la, tinha certeza de que, se não conseguisse achá-la, lamentaria para sempre sua perda. Invisivelmente, Deus a atraía para ele e, embora de início ela lhe desse as costas, veio a aceitar sua corte e se deixou conduzir, enrubescida, para o "caramanchel nupcial". Ali Adão conheceu pela primeira vez o que chama de "a suma do êxtase terrenal".

Milton sabia perfeitamente que intelectuais católicos imaginavam, desde muito, que no Paraíso a conjunção carnal destinava-se somente à geração de prole e por isso só se fazia com uma espécie de sereno alheamento. Havia lido a afirmativa de Agostinho: o ato, realizado sem volúpia ou excitação, teria sido inteiramente desinteressante e público. *Paraíso perdido* oferece uma espécie de depoimento de uma testemunha ocular, segundo o qual toda essa tradição teológica era uma balela. "O que quer que solene fale o hipócrita/ De pureza, lugar e inocência" (*Paraíso perdido* 4,744-5), insistiu Milton, o sexo entre Adão e Eva no Paraíso lhes proporcionava imenso prazer e era praticado a sós. O caramanchel em que se deitavam, fechado, era somente deles: nenhuma outra criatura, "Besta,/ pássaro, inseto ou verme" (*Paraíso perdido* 4,704), nada ousava ali penetrar. Eva adornava o leito nupcial com flores e ervas perfumadas, e ali desfrutavam da posse do corpo um do outro — a única forma de propriedade privada, lembra o poema, num mundo em que tudo mais era usado em comum.

No entanto, como poderiam o amor sem limites e a apaixonada posse mútua ser compatíveis com a ordem hierárquica — o domínio masculino — que Milton julgava essencial no casamento? Milton sabia como tal ordem teria de se fazer sentir. Adão diz a Eva que as plantas do jardim cresceram demais e que no dia seguinte eles devem acordar cedo para podar os galhos. Eva responde com o ânimo aquiescente e apaixonado que Milton, recém-casado, decerto havia esperado da mulher que desposara:

> O que decretas
> Sem objeção acato; Deus tal manda,
> Deus é tua lei, tu minha: sei isso,
> E isso só à mulher praz como ciência. (*Paraíso perdido* 4,635-8)

Em tudo a esposa perfeita alegremente se submete à vontade do marido.

Eva não foi, como propunha o *fabliau* francês, domada ou espancada a fim de assumir essa postura submissa. No entender de Milton, e no de muitos contemporâneos seus, no Paraíso a submissão da mulher teria ocorrido naturalmente. "Deveria a mulher ter sido dominada pelo homem naquele estado de inocência?", perguntava no século XVII o puritano Alexander Ross. "Sim", ele dizia, respondendo à sua própria pergunta, "mas a sujeição da mulher não deveria ser contra a sua vontade, amargurada, penosa, como passou a ser depois, por conta do pecado."[5] No desígnio de Deus, tanto Adão como Eva eram magníficos espécimes da humanidade, mas não eram, de modo algum, iguais. "Par e ímpar são: p'ra planos ele e arrojo,/ P'ra dulçor ela e graça que cativa", escreveu Milton, adicionando um verso que se tornou famoso por seu sexismo complacente e vanglorioso: "Ele por Deus só, ela por Deus nele" (*Paraíso perdido* 4,297-9).

A surpresa não está no fato de Milton subscrever essa ideia tão disseminada, mas em ver nela um problema fundamental e insolúvel. O problema não era, como ele concebia, a relutância da mulher em se submeter; a história que conta não é a de Lilith. Em vez disso, existe algo de desagregador na própria experiência da felicidade, e para os homens pelo menos tanto quanto para a mulher.

Adão tenta explicar o problema ao arcanjo Rafael. Eu entendo, diz ele ao anjo, que ela é subalterna. Sei que, embora ambos tenhamos sido feitos à imagem de Deus, eu pareço mais com Deus do que ela. Percebo que estou destinado a estar e a permanecer acima dela. Mas, quando me aproximo de sua beleza, ele confessa, o relato oficial já não parece verdadeiro. "Do seu encanto, tão perfeita a acho/ E nela tão completa, tão bem sabe/ de si" (*Paraíso perdido* 8,547-9) que, na verdade, é ela que parece o ser humano superior.

A resposta do anjo — ele franze a testa e recomenda a Adão que mostre mais autoestima — não ajuda em nada. (Essas respostas são sempre assim.)

Como poderia um anjo entender o que sente um homem profundamente apaixonado? Rafael adverte Adão a não valorizar demais o simples prazer sexual, um prazer, segundo ele, desdenhoso, que é concedido ao gado e a todas as demais alimárias. Adão responde com dignidade que não é somente o que ocorre no leito — embora o veja com muito mais reverência do que o comentário de Rafael indica — que conta para os sentimentos que procurou descrever. Antes, diz ele, são "as ações gráceis,/ O decoro que a centos lhe flui diário/ Das palavras e ações com amor mistas/ E concórdia gentil que pura prova/ Em nós uma alma só em uma mente" (*Paraíso perdido* 8,600-4) que exibem uma perfeita união de espírito que tanto o encanta em Eva. Seu amor — a íntima comunhão física e espiritual com sua mulher — cancela a sensação de superioridade à qual ele sabe que, como homem, deve aderir. Em lugar disso, sente um vínculo incontrolável: "em nós uma alma só" (*Paraíso perdido* 8,604).

Há nas palavras de Adão uma recusa implícita da linha oficial ou, ao menos, uma sugestão firme de que o anjo e sua coorte celestial fazem uma ideia imperfeitíssima da experiência humana. Com efeito, o primeiro homem de Milton permite-se imaginar, dada a obtusidade do anjo, como será a experiência sexual angélica. "Concede-me isto, se é justo o que peço:/ Se amarem, como amam os espíritos, só através de olhares, ou misturam/ Fulgor, toque virtual ou imediato?", ele pergunta a Rafael (*Paraíso perdido* 8,614-7). O arcanjo faz então uma coisa extraordinária, ao menos para um anjo — ele enrubesce. Em seguida garante a Adão: "Bastar-te-á crer-nos felizes/ E sem amor não há felicidade" (*Paraíso perdido* 8,620-1). E, como um pai ou uma mãe que não sabem quando já deu informações suficientes, ele continuou a falar, tentando ser explícito e técnico — declara que "obstáculos não temos/ De membro ou membrana, juntas ou grades:/ Mais sutil que ar com ar, se se unem espíritos/ Totais se unem" (*Paraíso perdido* 8,624-7). Em seguida, percebendo que falou até demais e comentando que a tarde já ia avançada, bateu as asas e voou de volta ao céu.

Em sua conversa com o anjo, e mesmo na conversa anterior com Deus, Adão manifesta uma espécie de obstinada independência humana, que seria absolutamente chocante se não nos lembrássemos do Milton que fora expulso de Cambridge por seu furioso tutor, que recusara a fácil carreira que lhe tinha sido proposta na igreja, ou que se levantara contra o rei e os bispos ou que estava determinado a elaborar sua própria teologia pessoal. O Adão que ganhou forma viva na imaginação de Milton era exatamente alguém que não aceitaria sem protesto a doutrina que lhe era imposta de cima para baixo. Nesse caso, porém — a superioridade em princípio do homem sobre a mulher —, o próprio Milton não duvidava que a doutrina convencional estivesse correta. O problema era que essa verdade não se conciliava com o que era realmente amar uma pessoa. "Pois entre desiguais que sociedade/ Se harmoniza, que acorde ou puro gozo?", Adão perguntara a Deus (*Paraíso perdido* 8,383-4).

Eva é a resposta para o anseio de Adão. No entanto, embora tivesse sido feita com a mesma substância com que ele fora criado, e nesse sentido lhe fosse igual, essa igualdade não é total. No momento em que ela adquiriu consciência, não olhou para o céu, como fizera Adão, à procura de um criador. Em vez disso, caminhou até um lago próximo e contemplou seu reflexo na água clara e tranquila.[6] Só quando uma voz misteriosa a chama e Adão delicadamente a toma pela mão é que ela relutantemente abandona a imagem agradável de si mesma.

Pode-se, é claro, interpretar esse momento de narcisismo como um defeito de Eva. Séculos de sermões misóginos bateram nessa tecla. No entanto, Milton não tirou necessariamente essa conclusão. Em vez disso, imaginou que a mulher parecia menos perseguida que o homem por uma sensação de imperfeição inata, menos carente. E é a partir dessa percepção de diferença que o poema gera seu entendimento do desastre.

Não fazemos nenhuma ideia do que realmente aconteceu naquelas semanas, no verão de 1640 — mais de um quarto de século antes —, quando Milton voltou para Londres com sua jovem noiva, quando viveram juntos por um breve período e quando ela o deixou. É muito improvável que a experiência tenha sido o modelo direto para o Adão e a Eva que surgiram na imaginação do poeta. Contudo, talvez Milton tivesse pelo menos reconhecido que havia uma tensão dolorosa entre as expectativas convencionais e os sentimentos reais. Em *Paraíso perdido*, a tensão se converte em algo rico e estranho. A hierarquia ("Ele por Deus só, ela por Deus nele") começa a desmoronar sob o peso do reconhecimento esmagador, por parte do marido, da beleza, da brandura e, acima de tudo, da autonomia de sua mulher.

A autonomia de Eva é posta à prova na manhã seguinte à visita do anjo, quando o casal acorda para dar início às tarefas do dia no jardim. As tarefas deverão ser agradáveis, insiste o poema, mas o trabalho é real, não meramente simbólico, e Eva faz eco à observação de Adão de que está se tornando excessivo.

O que eles realizam nesse dia — "O que num dia/ Podamos, escoramos ou atamos" (*Paraíso perdido* 9,210) — é desfeito pelo crescimento da noite. "'Té que outras mãos/ se juntem, sempre mais labor acresce" (*Paraíso perdido* 9,207-8), ela diz. Eva propõe uma experiência, uma nova ideia que lhe ocorreu para resolverem o problema de que ambos estão cônscios: "Dividamos tarefas, escolhe o posto/ P'lo gosto ou p'la urgência" (*Paraíso perdido* 9,214-5), ela sugere, para que percam menos tempo em conversas ociosas.

No começo, Adão dá uma "resposta mansa". A proposta de dividirem o trabalho, ele comenta com a mulher, é louvável — "Pois nada há de mais apreciável/ Na mulher do que um lar bem governado" (*Paraíso perdido* 9,228-9) —, mas está equivocada, porque, afinal, ali é o Paraíso, e o trabalho não deveria ser penoso. Por um momento ele muda de posição: talvez o que Eva estivesse de fato dizendo é que vinha achando a conversa dos dois cansativa, e nesse caso ele estaria disposto a deixar que ela ficasse sozinha por algum tempo. Porque "às vezes companhia melhor é a solidão" (*Paraíso perdido* 9,249-50). E em seguida, sem esperar uma resposta e tentando melhorar o que já era satisfatório, comete o erro de dizer que, como Satã possivelmente estivesse à espreita, ela não deveria de maneira alguma sair de perto dele.

Respondendo com "doce e austera calma", Eva expressa sentimentos feridos. Que duvidasses de minha firmeza, diz a Adão, eram palavras que "ouvir não esperava eu". O pobre "Adão doméstico no zelo e amor conjugal", como Milton se refere a ele, procura apaziguá-la. Só quis propor, segundo diz, enfrentarem juntos qualquer ameaça de Satã. Mas o problema não se resolve com tanta facilidade. Eva ainda fala com "dicção doce", mas agora pergunta com franqueza: "Se é este o nosso estado", ela começa, "como viver temendo sempre o mal?". Decerto fomos criados com suficiente força moral — a palavra que ela emprega é "integridade" (inteireza) — que nos permita resistir à tentação, sozinhos ou acompanhados. Não imaginemos, diz ela, que o Criador nos fez tão "imperfeitos" que tenhamos de nos apoiar constantemente um no outro para nos defendermos: "Frágil felicidade se assim é,/ E Éden Éden tão livre não seria" (*Paraíso perdido* 9,340-1).

Sabemos, é claro, que tudo isso caminha para o desastre, mas é difícil refutar a argumentação de Eva, pois entendemos também que a ameaça de Satã não é temporária. Eles não se separariam nunca, nem por algumas horas? E, afinal de contas, a confiança de Eva em sua própria integridade espelha a sensação admirada de Adão de que ela parece "nela tão completa". Infeliz e exasperado, Adão exclama: "Ó mulher!". Como se lhe coubesse defender toda a ordem das coisas, afirma que "tão melhores são as coisas/ Quanto Deus as quis, sua mão que cria/ Nada deixou malfeito ou defectivo" em tudo o que Deus criou. Sua atitude defensiva parece um tanto estranha, pois esse é exatamente o ponto de vista de Eva, até nos lembrarmos de que antes disso ele manifestara a Deus sua própria sensação de ser imperfeito e defectivo. Agora, porém, ao reconhecer que Eva não pode, em princípio, carecer da firmeza de que precisaria para resistir a tentações, Adão se colocou numa posição difícil. "Mas livre deixou Deus o querer", diz, e com isso é obrigado a permitir que Eva deixe de estar a seu lado. "Vai", diz ele, "pois presente à força mais te ausentas." "Com o teu sim então" (*Paraíso perdido* 9,378), responde Eva, soltando a mão da dele e afastando-se sozinha.

Qualquer pessoa que já tenha discutido com um cônjuge — o que significa qualquer pessoa que já conviveu com outra durante mais que alguns dias — perceberá a forma brilhante como Milton captura um vaivém de amor, fúria, sentimentos feridos, tentativas de conciliação, elogios insinceros, agressão passiva, frustração, submissão, independência e desejo. E a habilidade com que Milton constrói essa passagem é mais notável ainda em razão do fato de ele precisar persuadir o leitor de que esse marido e essa mulher que discutem estão no Éden e ainda não caíram. Assim é uma briga de casal no Paraíso.

O elaborado pano de fundo — a guerra no céu e a inimizade mal-intencionada de Satã pelos seres humanos criados por Deus — ajudou a dar sentido ao misterioso papel da serpente no Gênesis. No entanto, Milton não conseguia aceitar a ideia de que o primeiro casal tivesse sido simplesmente ludibriado por Satã e levado à desobediência, que fossem vítimas de uma trama celestial. Adão e Eva precisavam ser inteligentes e bem-informados, e estavam prevenidos. Tinham de ser livres — e inocentes. Mas, se eram a um só tempo livres e inocentes, devia haver algo perturbador na inocência e perigoso na liberdade.

O que há de perturbador na inocência é a impossibilidade de compreender o mal, não importa quantos avisos se receba, não importa quanto se tente imaginá-lo. O que há de perigoso na liberdade é vislumbrado na dor do reconhecimento de Adão, ao deixar Eva sair de perto dele, "pois presente à força mais te ausentas". Há certas coisas que não podemos obrigar ninguém a fazer, por mais desesperadamente que queiramos compeli-las — e entre elas avulta, em primeiro lugar, uma familiaridade íntima e afetuosa. E a tentativa carinhosa de Eva, talvez levemente irônica, de assumir o manto da submissão — "Com o teu sim então…" — não esconde sua persistente recusa ou incapacidade de renunciar à sua liberdade. Ela poderia ser persuadida, mas não pode nem aceitará ser compelida.

A liberdade ameaça a inocência. Porém Milton claramente acreditava que a inocência sem liberdade de nada valia, era um estado de perpétua infantilidade ou servidão. Tudo em sua vida — em suas posições políticas, em sua fé religiosa, em sua teoria educacional, em suas opiniões sobre casamento e divórcio — tinha como foco o consentimento, livremente concedido ou negado. Era por isso que, mesmo amargurado com as tratativas de divórcio, Milton nunca declarou que sua mulher não tinha o direito de deixá-lo. Nunca se convenceria a insistir em que ela ficasse a seu lado contra a vontade.

Essa esfera de liberdade pessoal, o cerne do que Milton julgava ser uma vida que valia a pena ser vivida, é a razão pela qual, apesar da preocupação e da frustração de Adão, fazia perfeito sentido para Eva ficar a sós durante algumas horas e por que lhe foi conveniente estar sozinha no momento em que enfrentou a tentação fatal. A liberdade é uma questão individual.

Na visão de Milton, Eva não podia ter sucumbido à tentação de maneira impulsiva ou impensada. Era preciso ter havido longos diálogos entre ela e a serpente, e então, mesmo que ela estivesse muito faminta, só podia ter tomado a decisão funesta de comer o fruto proibido depois de sopesar as implicações dos argumentos da serpente. O conhecimento do bem e do mal, ela refletiu, devia ser um bem em si: "Que um bem por saber bem não foi" (*Paraíso perdido* 9,756). Será possível que a proibição de comer o fruto "Proíbe o bem, o sermos sábios?". Isso não faz sentido: "Tais laços não nos prendem". Quanto à morte que ameaça quem desobedecer, "que lucra/ A nossa liberdade?". A proibição, ela concluiu, devia ser um teste divino do tipo que os leitores de *Paraíso perdido* já haviam encontrado quando Deus propôs que Adão encontrasse uma parceira entre os animais que acabara de nomear. Para passar no teste — ser digna da liberdade que Deus havia concedido à humanidade —, Eva decidiu estender a mão, colher o fruto proibido e comê-lo. Ela escolheu cair.

Cometido o ato fatídico, Eva viu-se imediatamente, segundo o relato de Milton, diante de outra escolha: deveria contar a Adão o que tinha feito e instar com ele para juntar-se a ela no conhecimento recém-adquirido, ou tirar proveito da vantagem que, segundo imaginava, lhe fora conferida por comer o fruto? Se viesse a decidir, como expressou, "mantendo/ O avanço do saber na minha posse/ Sem consócio?" (*Paraíso perdido* 9,819-21), ela compensaria a inferioridade atribuída ao sexo feminino, a inferioridade que o arcanjo Rafael declarara severamente a Adão que ele não devia esquecer.

Tal como Adão, Eva acreditava que o mais verdadeiro amor só poderia existir entre iguais. Ela poderia, pensou, usar seu conhecimento adicional para

> pôr o que falta
> No sexo feminino, que o atraia
> E mais igual me faça, e porventura,
> E não indesejável é, por vezes
> Superior; pois quem é livre inferior? (*Paraíso perdido* 9,821-5)

Podemos afirmar quase com certeza que Milton via essa última pergunta como sinal de alguma coisa gravemente errada em Eva, uma corrupção que já começara a acontecer em consequência de sua transgressão. E, no entanto, os seres humanos que surgiram na imaginação de Milton já haviam alcançado uma realidade independente o bastante para insistirem na força de suas alegações. Eva tinha motivos para crer que Adão não quereria amar uma inferior, e até que uma inversão ocasional da ordem hierárquica, com a mulher no mando, não seria "indesejável".

Por fim, Eva decidiu dividir o que sabia com Adão — não podia tolerar a ideia de que viesse mesmo a morrer e que Adão então se casasse com "outra Eva". E Adão? Na concepção de Milton, Adão não foi enganado. Compreendeu logo que Eva cometera um erro catastrófico, mas resolveu de imediato partilhar a sorte dela. "Como viver sem ti?" Recusou-se a aceitar a superioridade oficial que lhe fora conferida. Para ele, Eva era o "mais belo dos seres, melhor e último,/ Das obras de Deus obra-prima" (*Paraíso perdido* 9,929-30). E recusou-se a aceitar o que intuiu que seria a solução oficial: fazer Deus criar uma "segunda Eva". Mesmo que pudesse abrir mão de outra costela, pensou Adão, a perda da mulher que ele amava nunca o deixaria.

A decisão de Adão de comer o fruto completou o desastre do Pecado Original. A ele se seguiu, na visão de Milton, a mútua embriaguez e um intenso prazer sexual que deu lugar à amargura da vergonha. O relacionamento marital, tão sutilmente desenhado em sua complexidade antes da Queda, desintegrou-se em recriminação e sofrimento. O longo lamento de Adão — Por que fiz o que fiz? Como poderei suportar o peso de minha culpa? O que será de mim? — culminou quando Eva tentou aproximar-se dele. Adão a repeliu com veemência: "Fora daqui, serpente" (*Paraíso perdido* 10,867).

No espírito de Adão, Eva se tornara indistinguível da odiada agente da ruína de ambos, e vê-la — como Milton escreveu em seus textos sobre divórcio — só lhe causava uma sensação de "infortúnio e dor de perda, em algum grau semelhante ao que sentem os réprobos". Milton estava convicto de que, profundamente infeliz, o primeiro homem teria sido tomado de repugnância não só por Eva, mas por todas as mulheres. "Oh, por que houve/ Deus, sábio criador", perguntava-se Adão, "de à terra/ Trazer tal novidade, este defeito/ Belo da natureza" (*Paraíso perdido* 10,888-92). Por que deveria ele ou qualquer outro homem ver-se casado com uma "adversária, seu nojo e ódio"?

Mas, se nesse ponto Milton recorreu a seus próprios sentimentos mais malévolos, suscitados pelo fim de seu casamento, também recordou o momento em que se livrara dessas emoções. Lembrou-se da ocasião, em casa de amigos em Londres, quando a mulher que o havia magoado profundamente, como ele acreditava, ajoelhou-se a seus pés e suplicou que a perdoasse. Eva, não repelida pelas censuras misóginas de Adão,

> com lágrimas copiosas
> E tranças em motim, a seus pés húmil
> Se prostrou e, cingindo-os, implorou-lhe
> perdão. (*Paraíso perdido* 10,910-3)

E o coração de Adão "condoeu-se".

Teria o coração do próprio Milton se condoído em 1645, quando ele levantou Mary, banhada em lágrimas, e retomou o casamento?[7] Terá sido a partir desse momento e dos anos seguintes que ele experimentou o sentimento de amor profundo que atribuía a Adão? O fato de terem então gerado quatro filhas em rápida sucessão — até o quarto parto custar a vida de Mary em 1652 — na verdade não nos dá uma resposta. *Paraíso perdido* pelo menos leva a crer que Milton ansiava com ardor imaginar uma plena reconciliação entre o marido indiferente e sua mulher. Afinal, ao decidir não pedir a Deus uma outra Eva, Adão rejeitara deliberadamente o equivalente edênico do divórcio. Depois da Queda,

Eva propusera que arcasse sozinha com todas as consequências da ira de Deus, mas Adão rejeitou a ideia, como também rejeitara duas outras propostas de Eva: de que se suicidassem e de que se abstivessem de sexo para permanecerem sem filhos. Pouco a pouco, o casal teria de reconstituir suas vidas despedaçadas.

Começaram a fazê-lo agindo em uníssono, ajoelhando-se para confessar suas falhas a Deus e implorar sua misericórdia. Ainda tinham esperança, Milton deixa claro, de que pudessem evitar a punição divina. "Sem dúvida", Adão garantiu a si mesmo e à mulher, Deus "decerto abrandará a sua cólera/ e o seu pesar" (*Paraíso perdido* 10,1093-4). E Adão refletiu que, se fosse mesmo o destino deles voltar ao pó, ao menos podiam esperar que "da vida nada há a recear,/ Confortados por ele até voltarmos/ Ao pó, lar natal e último repouso" (*Paraíso perdido* 10,1083-5). Afinal, eles vinham vivendo no mais belo jardim imaginável. Pondo-se de pé, Adão afirmou que estava convicto de que as suas preces tinham sido ouvidas: "Agora a morte amarga me assegura/ Passada", disse ele a Eva. "Viveremos" (*Paraíso perdido* 11,157-8).

É claro que, como o título já indica, *Paraíso perdido* não tem um final tão feliz. O sofrimento da morte não passou. Adão esteve mais perto da verdade quando, na hora de maior desespero, intuiu que Deus resolvera lhes infligir um castigo vagaroso: "Já que hoje a morte certa,/ que eu veja, não vem brusca, antes lenta/ Morte de um longo dia p'ra ampliar-nos/ a dor, legada à prole" (*Paraíso perdido* 10,962-5). A expulsão do Paraíso é decretada para que os humanos não tenham oportunidade de buscar a Árvore da Vida, garantindo que "a mão afoita não alcance/ E dela colha a vida eterna" (*Paraíso perdido* 11,94-5). Embora nesse ponto Milton estivesse citando o Gênesis de forma direta, parece mostrar-se preocupado com esse verso arcaico. Faz com que Deus acrescente uma ressalva — "ou antes um tal sonho" —, porém a ressalva parece depreciar o motivo da expulsão.

Teria Deus realmente temido que, se Adão e Eva ficassem no Jardim, poderiam comer o fruto da árvore mágica que os tornaria imortais? Atipicamente, Milton deixou de enfrentar esse problema teológico, preferindo concentrar-se na extrema ansiedade humana causada pelo decreto divino. O sofrimento atordoou Adão, impedindo-o de falar. Eva chora diante da perspectiva de despedir-se para sempre das flores que plantara e do caramanchel nupcial que embelezara. O arcanjo Miguel, enviado por Deus para anunciar e impor o decreto, simplesmente diz à mulher que não "ponhas teu coração" (*Paraíso per-*

dido 11,289) naquilo que, em primeiro lugar, não lhe pertencia. A desconexão entre essa perspectiva angelical e a perspectiva das pessoas que estavam sendo despejadas de seu lar por um senhorio implacável configura toda a conclusão do poema de Milton.

Isso porque, no final de *Paraíso perdido*, Adão e Eva tinham se tornado tão reais na imaginação de Milton que começaram a desmanchar todo o aparato teológico que os criara. Como Agostinho desejara com ardor, haviam perdido totalmente o ar fugidio de figuras alegóricas. Possuíam uma presença humana insistente, inegável, literal. Era o tipo de presença que Shakespeare conferira a Falstaff, Hamlet e Cleópatra, e que sinaliza o triunfo da literatura. Não obstante, o triunfo da literatura tem um preço teológico. Ao lado de Adão e Eva, todos os demais personagens — Miguel, Rafael, Satã, e até Deus e seu Filho — parecem sofrer uma redução de significado. É claro que Milton continuou a insistir na inconcebível vastidão, poder e importância deles, em comparação com a insignificância da humanidade, e persistiu na crença de que estava justificando para o homem a conduta de Deus. Mas não tinha como controlar sua lealdade mais profunda e engrandeceu seu feito artístico por causa dessa aparente falha.

Por ordem de Deus, depois de fazer Eva cair em sono profundo, o arcanjo Miguel leva Adão ao cume de uma montanha e ali lhe propicia uma visão do que viria a ser a vida humana com o passar do tempo. Essa visão, desalentadora em quase todos os seus detalhes, inclui a visita a um hospital, o que lhe permitiu ver todo o conjunto de convulsões, epilepsias, cálculos renais, úlceras, loucuras e quejandos a que os seres humanos estariam sujeitos. Tudo isso por culpa de Adão, como Miguel faz questão de destacar: "Começa no langor enerve do homem" (*Paraíso perdido* 11,634). Estamos de volta à severa advertência que Rafael tentara fazer a Adão antes da queda, no sentido de não abrir mão de sua posição dominante.

É no espírito dessa advertência que Miguel conclui o longo e doloroso passeio pela história: "Findou, e ambos desceram a colina" (*Paraíso perdido* 12,606). Mas é exatamente aqui, na volta do grandioso panorama angélico para o terreno incerto da vida humana comum, que a mudança na lealdade do próprio Milton se faz sentir com mais clareza. Adão não procura estender sua presença ao lado do anjo; pelo contrário, apressa-se a despedir-se do visitante celestial e voltar para a sua mulher: "Ao caramanchel onde Eva dormia/ correu Adão". E Eva, já desperta, pronuncia palavras que deixam patente que também ela está agora concentrada inteiramente em seu parceiro:

> Ir contigo
> É como aqui ficar. Sem ti ficar
> É ir-me a contragosto. Tu p'ra mim
> És tudo sob o Céu, todo o lugar. (*Paraíso perdido* 12,615-8)

O esquema teológico, naturalmente, ainda vigora. Milton acredita tanto na justiça dos aterradores castigos que serão impostos a toda a humanidade em resultado da desobediência do primeiro homem como na salvação que será concedida aos fiéis por meio de Cristo. Entretanto, o que mais domina a atenção do poeta não é essa grandiosa visão da queda e redenção, e sim a serena intimidade do casal. Embora tenha se apressado para passar mais tempo a sós com Eva, Adão, como Milton o imagina, não tem como responder às palavras carinhosas da mulher: "pois bem perto/ O arcanjo se quedara". As coisas que um homem e uma mulher dizem um ao outro num momento desses não são pronunciamentos públicos dirigidos a uma plateia angélica. Avançando com suas espadas flamejantes, os querubins assumem suas posições e começam a alterar o clima temperado do Paraíso para algo que se assemelha ao calor tórrido da Líbia. Miguel toma Adão e Eva pelas mãos, atravessa com eles o portão para a planície que se desdobra mais abaixo e desaparece.

O trecho que se segue, no fim do poema, constitui os mais belos versos que Milton escreveu. Os versos continuam a expressar fé na divina Providência, porém ainda mais na liberdade, a liberdade que Milton acreditava que Deus conferira ao primeiro casal, a liberdade que ainda era regalia de todos os homens. Em seu final, *Paraíso perdido* libera Adão e Eva da história que lhes deu vida e os vê a caminhar juntos para um futuro incerto:

> Verteram naturais algumas lágrimas
> Logo enxugadas. Era à frente o mundo,
> Onde escolher seu lar, e a providência:
> Mão na mão com pés tímidos e errantes
> P'lo Éden solitário curso ousaram. (*Paraíso perdido* 12,645-9)

Mais de mil anos depois de Agostinho, Adão e Eva enfim se tornaram reais.

12. Homens pré-adâmicos

Isaac La Peyrère deve ter sido uma daquelas crianças que provocam fortes dores de cabeça em professores de escolas dominicais. Fazia perguntas excessivas, e eram incômodas. Os piedosos devotos de Bordeaux, onde La Peyrère nasceu, em 1596, numa abastada família protestante, teriam reconhecido com facilidade o tipo: um menino intelectualmente alerta e cheio de ardor espiritual, mas também de uma curiosidade irritante, contestador, ousado e independente. Tinha as características de um crente fervoroso, mas que, ao mesmo tempo, esquadrinhava, de muito perto, os mais caros e familiares artigos de fé.

Naquela época e naquele lugar, teria sido razoável deduzir que pelo menos algumas qualidades do rapaz poderiam ser atribuídas às suas raízes marranas — ou seja, a um judaísmo oculto que sua família, de origem portuguesa, trouxera consigo depois da expulsão dos judeus da península Ibérica. O grande ensaísta Michel de Montaigne, que fora prefeito de Bordeaux na década de 1580, tinha um histórico semelhante, pelo lado materno, que talvez contribuísse para sua semelhante independência de espírito. Em todo caso, as guerras religiosas — conflitos sangrentos entre católicos romanos e protestantes na França durante toda a segunda metade do século XVI — tinham minado, para a maior parte do público pensante, fosse católico ou protestante, os pressupostos estáveis da sociedade e da religião.

O jovem La Peyrère mostrava intenso interesse pela Bíblia hebraica, sobretudo pelo livro do Gênesis. E sua curiosidade insaciável era despertada por um detalhe singular logo no começo do livro sagrado: como consequência de ter assassinado seu irmão Abel, Caim é expulso de sua terra e vai morar na terra de Nod, a leste do Éden. Ali, relata a Bíblia, sem maiores explicações, Caim "conheceu sua mulher, e ela deu à luz [...]. Tornou-se um construtor de cidade" (Gênesis 4,17). De onde, perguntava o jovem estudante La Peyrère, viera a mulher com quem Caim se casou? A resposta tradicional, escandalosa, era que essa mulher era uma de suas irmãs, ainda que até essa altura o Gênesis não fizesse menção nenhuma a filhas de Adão e Eva.

O debate na escola dominical deveria acabar aí, mas a curiosidade do pequeno Isaac não estava satisfeita. Fugitivo e errante, Caim disse a Deus que temia que "o primeiro que me encontrar me matará" (Gênesis 4,14), mas quem poderia ser esse "primeiro", se o mundo ainda estava despovoado? E o que a mulher com quem Caim se casou estava fazendo na terra de Nod? E como poderia o fugitivo ter edificado uma cidade ali, sem que houvesse nenhum outro povo para nela habitar?[1] Seria possível que todas essas pistas dessem a entender, perguntava o menino a si mesmo, que já houvesse pessoas no mundo antes da criação de Adão e Eva, seres humanos que viviam fora dos muros do Jardim do Éden e com os quais Adão e Eva e seus filhos interagiam? Não podemos afirmar que o menino La Peyrère ousasse expressar abertamente suas conjecturas. Até um estudante curioso sabia que perguntas desse tipo podiam acarretar sérios problemas.

As coisas poderiam ter ficado por isso mesmo, como provavelmente já tinha acontecido muitas vezes para gerações de alunos curiosos, não fossem diversas reviravoltas singulares na vida de La Peyrère e na cultura em que estava inserido. Formado em direito, ele chamou a atenção do poderoso príncipe de Condé, que o levou para Paris como seu secretário. Esse trabalho proporcionava certa proteção, o que lhe permitia dar seguimento à sua inclinação por pesquisas incessantes e potencialmente heréticas, aonde quer que esse pendor o levasse. Além disso, passou a ter acesso a um notável círculo de filósofos, teólogos e cientistas audaciosos, atentos a descobertas e pesquisas que vinham ocorrendo havia mais de um século, mas com implicações sobre as quais ainda era perigoso debater publicamente.[2]

Essas implicações já tinham começado a vir à tona em 12 de outubro de 1492, quando Colombo e seus homens desembarcaram no Caribe e encontraram verdadeiras multidões de nativos. "Andavam nus como a mãe os deu à luz; inclusive as mulheres."[3] Pintavam o corpo, mas não usavam vestimenta nenhuma. Para os aventureiros europeus armados, essa nudez era boa notícia, pois indicava que os habitantes eram vulneráveis. Ao mesmo tempo, porém, impunha um problema teológico: como era possível que toda uma imensa população estivesse isenta da primeira e mais básica consequência da Queda, ou seja, da vergonha? "Então abriram-se os olhos dos dois e perceberam que estavam nus; entrelaçaram folhas de figueira e se cingiram" (Gênesis 3,7).

A vergonha não era entendida como uma aquisição cultural, mas sim como a condição humana inescapável e definidora, surgida como consequência do pecado. No entanto, ali estavam grupos imensos de pessoas que se mostravam nuas. Por que não se davam conta de sua condição? E por que não se valiam dos meios que o próprio Deus dera aos homens para cobrir sua nudez: "Iahweh Deus fez para o homem e a mulher túnicas de peles e os vestiu"?

Era possível argumentar que os nativos houvessem perdido toda a vergonha e se esquecido do uso de roupas. Os macacos, julgava-se em geral, no passado tinham sido como nós, mas haviam descambado para seu estado selvagem.[4] Da mesma forma, diziam alguns, os nativos do Novo Mundo eram criaturas que haviam caído abaixo do nível humano. Em 1550, alguns intelectuais espanhóis apresentaram esse argumento num debate formal em Valladolid. Alegavam que, a despeito de algumas semelhanças, as criaturas recém-descobertas não eram de fato humanas; o que parecia ser voz não passava de sons animais. Os depoimentos de testemunhas oculares que haviam estado com os nativos e podiam atestar que eram mesmo humanos foram julgados insuficientes. A ideia de que eram animais, carentes do uso da razão, acabou sendo derrotada não por observação empírica, mas por doutrina religiosa: os nativos, para o argumento vencedor, tinham almas que estavam prontas para conversão ao cristianismo. Não obstante, se os habitantes daquelas ilhas não eram animais, ou seja, se eram pessoas que descendiam, como todas as demais, de Adão e Eva, como explicar sua nudez?

Quem abriu caminho para uma resposta foi Colombo. Em sua terceira viagem, e com sua convicção de ter chegado às Índias já abalada, o almirante começou a cogitar uma nova possibilidade. O mundo não é "redondo do jeito que dizem", ele escreveu, "mas do feitio de uma pera que fosse toda redonda, menos na parte do pedículo, que ali é mais alto e onde há algo parecido com um mamilo de mulher". As novas terras que descobrira, com sua beleza e abundância extremas, deviam estar situadas nesse mamilo ou muito perto dele, cujo centro seria o local do Paraíso terrestre. Colombo não acreditava que pudesse entrar no próprio jardim, pelo menos não nesta vida mortal. No entanto, fazia sentido que, em sua nudez, as pessoas que encontrara, vivendo tão perto do Éden, lembrassem seus primeiros habitantes. Como consequência da Queda, a vergonha se intensificava com a distância. Ela aumentava à medida que as pessoas se distanciavam do local original da bem-aventurança.

A proximidade do Paraíso explicaria as correntes caudalosas de água doce que os marujos espanhóis observavam, pasmados, no golfo de Pária, em Trinidad. Afinal, constava do Gênesis que quatro grandes rios nasciam no Jardim do Éden.[5] Em 1498, a única explicação alternativa que ocorria a Colombo parecia ainda mais louca: "E digo", ele acrescentou, "que se não for do Paraíso terrestre que vem esse rio, ele se origina de uma terra vasta, situada no sul, da qual até hoje não se tem conhecimento". Essa ideia — a possibilidade de um continente ignoto — era tão difícil de admitir que ele recuou para o terreno mais seguro do Éden: "Porém estou muito mais convencido de que é lá, onde eu disse, que fica o Paraíso terrestre".[6]

Quando, depois de novas explorações, ficou claro que existia mesmo uma terra vasta no sul — a saber, toda a América do Sul —, a ideia de que o Paraíso se localizava perto dali não foi simplesmente abandonada. No século XVI e no começo do XVII, os cronistas espanhóis López de Gómara e Antonio de Herrera consideraram seriamente essa possibilidade, assim como um grande naturalista, o padre José de Acosta, em sua *Historia natural y moral de las Indias*. Em meados do século XVI, Antonio de León Pinelo — filho de cristãos-novos portugueses, como La Peyrère — provou, ao menos para si próprio, que o rio da Prata, o Amazonas, o Orinoco e o Magdalena eram os quatro grandes rios que nasciam no Paraíso terrestre.

Mas, passado o choque inicial, o que dizer sobre a nudez dos nativos do Novo Mundo? De modo geral, os colonizadores europeus, dedicados a explorar sem piedade os povos que dominavam, interpretaram-na, à sua conveniência, como um sinal do primitivismo daquelas pessoas e ponto final. Se o Grande Debate em Valladolid havia concluído que os nativos eram humanos, concluiu também que eram o que Aristóteles havia chamado de "escravos naturais", pessoas cuja condição ínfima tornava legítimo e até misericordioso para elas serem escravizadas.

No entanto, pelo menos uma figura importante, o grande dominicano Bartolomé de las Casas, discordou com veemência. Las Casas, que viajara para o Novo Mundo como colono, ficara profundamente abalado com as atrocidades que vira ser cometidas contra seus habitantes, que denunciou numa acusação famosa, *Brevísima relación de la destrucción de las Indias* (1542). Convicto, como Colombo, de que as Américas eram o mais provável local do perdido Jardim do Éden,[7] ele acreditava também que os nativos não só se igualavam a todos os outros humanos, cristãos ou não, como lhes eram moralmente superiores, como convinha às suas terras paradisíacas. "Deus fez todos os muitos e variegados povos dessa área", escreveu Las Casas, "tão abertos e inocentes quanto se possa imaginar. As pessoas mais simples do mundo — despretensiosas, resignadas, inseguras e submissas —, elas não têm malícia nem manhas, e são totalmente sinceras e obedientes."[8] Não se encontravam no Paraíso, pois lhes faltava a fé católica, mas sua nudez indicava que estavam muito perto disso.

"Foi contra esses cordeirinhos", lamentou Las Casas, "que, a partir do dia em que puseram os olhos neles, os espanhóis se atiraram contra o redil como lobos famintos." O número de mortos era inacreditável: "Numa estimativa conservadora, o comportamento despótico e diabólico dos cristãos levou, nos últimos quarenta anos, à morte, injusta e absolutamente desnecessária, de mais de 12 milhões de almas, entre elas mulheres e crianças, e há motivos para se acreditar em minha própria estimativa, segundo a qual o número de 15 milhões está mais próximo da verdade".[9] (Estudos demográficos modernos concluíram que é provável que os números de Las Casas, que durante muito tempo foram vistos como exagerados, estejam perto do verdadeiro.) Se essas vítimas trágicas mostravam a mesma inocência edênica de Adão e Eva, como devemos classificar os espanhóis? Las Casas não hesitou em tirar sua conclusão: "O leitor poderá se perguntar [...] se essas pobres pessoas não estariam melhor se tivessem sido entregues aos diabos do Inferno, e não às mãos dos demônios do Novo Mundo que se fazem passar por cristãos".

O livro de Las Casas tornou-se popularíssimo na Europa, e não apenas entre aqueles cujo interesse principal era demonizar os conquistadores espanhóis ou a Igreja católica. A denúncia candente de Las Casas estava por trás das perguntas subversivas de Montaigne, que se aplicavam a todos os cristãos europeus: por que achamos que nossos costumes são melhores que os deles? Quem são os genuinamente civilizados e quem são os bárbaros?[10] Essas perguntas tinham uma relação desalentadora com a história básica de inocência primal, de queda e de redenção por meio de Cristo. E não era somente a violência dos colonos que se revelava tão perturbadora: perturbador também era o imenso número de pessoas que viviam numa parte desconhecida do globo até então, uma parte sobre a qual a Bíblia não fazia nenhuma referência. Como poderiam ter chegado ali? Por que alguém julgaria que só existia uma única descrição de todo o mundo?

Era difícil conciliar o tamanho da população que os aventureiros europeus encontraram nas Américas com a cronologia bíblica. A recente "descoberta do vasto continente da América", escreveu Matthew Hale, eminente jurista inglês de meados do século XVII, "que parece ser quase tão povoada de homens, assim como bem servida de gado [isto é, animais] como qualquer parte da Europa, da Ásia ou da África, tem gerado certa dificuldade e polêmicas com relação ao surgimento de toda a humanidade a partir dos dois progenitores comuns [...] ou seja, *Adão* e *Eva*".[11]

O problema, como observa Hale, estava na "transposição": como tantas pessoas teriam sido levadas de um mundo para outro, atravessando o oceano? O jesuíta José de Acosta imaginou (corretamente, como hoje sabemos) que deveria ter existido uma ponte terrestre ligando a Ásia às Américas. Acosta não dispunha de nenhum indício físico da existência dessa ponte, mas precisava postular sua existência para justificar o testemunho da Bíblia: "A razão que me obriga a dizer que os primeiros habitantes dessas Índias saíram da Europa ou da Ásia é não contradizer as Sagradas Escrituras, que ensinam com clareza que todos os homens descendem de Adão, motivo pelo qual não podemos cogitar de nenhuma outra origem para a população humana das Índias".

Para La Peyrère, essa proposta de uma ponte terrestre parecia uma tentativa desesperada de explicar o inexplicável. Nenhuma ponte desaparecida, ele julgava, seria capaz de explicar as enormes quantidades de pessoas que, segundo o relato ortodoxo, precisaria ter descendido quase imediatamente dos sete sobreviventes da arca de Noé e se espalhado com inimaginável rapidez por todo o globo.[12] Até mesmo a simples diversidade das culturas humanas — os nômades da Lapônia e os cortesões chineses, as senhoras elegantes de Paris e os nativos nus do Novo Mundo — constituía o que lhe parecia um sério desafio à visão aceita de Adão e Eva como os progenitores de todos os seres humanos do planeta.

La Peyrère não era o único a se preocupar com essas dúvidas. Exatamente no período em que Milton se dispôs a tornar Adão e Eva mais intensa e plenamente reais do que tinham sido até então, a credibilidade dos capítulos iniciais do Gênesis estava sendo abalada em várias frentes. É possível que Milton tenha sido levado a escrever *Paraíso perdido* em parte por sua consciência dos desafios que estavam preocupando La Peyrère, seu contemporâneo. Embora reagissem de maneiras diferentes, ambos sentiam os mesmos tremores sísmicos: a vasta expansão do mundo conhecido, a violência das guerras religiosas, as afirmativas inquietantes de Copérnico e Galileu.

Não foram esses os únicos tremores que começaram a criar fissuras na história bíblica da origem do homem. Em toda a Europa, humanistas e artistas haviam provocado um renovado interesse pela Antiguidade clássica. A recuperação de textos cruciais do mundo antigo insuflou vida nova a teorias pagãs da origem do homem que foram esquecidas ou ignoradas durante séculos. Ninguém correu, por causa delas, a desafiar a autoridade absoluta do Gênesis, mas ter consciência das alternativas causava desconforto.

Uma das mais fortes dessas alternativas originou-se no fim do século IV AEC com o filósofo grego Epicuro. Embora quase todas as suas obras tenham-se perdido, um longo e brilhante poema, escrito por volta do ano 50 AEC por Lucrécio, seu discípulo romano, foi encontrado, copiado e posto novamente em circulação por um caçador de livros do Renascimento, Poggio Bracciolini. Segundo Lucrécio, nossa espécie, junto com todas as outras, surgiu como resultado de mutações atômicas aleatórias ao longo de um período ilimitado. Para ele, o universo era eterno, e a natureza fazia incessantes experiências com a criação de novas espécies. A maioria dessas espécies desaparecia — a natureza era indiferente a fracasso e desperdício —, mas algumas, entre elas a nossa, tinham conseguido sobreviver, encontrar alimento e se propagar.

Para Lucrécio, os homens deviam ter evoluído do modo gradual e intermitente, passando da selvageria para a civilização. Os primeiros homens eram seres primitivos e ignorantes, que lutavam para sobreviver num ambiente brutal. Não tinham nenhum sentido de ordem social ou de bem comum: cada um procurava, por instinto, apoderar-se do que podia. E as relações entre homens e mulheres tinham mais a ver com estupro e escambo do que com qualquer coisa que lembrasse sentimentos de ternura: "A mulher ou cedia ao homem, levada por desejo mútuo, ou era dominada pela força impetuosa ou pela luxúria desenfreada do homem, isso quando não vendia seus favores por bolotas de carvalho, bagas de medronheiros ou belas peras".[13]

A recuperação, por letrados renascentistas, do conhecimento do grego e a tradução de clássicos gregos para o latim permitiram a difusão de muitas outras narrativas de origem pagãs. Um poeta grego arcaico, Hesíodo, proporcionava a visão de uma idade de ouro, junto com o mito de Pandora, que tinha uma estranha ressonância com Eva. O fabulista Esopo invocava uma época áurea em que os animais (como também pedras, agulhas de pinheiros e o mar) falavam, assim como os homens. Um aluno de Aristóteles, Dicearco de Messina, escreveu sobre homens primitivos que viviam como deuses, eram rígidos vegetarianos, evitavam guerras ou brigas e eram versões melhores de nós mesmos. O retórico grego Máximo de Tiro representou Prometeu a moldar o primeiro homem, uma criatura "que em mente aproximava-se bastante dos deuses, de corpo delgado, ereto e simétrico, aspecto gentil, apto a trabalhos manuais e de passo firme".[14]

Traduções para idiomas europeus, além da prensa tipográfica, difundiram amplamente esses textos, fazendo com que muita gente começasse a compreender que o Gênesis não era a única narrativa da origem do homem, nem estava livre de contestação. Assim, por exemplo, tornou-se relativamente fácil o acesso à história, narrada por Platão, de uma era anterior em que os homens tinham sido gerados da terra, sem necessidade de reprodução sexual. Naquele tempo distante, escrevera o filósofo, o clima era ameno, e as pessoas viviam desnudas e ao ar livre. "A terra dava-lhes frutos em abundância, que cresciam, espontâneos, em árvores e arbustos, sem serem plantados pela mão do homem."[15] Não havia formas de governo, propriedade privada ou famílias separadas competindo umas com as outras por recursos escassos.

Essa e outras histórias pagãs semelhantes sempre podiam ser tratadas como versões distorcidas da verdadeira história da origem, a que fora escrita por Moisés, mas ainda assim seu efeito cumulativo era perturbador. Não era apenas o prestígio dos autores clássicos que tornava difícil simplesmente rejeitar seus relatos sem mais aquela; o problema estava também na cronologia que com frequência invocavam. A contagem cuidadosa das gerações mencionadas na Bíblia hebraica parecia revelar que o mundo tinha 6 mil anos de idade. Entretanto, o diálogo *Crítias*, de Platão, com sua descrição do reino perdido da Atlântida, referia-se a eventos fundadores ocorridos havia cerca de 9 mil anos. E o historiador grego Heródoto declarava ter tido demoradas discussões com sacerdotes egípcios que afirmavam possuir registros que remontavam a bem mais de 11340 anos. O sacerdote babilônio Beroso, com quem o Ocidente aprendeu a maior parte do que sabia sobre a antiga Babilônia, calculou que haviam transcorrido cerca de 432 mil anos entre o primeiro rei, o caldeu Alorus, e o Dilúvio.[16] Ainda que aquele número parecesse totalmente impossível (e realmente é), ficava uma sensação inquietante de que a cronologia bíblica era demasiado curta.

Pouquíssimos católicos ou protestantes, no Renascimento, se dispunham a deixar de lado a cronologia da Bíblia, e de qualquer forma seria perigoso admitir algum questionamento mais sério. Em Londres, durante a década de 1590, um informante do governo relatou que o teatrólogo Christopher Marlowe vinha declarando que "os indianos e muitos autores da Antiguidade com certeza escreveram há mais de 16 mil anos, enquanto há provas de que Adão viveu há 6 mil anos".[17] Quase na mesma época, o ex-monge italiano Giordano Bruno perguntava como era possível que tantas pessoas continuassem a acreditar na cronologia bíblica apesar do fato de que existe "uma nova parte do mundo onde se encontraram memoriais de 10 mil anos ou mais".[18] Marlowe e Bruno eram compulsivos em sua disposição para correr riscos. O primeiro foi mortalmente ferido com uma facada no olho por um agente da polícia secreta da rainha Elizabeth; o outro foi queimado na fogueira no Campo dei Fiori, em Roma.

Mesmo assim, os boatos não paravam de circular. La Peyrère ouviu dizer que, no México, os sacerdotes astecas tinham registros escritos que antecediam de muito o Gênesis, mas que as autoridades eclesiásticas espanholas haviam ordenado que fossem destruídos ou enterrados. (Enterrada em meados do século XVI, a Piedra del Sol, popularmente chamada Calendário Asteca, hoje no Museu Nacional de Antropologia, na Cidade do México, só foi redescoberta em 1790.) Obviamente, era prudente uma pessoa manter-se distante dessas oportunidades de manifestar dúvida, mas para La Peyrère elas serviam de confirmação da teoria que vinha elaborando em segredo desde a meninice.

Em meados da década de 1640, La Peyrère passou vários anos na Suécia e na Dinamarca, onde fez forte amizade com um famoso médico e sábio chamado Ole Worm, ardoroso e inveterado colecionador de "curiosidades". O conjunto de objetos que havia reunido em seu museu particular, conhecido como Wormianum, ia de ossos fósseis a presas de narval, de um caiaque esquimó a uma antiga fivela romana, de um crocodilo empalhado a um cachimbo americano de tabaco. É possível que tenha sido a simples presença desses objetos, ou o interesse dos dois pela mera diversidade das coisas, que levou La Peyrère a falar ao amigo da grande ideia que vinha germinando dentro dele desde a infância.

Adão e Eva certamente tinham existido, afirmava La Peyrère, mas não podiam de maneira alguma ter sido os primeiros seres humanos no planeta. Deveria ter havido inúmeros outros antes deles e outros contemporâneos seus, pessoas com línguas, culturas e histórias diversas. Muito antes da Queda, essas pessoas tinham lutado para sobreviver, suportado suas cotas de guerras, pestes e febres, sofrido as dores do parto e partilhado o destino de todos os mortais — não por terem comido do fruto da árvore proibida, porém porque assim é a existência natural dos homens.

La Peyrère contou a Ole Worm que havia exposto as suas teorias num texto intitulado "Os pré-adâmicos" e que o mostrara a algumas pessoas na esperança de convencê-las. As reações iniciais, admitia, não tinham sido encorajadoras. Um dos leitores, o eminente filósofo holandês Hugo Grotius, se mostrara muito perturbado. Os indígenas americanos talvez representassem um problema para a ortodoxia religiosa, Grottius admitia, mas o problema estaria resolvido se eles descendessem de integrantes das expedições vikings de Eric, o Ruivo, ou de Leif Erikson. Seria melhor que a sugestão alternativa de La Peyrère não circulasse: "Se essas ideias ganharem defensores, vejo a religião enfrentando um perigo grave e iminente".[19]

No entanto, cercado pelos preciosos objetos que tinha reunido, Ole Worm não concordou. Talvez se sentisse atraído pela afirmativa de La Peyrère de que só a teoria dos pré-adâmicos era capaz de explicar a existência dos indígenas americanos e dos esquimós da Groenlândia, cujos artefatos ocupavam lugar de destaque em seu museu. Sem que os sinais de perigo o intimidassem, ajudou La Peyrère em suas pesquisas, apresentou-o a amigos importantes e incentivou-o a difundir suas ideias para um público mais amplo.

O resultado, em 1655, foi a publicação, em Amsterdam, de um livro em latim, *Prae-Adamitae*, a que se seguiu em Londres, no ano seguinte, numa tradução para o inglês, *Men Before Adam*.[20] O príncipe para quem trabalhara antes já morrera, mas seu filho e herdeiro, o novo príncipe de Condé, fez com que La Peyrère perseverasse e deve ter feito com que se sentisse seguro, pois seu livro nada esconde. Ele admitia os riscos: "Quem caminha sobre o gelo", La Peyrère escreveu, "avança com cautela onde a superfície se fende [...] por isso de início eu temi, já que essa discórdia duvidosa poderia cortar as solas de meus pés ou me envolver em alguma heresia grave". Depois de anos de estudos e pesquisas, porém, ele caminhava com ousadia, convicto de que pisava em terreno sólido.

Adão, explicou La Peyrère, não era o pai de toda a humanidade, mas apenas o pai dos judeus, o povo que Deus misteriosamente escolhera para receber a lei e ser, por meio de Jesus Cristo, os agentes da redenção. Essa genealogia particular era a razão por que a cronologia do Gênesis parece tão fora de sincronia com "todos os registros profanos, quer antigos, quer novos, a saber, os registros dos caldeus, egípcios, citas e chinesianos [sic]", isso sem falar "daqueles do México, há não muito tempo achados por Colombo". Os problemas desapareciam quando se admitia que a população do mundo já era abundante antes da criação de Adão.

Mas e as consequências que no Gênesis decorrem da transgressão de Adão e Eva no Jardim — o trabalho duro na lavoura, o parto com dores, a morte? Por acaso os habitantes anteriores viviam sem esses sofrimentos? De jeito nenhum. "A morte natural dos homens", escreveu La Peyrère, "vem da natureza do homem, que é mortal." Por isso, as mulheres também sempre sentiram dores naturais no parto, do mesmo modo que as serpentes sempre rastejaram na terra. As maldições pronunciadas por Deus no Gênesis foram punições espirituais, acrescentadas à condição comum e natural da vida. As guerras, as pestes e as febres não surgiram como resultado de Adão e Eva comerem o fruto proibido; eram e continuam a ser parte da "imperfeição" da natureza.

Se foram muito poucos os leitores da Bíblia que perceberam essas verdades simples, escreveu La Peyrère com espantosa franqueza, isso acontecera porque a Bíblia é um documento muito imperfeito. As poucas coisas de que precisamos para nossa salvação são expostas de modo claro. Quanto ao resto, porém, a maior parte é escrita "com tão grande descuido e obscuridade que às vezes nada pode ser mais obscuro". Como pôde Moisés ser tão descuidado? A resposta é que a Bíblia, como a conhecemos, não é igual ao original do próprio Moisés, que lhe foi passado diretamente.[21] Prova disso é o fato de a Bíblia falar de sua morte. Por causa de inúmeras transcrições, era inevitável a introdução de erros. Não admira que tantas coisas estejam "confusas e fora de ordem": as Escrituras são o resultado de "um monte de cópias feitas de maneira confusa".

Essas confusões levaram a inumeráveis absurdos de interpretação. Adão não poderia, como destacam muitos comentários, ter sido criado já adulto. Deve ter sido moldado como bebê e passado pelo vagaroso crescimento da infância antes que Deus o pusesse no Paraíso. De outro modo, como poderia ter adquirido as competências básicas que os seres humanos só desenvolvem em seus primeiros anos? Além disso, no Paraíso, a nomeação dos animais deve ter levado muito mais tempo do que a maioria das pessoas imagina. Não é possível que tenha sido o trabalho de meio dia,

> pois para chegar lá o Elefante teria de vir das partes mais distantes da Índia e da África, e eles se movem de forma pesada e lenta. E o que posso dizer de várias espécies diferentes de criaturas e aves, que não existem em nosso hemisfério, que têm de cruzar, nadando, tantos mares, transpor tantas terras, para chegar à *América*, e lá receber seus nomes?

Nessas passagens, tem-se a impressão de que La Peyrère estava zombando da história de Adão e Eva, mas na verdade ocorre o contrário. Tendemos a pensar na fé como uma espécie de chave LIGA/ DESLIGA — ou se aceita ou não se aceita certa história como a verdade. Entretanto, são muitos os estágios intermediários entre a fé cega e a rejeição cabal. Tal como Milton, La Peyrère era herdeiro da tese de Agostinho de que o relato da Bíblia sobre os primeiros seres humanos deveria ser entendido literalmente. No entanto, desde a meninice implicava com as brechas que aparecem assim que se tenta tratar o mito como uma descrição da realidade. Decidido, apesar de todos os riscos, a tapar essas brechas, achava que poderia fazê-lo reduzindo a narrativa do Gênesis a um único fio — a origem dos judeus — na história muito maior da humanidade.[22]

Isso criava espaço para um mundo mais vasto, com uma história demográfica mais complexa. Por exemplo, o Dilúvio de Noé foi um evento local, e não universal. "Não ocorreu em toda a terra, mas somente na Terra dos Judeus." Como a intenção de Deus era destruir apenas os judeus, o novo entendimento explicaria a difusão global de povos de cuja existência os primeiros cristãos, como Lactâncio e até o grande Agostinho, duvidavam. "Eu gostaria que *Agostinho* e *Lactâncio*, que zombaram da ideia dos *Antípodas*, estivessem vivos hoje", escreveu La Peyrère:

> Na verdade eles se lastimariam se ouvissem ou vissem as coisas que estão sendo descobertas nas Índias Orientais e Ocidentais nesta era de visão clara, além de um grande número de outros países cheios de homens, países aos quais com certeza não chegou descendente nenhum de Adão.

Muito antes que Adão e Eva fossem criados, os pré-adâmicos já frutificavam e se multiplicavam, povoando a terra.

Para La Peyrère, esse entendimento correto era menos um desmerecimento da história narrada no Gênesis do que uma valorização dos judeus. O livro *Os pré-adâmicos* era dedicado "a todas as sinagogas dos judeus, dispersos pela face da TERRA". Sua carta-dedicatória assim termina: "Mantenham a coragem e guardem-se para coisas melhores". As coisas melhores, ele acreditava, incluiriam a salvação por intermédio de Jesus, que viera ao mundo como um deles, pela misteriosa vontade de Deus, da mesma forma como tinham sido escolhidos para dar a conhecer a Lei.[23]

Essa escolha nada tinha a ver com alguma virtude especial. "Quem se debruçar sobre a questão da criação dos judeus nada encontrará que os faça parecer dignos da Eleição; pois foram feitos da mesma carne e do mesmo sangue que os gentios, e foram produzidos com o mesmo barro com o qual os outros homens foram formados." Entretanto, a história deles como o povo escolhido é de uma importância singular, e para La Peyrère não estava fatalmente manchada pelo papel que eles desempenharam na Crucifixão. Afinal, se Jesus não tivesse sido crucificado, não teria sido o salvador da humanidade. Os judeus do século I de fato mataram Jesus, escreveu La Peyrère, mas já tinham sido amplamente punidos, ao longo de muitas gerações, por sua participação nesse ato. Para o autor, a perseguição dos judeus àquela altura quase equivalia ao mesmo crime de deicídio cometido no primeiro século.

Destemidamente, La Peyrère passou a expor as implicações desse argumento, em termos que seus contemporâneos teriam julgado quase tão chocantes quanto sua teoria dos pré-adâmicos. O mundo em breve assistiria à vinda de um messias judeu, ele escreveu. Essa vinda completaria a história dos judeus — aquela fração pequena, finita, da vasta população do mundo — e com isso também traria a redenção para toda a humanidade. Não haveria distinção entre os pré-adâmicos e os descendentes de Adão, nem separação entre os salvos e os condenados; não se veriam almas lacrimosas sendo conduzidas para uma eternidade de sofrimentos no inferno, enquanto outras eram elevadas para a bem-aventurança. Todos seriam salvos.

Para propiciar a vinda do Messias, escreveu La Peyrère, judeus e cristãos deveriam unir-se. Mesmo que os cristãos julgassem os judeus repulsivos, era preciso pôr um fim imediato à discriminação contra eles. Admitindo que tinham sido ingratos em relação ao povo a que pertencia Jesus, os cristãos deveriam começar a tratar os judeus de forma decente. Trabalhando juntos, conseguiriam o retorno dos judeus à Terra Santa, da qual estavam expulsos, e com isso cumpririam o grande desígnio profetizado na Bíblia. Com a conversão dos judeus e seu retorno a Israel, a história chegaria ao fim.

É difícil imaginar um conjunto de ideias que estivesse mais destinado do que esse a provocar indignação quase universal.[24] A publicação de *Os pré-adâmicos* provocou condenação veemente por parte de católicos, protestantes e judeus. La Peyrère tinha desrespeitado limites dos quais pouquíssimas pessoas ousavam se aproximar, quanto mais atravessar. À medida que os protestos se avolumavam e seu livro era queimado, ele se alarmava mais e mais. Seu protetor, o príncipe de Condé, estava em Bruxelas, uma cidade católica. Para lá se dirigiu La Peyrère, em busca de guarida, o que acabou sendo um erro desastroso.

Em fevereiro de 1656, trinta homens armados invadiram seus aposentos em Bruxelas e o atiraram numa prisão, acusando-o de ser *"un hérétique détestable"*. De início, durante longos interrogatórios, ele manteve obstinadamente suas posições, mas ficou claro que nem o príncipe nem ninguém interviria em seu favor. A situação ficou extremamente perigosa, mas é possível que, nesse ponto, a própria notoriedade de La Peyrère como autor de *Os pré-adâmicos* o tenha ajudado. Caso se retratasse de seus erros, pedisse perdão ao papa e se tornasse católico, seus captores lhe informaram, seria poupado. Em junho, La Peyrère aceitou essas condições e foi levado a Roma, onde o puseram diante do papa Alexandre VII. Diz-se que o pontífice sorriu, dizendo: "Vamos abraçar esse homem, que é anterior a Adão".[25] O superior geral dos jesuítas, também presente à audiência, observou que ele e o papa tinham se divertido bastante ao lerem *Os pré-adâmicos*.

Não há registro conhecido da reação de La Peyrère a essa pândega, mas sabemos que ele se pôs a trabalhar em sua retratação. Tinha sido desencaminhado, escreveu, por sua formação calvinista, que lhe ensinara falsamente que devia interpretar as Escrituras de acordo com a razão e com sua própria consciência. Esse caminho o levara à teoria pré-adâmica, mas agora ele compreendia que não tinha de seguir nem os ditames da razão nem os impulsos da consciência, apenas a autoridade do papa. Por isso renunciava a suas declarações sobre a existência de homens antes de Adão, a seu relato sobre o Dilúvio como um evento local, a sua negação da autoria de Moisés de todo o Antigo Testamento e

16. A representação, por Dürer, do último momento de inocência, como que registrado por um instantâneo fotográfico, tornou-se famosa quase da noite para o dia. Albrecht Dürer, *Adão e Eva*, 1504.

17. Nesse estudo preparatório, Dürer experimenta a ideia de que próprio Adão colha o fruto fatídico. Folha de estudos para a mão e o braço de Adão e para rochas e vegetação antes da execução da gravura *Adão e Eva*, 1504.

18. O fascínio de Dürer pela nudez de Adão e Eva estende-se aqui a seu próprio corpo. Albrecht Dürer, *Autorretrato nu*, 1505.

19. Eva como uma sedutora ardilosa, e Adão como um cadáver em decomposição. Hans Baldung Grier, *Eva, a serpente e a morte*, c. 1510-1515.

20. Bosch mostra Adão, enlevado, contemplando Eva, enquanto animais devoram suas presas no Éden. Hieronymus Boasch, *O Jardim das delícias* (detalhe), 1504.

21. Uma bela mulher, talvez Eva, assiste à transmissão da centelha de vida do dedo de Deus para o de Adão. Michelangelo, *A criação de Adão*, 1508-1512.

22. Adão já atormentado pela queda. Jan Gossart, *Adão e Eva*, c. 1520.

23. Adão, desconcertado, aceita o fruto que Eva lhe estende. Lucas Cranach, o Velho, *Adão e Eva*, 1526.

24. O que faz Adão aqui? Procura deter ou sustentar Eva, que colhe o fruto proibido, oferecido por uma serpente querubínica? Ticiano, *Adão e Eva, c.* 1550.

25. A Virgem Maria e seu filho esmagam juntos a serpente. Caravaggio, *Madona dei Palafrenieri* (detalhe), 1605-1606.

26. Com uma franqueza desalentadora, Rembrandt mostra os corpos envelhecidos de Adão e Eva. Rembrandt van Rejn, *Adão e Eva*, 1638.

27. Estas figuras hiper-realistas de Adão e Eva foram feitas mediante a aplicação de cera sobre ossos humanos. Ercole Lelli, *Modelos anatômicos de cera de Adão e Eva*, século XVIII.

28. O fruto que Eva parece estar oferecendo a Adão é seu seio. Max Beckmann, *Adão e Eva*, 1917.

29. Essa cena imaginária de Lucy e seu companheiro, baseada em pegadas reais, parece invocar Adão e Eva depois de expulsos do Paraíso. "Lucy" (*Australopithecus afarensis*) *e seu companheiro*, reconstrução de John Holmes, sob a direção de Ian Tattersall.

a todas as suas demais interpretações errôneas. Sua teoria, declarou, era como a hipótese copernicana. Se o papa dizia que estava errada, só podia estar errada.

A retratação de La Peyrère foi aceita e publicada. Dois doutores em teologia da Sorbonne lhe apuseram cartas de aprovação. O papa, muitíssimo gratificado, ofereceu ao herege arrependido uma prebenda e a oportunidade de permanecer em Roma, porém, após um intervalo decoroso, La Peyrère pediu permissão para retornar a Paris. Lá voltou a servir ao príncipe de Condé. Embora insinuasse discretamente que não abandonara de todo seus sonhos messiânicos de um retorno dos judeus à Terra Santa, manteve-se distante de novos problemas. Teve uma vida longa e tranquila à sombra do risco que correra de ser submetido a um auto de fé. Sua mulher e seus filhos, dos quais quase nada sabemos, provavelmente morreram antes dele, e La Peyrère passou seus últimos anos num mosteiro.

Em que deu essa estranha aventura intelectual? O Messias não apareceu, os judeus não retornaram para Sião, e a ideia ousada dos pré-adâmicos, atacada de todos os lados, caiu no esquecimento. Foi um daqueles becos sem saída em que se metem os que buscam a verdade quando as explicações convencionais e as suposições recebidas começam a desabar. Não que a história bíblica da origem já estivesse desabando. O problema era que essa história tinha se tornado demasiado real — o triunfo daquele longo processo que culminou em *Paraíso perdido*. Essa realidade — a presença palpável de Adão e Eva como corpos sensíveis em determinado ambiente geográfico no início do tempo histórico — obrigava um obsessivo como La Peyrère a tentar ajustá-los ao mundo real tal como se apresentava.

É possível que La Peyrère tenha feito algo mais do que entrar num beco sem saída. Talvez tenha contribuído, à sua maneira singular, para um questionamento persistente que acabou por levar a uma abordagem mais crítica, antropológica e histórica do Gênesis. Foi tanto um dos precursores do sionismo como um defensor ardoroso da tolerância e da redenção de todos os povos. Entretanto, sua grande ideia se mostrou irremediavelmente errada e, por uma estranha ironia do destino, sua aplicação mais significativa foi servir como justificação para o racismo e a escravidão. No fim do século XVIII e ao longo do XIX, o livro *Os pré-adâmicos*, de La Peyrère, havia muito esquecido, foi ressuscitado por aqueles que desejavam defender a ideia de que os povos de cor, que tinham escravizado, não eram de fato descendentes de Adão e Eva. O fato de o próprio

La Peyrère não haver classificado numa escala de valor as diversas populações do globo, fossem elas pré ou pós-adâmicas, não importava. Sua teoria de origens humanas múltiplas — a poligênese, em oposição à monogênese — deu aos racistas exatamente aquilo de que precisavam.

Na realidade, os estudos científicos sobre o DNA dão pleno apoio à teoria da origem africana do homem moderno. A migração humana a partir da África foi recente, em termos geológicos — ocorreu em algum momento entre 125 mil e 60 mil anos atrás —, e fez uso de elementos do relevo como a ponte terrestre que La Peyrère ridicularizou. Há ainda outro erro que se mostrou fundamental para refutar La Peyrère: como Malthus explicou, as populações se multiplicam em progressão geométrica. Por conseguinte, não existe nenhuma razão matemática[26] para que a população humana não devesse ter crescido com tanta rapidez — embora a distribuição geográfica possa ter levado mais tempo do que queria a Bíblia.

Entretanto, o estranho destino da ideia constitui um lembrete útil do poder nivelador sempre latente na história de Adão e Eva. Do mesmo modo como o sacerdote medieval John Ball aproveitou esse poder para desafiar fantasias aristocráticas de superioridade inata — "Enquanto Adão lavrava e Eva fiava, onde estava a fidalguia?" —, também os proprietários de escravos perceberam que um único casal ancestral na origem da humanidade poderia lhes causar problemas. Nem todos defendiam a poligênese — muitos judeus e cristãos que acreditavam fervorosamente que Adão e Eva fossem os pais de toda a população humana não se furtavam a escravizar pessoas de seu próprio grupo —, mas sabiam que os abolicionistas usariam nossa origem comum como um de seus mais poderosos argumentos morais.

13. A queda de Adão e Eva

A ameaça de ser queimado na fogueira — que sempre era uma indução eficaz a pensar melhor — podia obrigar a retratações públicas de teses inaceitáveis e de dúvidas importunas. No entanto, as coisas não eram tão simples. Isso porque as "heresias abomináveis" como as de La Peyrère não provinham de ceticismo: eram resultado de ver Adão e Eva como pessoas reais. Ou seja, refletiam as mesmas forças que levavam os exploradores do Renascimento a mapear a localização do Jardim do Éden, os cronistas do Renascimento a calcular o número preciso de gerações transcorridas desde a expulsão de Adão e Eva do Éden, os pintores do Renascimento a lhes conferir realidade corpórea, e Milton, o consumado poeta do Renascimento, a lhes atribuir uma complexa relação marital. O êxito coletivo de todos esses esforços por parte dos fiéis — a concretização triunfal do velho sonho agostiniano de uma interpretação literal — teve um resultado imprevisto e devastador: a história do primeiro casal começou a morrer.

É claro que as figuras de Adão e Eva na história sempre foram entendidas como mortais, por consequência de sua transgressão. Entretanto, a aquisição, por elas, de uma vida plena, através da ciência, da arte e da literatura do Renascimento, fez com que toda a estrutura em que estavam inseridas se tornasse mortal. Isso aconteceu porque se tornou cada vez mais indefensável a lacuna entre pessoas convincentes como reais e circunstâncias gritantemente irreais — o jardim misterioso, as árvores mágicas, a serpente falante, Deus passeando no frescor de uma brisa vespertina. Do mesmo modo, uma representação vívida e humana de Adão e Eva tornou mais nítidos e incômodos os problemas éticos que desde sempre haviam pesado na história: a inexplicável transição da perfeita inocência para a iniquidade, uma proibição divina que vedava o próprio conhecimento necessário para respeitar a proibição, os terríveis castigos universais para o que parecia ser uma transgressão local de pequena monta. Os problemas não cessavam de se acumular, e as tentativas feitas com sinceridade e boa-fé para solucioná-los, como a de La Peyrère, só serviam para criar novas dificuldades.

A mortalidade de uma narrativa — de uma história que, como artigo de fé, tenha sido aceita como verdadeira — não se iguala à de uma pessoa. O processo de envelhecimento não é comparável: não há sinais reveladores de colapso iminente; não há herdeiros reunidos junto do leito de morte, chorando ou à espera de um legado. E, sobretudo, não há um momento em que o mito vivo deixa decisivamente de respirar e um médico irrompe no aposento para certificar-se de que, de fato, tudo acabou. Em vez disso, o que acontece é que um número substancial de pessoas deixa de acreditar que a história descreva de forma convincente a realidade. Outras poderão continuar a crer nela com fervor, mesmo depois de iniciado o declínio, mas o terreno começou a se mover, e o processo é irreversível. Até aqueles que julgam que a história é falsa podem aceitá-la durante algum tempo, porque não agir assim pode ser complicado ou perigoso, porque a alternativa não está clara ou porque a narrativa ainda parece transmitir algo de importante para a vida. Mas seus elementos essenciais já começaram a oscilar como uma miragem. Deixaram de ser verdades sólidas do mundo real e começaram a deslizar rumo ao faz de conta. A narrativa torna-se um factoide, uma tentativa fantasiosa de explicar por que as coisas são como são. Se o factoide for suficientemente poderoso, torna-se uma obra de arte.

A deriva para o faz de conta não precisava terminar em desilusão. Afinal, como vimos, no começo da história do cristianismo havia quem afirmasse que a história de Adão e Eva no jardim era um conto que encerrava uma verdade profunda a respeito da vida humana, mas não uma descrição histórica do que acontecera de verdade. "Quem poderia ser tão tolo para acreditar que Deus, como se fosse um agricultor, havia plantado árvores num Paraíso situado a leste do Éden?", perguntava o devoto Orígenes no século III.[1] Essa posição, porém, fora vigorosamente derrotada. "Se não existiu um Paraíso, a não ser numa alegoria", contestou o bispo Epifânio no século IV, então não houve árvores; "se não houve árvores, não houve quem comesse o fruto; se ninguém comeu o fruto, não houve Adão; se não houve Adão, então não há homens, mas todos eles são alegorias, e a própria verdade torna-se uma fábula."[2] Diante dessa percepção de ameaça, os defensores da ortodoxia agostiniana cerraram fileiras. Podia-se ler o relato do Gênesis de forma alegórica, ensinavam os eclesiásticos medievais, assim como era possível lê-lo como uma lição moral para o presente e como uma profecia para o futuro, mas apenas se o relato fosse também e ao mesmo tempo aceito literalmente. Durante um milênio, a rigorosa correção da narrativa bíblica foi um dogma, subscrito pelas palavras incontestáveis das Sagradas Escrituras e pela autoridade da Igreja.

Como resultado desse robusto investimento dogmático, tornou-se extremamente difícil dar uma guinada e retornar à ideia de alegoria. Mais difícil ainda era fazer isso bem na época em que os recursos imaginativos combinados da Europa renascentista estavam conferindo à história a semelhança com a realidade que por tanto tempo ansiara. O problema, como mostrou La Peyrère, era que a semelhança com a realidade provocava, e até impunha, perguntas perigosas. Os próprios teólogos insistiam em fazê-las, e os fiéis os imitavam. Entretanto, o ceticismo estava à espreita, e o ceticismo achava-se a um passo do ateísmo. Na década de 1630, as autoridades observaram, com preocupação, que alguns paroquianos de Essex, a nordeste de Londres, vinham perguntando, com ironia, onde Adão e Eva tinham arranjado linha para coser suas folhas de figueira.

Essa ironia provinciana era apenas um pequeno sinal do que estava por vir. Trinta anos depois da publicação de *Paraíso perdido*, de Milton, um filósofo protestante francês, Pierre Bayle, lançou o *Dictionnaire historique et critique*. O título parecia bastante anódino, mas o autor, numa época de feroz perseguição religiosa na França, sabia estar se aventurando num território perigoso. Diante da pressão no sentido de uma rigorosa conformidade, Bayle se refugiara na Holanda, onde podia expor suas ideias com mais liberdade. No começo, sua atuação o levou sobretudo a insistir em mais tolerância: uma Igreja cristã que procurava obter uniformidade mediante instrumentos de tortura e fogueira, ele escreveu, violava a própria essência do evangelho. Já era tempo, o autor defendia, de submeter praticamente tudo a um exame cuidadoso para determinar o que convinha adotar ou abandonar.

O *Dictionnaire*, que saiu em 1697, em Amsterdam, era uma total miscelânea: ensaios sobre conceitos teológicos e filosóficos de cambulhada com breves biografias, pesquisas textuais e histórias bizarras, tudo isso enfeitado com notas de rodapé detalhadíssimas, às vezes de uma ironia mordaz. Tanto o editor como o próprio Bayle devem ter ficado atônitos ao verem o calhamaço tornar-se um sucesso de público. Com o passar dos anos, em edições sucessivas, a obra acabou ficando com cerca de 6 milhões de palavras. Com certeza, foram pouquíssimos aqueles que a leram do começo ao fim. Mas em qualquer ponto o leitor podia encontrar coisas surpreendentes.

Em cada verbete de seu *Dictionnaire*, Bayle procurava expor os fatos básicos e sabidos sobre o assunto, e a seguir, em notas de rodapé, abordar as informações dúbias e as questões não resolvidas. Como convinha à sua importância, os verbetes referentes a Adão e Eva ocupavam muitas páginas, mas consistiam sobretudo em notas de rodapé, pois eram pouquíssimos, no turbilhão de detalhes biográficos, os fatos que resistiam ao olhar cético de Bayle. Embora não fosse de forma nenhuma um descrente, ele expunha com cuidado o que julgava ser as verdades básicas inegáveis. Sim, Adão foi o primeiro homem, criado por Deus, a partir do barro, no sexto dia da criação. Sim, Eva foi a mulher de Adão, formada a partir de uma de suas costelas. Adão deu nomes aos animais. Ele e sua mulher foram abençoados por Deus, instruídos a ser fecundos e se multiplicar, e advertidos a não comer o fruto da Árvore do Conhecimento do Bem e do Mal. Ambos violaram essa proibição — primeiro Eva, e a seguir, instigado por ela, Adão. Pela desobediência, os dois foram punidos e expulsos do Jardim.

Esses eram os pontos em que era necessário acreditar, declarava Bayle, já que a palavra de Deus os afirmava taxativamente. Entretanto, afora esses e alguns outros "fatos" expostos nas Escrituras, o restante, segundo o autor, estava sujeito a dúvidas. A seguir, o *Dictionnaire* jogava na lata de lixo lendas que pouco a pouco haviam sido adicionadas à narrativa ao longo de mil anos ou mais. Adão era, presumivelmente, "uma boa pessoa e bem-feito", escreveu Bayle, mas por que alguém deveria dar crédito à história de que era um gigante ou hermafrodita, que já fora criado circuncidado, que dera nome a todas as plantas, assim como aos animais, ou que fosse, em seus momentos de lazer, um grande filósofo que escrevera um livro sobre a criação? Seria verdade que Deus dera ao primeiro homem uma cauda, como afirmavam certos comentaristas, mas então, tendo mudado de ideia, a cortara e utilizara para formar a mulher?

Seria mesmo Eva tão bela que Satanás se apaixonara por ela e a seduzira? Teria ela, no Jardim, cortado um galho da Árvore do Conhecimento do Bem e do Mal e feito com isso um cajado, que usou para espancar o marido até convencê-lo a comer o fruto? Ou seria ela mesma, como outros asseveravam, a árvore fatal cujo fruto era proibido?

Adão e Eva, acreditava Bayle, não haviam mantido relações sexuais antes da expulsão, pois só depois disso a Bíblia declara que Adão "conheceu" sua mulher. Mas o que dizer sobre o resto das inúmeras especulações surgidas a respeito da vida dos dois? Os primeiros humanos precisaram mesmo consumar seu casamento rapidamente, a fim de ensinar aos animais, de outra forma ignorantes, como se reproduzir? Era verdade que Eva tinha se deitado com a serpente e parido demônios? Ela engravidava a cada ano, tendo sempre ao menos um filho e uma filha, e, de vez em quando, um número maior de crianças? Como, apesar dessas gestações, ela chegou à adiantada idade de 940 anos, dez a mais que o marido? Era verdade que criara uma ordem religiosa de moças que deveriam permanecer sempre virgens e preservar, sem deixar apagar, o fogo que caíra do céu após o sacrifício de Abel?

A maioria dessas afirmativas imemoriais com certeza trazia o bafio bolorento, observou Bayle, de velhos livros românticos ou de fantasias "conventuais". Nada havia de particularmente novo em rejeitá-las, porém, quanto mais detalhes o *Dictionnaire* oferecia, menos crível se tornava toda a história. O nome imaginário de uma das filhas de Adão e Eva poderia ter sido omitido sem querer, mas uma lista de nomes colhidos em fontes variadas e reunidos num rodapé — Calmana, Azrum, Délbora, Avina, Azura, Sava etc. — servia como um lembrete discretamente irônico de que a Bíblia não citava nenhum. A zombaria de Bayle quase nunca era franca — mesmo na tolerante Amsterdam ele tinha inimigos veementes — e, além disso, o autor parecia fazer um esforço sincero para seguir a essência de sua fé. No entanto, era difícil tentar conter sua ironia em limites seguros.

Nem todos achavam graça. O teólogo calvinista Pierre Jurieu, que tinha ajudado a levar Bayle para a segurança da Holanda, ficou indignado com o *Dictionnaire*, e não estava sozinho. Era possível aceitar reflexões irônicas a respeito das lendas estapafúrdias que haviam se acumulado em torno de Adão e Eva, porém essas reflexões, por sua vez, estavam ligadas a perguntas incômodas sobre a origem da pecaminosidade humana e sobre a justiça das punições determinadas por Deus. Para os inimigos de Bayle, as respostas dadas a essas perguntas no *Dictionnaire* pareciam minar o relato bíblico da criação e, com isso, abalar a fé em Deus.

Se o mundo, tal como criado, fora realmente puro e sem mácula, como entender, perguntava Bayle em vários ensaios filosóficos de fôlego, que o mal tivesse entrado nele? As respostas tradicionais, dadas por teólogos ortodoxos, declarava o *Dictionnaire* sem rodeios, eram patéticas ou monstruosas. Sob o disfarce ralo daquilo que um herege imaginário diria a esses teólogos, todos os desconcertantes problemas conceituais da história de Adão e Eva saltavam aos olhos.

Como podia um deus onipotente e de fato bondoso, perguntava o imaginário herético de Bayle, expor suas criaturas amadas a tantos tormentos?[3] Uma divindade verdadeiramente compassiva não teria se comprazido em tornar os homens felizes e em preservar sua felicidade? O Criador onisciente decerto sabia de antemão que suas criaturas lhe desobedeceriam e, com isso, provocariam pestes, guerras, fome e aflições inenarráveis para toda a sua progênie. Não procedera então como um governante que dá a um homem numa multidão uma faca afiadíssima, embora saiba muito bem que será usada num crime que levará à morte de milhares de pessoas? Não teria sido melhor prevenir a catástrofe?

Outros argumentos ortodoxos não tinham melhor sorte.[4] Com relação à ideia de que Deus dera livre-arbítrio à sua amada criatura, Bayle observou que esperamos que qualquer pai ou mãe procure evitar que o filho se machuque, que não se mostre indiferente ou deixe de ajudá-lo quando surge uma ocasião de perigo e que não o puna com violência depois de ocorrido o desastre. Não é preciso ser um filósofo para compreender isso, nem temos de limitar a comparação a pais e filhos. Um simples camponês sabe que existe muito mais bondade em evitar que um estranho caia numa vala do que deixá-lo cair e tirá-lo dali depois.[5]

Fazia muito tempo que essas questões, Bayle sabia, incomodavam os leitores da história do Gênesis. Ao longo dos séculos, muitas respostas tinham sido propostas, mas nunca conseguiam solucionar o problema, e as habituais tentativas de encerrar a discussão com declarações dogmáticas, fervor devoto, rituais coletivos e — quando necessário — tortura não causavam o desejado silêncio. No século XVII, essas perguntas tinham se tornado mais insistentes do que nunca, exatamente porque o Renascimento tornara Adão e Eva mais vívidos do que antes. Bayle citava uma copla latina em que um anjo vê o Adão e

Eva de Dürer e exclama: "Vocês estão mais belos do que eram quando os botei para fora do jardim do Éden".

Era perigoso evocar vidas com tamanha intensidade. Para Bayle, tanto quanto para Milton, o convincente realismo dos primeiros seres humanos chamava a atenção para as fissuras que sempre tinham existido na história. Não era esse, com certeza, o resultado desejado por Milton, e provavelmente tampouco o desejado por Bayle. Mas o que Bayle desejava? Milton estava confiante de que, a despeito de tudo, poderia justificar os atos de Deus, porém Bayle não tinha uma certeza semelhante, e via a fúria que seus textos estavam provocando. Em consequência das perguntas que vinha fazendo, havia causado perseguição à sua família, fora obrigado a exilar-se, tinha transformado seus antigos amigos e apoiadores em inimigos e sofrera o que hoje chamamos de colapso nervoso. Embora tivesse todos os motivos para tentar calar-se, não conseguia silenciar suas dúvidas. E onde — depois do embate violento com o problema do mal no Jardim do Éden — isso enfim acabou? Enterrada numa nota de rodapé a uma nota de rodapé, nas profundezas de 6 milhões de palavras, está o que o autor classificou como sua melhor resposta. "A melhor resposta que se pode dar com naturalidade à pergunta *Por que Deus permitiu que o Homem pecasse?* é a seguinte: *Não sei*."[6]

"Não sei": a essa distância no tempo, é difícil captar a bomba-relógio oculta nessa frase simples e a coragem necessária para escrevê-la. Embora o mundo de Bayle já fosse, em muitos aspectos, bastante semelhante ao nosso — Copérnico havia tirado a Terra do centro do universo, Bacon lançara os alicerces da revolução científica, Galileu e Newton tinham virado de cabeça para baixo o conhecimento do céu —, continuava a ser perigoso abordar a história de Adão e Eva de qualquer forma que não fosse uma postura devota. Num contexto religioso, junto com declarações de fé, era seguro confessar incerteza; num contexto secular, cético, era muitíssimo mais arriscado. O adjetivo "natural" na frase "A melhor explicação natural que se pode dar em resposta à pergunta" servia como uma defesa mínima; admitia a possibilidade de outro tipo de explicação, de caráter sobrenatural. No entanto, Bayle era um filósofo, não um teólogo, e, a despeito dos perigos, tudo em seu ser se rebelava contra abandonar a razão e se refugiar no dogma. Eram muitos os que desejavam calá-lo, mas ele continuou a escrever e, por fim, obteve ao menos uma pequena vitória para a tolerância: embora houvesse sido afastado do magistério e reduzido à penúria, não estava na prisão, mas em casa, em sua cama, quando a morte veio buscá-lo — em Rotterdam, em 1706, em seu 59º ano de vida.

Numa noite de 1752, num jantar no palácio real em Potsdam, Frederico, o Grande, o rei da Prússia, e seus comensais discutiram a possibilidade de retomar o projeto de Bayle e criar um dicionário próprio. Combinaram começar imediatamente. No dia seguinte, só um deles chegou ao café da manhã com um verbete de amostra, mas essa pessoa foi o filósofo Voltaire. O que apresentou serviu de semente para o seu *Dicionário filosófico*, em que trabalhou durante mais de dez anos. Voltaire gostava de correr riscos e não fazia segredo de seu desprezo pela ortodoxia religiosa. Porém, mesmo cinquenta anos depois de Bayle e apesar de ser uma celebridade, com um belo estipêndio anual de 20 mil francos e a proteção pessoal do rei da Prússia, Voltaire se cercou de cuidados para tratar do Jardim do Éden.

Na primeira edição do *Dicionário filosófico*, publicado anonimamente em 1764, o verbete de Voltaire sobre Adão destacava, num tom de espantada inocência, que os nomes do pai e da mãe da raça humana não fossem conhecidos por ninguém no mundo antigo, com exceção dos judeus. Que delicioso mistério! "Era para Deus um prazer que a origem da grande família do mundo estivesse oculta a todos, exceto para a menor e mais desafortunada parte daquela família."

Voltaire convidava seus leitores a imaginar um pobre judeu dizendo a César ou Cícero que todos descendiam de um único pai, chamado Adão. O Senado romano teria pedido comprovação — queriam ver os grandes monumentos, as estátuas, as inscrições em edifícios antigos —, mas, naturalmente, nada havia a ser mostrado. E os senadores teriam caído na risada e ordenado que o judeu fosse açoitado. "Porque", escreveu Voltaire com seu tom sempre impassível, "os homens estão presos a seus preconceitos!" Ou então, ele propôs, imaginemos um cristão fazendo uma visita de pêsames a uma rainha da China, do Japão ou da Índia que acabou de perder um filho pequeno e anunciando que o principezinho acha-se agora nas garras de quinhentos demônios que hão de atormentá-lo por toda a eternidade. A rainha enlutada pergunta por que os diabos torturariam seu filhinho perpetuamente, e o cristão teria de explicar que era porque "no passado o bisavô da criança havia comido o fruto do conhecimento, num jardim".

O tom de Voltaire remonta à ironia de que Bayle foi pioneiro, mas trata-se de uma ironia transformada numa arma cruel. Por que algumas criancinhas morrem no peito da mãe? Por que outras sofrem durante meses ou mesmo anos de tormentos antes de sucumbirem a uma morte estarrecedora? Por que a varíola ceifa tantas vidas? Por que, em todas as eras do mundo, "bexigas urinárias humanas estiveram sujeitas a se transformar em pedras?". Por que a peste, a fome, a Inquisição? Tudo isso é explicado com a história de Adão e Eva. Afinal de contas, apontava Voltaire, o espanhol Luis de Páramo, um dos maiores defensores da Inquisição, fazia remontar aquele esplêndido tribunal ao Jardim. Deus, chamando o transgressor com as palavras "Adão, onde estás?", fora o primeiro inquisidor.

Para Voltaire, que encerrava as cartas aos amigos íntimos com a injunção "esmaguemos a infame" — *Écrasez l'infâme* —, a história de Adão e Eva ocupava o centro do que mais precisava ser esmagado. A história não era apenas uma mentira ridícula; era a justificativa de alguns dos aspectos mais odiosos das ações e das crenças humanas. A proibição bíblica — "da Árvore do Conhecimento do Bem e do Mal não comerás" — é estranhíssima: "Não é fácil conceber que algum dia existiu uma árvore que fosse capaz de ensinar o bem e o mal, como existem árvores que dão peras e damascos". Esse, porém, não é o principal problema: "Por que Deus não deseja que o homem conheça o bem e o mal? Seu livre acesso a esse conhecimento, pelo contrário, não pareceria — se podemos usar essa linguagem — mais digno de Deus e muito mais necessário ao homem?". Não teria sido preferível, para Deus, ordenar aos homens que comessem o quanto pudessem do fruto? Por que haveria a religião de glorificar uma história que festeja a ignorância?

É somente a ignorância, ou antes, o deliberado aprisionamento da capacidade humana de raciocinar, que sustenta a fé num Deus benigno. Instituições poderosas têm interesse em fomentar essa fé, e seus agentes não se deterão diante de nada para impô-la a todos. Cuidarão para que qualquer pessoa que ponha em dúvida suas fábulas ou que questione suas doutrinas malévolas seja duramente punida. Mas a história do Criador onipotente e do jardim mágico não faz sentido. Olhem em torno, escreveu Voltaire: "O globo em que vivemos é um vasto campo de destruição e carnificina. Ou o Ser Supremo era capaz de torná-lo um meio eterno de prazer para todos os seres dotados de sensação, ou não era". Se o Criador era capaz de tornar o mundo um lugar feliz e no entanto se recusou a fazê-lo, teríamos de concluir que o deus da história de Adão e Eva era mau. Mas Voltaire não estava instando por um retorno à velha heresia maniqueísta. Em vez disso, queria que seus leitores concluíssem que Deus estava simplesmente limitado quanto ao que podia fazer.

Voltaire sabia que não era seguro expressar essas ideias heterodoxas em letra de imprensa e, tal como Bayle, cobriu-se com uma folha de figueira de submissão: "Eu me dirijo aqui somente a filósofos, e não a teólogos. Sabemos que a fé é a chave que nos guia pelo labirinto". Entretanto, queria deixar perfeitamente claro que sua submissão era espúria: "Sabemos muito bem", acrescentou, numa zombeteira declaração de fé, "que a queda de Adão e Eva, o pecado original, o vasto poder transmitido aos demônios, a predileção mostrada pelo Ser Supremo pelo povo judeu, e a cerimônia do batismo, que substituiu a da circuncisão, são respostas que afastam qualquer dificuldade".

O questionamento de Bayle em 1695 havia se transformado, em 1764, em clara zombaria. A pressão por parte da Igreja podia obrigar a uma aquiescência pública formal a suas fábulas absurdas, porém somente quem não houvesse pensado de fato sobre a história de Adão e Eva — apenas um parvo ou um fanático — podia realmente crer que ela fosse real em termos literais. Quanto às insanas doutrinas religiosas extraídas da história, refletiam a infame instituição a que serviam. Santo Agostinho fora o primeiro, escreveu Voltaire, a elaborar a estranha noção do Pecado Original, "uma noção digna do cérebro ardente e romântico de um africano corrupto e penitente, maniqueísta e cristão, tolerante e perseguidor — que passou a vida em perpétua autocontradição". Por mais ridículos que fossem os hebreus, ao menos tinham reconhecido o quanto era absurdo e temerário tratar a fábula de sua origem como uma representação de pessoas reais num mundo real. "Os primeiros capítulos do Gênesis — qualquer que tenha sido o período em que foram redigidos — eram vistos por todos os judeus doutos como uma alegoria", escreveu Voltaire, "e, mesmo como uma fábula, não pouco perigosa."

No fim do século XVIII, a alegoria tinha experimentado um ressurgimento. Como consequência do Iluminismo, viam-se muitas contradições na história da origem, muitíssimas violações de plausibilidade, muitas questões éticas que fazem com que não seja mais confortável insistir numa interpretação literal. Ou, antes, o que parecia enfim ser a presença real de Adão e Eva, na arte do Renascimento e no grande épico de Milton, havia se voltado contra a própria história e começado a destruí-la. Para muitos crentes, mesmo dentro da igreja, a melhor maneira de proteger a história de Adão e Eva era fugir correndo da literalidade. Outros se entrincheiravam e insistiam mais do que nunca em sua verdade sem retoques e sem distorção.

Como tantas vezes ocorria, todas as posições possíveis eram levadas a seus extremos lógicos nos primeiros tempos dos Estados Unidos da América. O *Dicionário filosófico* de Voltaire era tido em alta conta por Thomas Jefferson, que comprou um busto de seu autor para adornar sua mansão, Monticello. (Jefferson era também um grande admirador de Bayle e incluiu seu *Dicionário* na lista dos cem livros que formariam a base da Biblioteca do Congresso.) Na mesma época, calvinistas ferrenhos, herdeiros dos fundadores puritanos, continuavam a pregar sermões apocalípticos sobre a condenação de criancinhas e a mancha universal do Pecado Original.

A verdade literal da história do Gênesis foi levada para uma direção diferente pelo fundador do mormonismo, Joseph Smith, que em 1838 conduziu seus seguidores para um local situado a 110 quilômetros ao norte da atual Kansas City, no Missouri, onde criou um assentamento chamado Adão-ondi-Amã. Fora exatamente naquele local, declarou Smith, que Adão vivera no passado. A ideia não morreu quando Smith foi assassinado e seus seguidores se viram empurrados mais para oeste. Em meados do século xx, o profeta mórmon Ezra Taft Benson, que foi secretário de Agricultura no governo Eisenhower, reiterou a revelação original.[7] "Foi nesse lugar", escreveu Benson, "que ficava o Jardim do Éden. Foi aqui que Adão se reuniu com um grupo de sumos sacerdotes em Adão-ondi-Amã pouco antes de sua morte e lhes deu sua bênção final, e o lugar a que ele retornará para se encontrar com os líderes de seu povo."

Mesmo fora de comunidades religiosas organizadas, estava claro para muitos americanos que havia uma relação particularmente intensa e significativa entre a terra deles e o Jardim do Éden. O anseio não se resumia a encontrar os vestígios antigos dos passos de Adão, pois incluía achar, aqui e agora, o primeiro homem, à vontade num mundo que havia permanecido intacto e puro. "Adão no Jardim", imaginou-se Ralph Waldo Emerson em 1839, anotando em seu diário ideias para uma nova série de palestras; "vou renomear todos os animais do campo e todos os deuses do Céu. Hei de convidar homens saturados de tempo para se recuperarem & afastar-se do tempo, & provar seu ar imortal nativo".[8] Também Henry David Thoreau, em sua cabana junto do laguinho a oeste de Boston, sonhava em desligar-se do tempo e encontrar o caminho de volta para o estado primordial. "Naquela manhã de primavera em que Adão e Eva foram expulsos do Éden", escreveu ele em 1854, "talvez o lago de Walden já existisse, e mesmo então já amanhecesse com uma mansa chuva de primavera, acompanhada de névoa e de vento sul, recoberto por miríades de patos e gansos, que não tinham ouvido falar do outono, quando esses lagos puros ainda lhes bastavam."[9]

Em sua edição de 1860 de *Folhas de relva*, Walt Whitman levou a identificação literal com Adão, já vislumbrada em Emerson e Thoreau, a um novo patamar:

> Adão, de manhã cedo,
> Deixando a cabana, refeito com o sono,
> Vê-me onde passo, ouve minha voz, aproxima-se,
> Toca-me, toca meu corpo com a palma de tua mão quando passo,
> Não tenhas medo de meu corpo.

"Não tenhas medo de meu corpo": as palavras brotam, ao mesmo tempo, do Jardim antes da Queda e das ruas de uma cidade apinhada. Mas o que explica a desembaraçada autoexibição e o estranho desejo de intimidade? Que espécie de homem nos pede que o toquemos com a palma de nossa mão? É como se o pecado, a poluição, a vergonha — as lamentáveis consequências da desobediência primal — tivessem desaparecido, e com elas a distinção crucial entre um estado original de inocência e um desprezível estado de queda. Também desapareceu o casal original: embora evidentemente não esteja só, esse é um Adão sem uma Eva.

O primeiro homem está aqui quase misteriosamente vivo. Acompanhado por uma gravura de uma vividez surpreendente do poeta — vestido com roupas de trabalho, com o chapéu num ângulo elegante, com uma expressão atrevida e direta — desde o começo *Folhas de relva* fez com que os leitores tivessem a sensação de que Walt Whitman estava fisicamente presente no poema. Mas se Whitman parecia encarnar Adão, trazendo-o de volta a uma vida quase palpável em sua realidade, a história bíblica que primeiro fez Adão surgir, com sua crônica de crime e castigo, havia se esvaído completamente na visão de

Whitman. Não admira que Whitman fosse denunciado, e seu poema tachado de obsceno. Não obstante, *Folhas de relva* logo ganhou fervorosos defensores, que escutavam na obra uma voz que era ao mesmo tempo excêntrica e típica. Quando de sua edição definitiva, em 1891, Whitman era amplamente festejado, tanto por sua originalidade radical, como por sua veraz descrição do que o crítico literário R. W. B. Lewis descreveu como o Adão americano.

Quase no mesmo momento em que Whitman completava seu magnífico poema, seu contemporâneo Mark Twain escrevia "Trechos do diário de Adão", parte de uma série de textos curtos, alguns publicados, outros inéditos, que parecem refletir uma preocupação quase permanente com a história do Gênesis. Mais de vinte anos antes, em *Os inocentes no exterior*, um relato hilariante de viagens pelo Oriente Médio, ele ganhara fama como humorista por seus lamentos simulados na lendária tumba de Adão na Igreja do Santo Sepulcro em Jerusalém:

> Como foi comovente, aqui, numa terra de estranhos, longe de casa e de amigos, e de todos que se importavam comigo, descobrir assim o túmulo de um parente de sangue. Um parente distante, é verdade, mas sempre um parente. Com o reconhecimento, alvoroçou-se o instinto infalível da natureza. A fonte de minha afeição filial agitou-se em seus níveis mais profundos, e dei largas a uma emoção tumultuosa. Encostei-me num pilar e rompi em lágrimas.

Agora, no "Diário de Adão", em 1892, Twain continuou a escarnecer da crença crédula na existência literal do primeiro homem, projetando-se nele e imaginando jocosamente como teria sido viver na aurora dos tempos.

"Esta nova criatura de cabelo comprido atrapalha bastante", lia-se no primeiro registro do diário,

> Está continuamente por perto e me segue de um lado para outro. Não gosto disso. Não estou habituado a ter companhia. Eu gostaria que ela ficasse com os outros animais. [...] O céu está nublado hoje, e vem um vento do leste. Creio que nós teremos chuva. [...] NÓS? De onde tirei essa palavra? É a nova criatura que a usa.

Essa é a anotação de segunda-feira. Na de terça-feira, prossegue a ladainha de queixas de Adão:

Não tenho mais como dar nome a nada. A nova criatura nomeia tudo o que aparece, antes que eu possa manifestar um protesto. E o pretexto é sempre o mesmo: o nome PARECE a coisa. Por exemplo, um dodô. A criatura diz que, no momento em que o vemos, fica evidente que ele "parece um dodô". E a ave vai ter de ficar com esse nome, sem dúvida. Fico chateado ao pensar nisso, e seja como for, não adianta. Dodô! O bicho parece tanto um dodô quanto eu.

A preocupação de Bayle e a indignação de Voltaire converteram-se aqui num número de comédia. Perguntas que haviam perseguido e por vezes atormentado filósofos e teólogos durante séculos — Como foi que a figura solitária no Paraíso tornou-se "nós"? Em que medida Adão e Eva dividiam suas tarefas? O que significava "dar nome" aos animais? Qual será, para a teologia, o status de uma espécie extinta? — tornaram-se piadas sardônicas.

As piadas são feitas às custas de Adão e Eva, inocentes e ingênuos, mas também às custas de uma história bíblica que havia servido para tantas gerações como o relato infalivelmente preciso da origem do mundo. Contudo, no fim do século XIX, Mark Twain podia ter certeza de que seus leitores concordariam que o relato era absurdo: "Ela se dedica a muitas coisas bobas", queixa-se Adão,

> uma de várias, pois ela tenta decifrar por que os animais chamados leões e tigres se alimentam de grama e flores, quando, como ela diz, o tipo de dentes deles parecem indicar que esses bichos foram feitos para comer uns aos outros. Isso é tolice, pois para isso eles teriam de se matar, o que introduziria aquilo que, segundo entendo, chama-se "morte". E a morte, como me disseram, ainda não chegou ao Jardim.

Twain não elabora a questão. Seu interesse no "Diário de Adão", e numa outra obra que escreveu, o "Diário de Eva", era menos ridicularizar a Bíblia do que explorar, com muita ternura e delicadeza, a comédia das relações entre homens e mulheres.

O tom brincalhão não impediu de todo as controvérsias. A versão em livro do "Diário de Eva", que saiu em 1906, foi acompanhada por ilustrações do primeiro casal, que, sem dúvida bem-comportadas a partir de nossa perspectiva, foram vistas, ao menos por bibliotecários de Worcester, no Massachusetts, como obscenas. De modo geral, porém, o texto era dirigido a um público que já não se aborrecia com um tratamento bem-humorado da história do Gênesis.

Twain, que conhecia bem os limites de seu público, não publicou em vida tudo o que escreveu sobre um tema que continuava a interessá-lo. Mesmo os textos que só foram publicados depois de sua morte — e, ainda assim, enfrentando as objeções iniciais de uma de suas filhas — são uma série de tentativas de penetrar na consciência de Adão e Eva, como se fossem seres humanos reconhecíveis que se viam tentando impor-se num mundo inteiramente novo e desconhecido. Nesses textos, a ternura dava lugar à ironia e à fúria presentes nas obras de Bayle e Voltaire. Num deles, a Eva de Twain lembra-se de ter perguntado ao marido alguma coisa sobre uma árvore de nome esquisito e ouvir uma resposta totalmente insatisfatória, pois Adão não fazia ideia do significado de "bem" ou "mal". "Não tínhamos escutado esses termos antes, e eles não faziam sentido para nós."

A mesma perplexidade os assalta, é claro, quando tentam compreender uma outra palavra nova, "morte". Como poderiam captar seu significado? Eles não precisam, aqui, da intervenção de uma serpente para induzi-los a comer o fruto proibido. Só precisam de uma perfeita inocência e de uma curiosidade bem-intencionada:

> Ficamos sentados em silêncio por algum tempo, tentando entender aquele enigma. E de repente me dei conta de como descobrir, e fiquei surpreso por não termos dado logo com a solução, pois era tão simples... Eu me levantei e disse: "Como somos bobos! Vamos comer do fruto. Aí a gente morre, fica sabendo o que é morte e deixa de se preocupar com isso".

Na narrativa de Mark Twain, a verificação é adiada pelo surgimento de uma criatura que eles ainda não conheciam e a que dão o nome de "pterodátilo", mas já se tem uma ideia do destino sombrio dos dois.

Da mesma forma como o dodô no "Diário de Eva", o dinossauro transforma a história numa paródia, mas dessa vez Mark Twain não esconde seu sarcasmo. Ele deixa claro que há certa crueldade indesculpável na história. Em outro de seus textos não publicados, uma outra versão do "Diário de Eva", escrito depois da expulsão do Éden, a acusação é explicitada:

Não tínhamos como saber que estava errado desobedecer à ordem, pois a gente não conhecia as palavras e não as compreendia. Não distinguíamos o certo do errado, e como poderíamos distinguir? Não sabíamos mais do que esse meu filhinho sabe, com seus quatro anos... Ah, quase nada, acho. Mesmo que eu dissesse: "Se tocares nesse pão, hei de lançar sobre ti um desastre inimaginável, que chegará até a dissolução de teus elementos corpóreos", ele pegaria o pão, sorrindo para mim, sem julgar estar errando, pois não conhece essas palavras estranhas. Por acaso eu tiraria proveito de sua inocência para esmurrá-lo com a mão em que ele confia?

Essas perguntas, quase nos mesmos termos, haviam sido feitas duzentos anos antes por Pierre Bayle. E a dúvida e a indignação que expressavam tinham raízes ainda mais profundas, remontando a 2 mil anos antes, aos primeiros vestígios restantes da história de Adão e Eva nos códices da Biblioteca de Nag Hammadi. Durante séculos depois do triunfo doutrinário de Agostinho, os paradoxos morais da história do Gênesis pareceram apenas despertar mais desejo de reafirmar sua veracidade e sondar seu significado encoberto. Na época de Mark Twain, entretanto, a maré da crença literal já mudara decisivamente. As instituições que no passado eram mobilizadas para reprimir os desafios achavam-se definitivamente debilitadas. A biblioteca pública de Worcester, em Massachusetts, era bastante diferente da Inquisição. Se Mark Twain tivesse publicado seus textos mais radicais em vida, talvez perdesse alguns leitores, mas não teria perdido a vida ou seus meios de sustento.

A mudança decisiva pode ser atribuída ao trabalho realizado, durante mais de dois séculos, por Bayle, Voltaire e pelo projeto do Iluminismo, que eles promoveram com coragem. Contudo, a mudança pode ser atribuída também às descobertas científicas representadas pela criatura que, na fantasia de Mark Twain, surgiu bem a tempo de protelar a queda: o pterodátilo. Os dinossauros ajudaram a destruir o Jardim do Éden.

14. As dúvidas de Darwin

O darwinismo não é incompatível com a crença em Deus,[1] mas com certeza é incompatível com a crença em Adão e Eva. Nada em *A descendência do homem*, publicado em 1871, admitia sequer uma remota possibilidade de que nossa espécie tivesse se originado na forma de dois seres humanos recém-criados e postos a viver num jardim paradisíaco. Darwin já publicara sua teoria evolucionária em *A origem das espécies* (1859). Escrito para o público em geral, e não para especialistas, o livro tivera enorme impacto, mas, deliberadamente, deixara o homem fora da ampla faixa de espécies que examinava. Os leitores da época podiam aceitar o poder de persuasão dos argumentos científicos em favor da seleção natural, mas continuar apegados à ideia que, de alguma forma, o homem estava isento dos processos biológicos que governava a luta pela vida entre todas as outras criaturas.

Depois de 1871, não havia mais dúvida de que o próprio Darwin partilhava as conclusões que seus seguidores já vinham tirando da enorme massa de dados que ele coligira pacientemente e da brilhante teoria geral que conferia sentido a esses dados. Não havia isenção para o homem.

O Paraíso não tinha sido perdido, pois nunca existira. Os homens não tinham surgido naquele reino pacífico. Nunca haviam sido abençoados com perfeita saúde e abundância, com uma vida sem competição, sofrimento e morte. Sem dúvida havia épocas de fartura, em que o alimento abundava, mas não duravam muito, e nossos mais distantes antepassados sempre tiveram de repartir a abundância com outras criaturas, cujas necessidades eram tão prementes quanto as deles. O perigo raramente estava distante e, se conseguiam manter os principais predadores acuados, ainda assim tinham de lutar com formigas de correição, parasitas intestinais, dores de dentes, braços quebrados e cânceres. Se as circunstâncias fossem boas, a vida humana podia ser bem agradável, porém nada em toda a vasta paisagem estudada por Darwin sugeria que houvesse existido um tempo ou um lugar onde todas as nossas necessidades fossem satisfeitas de forma plena.

Como espécie, o homem não era excepcional, nem permanecia eternamente igual. A não ser em sonhos ou fantasias, não poderíamos ter surgido como adultos plenamente formados, prontos para falar, cuidar de nós mesmos e nos reproduzir. A espécie particular de primata que nos tornamos evoluiu no decurso de um vasto período de tempo a partir dos hominíneos, tipos extintos de humanos que apresentavam muitas de nossas características físicas: postura ereta, bipedalismo, mãos diferentes dos pés em forma e função, caninos superiores e inferiores menores e queixo. Não sabemos ainda com certeza quando e como isso aconteceu.

O homem moderno apresenta determinadas características que o distinguem: sobretudo a linguagem, o senso de moralidade e o raciocínio.[2] No entanto, Darwin insistia que mesmo essas qualidades diferiam em grau, e não em espécie, das que se acham presentes em outros animais com os quais nossa espécie está relacionada. Nós existimos em continuidade não apenas com os hominídeos — os primatas, inclusive os chimpanzés, gorilas e orangotangos, com os quais obviamente nos assemelhamos mais de perto —, como também com muitos outros animais. Para Darwin, reconhecer essa continuidade não exige necessariamente conhecimento especializado do comportamento de animais exóticos. Para tanto, basta observar com atenção aves e cães.

Não causa surpresa o fato de que Darwin, que somava à sua ousadia científica uma sagaz percepção daquilo que seus contemporâneos podiam tolerar, tenha se abstido de revelar todas as implicações do que havia descoberto.[3] Ele tinha em casa, na pessoa de sua devota esposa, uma testemunha articulada e insistente do quanto as teorias do marido eram perturbadoras. Na introdução de *A descendência do homem*, Darwin havia escrito que durante anos havia compilado anotações sobre as origens do homem, "sem nenhuma intenção de publicar alguma coisa sobre o assunto, mas sim com a resolução de não publicar, já que eu julgava que com isso só faria aumentar a má vontade em relação às minhas opiniões".[4] Os leitores de *A origem das espécies* sempre poderiam tirar suas próprias conclusões, mas ele não pretendera articulá-las por escrito.

Mesmo quando superou essas reservas e deu suas obras a público, Darwin teve o cuidado de não fazer nenhuma referência ao relato da Bíblia — pois sabia que estava destruindo para sempre a história da criação, do Jardim do Éden e da Queda do Homem, tidas como verdades literais. Os nomes de Adão e Eva não aparecem em nenhuma linha de suas obras. Todavia, sua teoria da evolução procurava dar respostas exatamente às perguntas que tinham motivado o relato das origens do homem no Gênesis: De onde tinham vindo os homens? Por que temos de trabalhar com tanto sacrifício para sobreviver e nos reproduzir? Qual é o papel formador do desejo — do desejo em relação a determinadas pessoas ou aspectos que Darwin chamou de "seleção sexual" — no desenvolvimento de longo prazo das espécies? Por que sofremos e morremos? Acima de tudo, Darwin e seus sucessores tentaram explicar a herança, pelo homem, de antigos impulsos, compulsões e desejos. Mesmo quando são manifestamente perigosos, mesmo quando nos impelem para ações violentas, patológicas e autodestrutivas, mostram-se extremamente difíceis de superar. É como se nossos ancestrais nos tivessem transmitido, por meio de algum mecanismo oculto, uma série de experiências, ajustes e escolhas que tivessem feito em tempos remotos e que permanecem ativos dentro de nós, muito embora nossas circunstâncias tenham mudado radicalmente.

Como herdeiros desse legado bastante problemático, podemos tomar ciência de pelo menos alguns dos impulsos mais nocivos e nos distanciar deles. Porém não podemos, de forma nenhuma, fazer isso sempre. No decurso de uma vida, quase com certeza vamos sucumbir, provavelmente em muitas ocasiões. E a maior parte daquilo a que sucumbimos não é comportamento *adquirido*; é a nossa herança congênita, recebida antes se formarem nossas distintas personalidades em nossos distintos meios culturais, e antes de adquirirmos o dom da razão. Nossas personalidades e nossos ambientes interagem com essa herança, e nossa razão pode lutar contra seus impulsos mais destrutivos, porém essa herança não pode nunca ser simplesmente apagada. Somos responsáveis por nossas ações — não somos autômatos —, mas, ao mesmo tempo, nossa liberdade é severamente restringida e condicionada.

Os intérpretes do Gênesis, sobretudo depois de Agostinho, entenderam todo esse legado como uma punição, resultante do pecado original do primeiro casal e de nossa perda do Éden. No entanto, para Darwin não havia Éden nenhum. O que recebemos de nossos ancestrais arcaicos não são castigos divinos, e sim os vestígios vivos de bem-sucedidos ajustes que nossa espécie fez no mundo ao longo de dezenas de milhares de anos. Por isso, nossa divisão do trabalho por gênero, nossa ânsia por açúcar e gordura animal, nosso domínio do fogo e nossa capacidade de extrema violência ocupam seu lugar ao lado de nossas sutis habilidades sociais, nossa produção de ferramentas, nossos poderes de expressão mediante linguagem e imagens, e tudo isso contribuiu para a sobrevivência num ambiente hostil e perigoso.

Se para a Bíblia o trabalho incessante e exaustivo a que o homem se obriga a fim de obter o suficiente para comer — que vai de escavar a terra em busca de tubérculos à revolução agrícola que nos possibilitou cultivar, plantar e colher nosso alimento — é a consequência da transgressão, para Darwin é uma realização necessária. Se para o autor do Gênesis a dor que as mulheres humanas sofrem para dar à luz é uma das maldições impostas à Eva pecadora, para a biologia evolucionária é uma bem-sucedida compensação biológica. Ou seja, é o preço que pagamos pela combinação do tamanho máximo da pélvis numa criatura bípede e do tamanho mínimo do crânio de um recém-nascido, o que permite à nossa espécie ter um cérebro excepcionalmente grande. Ser capaz de manter-se ereto sobre duas pernas possibilitou à nossa espécie avistar um amplo trecho da savana, por cima de gramíneas altas, percorrer distâncias substanciais em busca de alimento e liberar os braços para arremessar projéteis. O cérebro grande nos permitiu criar um leque de qualificações para sobreviver e prosperar, apesar de nossa relativa carência de músculos fortes, de dentes afiados, de pele grossa etc. Para Darwin, essas características humanas não são punições decorrentes de desobediência, mas sim os dons essenciais e vivificantes de mutações aleatórias e de aptidões adquiridas ao longo de períodos de tempo inimaginavelmente longos.

O número de gerações exigido por esse processo evolucionário correspondia não à sucessão relativamente escassa das referências a "fulano gerou beltrano" registradas na Bíblia, mas sim à escala encontrada numa antiga teoria pagã das origens humanas que Darwin decerto conhecia, mas teve o cuidado de não mencionar em *A descendência do homem*. Para essa teoria, que havia influenciado profundamente seu avô, Erasmus Darwin, os homens não tinham surgido ao mesmo tempo, num jardim adrede criado, mas sim numa luta primitiva por sobrevivência.

O Gênesis via a existência inicial da espécie dominante como ordeira, além de fácil. Mesmo o fruto proibido era, a seu modo, reconfortante, pois apontava para um mundo com leis e com um legislador. Por outro lado, o grande número de dados colhidos por Darwin e sua teoria geral confirmavam a intuição pagã de que nossos primeiros ancestrais não tinham nenhuma orientação divina, nenhuma garantia de que sua espécie sobreviveria, nem leis dadas por Deus ou um senso inato de ordem, moralidade e justiça. A vida social como a conhecemos, governada por uma densa teia de regras, acordos e entendimentos mútuos, não foi uma realização dada, mas sim gradual.

Em *Sobre a natureza das coisas* (*c.* 56 AEC), Lucrécio expressou admiração pelas formas como os primeiros seres humanos se ajustavam à aspereza do mundo natural e, ao assim proceder, começaram a modificar sua própria natureza. Não teríamos durado muito como espécie, ele escreveu, se não tivéssemos aprendido a modificar nossos instintos mais grosseiros, a criar tecnologias protetoras e a formar vínculos sociais. Fazer roupas a partir de peles de animais, construir choupanas e dominar o fogo enfraqueceram fisicamente nossos ancestrais — "Foi então que os seres humanos começaram a perder sua resistência: o uso do fogo tornou seus corpos trêmulos menos capazes de suportar o frio sob o pavilhão do céu" — e ao mesmo tempo lhes permitiram começar a viver juntos, a educar as crianças e a proteger os membros mais fracos do grupo. Foi nesse estágio de formação da vida social que adquirimos uma das características cruciais de nossa espécie, a capacidade de falar.

Essa capacidade nada teve a ver com o poder de alguém para criar a linguagem e impô-la ao mundo. Como se houvesse lido ou ao menos ouvido uma versão do mito hebreu, Lucrécio escreveu claramente que "a hipótese de que naquelas eras primitivas alguém tenha dado nome às coisas e que as pessoas aprenderam com ele suas primeiras palavras é absurda". Por mais forte impressão que nos cause, nossa capacidade linguística apresenta uma relação de continuidade com a comunicação através de sons variáveis que podemos observar em inúmeros animais que nos rodeiam. O relincho de um cavalo sexualmente excitado é diferente de seu rinchar quando está com medo; existem aves que mudam a sequência das notas que emitem de acordo com as condições meteorológicas; cães de guarda ferozes rosnam ameaçadoramente, mas "quando começam a lamber suas crias ternamente ou quando as alisam com as patas e, abocanhando-os com cuidado, simulam carinhosamente engoli-los, os ganidos que emitem ao acariciá-los são um som muito diferente dos uivos que lançam quando se empenham em proteger a casa".

É notável como as observações de Lucrécio sobre o mundo natural anteciparam o que Darwin anotou com tantos detalhes para embasar sua abrangente teoria da seleção natural: mutações aleatórias, uma luta incessante pela existência, inúmeras extinções, a vida compartilhada de animais, lento crescimento cognitivo, uma história sem propósito que se estendia por um período inimaginável. Graças à incansável pesquisa de Darwin e seus assistentes, essas ideias deixaram de parecer especulações filosóficas arcaicas; tinham começado a assumir a condição de verdades científicas. E, com elas, Adão e Eva, no passado reais a ponto de serem quase tangíveis, transformaram-se em tenuíssimos devaneios.

Curiosamente, o giz desempenhou um papel crítico nessa história. Isso porque o que fez a teoria darwiniana da origem do homem parecer plausível — séculos depois de Lucrécio ter sido objeto de chacota por expor ideias notavelmente semelhantes — foram progressos científicos na área da geologia que trouxeram uma nova percepção da imensa idade da Terra e, com ela, uma escala cronológica que permitia os inúmeros experimentos da evolução. Para geólogos ingleses como Charles Lyell, os famosos Penhascos Brancos de Dover serviam como o mais importante elemento probatório: como eles mostraram, as conhecidas formações rochosas porosas, macias e brancas tinham sido formadas por um processo de sedimentação ao longo de dezenas de milhões de anos.[5] Um meticuloso exame da forma dessa paisagem, do giz, do sílex e da greda que a compunham e dos fósseis achados nelas levava a uma conclusão inescapável e muito inquietante: tudo isso era resultado de processos geológicos — sedimentações, deslocamentos, soerguimentos, fraturas — que, na maioria dos casos, ocorreram durante o que Lyell chamou de Época Eocena, que durou de 56 a 33,9 milhões de anos atrás.

Não havia, declarou Lyell na década de 1830, nenhum sinal de progresso na longuíssima história da Terra, nenhum indício de desígnio providencial, nenhum registro de um dilúvio universal que houvesse destruído todos os seres vivos, salvo os que encontraram refúgio na Arca. Os mesmos processos que haviam atuado no passado distante ainda estavam ativos. E o ritmo geral de mudança geológica era sempre o mesmo.

Cristão devoto, Lyell esforçou-se por manter sua fé à luz do que tinha passado a compreender. Mas isso era imensamente difícil. Com certeza já não havia como manter uma crença literal nos seis dias da criação e no Jardim do Éden. Já fora difícil aceitar a história bíblica depois das descobertas científicas que abalaram o mundo a partir do século XVI. Copérnico havia tirado a Terra do centro do universo; o telescópio revelara a existência de profusões incontáveis de mundos; estudos médicos tinham exibido os mecanismos internos do corpo; o microscópio expusera os recessos ocultos da matéria. Cada um desses avanços exigira esforços titânicos para ser conciliados com os princípios tradicionais.

No entanto, a geologia era um pesadelo para os fiéis. Fazia muito tempo que fósseis, como conchas marinhas encontradas longe do mar e ossos que não pertenciam a nenhum animal conhecido, constituíam um enigma, mas para explicá-los dizia-se que eram "brincadeiras" da natureza, depositados no alto de montanhas pelo Dilúvio de Noé, ou citavam-se as referências bíblicas a gigantes que vagavam pela Terra em seus primeiros dias e até se especulava sobre a enorme estatura dos primeiros homens.[6] Denis Henrion, matemático francês nascido em fins do século XVI, baseou-se em ossos fósseis para estimar a estatura de Adão em 37,7 metros, e a de Eva em 36,2 metros.[7] Entretanto, a enorme escala de tempo revelada pela geologia nos séculos XVIII e XIX fez com que essas explicações parecessem absurdas.

Em 1857, o eminente naturalista inglês Philip Gosse — criador, entre outras coisas, do primeiro aquário marinho — publicou um livro intitulado *Omphalos*, que em grego significa umbigo. Biblicista e pregador leigo fundamentalista, Gosse ficara irritadíssimo com os *Princípios de geologia*, de Lyell, que fazia a escala de tempo da Bíblia parecer pueril. Sempre era possível interpretar essa escala de tempo de formas simbólicas, postulando, por exemplo, que cada um dos "dias" mencionados no Gênesis representava um período muito mais vasto, mas Gosse percebia os perigos desse caminho rumo à alegoria. Ele estava comprometido, como o fundamentalismo ainda hoje está, com uma leitura literal das Escrituras, defendida pela primeira vez por Agostinho.

O livro de Gosse tinha um subtítulo, *Uma tentativa de desfazer o nó geológico*, ou seja, de admitir a força dos registros geológicos e ao mesmo tempo apegar-se à sua fé. Sua solução era simples e engenhosa (ou ele assim pensava).

Todos os seres vivos, observou, trazem incorporados em si os sinais de seu desenvolvimento e de sua história. Podemos ver, por exemplo, os anéis de uma árvore, os depósitos de carbonato de cálcio que formam uma concha marinha, as escamas parcialmente sobrepostas de um peixe. Esses sinais podem ser detectados até nas mais jovens dessas criaturas, e certamente são detectáveis também nos seres humanos.

Gosse voltava-se então para "a forma recém-criada de nosso primeiro pai, o primeiro Cabeça da Raça Humana".[8] Para evocá-lo propriamente e distingui-lo de todos os animais que perecem, citou Milton — como se citasse uma testemunha ocular:

> Duas das mais distintas formas, altas
> E eretas, como Deus, com honra indígena
> Vestidas em nudez real de tudo
> Pareciam reis, e dignos, pois nos rostos
> Divina a imagem tinham do criador.

Gosse deixou que seus olhos contemplassem lentamente esse primeiro homem e, descrevendo com detalhes amorosos o que via, compilou o que chamou de um relatório de fisiologista.

O homem era, evidentemente, um belo espécime, cujos traços — "a perfeita dentição, a barba, a voz grave, a laringe proeminente" etc. — apontavam para um homem entre 25 e trinta anos de idade. No entanto, se devemos concluir, com base nas palavras infalíveis da Bíblia, que Deus criou Adão precisamente com essa idade, e não como um bebê, Gosse notou algo de estranho: "O que significa essa curiosa depressão no centro do abdômen e a saliência corrugada que ocupa a cavidade?". E ele respondia, animado: "Isso é o UMBIGO".

Adão *precisava* ter umbigo, pois de outra forma não pareceria correto, muito menos perfeito. Todos os grandes pintores — Van Eyck, Michelangelo, Rafael etc. — tinham-no representado com umbigo. Contudo, o umbigo é, naturalmente, um sinal de um passado — uma ligação à placenta da mãe —, o que Adão não tinha. Ou seja, Deus havia criado Adão com um vestígio, perfeitamente formado e cientificamente convincente, de uma história que nunca existira. E agora, declarou Gosse, como um advogado que sabia ter provado sua tese, podemos enfim compreender esses fósseis, esses vastos depósitos sedimentares, essas marcas de antigos cataclismos, essas transformações glaciais de uma lentidão angustiante que os geólogos estudam. As descobertas dos geólogos estão, em si, perfeitamente corretas; o que não compreendem é apenas que a evidência foi plantada por Deus no primeiro dia da criação.

Pobre Gosse. Seu livro foi recebido com uma zombaria e um desprezo que o perseguiram durante o resto de sua longa vida. Decididamente, seus contemporâneos não estavam dispostos a acreditar que Deus, como se expressou o escritor vitoriano Charles Kingsley, houvesse "escrito nas rochas uma grandíssima e supérflua mentira para toda a humanidade". O umbigo não serviria, tal qual Gosse havia esperado, como aparelho de suporte à vida para os moribundos Adão e Eva.

Apenas dois anos depois do fracasso de *Omphalos*, Charles Darwin publicou seu livro *A origem das espécies*. Darwin estava com cinquenta anos, mas a gestação do livro durara muito tempo, pois começara pelo menos na época em que voltara, aos 26 anos, de sua viagem de circum-navegação, durante cinco anos, como naturalista a bordo do *HMS Beagle*, sob o comando do capitão Robert Fitzroy. Darwin levara consigo vários de seus livros prediletos em sua longa viagem marítima, e entre eles se destacava *Paraíso perdido*. Porém o livro que exerceu uma influência mais significativa foi *Princípios de geologia*, de Lyell, que Fitzroy lhe presenteara antes de se lançarem ao mar. Primeiro nas ilhas do Cabo Verde e, depois, na costa e no interior da América do Sul, Darwin viu repetidas confirmações de muitas das teorias de Lyell e começou a coletar, com entusiasmo, evidências que as apoiavam, na forma de fósseis e amostras de rochas.

Não era somente a imensa idade da Terra que impressionava Darwin, além do fato de que as mudanças geológicas podiam, por conseguinte, ocorrer com uma lentidão quase inimaginável.[9] Era difícil acompanhar as mudanças: as evidências eram fugidias, fragmentárias e enigmáticas. "Seguindo a metáfora de Lyell", escreveu Darwin, "vejo o registro geológico natural como uma história do mundo mantida de forma imperfeita e escrita num dialeto em mutação." Dessa vasta história só sobrevivera o último volume, e desse volume "apenas aqui e ali fora preservado um breve capítulo; e de cada página só se conheciam grupos esparsos de poucas linhas". Não obstante, daquele registro restara o suficiente para tornar impossível acreditar que "no princípio" todas as espécies da Terra tinham sido criadas por Deus ao mesmo tempo e de uma vez por todas.

A crise chegou a um ponto culminante antes mesmo de Darwin pisar nas ilhas Galápagos e encontrar as evidências que conduziriam à teoria da seleção natural. O *Beagle* estava levando de volta à Terra do Fogo três reféns feitos numa expedição anterior, mais de um ano antes, e levados à Inglaterra. Os reféns — aos quais a tripulação dera os nomes de Jemmy Button, Fuegia Basket e York Minster — tinham sido convertidos nominalmente ao cristianismo. Trajando roupas inglesas, haviam se tornado companheiros familiares durante os meses no mar. O jovem naturalista deve tê-los observado muitas vezes quando queria descansar os olhos das páginas de *Paraíso perdido* e de *Princípios de geologia*. Conversava com eles, particularmente com Jemmy Button, que, baixo, gordo e alegre, era o preferido de todos, e ficou sabendo alguma coisa sobre como tinham sido recebidos na Inglaterra, onde, tratados como celebridades, foram apresentados ao rei Guilherme IV e sua mulher, a rainha Adelaide. Aqueles fueguinos eram a prova viva da maleabilidade até dos homens mais primitivos.

Talvez a isso se devesse a intensidade do choque do jovem Darwin ao conhecer o povo yagán, a que os conversos sequestrados, com suas luvas e seus sapatos bem engraxados, estavam sendo devolvidos. Anos depois, ainda se lembrava, espantado, com o efeito que eles lhe tinham causado:

> Jamais me esquecerei do que senti ao ver pela primeira vez um grupo de fueguinos numa praia deserta, pois de imediato ocorreu-me uma reflexão: assim eram os nossos ancestrais. Aqueles homens estavam completamente nus e sujos de tinta, suas cabeleiras longas achavam-se emaranhadas, as bocas espumavam de excitação e eles tinham uma expressão desvairada, assustada e desconfiada. Não cultivavam praticamente arte nenhuma e, como animais selvagens, viviam do que conseguiam pegar; não tinham nenhuma forma de governo e achavam-se à mercê de qualquer pessoa que não pertencesse à sua pequena tribo.

"Assim eram nossos ancestrais."

Depois de três anos de cativeiro na Inglaterra, Jemmy Button de início pareceu tímido, desorientado e envergonhado de seus próprios conterrâneos. No entanto, à medida que passavam as semanas, enquanto os ingleses exploravam e mapeavam a área, além de coletarem amostras, foi sendo claramente reabsorvido pelo mundo do qual tinha sido retirado. Antes que o *Beagle* continuasse sua viagem, Darwin encontrou-o pela última vez e ficou assombrado com o que viu. "Nós o tínhamos deixado roliço, gordo, limpo e bem-vestido", escreveu.

Agora era "um selvagem esquálido e de mau aspecto, com o cabelo comprido e revolto, e estava nu, apenas com um pedaço de cobertor em torno da cintura". Condoído com aquele espetáculo, o capitão Fitzroy levou-o para o *Beagle* e ofereceu-lhe a oportunidade de voltar para a Inglaterra. Jemmy recusou. De noite, Darwin e os outros viram o que interpretaram como o motivo de sua recusa, de outra forma inexplicável: "sua mulher, jovem e bonita".

Durante muitos anos, Darwin não se permitiu articular publicamente todas as implicações desse episódio. O livro *A descendência do homem* só foi publicado quatro décadas depois de ter conhecido os fueguinos, mas Darwin não parava de pensar naquele encontro, que fortalecia sua decisão de levar as implicações da teoria da evolução à sua conclusão lógica. Tal conclusão — a de que descendíamos de ancestrais simiescos — de modo geral foi recebida como um insulto ignóbil à dignidade humana. Durante quase dois milênios, os homens haviam se convencido de que eram herdeiros de um homem e de uma mulher perfeitos, que, feitos por Deus, tinham vivido em harmonia no Paraíso terrestre. Com efeito, a Queda havia trazido ao mundo o pecado e a morte, mas podíamos sonhar com uma eventual recuperação de nossa perfeição perdida e nos orgulharmos de nossa estirpe gloriosa. O que Darwin viu na Patagônia o deixou menos inclinado a aceitar esse orgulho quanto à origem e menos envergonhado de admitir as verdadeiras origens do homem. "Quem tiver visto um selvagem em sua terra nativa", ele escreveu, "não sentirá muita vergonha se for forçado a admitir que o sangue de uma criatura mais humilde corre em suas veias."

Os críticos de Darwin passaram a chamá-lo de "Homem Macaco" e o criticaram por macular nossos antepassados. No entanto, Darwin não cedeu:

> De minha parte, eu preferiria descender de um heroico macaquinho, que enfrentou seu temido inimigo a fim de salvar a vida de seu cuidador, ou daquele velho babuíno que, descendo das montanhas, carregou em triunfo seu jovem companheiro, que tirou das garras de uma matilha de cães perplexos, a provir de um selvagem que se compraz em torturar os inimigos, a oferecer sacrifícios sangrentos, que pratica o infanticídio sem remorso, que trata suas esposas como escravas, que não conhece nenhuma decência e que crê nas mais rematadas superstições.

O legado dessa reação — uma ousada insistência na herança primata da humanidade, combinada com uma entranhada crença vitoriana numa hierarquia cultural entre as populações humanas — vem perseguindo os biólogos evolucionários desde então.

A queda de Adão e Eva — pelo menos em praticamente toda a comunidade científica — assinalou uma mudança no sentido de uma diferente concepção da origem do homem. Essa concepção questionou toda uma estrutura de pensamento, baseada no projeto coletivo de conferir às figuras do Gênesis a realidade de pessoas de carne e osso. No entanto, a persistência da crença na existência literal de Adão e Eva aponta para algo mais além do apego atávico a uma ficção desmentida. A história de Adão e Eva foi o que restou de um empreendimento criativo longuíssimo e complexo, e tem sido analisada, em todas as suas implicações, durante milhares de anos, por pessoas que a consideraram intelectualmente instigante, cativante e moralmente instrutiva. Ao assim proceder, essas pessoas foram orientadas por atividades especializadas de grandes artistas criativos e de pensadores que investiram bastante em suas figuras imaginárias. As teorias sobre Lucy e outros antepassados hominídeos nossos são recentes, nebulosas e, na verdade, primitivas. O fato de essa teoria da origem humana ser verdadeira, segundo nossos melhores dados científicos, não a torna, em si, clara e consistente. Pelo contrário, sua dificuldade, suas incertezas, sua resistência à coerência narrativa a tornam um dos grandes desafios de nossa era.

Essa dificuldade, visível desde o início, levou a diversas tentativas de atribuir ao darwinismo um complô de um tipo ou de outro. Alguns de seus adeptos imaginaram a seleção natural como uma história triunfal rumo ao surgimento de formas de vida cada vez mais elevadas, culminando, claro está, em nossa própria espécie. O domínio predestinado concedido por Deus aos seres humanos no Gênesis passou a ser dado simplesmente pela evolução. Outros utilizaram a famosa caracterização, por Herbert Spencer, da seleção natural como "a sobrevivência dos mais aptos", um conjunto de instruções para a competição de livre mercado numa economia capitalista. Ainda outros, encabeçados por Francis Galton, primo de Darwin, viram na teoria uma justificativa para a eugenia, a tentativa de aperfeiçoar a raça humana pela eliminação de "indesejáveis". Essa atividade sinistra, fundamentada nas ideias do biólogo alemão Ernst Haeckel sobre raça e evolução, teve sua expressão demoníaca com os nazistas.

Todas essas variações sobre temas darwinistas e outras com elas relacionadas foram denunciadas como uma traição a Darwin e uma distorção fatal da massa de dados científicos acumulados como consequência dos achados do pensador inglês. Não existe progresso na evolução, nem marcha rumo à perfeição. O conceito de "aptidão" evolucionária, do qual se derivou a frase "sobrevivência do mais apto", não precisa ter nada a ver com competição, muito menos com determinados sistemas econômicos ou com a guerra. E a genética desmanchou, em vez de promover, toda a noção de "raça" como um princípio evolucionário.

Entretanto, a tentativa de encontrar uma narrativa na evolução, por mais que a narrativa distorça a evidência, é em grande parte resultado da ausência inquietante de uma trama, de uma forma estética, na visão abrangente de Darwin. Na velhice, ele mesmo meditava sobre o que lhe havia acontecido. "Até a idade de trinta anos, ou mais além", recordou na breve autobiografia que escreveu para seus filhos,

> a poesia de vários tipos, como as obras de Milton, Gray, Byron, Wordsworth, Coleridge e Shelley, proporcionavam-me imenso prazer, e mesmo no tempo da escola eu me encantava intensamente com Shakespeare, principalmente com suas peças históricas.

Esses autores, que ele conhecia desde a infância, foram seus principais companheiros na viagem de volta ao mundo no *Beagle*. Milton, em especial, foi uma companhia íntima quando Darwin se despediu de Jemmy Button e Fuegia Basket, quando escavou os penhascos de calcário da América do Sul em busca de fósseis ou quando mediu os bicos dos tentilhões das ilhas Galápagos.

No entanto, ainda que sua imaginação possa ter sido configurada por *Paraíso perdido* e por *Henrique IV* — e também pelos quadros e pela música que ele amava —, a teoria grandiosa que começou a formular pouco a pouco enquanto o *Beagle* avançava pelo Pacífico acabou por alterar tudo em seu universo mental. "Faz muitos anos agora", ele refletiu, "que não suporto ler uma só linha de poesia. Tentei ultimamente ler Shakespeare, mas o achei tão intoleravelmente maçante que fiquei nauseado."

Darwin não tinha orgulho dessa náusea e não a elogiou aos filhos. "A perda desses prazeres", disse-lhes, "é uma perda de felicidade, e talvez seja prejudicial ao intelecto e mais provavelmente ainda ao caráter moral." Mas ele foi honesto o suficiente para reconhecê-la e esforçou-se por compreender como e por que ocorrera. Acreditava que aquilo tinha algo a ver com sua atividade como cientista, o trabalho que o absorvera durante décadas, a tarefa de reunir indícios incessantemente e avaliar seu significado. "Minha mente", ele escreveu, "parece ter se tornado uma espécie de máquina para produzir leis gerais a partir de grandes compilações de fatos, mas o motivo pelo qual isso causou a atrofia apenas daquela parte do cérebro da qual dependem os prazeres superiores, isso eu não consigo conceber."

Não tenho solução nenhuma para o que desconcertava o próprio Darwin, mas o problema nos leva de volta à continuidade da história de Adão e Eva. Para muita gente hoje, inclusive eu, essa história é um mito. A longa e baralhada história, de especulação arcaica para dogma, de dogma para verdade literal, de verdade literal para real, de real para mortal, e de mortal para fraudulenta, terminou em ficção. Os primeiros seres humanos no jardim das árvores mágicas e da serpente falante retornaram à esfera da imaginação, de onde haviam emergido originalmente. Contudo, esse retorno não os torna desimportantes nem destrói seu fascínio. Eles continuam a ser uma maneira poderosa, até indispensável, para pensar sobre inocência, tentação e escolha moral, sobre apego a um parceiro amado, sobre trabalho, sexo e morte. Transmitem com excepcional vivacidade a possibilidade de uma sedução que leva a pessoa fazer uma escolha cujas consequências catastróficas serão perpétuas. Mantêm aberto o sonho de um retorno, de alguma forma e algum dia, a uma bem-aventurança perdida. Eles têm a vida — a realidade peculiar, intensa e mágica — da literatura.

Epílogo
Na floresta do Éden

Numa manhã de fevereiro, desagradavelmente quente e úmida, três pessoas — a bióloga evolucionista Melissa Thompson, o assistente de campo John Sunday e eu — já tínhamos caminhado quase uma hora em busca dos chimpanzés que viviam em algum lugar naquela parte do enorme Parque Nacional Kimbale, em Uganda. Pesquisadores da estação de campo em que eu estava hospedado — o Projeto Chimpanzé de Kimbale — os tinham visto se instalando perto dali na noite anterior, John me garantiu, e era quase certo que os encontraríamos. Esses chimpanzés, chamados de grupo Kanyawara, nome da aldeia mais próxima, não fugiriam de nós, como normalmente fazem os símios na natureza. Uma equipe de cientistas, liderada pelo biólogo evolucionista Richard Wrangham, os vem observando de perto há quase trinta anos. Nas primeiras semanas, disse-me Wrangham, ele não avistou nenhum deles; passaram-se meses antes que começasse a dar-lhes nomes, com hesitação; e quatro anos se passaram antes que os símios não se importassem com a proximidade dos pesquisadores. Com o tempo, porém, os chimpanzés lentamente se habituaram com a presença humana.

Procurei ninhos que talvez tivessem construído nos galhos mais altos das árvores, mas não vi nem sinal deles. A densidade e a enorme altura daquelas árvores tornavam difícil avistar qualquer coisa, e o suor que escorria para meus olhos não facilitava as coisas. De qualquer modo, os chimpanzés não têm morada fixa. Seja para estar perto de uma nova fonte de alimento, para fugir da aproximação furtiva de predadores ou para se manter longe dos outros grupos competitivos da mesma espécie, com os quais travam uma guerra perpétua, eles se instalam a cada noite num local diferente. Isso faz com que achá-los seja um problema diário.

Adentramos mais na floresta, afastando cipós, arbustos espinhentos e as longas raízes aéreas de certas espécies de figueira — aquelas estranhas epífitas que vêm do alto e cercam as árvores hospedeiras, por fim as matando e transformando-as em apoios para seu próprio crescimento exuberante. Passamos com cuidado por cima de um pelotão de formigas-correição em expedição. Um sapinho minúsculo, exatamente da cor da folha sobre a qual se achava, saltou para longe. Uma casca de árvore que parecia brilhar na penumbra mostrou, numa inspeção mais detida, estar coberta por centenas de lagartas. Borboletas lindíssimas voejavam daqui para ali, como se alguém houvesse lançado do alto, no ar, punhados de antigas cédulas de dinheiro francesas. Mas nada de chimpanzés.

Minhas costas começaram a doer, e eu já perdia o ânimo para prosseguir na busca, quando John parou subitamente. Olhou para cima e apontou. "Está vendo alguma coisa?", perguntou. Num primeiro momento, enxerguei "o nada absoluto", como diz a mãe de Hamlet quando não consegue ver o fantasma, "e, no entanto, tudo o que existe eu vejo". Mas então comecei a perceber, bem alto nas árvores, duas silhuetas negras, e logo outras duas numa árvore ao lado. Para animais tão grandes, os antropoides pareciam descansar em galhos que me pareceram finíssimos, mas pareciam bastante confiantes em seus poleiros, e por um momento pensei nos trapezistas de circo, que são imunes ao medo comum. Um deles saltou casualmente de um galho para outro, e tive um vislumbre de um traseiro cor-de-rosa.

Continuando a olhar, eu mal discernia o fruto que os chimpanzés metodicamente tiravam das árvores. Não tinham pressa nenhuma. Um deles moveu-se um pouco, e vi que aquilo que à primeira vista me parecera ser um tufo de pelos em suas costas na verdade era um bebê agarrado a ele. Nada mais aconteceu, não havia história, ocorrência ou aventura, a menos que o vagaroso mastigar de frutos fosse considerado uma aventura. Então era assim, pensei, que devia ter sido o Paraíso: nada de endereço permanente, de trabalho cansativo, de plantio e de cultivo e, naquela altura estonteante, de predadores ou de medo. Eu tivera um vislumbre do sonho antigo: "Podes comer de toda árvore do jardim".

Eu viajara a Uganda em busca daquele sonho, ou, antes, para procurar algum vestígio da história da Bíblia que pudesse ser encontrado naquilo que, de acordo com Darwin, considera-se hoje ser a origem real de nossa espécie. A bem da verdade, não proviemos diretamente de chimpanzés. Como nossas linhagens divergiram há milhões de anos do antepassado que os biólogos evolucionários chamam de Último Ancestral Comum, os chimpanzés não são nossos progenitores, e sim nossos primos. Entretanto estão, como acreditam muitos cientistas, bem mais perto do que nós do Último Ancestral Comum, em sua forma física e na forma de sua existência social.[1] Isso se deve, em parte, ao fato de ainda viverem no mesmo ambiente florestal — que tragicamente encolhe a cada dia, devido à força devastadora do desmatamento e da pressão da população humana — em que nossos progenitores distantes viviam.

Nós, os homíneos, deixamos a floresta para coletar alimentos na savana. Numa notável aposta evolutiva, abrimos mão do poder mágico de viver nas alturas estonteantes. Houve muitas experiências ao longo de milhões de anos, quando espécies humanas alternativas surgiram e se extinguiram. No ritmo glacial imposto pela seleção natural, perdemos de forma gradual a imensa força muscular, o quadrupedalismo e os grandes dentes caninos. Em vez disso, desenvolvemos a capacidade de andar e correr, eretos, com os dois pés e levamos o tamanho de nosso cérebro ao limite, ou seja, o limite da pélvis feminina. No decurso de um vasto período de tempo, dominamos o fogo, aumentamos nossa capacidade de cooperar uns com os outros e, num ritmo quase inacreditável, inventamos a linguagem. É claro que esse assombroso conjunto de mudanças foi nosso triunfo, mas representou também a perda da descansada vida na copa das árvores que vi em Uganda. Depois de descermos para o chão, cercados por temíveis predadores, avançamos pouco a pouco e, graças a nossa engenhosidade superior, nos tornarmos a espécie dominante, deixando de ser presas para nos transformar nos maiores predadores do planeta.

Hoje, por nossa causa, os chimpanzés são uma espécie ameaçada. Atualmente restam cerca de 150 mil deles na natureza e, se não forem tomadas medidas drásticas, esse número se reduzirá ainda mais, até que só existirão em jardins zoológicos e nos sinistros centros cirúrgicos de institutos de pesquisas médicas. Mas por ora ainda se pode vê-los, em alguns lugares, levando uma vida que evoca nossa própria existência antes que nos tornássemos os hominídeos sábios — o *Homo sapiens*.

Os cientistas do Projeto Kibale dão nome a cada chimpanzé e os reconhecem num instante, como fazemos com um tio ou uma prima. Avaliam suas personalidades, registram seu estado de saúde e tomam nota de suas atividades. "Aquele lá é o Eslom", disse Melissa, apontando para uma das formas indistintas sobre nossa cabeça, "e aquela de traseiro rosado é a Bubbles, carregando sua filhinha, a Basuta." Os macacos começaram a descer do alto das árvores, saltando de um galho para outro. Na sociedade intensamente hierárquica dos chimpanzés, Eslom, de vinte e poucos anos, era o macho alfa do momento, o líder inconteste do grupo de cerca de cinquenta machos e fêmeas adultos e de seus filhos.

O assistente de campo contou-me que Eslom tinha uma história extraordinária. Sua mãe era uma intrusa, proveniente da comunidade vizinha de chimpanzés, mais ao norte. De modo geral, vigora entre os chimpanzés a patrilocalidade; normalmente são as fêmeas que se arriscam, como fez a mãe de Eslom, a migrar para um novo grupo. (Na ausência de um arranjo desse tipo, os pequenos grupos com o tempo sofreriam as consequências genéticas de uma excessiva endogamia.) Sua aposta tivera êxito: ela sobrevivera às surras e maus-tratos com que as recém-chegadas a uma comunidade de chimpanzés são com frequência recebidas, em geral por parte de outras fêmeas. Talvez ao chegar estivesse no cio, uma condição claramente perceptível pelo inchaço rosado da pele em torno da genitália. Os pesquisadores imaginam que o inchaço teria agido como um passaporte, proporcionando à atraente intrusa alguma proteção por parte de um ou mais machos.

Com o passar dos anos, ela teve três filhos, sendo um deles Eslom. No entanto, depois disso morreu, assim como os dois outros filhos, deixando o sobrevivente como um órfão jovem, desprotegido e de baixíssima posição social. Mas Eslom sobressaiu-se em tudo que era importante. Ágil e alerta, era um dos melhores caçadores da comunidade, capturando e matando os macacos avermelhados do gênero Colobus que os chimpanzés apreciam como iguaria. Rapidamente se deu conta das complexidades do sistema social, percebendo a quem devia se aliar e quando chegava o momento de alterar suas alianças. E, à medida que crescia e amadurecia, tornou-se um mestre das chamadas "exibições": balançando-se para a frente e para trás, ele se punha de pé, com os ombros encurvados e o pelo eriçado, de maneira a se mostrar ainda mais corpulento e intimidador. Com os braços musculosos, arrancava galhos de árvores ou arremessava pedras. A seguir, avançava com grande velocidade contra um rival, tirando-o do caminho ou estapeando-o. Empregando essas táticas repetidamente, pouco a pouco subiu na escala social.

Ao morrer o macho alfa reinante, abriu-se um vácuo de poder. Um a um, durante um período prolongado, os machos de maior expressão social se viram obrigados a reconhecer a autoridade de Eslom. Por fim, só restou um rival, Lanjo, para desafiá-lo. Os cientistas sabiam, pela análise de amostras de urina e fezes que coletavam, que Eslom e Lanjo eram filhos do mesmo pai, Johnny. Mas Johnny tinha morrido, e de toda forma os chimpanzés machos não têm como saber quem são seus pais. Os dois rivais não faziam ideia de que eram meios-irmãos por parte de pai, e mesmo que soubessem não faria nenhuma diferença.

Contando com o apoio da mãe, de seus irmãos por parte de mãe e de outros aliados, Lanjo parecia ser o candidato mais forte para exercer a supremacia. Porém, no momento em que Eslom cravou seus poderosos caninos no pescoço de Lanjo, fazendo com que ele subisse por uma árvore correndo, a luta pelo poder enfim acabou. Todos os chimpanzés do grupo, tanto os machos como as fêmeas, executaram diante de Eslom os rituais de submissão, com arquejos e roncos, enquanto ele não fez isso diante de ninguém. Qualquer animal que deixasse de se submeter se arriscava a receber tapas ou mesmo surras do macho alfa ou de seu ex-rival, agora o macho beta.

No entanto, quando os chimpanzés desceram para o chão, as cenas que vi diante de mim não foram uma demonstração de força ou poder, mas sim de ajuda mútua. Foi uma visão de tranquilidade edênica coletiva, como se os primeiros seres humanos já tivessem conseguido se reproduzir e multiplicar antes de serem expulsos do Jardim. Os chimpanzés puseram-se a passear por ali, cerca de dez adultos, machos e fêmeas, com suas crias, e logo começaram a cuidar uns dos outros, limpando com cuidado insetos, sujeiras e ferimentos do pelo dos parceiros, coçando e afagando as orelhas deles. Deixando os pesquisadores fascinados, os chimpanzés de Kibale e de outros lugares criaram uma técnica especial de cuidados pessoais: um deles ergue o longo braço no ar, e outro imita o ato, juntando as mãos ou tocando os pulsos uns dos outros, enquanto com a outra mão cuidam do parceiro. Nos casos em que essa técnica foi passada de uma geração para outra, se mostra suficientemente diferenciada para que alguns cientistas afirmem que constitui uma evidência de que os chimpanzés possuem o que definimos como cultura.[2]

Esse grupo de chimpanzés aculturados dedicou-se àquela atividade durante tempo suficiente para que eu começasse a distingui-los uns dos outros. Outamba, de trinta e tantos anos, era a mais fecunda das mães; com seis filhos e um neto, estava grávida de novo. Vários de seus filhos achavam-se ali e se revezavam na tarefa de cuidar dela. Stella, de um ano e meio, filha de outra fêmea do grupo, era claramente hiperativa. Não ficava parada um só minuto, para relaxar ou ser cuidada, subia constantemente em cima da mãe e de todos os outros chimpanzés, deslizando por suas costas como se fossem escorregadores, atirando folhas no ar, quebrando galhinhos e sacudindo-os de forma imprudente para um lado e para outro. Imaginei que com certeza acabaria sendo castigada, mas os adultos se mostravam incrivelmente pacientes com as suas brincadeiras. Um macho adulto, Bud, cuidava de contusões que recebera de um grupo inimigo que encontrara na floresta. Teve sorte por conseguir fugir, pois, se isso não tivesse ocorrido, os chimpanzés poderiam ter lhe arrancado os testículos e o espancado até a morte. Big Brown, um macho enorme, bem maior que Eslom, estava sentado meio afastado, mascando o miolo do interior de um broto. Já idoso para um chimpanzé na natureza — estava com cinquenta e poucos anos —, tinha caído para uma posição bastante baixa e via-se forçado a arquejar e roncar diante de todos os demais machos adultos. Anos atrás, fora o macho alfa, mas seu reinado, marcado pelas surras frequentes que aplicava às fêmeas, chegara ao fim. De vez em quando, Eslom também batia nas fêmeas — isso é de regra entre os chimpanzés machos —, mas sempre que caçava e matava um macaco dividia a carne primeiro com elas, e com esse procedimento havia pacientemente conquistado lealdade.

Eslom estava menos relaxado do que os outros no grupo, preocupado com a fêmea Bubbles. Quando ela estava no alto das árvores, já dava para perceber que seu traseiro estava avolumado; agora, com ela no chão, víamos que estava inchadíssimo. Também na casa dos cinquenta, Bubbles era bem mais velha do que Eslom, de 22 anos, mas estava no cio. As chimpanzés fêmeas continuam a ovular durante a maior parte da vida, e os machos ficam particularmente excitados com fêmeas mais velhas que comprovaram ser boas parideiras. Desejando-a só para si, o macho alfa estava empenhado na chamada guarda de parceira. Sempre que outro macho chegava muito perto dela, o pelo de Eslom se eriçava ameaçadoramente, e o pretendente batia em rápida retirada. Entre os chimpanzés, o coito tem menos a ver com prazer — dura em média seis segundos — que com reprodução: em princípio, a meta do alfa é ser pai de todas as crias.

Por ela, Bubbles provavelmente gostaria de acasalar-se com muitos de seus pretendentes, pois, se por um lado ao alfa o que interessa é monopolizá-la, as fêmeas em geral procuram praticar o coito com o maior número possível de machos adultos. (Melissa me disse que as fêmeas se esforçam para copular com os machos que se mostraram mais agressivos com ela.) A promiscuidade, querem crer os pesquisadores, é uma estratégia de sobrevivência — não para as fêmeas, mas para sua prole. Como as mães em geral amamentam as crias durante anos e só voltam a entrar no cio depois que os filhotes são desmamados, os machos mais poderosos podem, ocasionalmente, praticar o infanticídio, a fim de apressar um retorno à disponibilidade sexual. Se a fêmea tiver copulado com muitos machos, especula-se, cada um deles poderá achar que a cria é sua e será menos inclinado à violência.

Mas, ao menos naquele dia, enquanto eu os observava, Eslom afugentou todos os possíveis pretendentes. Estava decidido a juntar-se à sua parceira desejada. "Esta", insistia o macho alfa, com toda a força de seu corpo musculoso. "Esta." Bubbles olhava em torno e atendia. Virava-se a apresentava o traseiro inchado para que Eslom o inspecionasse e admirasse. Ele olhava, fungava e se mostrava satisfeito.

Observando a cena não como um verdadeiro biólogo, e sim como um escritor obcecado com a história bíblica do primeiro casal humano, fui tomado por uma curiosa pontada de vergonha por minha conduta voyeurista. E essa vergonha, claro, faz parte da história: "Então abriram-se os olhos dos dois e perceberam que estavam nus; entrelaçaram folhas de figueira e se cingiram". Os chimpanzés não têm o menor interesse por folhas, salvo, vez por outra, para mascá-las. Não sabem que estão nus, nem sentem vergonha nenhuma. Embora vivam nas profundezas penumbrosas de uma floresta remota, a vida deles está extraordinariamente exposta. Os cientistas, que os acompanham incansavelmente, vigiam cada um de seus movimentos e analisam sua urina e suas fezes, são capazes de descrever cada um com um grau de intimidade que excede em muito aquele que eu poderia ter até em relação a meus amigos mais chegados, meus filhos e meus pais.

Embora haja alguns sinais de que podem enganar uns aos outros, de modo geral os chimpanzés não escondem nada. Eles se coçam, emitem gases, defecam e fazem tudo mais à vista de todos. Quando coçados, riem; quando se zangam, mostram os dentes e guincham; quando estão excitados ou se sentem ameaçados, pulam para cima e para baixo e guincham.[3] Quando uma fêmea ovula, exibe sinais claros, que todos veem. Se o macho se excita, abre as pernas e exibe sua ereção. Copulam abertamente, com todos olhando e muitas vezes com as crias subindo neles. Isso é não sentir vergonha, ou melhor, é existir num mundo inteiramente destituído de vergonha.

Segundo o Gênesis, antes que houvessem comido do fruto proibido, os primeiros seres humanos viviam exatamente num mundo assim. É claro que a narrativa do Gênesis não mostra essa existência com detalhes, muito menos em termos que fizessem com que se assemelhasse à vida de nossos primos chimpanzés. O texto só diz: "Ora, os dois estavam nus, o homem e sua mulher, e não se envergonhavam". A maior parte dos comentaristas cristãos especulou que a cópula entre eles seria breve — talvez não mais longa que os seis segundos dos macacos — e praticada exclusivamente para reprodução. Santo Agostinho acrescentou que a cópula decerto teria ocorrido na presença de outras pessoas, inclusive dos filhos. Entretanto, apesar de terem a mania de procurar preencher as brechas deixadas na narrativa bíblica, os teólogos nunca imaginaram de forma plena como seria viver vidas que se assemelham à nossa, mas sem nenhum sinal de vergonha.

Antes que transgredissem o interdito divino, a vida do primeiro casal humano teve outro aspecto crucial: eles não tinham comido da Árvore do Conhecimento do Bem e do Mal. O contraste bíblico não é entre uma vida regida por um código moral e uma vida desordenada e sem leis. Não, o contraste no Gênesis é entre uma vida vivida *com* o conhecimento do bem e do mal — presumivelmente uma consciência das próprias categorias simbólicas e das diferenças entre elas — e uma vida vivida *sem* esse conhecimento. A Bíblia claramente espera que seus leitores possuam uma compreensão do que são o bem e o mal, pois todos somos herdeiros das pessoas que comeram o fruto. Mas está muito menos claro como eram Adão e Eva antes que comessem da árvore — ou seja, o que era o homem sem o conhecimento do bem e do mal. Claro, poderíamos dizer que qualquer animal, como um gato ou uma lagosta, serviria de modelo. Mas Adão e Eva no Jardim não eram animais quaisquer: eram nossos pais. Sendo eles inocentes por completo, o que não somos, não poderiam ter sido idênticos a nós, porém sempre eram parecidos conosco.

Como quase todos os autores admitem, desde a Antiguidade até o presente, os macacos não são idênticos a nós, mas se parecem muito conosco.[4] A semelhança salta aos olhos. Entretanto, eles não têm o conhecimento do bem e do mal. Isso não significa que vivam no estado de natureza, que o filósofo Thomas Habbes caracterizou, no século XVII, como "solitário, maldoso, embrutecido e breve". A vida dos chimpanzés não é solitária nem breve, e o maldoso está nos olhos do observador. Eles são seres sociais complexos. Solucionam problemas, utilizam ferramentas, têm personalidades diferentes e variadas; e muitas vezes chegam ao que, pelos padrões da maioria dos animais, é uma idade bem avançada. Mas, até onde podemos afirmar, seus ancestrais primais nunca comeram da árvore fatal. Embora emitam sinais uns para os outros (por exemplo, quando há um perigo iminente), não possuem conceitos simbólicos, como bem e mal. Os chimpanzés não são morais ou imorais; são amorais.[5]

No começo da década de 1980, um primatologista publicou um livro de sucesso que comparava o comportamento dos chimpanzés — suas alianças mutáveis, suas traições, seus subornos e seus castigos — à política maquiavélica.[6] Mas, em *O príncipe*, Maquiavel partia do princípio de que os políticos compreendiam perfeitamente o que era o bem e o o mal; os sobreviventes entre eles simplesmente percebiam quando era necessário violar seu código moral. "Assim, é conveniente parecer piedoso, fiel, humano, íntegro, religioso, e sê-lo realmente; mas estar com o espírito preparado e disposto de modo que, precisando não sê-lo, possas e saibas tornar-te o contrário" (*O príncipe*, cap. 18). Os chimpanzés parecem atuar politicamente sem necessidade de um entendimento conceitual do que seja fidelidade ou traição, domínio ou submissão.

Durante séculos, os teólogos — todos homens, é claro — refletiram, constrangidos, sobre a maldição de Deus contra Eva: "Teu desejo te impelirá ao teu marido e ele te dominará". Por acaso o marido, perguntavam, também não dominava a mulher no Paraíso, antes da Queda? Sim, quase todos garantiram uns aos outros: o homem sempre dominou a mulher, pois essa era a ordem natural das coisas. Porém, antes de comer da Árvore do Conhecimento do Bem e do Mal, a mulher não compreendia que estava sendo dominada; depois de sua transgressão, compreendeu e ressentiu-se com amargura. Portanto, as relações sexuais dos chimpanzés lembram o sonho do teólogo sobre a vida antes da Queda. As fêmeas dos chimpanzés são dominadas, mas lhes falta qualquer conceito de dominação.

As fêmeas de chimpanzés gritam quando são agredidas, mas não há sinal nenhum de que sonhem que as coisas deveriam ou poderiam ser diferentes. Também os machos jovens organizam expedições para matar chimpanzés de grupos vizinhos, mas falta-lhes o conceito de assassinato.[7] Se uma de suas crias morre, a mãe pode carregá-la durante algum tempo, como se estivesse enlutada, mas os chimpanzés não têm uma noção abstrata da morte, da mesma forma como apreciam e criam os filhos sem terem palavras para amor e cuidado materno. Isso não quer dizer que todas as suas ações sejam apenas instintivas. Os jovens são muito observadores e aprendem a se comportar vendo como procedem os adultos, e chegam até a ensaiar seus papéis. Os pesquisadores já notaram que chimpanzés adolescentes quebram galhos e praticam bater com eles em fêmeas adultas, enquanto as fêmeas adolescentes tendem a carregar esses paus como se fossem bebês. Nenhum desses comportamentos é conceitual ou consciente, pois os chimpanzés não dispõem de uma linguagem com que formular ideias, mas seria absurdo vê-los como autômatos.

Devemos ser-lhes gratos eternamente. Eles nos possibilitam ver como seria viver sem o conhecimento do bem e do mal, da mesma forma como vivem sem sentir vergonha e sem saber que estão destinados a morrer. Ainda estão no Paraíso.

É claro que pouquíssimas pessoas em seu juízo perfeito consideram que a vida que os chimpanzés levam na floresta é aquela que os homens realmente desejariam para si no Paraíso. Mas isso acontece porque formamos nossa ideia do Paraíso a partir de noções oriundas de nosso conhecimento do bem e do mal. Nós já caímos; eles, não.

Refletindo sobre a forte semelhança entre os macacos e o homem, os pensadores medievais chegaram à conclusão oposta: acreditavam que os símios também deviam ter caído, porém para um ponto mais baixo na escala dos seres do que o nosso. No Paraíso, Adão e Eva eram incomparavelmente belos e enormes em tamanho. Agora, em virtude do legado do pecado, perdemos muito em termos de beleza, assim como a corpulência dos primeiros seres humanos. A perda foi progressiva: os mais antigos patriarcas e matriarcas retiveram parte do esplendor dos primeiros humanos, mas hoje essa qualidade já desapareceu quase totalmente. "Comparadas com Sara, as mais belas mulheres são como macacos comparados com um ser humano", um antigo comentarista escreveu, pesaroso, e comparada com Eva também Sara parecia uma macaca.[8] Os macacos, claro, são o paradigma da feiura humana

Contava uma lenda que, num dado momento depois da expulsão do Jardim, Deus visitou Eva e lhe perguntou quantos eram os seus filhos. Na verdade, eram muitos, mas como ela receava que o número de seus filhos indicasse que encontrava muito prazer na prática do sexo, mentiu e só mostrou ao Senhor alguns. Deus não se deixou enganar e, para puni-la, transformou em macacos os filhos que ela ocultara. Por isso, os macacos foram amplamente utilizados na Idade Média não só como símbolos de feiura, como também de desejo carnal; eles exibiam, de forma exagerada, o pecado que contribuíra para nossa própria queda. Na pintura medieval, quando Adão e Eva aparecem junto da Árvore do Conhecimento do Bem e do Mal, é comum que um macaco esteja por perto, meio escondido.[9]

Essa visão só mudou decisivamente no século XIX. O momento central se deu em Oxford, em 1860, quando Thomas Henry Huxley, amigo e defensor de Darwin, se empenhou num famoso debate com o bispo Samuel Wilberforce. O bispo encerrou sua mordaz refutação da teoria da evolução das espécies voltando-se para seu adversário e perguntando com ironia: "É por parte de seu avô ou de sua avó que o senhor afirma descender de macacos?". Huxley levantou-se lentamente e disse que não teria vergonha de ter um ancestral macaco, e sim de ser relacionado a um homem que empregava seus grandes talentos para ocultar a verdade. Nem todos no salão escutaram bem a voz de Huxley, mas todos entenderam que suas palavras significavam "eu preferiria ser descendente de um macaco que de um bispo".[10] Uma senhora presente desmaiou.

Foi a posição de Darwin que acabou prevalecendo na moderna teoria científica da origem do homem. Ninguém mais crê que os macacos sejam versões degeneradas do homem, metamorfoseados como punição por luxúria ou preguiça. Os dados fósseis, que vêm sendo escavados há mais de um século e que continuam a aparecer em descobertas espetaculares, proporcionam evidências insofismáveis de que nossos ancestrais remotos eram criaturas simiescas que de alguma forma conseguiam caminhar sobre dois pés. Ainda não está claro como foi que alguns sobreviveram e até prosperaram. Como a ciência tem demonstrado acima de qualquer dúvida, não foram o resultado feliz de uma criação única e permanente, destinados desde o princípio a ser os senhores do universo. Eram um trabalho em andamento, ao longo de um tempo de duração inimaginável. Segundo um biólogo, entre 2,5 milhões e 2 milhões de anos atrás, muito antes do surgimento do homem moderno, ocorreu um período-chave do fermento evolutivo.[11] Ele está tentando reduzir o período crucial, e num certo sentido consegue seu intento. Mas está falando de 500 mil anos. Toda a história humana registrada, até onde se pode recuar, remonta a apenas cerca de 5 mil anos.

No decorrer desse imenso período, nossa espécie evoluiu de diminutos bípedes com um cérebro pequeno, que comiam frutos, escavavam tubérculos e capturavam um ou outro lagarto, para o que somos agora: animais que, como disse Friedrich Nietzsche, podem fazer promessas. Num livro publicado em 1887, o filósofo alemão afirmou que o mecanismo crucial para a transformação de criaturas simiescas amorais em seres humanos morais foi a dor — a imposição repetida e cruel da dor. A punição foi o meio pelo qual as energias saudáveis, exuberantes e violentas dos machos dominantes — Nietzsche os descreveu como "as bestas louras" — pouco a pouco foram domadas. Nesse processo, tudo o que aqueles que antes haviam governado o planeta julgavam bom — a satisfação implacável dos apetites, a insolência arrogante, a descuidada mistura de rapina e de munificência, o desejo incontido de ser o macho alfa — foi tachado de mau. A massa de mulheres e homens fracotes que no passado tinham sido dominados pelas bestas louras logrou impor como positivos seus valores de abnegação, disciplina e temor devoto. A transformação — Nietzsche a definiu como "transvaloração de todos os valores" — foi, na realidade, uma bem-sucedida revolta de escravos. Devia ter sido liderada, ele pensava, por uma casta sacerdotal extremamente hábil e que ardia de ressentimento. Ele identificava essa casta com os judeus, cuja invenção culminante, para celebrar o sofrimento doentio sobre a saúde amoral, foi Jesus, o novo Adão.

Essa sinistra parábola filosófica[12] aponta para questões cujas respostas acham-se ainda na esfera da tresloucada especulação: considerando o fato de que os chimpanzés (*Pan troglodytes*) e o homem moderno (*Homo sapiens*) têm em comum 96% dos mesmos genes, como foi que isso veio a acontecer? O que provocou a série fantasticamente complexa de características — pernas longas, mãos com dedos curtos, pés incapazes de agarrar coisas, prolongada dependência infantil, cérebro de grande dimensão, vida social cooperativa, capacidade de pensamento simbólico e muitas outras — que define o homem? Como foi que adquirimos linguagem, crenças religiosas e histórias de origem? De onde veio nossa consciência moral? E o que ainda partilhamos com os chimpanzés como legado do Último Ancestral Comum?

Nos últimos anos, o interesse da comunidade científica se concentrou nos bonobos, só encontrados na natureza numa única área da África Central. Em algum momento de um passado relativamente recente, medido na escala do tempo evolutivo, um grupo de chimpanzés ficou isolado ao sul do rio Congo e formou seu próprio mundo. Com o passar do tempo, embora conservassem muitas características comportamentais dos chimpanzés comuns, sua vida social começou a mudar. Os pesquisadores notam que os machos continuam a ser competitivos entre si, mas agora a agressividade deles raramente se volta contra as fêmeas, que desfrutam de um status muito mais elevado. Formando laços robustos umas com as outras e agindo juntas, as fêmeas tornaram-se capazes de dominar a maioria dos machos. A atividade sexual intensificou-se bastante. As fêmeas mostram sinais de estar no cio mesmo quando não são férteis, de modo que a cópula já não está relacionada exclusivamente à reprodução. Os bonobos praticam a felação; verifica-se uma frequente atividade sexual entre machos e entre fêmeas; e, o que talvez seja mais notável, os encontros com grupos vizinhos levam não à violência, mas à cópula. Assim, com isolamento, ambiente correto e tempo suficiente, comportamentos que antes eram considerados inerentes aos chimpanzés mostraram-se passíveis de mudanças radicais.

Algo do mesmo gênero talvez explique a maneira como nossa espécie reúne, de forma desconcertante, características encontradas em chimpanzés e bonobos e as tenha combinado com aspectos inteiramente novos.[13] Ao mesmo tempo que conservamos o pendor para uma intensa competição no tocante a status, caça em grupo, violência xenófoba e um forte impulso dos machos para dominar as fêmeas, adquirimos a capacidade de amizade, igualitarismo, cooperação, aproximação pacífica com outros grupos e uma intensa sexualidade sem fins reprodutivos. A tudo isso acrescentamos as complexidades infinitas da fabricação de ferramentas, da arte, da linguagem e da capacidade de raciocínio. Nossa compreensão da forma como isso ocorreu ainda está num estágio inicial, e é seguro afirmar que no futuro haverá progressos constantes e surpresas espetaculares.

Entretanto, o que ainda falta a nosso atual conhecimento científico — e que talvez nunca venha a ter ou mesmo deseje — é o foco na escolha moral que está no âmago da história de Adão e Eva. Os primeiros seres humanos da história bíblica estavam livres para observar ou violar a proibição divina: "A mulher viu que a árvore era boa ao apetite e formosa à vista, e que essa árvore era desejável para adquirir discernimento. Tomou-lhe do fruto e comeu. Deu-o também ao marido, que com ela estava e ele". Foi essa transgressão — uma ação deliberada, não um processo impessoal e mecânico de mutação genética aleatória e seleção natural — que determinou a forma de nossa vida. A história de Adão e Eva afirma que nossa sorte, ao menos no começo dos tempos, foi de nossa própria responsabilidade. Milhões de pessoas no mundo, entre as quais muitas que dominam os pressupostos básicos da ciência moderna, continuam a se apegar à satisfação peculiar que essa história antiga proporciona. Eu sou uma delas.

Ao chegar à estação de pesquisa científica no oeste de Uganda, não tive permissão para sair imediatamente a fim de observar os chimpanzés. Como eles são vulneráveis a doenças humanas, houve um período de quarentena para determinar que eu não sofria de infecções. Como dispunha de tempo, na manhã de domingo fui ao culto anglicano em Fort Portal, uma cidade próxima. Uganda é um país predominantemente cristão, dividido mais ou menos ao meio entre católicos romanos e anglicanos, com um número pequeno, mas crescente, de pentecostais. Em meu pedido para visitar o Projeto Kibale sobre Chimpanzés, eu havia escrito de início que desejava observar a moderna história científica da origem do homem, que substituíra a antiga história bíblica, mas amigos que haviam trabalhando ali me disseram que, redigido assim, o pedido quase com certeza seria rejeitado. As autoridades ugandenses não consideram a pesquisa sobre chimpanzés como alternativa à sua fé religiosa.

Na igreja, que por acaso chamava-se St. Stephen, o sermão feito pelo reverendo Happy Sam Araali girava em torno da história da criação. (Ele deve ter sido avisado que eu estaria presente.) Podemos cavar poços, ele disse, mas só Deus é capaz de criar lagos e mares. Isso é um sinal de quanto Deus é poderoso, e deveria nos levar a respeitá-Lo, uma vez que Ele pode fazer coisas muito maiores e mais difíceis do que qualquer coisa que sejamos capazes. O mesmo se deve dizer em relação à criação do homem. Podemos desenhar figuras numa parede e conferir-lhes certa vividez, disse Happy à congregação, porém só Deus poderia ter criado os primeiros seres humanos e os feito viver insuflando o sopro da vida em suas narinas.

Na volta de carro para a estação de campo, perguntei ao assistente que me acompanhava se acreditava que a história de Adão e Eva era a verdade literal. Sim, ele me respondeu, pois era um bom cristão. Nesse caso, como via a tese segundo a qual estávamos relacionados de perto aos chimpanzés? Ele riu. "Um problema muito difícil", disse, e depois nós dois nos calamos. No dia seguinte, quando estávamos na floresta, observando a cena edênica dos chimpanzés catando-se um aos outros e de Eslom protegendo a sua pretendida, não tocamos mais no assunto.

O interesse do macho alfa por Bubbles preparou o cenário para uma cena que presenciei na manhã seguinte e que para mim evocou o Gênesis ainda mais intensamente. Estávamos tomando o café da manhã no acampamento quando Melissa notou uma sombra perto da entrada. No começo ela pensou que fosse um elefante, mas logo se deu conta de que era um chimpanzé e, com a experiência adquirida por todos ali, cientistas e assistentes, ela logo o identificou como o macho beta, Lanjo. Corremos para verificar por que se aventurara tão perto do núcleo humano.

Ele estava sentado numa areazinha gramada e com folhas, e parecia cada vez mais impaciente. De vez em quando batia no chão, ruidosamente, com os pés e as mãos. (Percebi, com um sobressalto, de onde vem o impulso inexplicável de batermos os pés no chão quando nos sentimos frustrados.) Em seguida, depois de remexer as folhas, arrastar uma vara no chão e produzir um som cavo e baixo, ele estendeu o braço e deu um puxão violento num cipó. Por fim, apareceu a fonte de sua impaciência: do meio do mato denso surgiu uma fêmea muito constrangida. Era Leona, de dezenove anos, olhando para trás, por cima do ombro, e carregando seu bebê, a pequena Lily. O que acontecera, explicou o assistente de campo, fora que Lanjo devia ter se aproveitado da preocupação de Eslom em resguardar a fêmea que desejava para se afastar do grupo com Leona, que também mostrava sinais de estar no cio, embora não com a mesma intensidade de Bubbles. Eles tinham fugido e se dedicado ao que os cientistas chamam de conúbio, uma espécie de lua de mel longe do grupo e do olhar ciumento do macho dominante. Se fossem apanhados, levariam uma surra; talvez essa fosse a razão da ansiedade de Leona e da esperta decisão de Lanjo de vir para junto do núcleo humano, de que o grupo quase nunca se aproxima.

Enfim sozinhos, Lanjo e Leona entregaram-se a um momento de ternura: tocaram os traseiros amorosamente. Com Lily agarrada às suas costas, Leona curvou-se e deixou que Lanjo lhe examinasse a vulva com o dedo, que ele em seguida levou ao nariz e cheirou. Mas não era apenas para a cópula de seis segundos que estavam juntos. Embora transgredindo o desejo do chefe supremo e se arriscando a punições, eles tinham se tornado um casal. Examinaram o ambiente da clareira e nos olharam de relance. A seguir, decididos a prosseguir com o conúbio, mergulharam na mata cerrada, e, desejando continuar a observá-los, tentamos acompanhá-los. O mundo todo se abria para eles.

Apêndice 1

Uma amostragem de interpretações

Foram inumeráveis as interpretações da história de Adão e Eva ao longo dos séculos, e muitas das mais influentes figuram neste livro. Todavia, não há como transmitir toda a riqueza, a variedade, a sagacidade e, vez por outra, a estranheza do vasto arquivo que se acumulou e que continua a crescer. O que se segue são algumas tentativas de evocar, numa linguagem moderna, alguns fragmentos desse arquivo. Na maior parte dos casos, a redação é minha, mas costurei todas elas a partir de uma ou mais fontes originais listadas nas notas.

Quando Eva desobedeceu à proibição e comeu o fruto proibido, Adão não estava com ela — há quem diga que tinham feito amor e que ele estava tirando um cochilo; outros afirmam que saíra para examinar o estado do jardim. O primeiro sinal de que havia algo de errado foi o fato de Eva ter coberto a genitália e as nádegas com folhas de figueira. No começo, Adão não conseguiu nem entender o que ela havia feito e achou que as folhas tinham se colado nela por acidente. Mas quando olhou melhor, percebeu que Eva tinha feito buraquinhos nas folhas e as costurado com uma fibra vegetal.

[Abba Halfon b. Koriah. *Genesis Rabbah* (séculos IV e V EC), 19,3;
O Livro dos Jubileus 9, c. 100-150 AEC[?]), 3,22.]

Os primeiros seres humanos eram de uma beleza perfeita e também muito sensatos, mas faltava-lhes um dos cinco sentidos essenciais para a humanidade caída: a visão. Não tinham necessidade nenhuma de enxergar, pois se achavam num mundo preparado para atender a todas as suas necessidades. Se desejavam comer ou beber, a comida e a bebida sempre estava ao seu alcance. E, quando Deus trouxe os animais a Adão para que lhes desse nomes, Adão simplesmente estendeu a mão e tocou cada um, sabendo pelo tato que nome deveria dar-lhes. É possível que a feliz cegueira deles (feliz, naturalmente, porque não sabiam que não podiam ver) ajude a explicar a transgressão que cometeram, uma vez que lhes seria difícil distinguir o fruto proibido de todos os demais, sobretudo porque o Inimigo estava empenhado em iludi-los. O estado deles ajuda a explicar sua completa ausência de vergonha, pois foi só depois da Queda que Deus removeu a camada que lhes cegava os olhos. E, assim que puderam enxergar, eles se apressaram a se cobrir, como resultado de sua desobediência: "Então abriram-se os olhos dos dois e perceberam que estavam nus; entrelaçaram folhas de figueira e se cingiram".

[Clemente de Alexandria (*c.* 150-*c.* 215)]

Os seres humanos recém-criados eram fisicamente adultos — Deus lhes deu a forma e os atributos de pessoas de vinte anos — e em muito aspectos eram de consumado talento. Mas eram também recém-nascidos, que apenas começavam a se ajustar ao mundo. Foi por esse motivo que Deus lhes ordenou que não comessem da Árvore do Conhecimento do Bem e do Mal. O fruto daquela árvore não era em si venenoso. Pelo contrário, para um homem adulto não poderia haver alimento melhor, e Deus pretendia que no devido tempo Adão e Eva o comessem. Entretanto, como todos os alimentos que ingerimos, alguns são apropriados para estômagos de criancinhas e outros, não. O Éden se distinguia por ter um único fruto que, decididamente, não era apropriado, e Deus disse aos seres recém-nascidos que poderiam comer o fruto de todas as outras árvores. Entretanto, ludibriados pela serpente e levados a cometer um ato de temerária impaciência, Adão e Eva procuraram consumir o fruto da árvore proibida antes de estarem prontos para isso. Foi como se uma criancinha tentasse devorar um filé sangrento, e não há por que nos surpreendermos com o fato de a consequência para eles ter sido fatal.

[Teófilo de Antioquia (ativo no século II)]

Eva segurava um galho no qual havia um fruto maduro e rubro, inequivocamente o fruto da árvore proibida. Disse a Adão: "Pega-o e come". Ele teve certa dificuldade para ouvi-la, como se sua voz proviesse de um lugar distante, ou como se a voz e a língua em que se expressava não fossem bem dela. Ele se sentia confuso e desnorteado, e, sobretudo, sonolento. Lembrou-se, é claro, que Deus lhe dissera que não comesse do fruto daquela árvore em especial, mas não conseguia lembrar o motivo disso. Lembrou-se de que, como não conhecia o significado da palavra "morrer", não havia entendido bem, na época, do que Deus estava falando. Podia quase apreender a noção de um mandamento — pois o mandamento de ser fecundo e se multiplicar correspondera a seu desejo por Eva —, mas a noção de não fazer alguma coisa não tinha sentido para ele. Languidamente, estendeu a mão, pegou o fruto e comeu-o.

[Padres Capadócios (século IV EC)]

Enquanto Eva, afastada, conversava com a serpente, Adão estivera fitando intensamente a luz fulgurante do céu. Contemplar a glória de Deus, incomensurável, incompreensível e absolutamente avassaladora era o que preenchia os seus dias e as suas noites. Tudo estava envolto naquela contemplação extasiada, até mesmo suas horas de sono, seus momentos de serena conjunção carnal com a esposa, seu simples ato de inspirar e expirar. Deus estava em tudo e era tudo. Quando Eva lhe ofereceu o fruto proibido, o fruto que esse próprio Deus lhe ordenara não comer, Adão imediatamente o pegou e comeu. Por quê? "Estou exausto", disse consigo. "Quero voltar agora ao barro de que fui feito. Quero morrer."

[Gregório de Nissa (c. 332-95)]

Não conseguindo encontrar, entre as criaturas feitas de barro, uma companheira adequada para o homem, o Senhor Deus decidiu criar uma feita de osso. Por considerar que o homem julgaria todo o processo fascinante, Deus permitiu que ele assistisse a tudo, enquanto abria habilmente seu flanco, retirava um osso adequado com que começar e fechasse a ferida que fizera. Pôs-se então a trabalhar no projeto, não modelando a nova figura em barro, como fizera no caso do homem e de todos os outros animais, mas construindo-a como um arquiteto trabalharia: uma vasta rede de veias, artérias e nervos; um sistema fabulosamente complexo de órgãos internos capazes de interagir com o ambiente, converter alimento em energia, regular o metabolismo da criatura e excretar resíduos; um cérebro cujo intrincado material constitutivo conseguia efetuar cálculos com incrível rapidez; uma língua, laringe e cordas vocais capazes de falar e cantar; e por fim um gracioso exterior, bastante semelhante ao do primeiro ser humano, mas com variações suficientes para despertar interesse e destinado a facilitar a reprodução sexuada. Deus olhou o que tinha feito e viu que era muito bom. Porém então notou que o homem para quem fizera tudo aquilo tinha no rosto uma expressão de desagrado. Adão julgava nauseante o interior da nova criatura, a desordem de sangue, tecidos moles e órgãos pulsantes. A ideia de conviver com tal criatura, quanto mais acasalar com ela, era insuportável. E Deus teve de destruir o que tinha construído e refazer o trabalho.

[R. José. *Genesis Rabbah* (séculos IV e V EC) 17,7]

Depois de terem comido do fruto proibido, Adão e Eva compreenderam que, embora estivessem fadados a morrer, do jeito como as coisas estavam os animais sobre os quais tinham domínio haveriam de viver para sempre. Como sabiam dispor de pouquíssimo tempo, puseram-se a correr de um lado para outro, com os frutos proibidos nas mãos, dando-os a todos os animais, para que fossem mortais. Poderiam explicar por que tinham tanta pressa de condenar todas as criaturas viventes? Talvez estivessem atentos à ordem anterior de Deus e temessem que, deixando de exercer domínio sobre os animais, eles violariam outro mandamento divino. Talvez não quisessem que nenhuma outra criatura, mesmo que não passassem de simples brutos, desfrutassem do que estavam condenados a perder. Fosse o que fosse, lograram achar e alimentar todo o gado, as bestas-feras e as aves — um feito espantoso —, exceto uma única ave. Essa ave, a fênix, ainda continua a viver.

[R. Simlai (?) *Genesis Rabba* 19,5 (séculos IV e V EC)]

E o humano disse: "A mulher que me deste por companheira, ela me deu da árvore, e comi". E o Senhor Deus disse à mulher: "Por que fizeste isso?". E disse a mulher: "A serpente me enganou, e eu comi". E o Senhor Deus chamou a serpente, e ela avançou, constrangida. E o Senhor Deus pegou uma faca afiada e cortou os pés e as pernas da serpente. É por isso que daquele dia em diante as serpentes rastejam sobre a barriga.

[Jorge Sincelo (ativo no século VIII)]

O efeito imediato da desobediência foi instilar em Adão, pela primeira vez, a sensação de tristeza. No momento mesmo em que comeu o fruto, toda a sua alegria desapareceu e a melancolia coagulou em seu sangue, da mesma forma que a iluminação some quando uma vela se apaga, deixando a mecha, brilhante e fumacenta, cheirando mal. E sobreveio um outro efeito de nota: Adão conhecera antes o canto dos anjos, e sua própria voz era sublimemente maviosa. Depois de seu pecado, porém, instalou-se em sua medula um sopro feio, que agora está presente em todos os homens. Esse sopro na medula transmutou sua voz melodiosa em sons rudes de motejos e apupos. Após risos gargalhantes, rolavam lágrimas de seus olhos, do mesmo modo que a escuma do sêmen é expelida no ardor do prazer carnal.

[Hildegard de Bingen (1098-1179)]

Antes da Queda, Eva não menstruava. Foi tão somente depois do pecado que todas as mulheres tornaram-se animais cujos fluxos menstruais devem ser contados entre as monstruosidades do mundo. Pois, por eles tocados, as sementes não germinam, as árvores perdem seus frutos, o ferro se oxida e o bronze enegrece.

[Alexandre Neckham (1157-1217)]

Adão entendeu com perfeita clareza que sua mulher fora iludida e que a serpente a atraíra para uma armadilha da qual não podia agora escapar. Ela terá de morrer, pensou ele, e Deus proporá criar para mim uma nova companheira, seja a partir de outra costela minha ou de uma outra fonte. Contudo, não quero uma nova companheira. Quero essa e só essa. Só existe um modo como poderei permanecer com ela — e é juntando meu fado ao seu. Nós viveremos — e no devido tempo nos decomporemos — juntos.

[Duns Scotus (1266-1308)]

E Deus o abençoou e Deus lhe disse: "Sede fecundos, multiplicai-vos, enchei a terra e submetei-a". E disse o homem a Deus: "Como deverei ser fecundo e multiplicar-me? Sou uma criatura ímpar, feita à sua imagem. Todas as outras criaturas, os peixes do mar, as aves do céu, o gado, as bestas-feras e todos os seres rastejantes que rastejam na terra existem em pares, machos e fêmeas distintos e separados uns dos outros. Eu os vejo se acasalarem, e por meio desse ato eles frutificam. Porém eu sou um só, macho e fêmea sou. Como posso cumprir vosso mandamento?". E Deus tomou de uma faca e dividiu o homem ao meio, como se parte uma maçã, fazendo dois onde só havia um. E Deus pôs carne sobre as feridas que fizera e deixou no ventre de cada metade um umbigo, como sinal do que tinha feito. E disse Deus: "Agora serás capaz de multiplicar-te e sujeitar o mundo". Depois de feito o corte, as duas partes do ser humano, cada qual desejando a outra, se juntaram, e, lançando os braços uma em torno da outra, se entrelaçaram em amplexos mútuos. O homem e a mulher foram fecundos e se multiplicaram e sujeitaram o mundo. Porém sempre sentiram a ferida de sua divisão original e a impossibilidade, mesmo em seus amplexos mútuos, de curar de todo a ferida.

[Judas Abravanel (c. 1464-c. 1523)]

Deus estava em toda parte e em tudo. Por isso foi mais desconcertante ainda que, quando Eva lhe ofereceu o fruto proibido, Adão imediatamente o pegasse e o comesse. Por quê? Seria difícil para ele responder com palavras, mas, se forçado, talvez tivesse dito: Uma eternidade nessa condição é intolerável. Odeio contemplar Aquele que me fez. Odeio a dívida esmagadora da gratidão. Odeio Deus.

[Martinho Lutero (1483-1546)]

Deus não só sabia que Adão e Eva desobedeceriam à sua proibição, como também ativa e deliberadamente Ele os impeliu a fazê-lo. E, se Adão houvesse hesitado antes de comer o fruto proibido, se houvesse ousado questionar o impulso que o próprio Deus inserira nele, Deus o teria repreendido com as seguintes palavras: "Homem, quem és tu para responder a Deus? Por acaso poderá a coisa formada dizer ao formador: Por que me fizeste assim? Não tem o oleiro poder sobre a argila do mesmo bloco para fazer um vaso honrado e outro desonrado?".

[João Calvino (1509-64)]

O primeiro homem foi feito de barro, mas não era aquele um barro ordinário. Seu corpo era mais puro e transparente que o mais fino cristal. Era iluminado de dentro para fora por fluxos de luz que mostravam seus vasos internos, que continham líquidos de todas as espécies e cores. Essa criatura iridescente era de estatura maior do que a dos homens atuais. Seu cabelo escuro era curto e ondulado; um bigode escuro lhe adornava o lábio superior. Não tinha um pênis. No local onde deveriam estar seus órgãos genitais havia uma coisa com a forma de rosto, do qual saíam odores deleitosos. Em seu ventre havia um vaso que produzia pequenos ovos e um outro vaso que continha um líquido capaz de fecundar esses ovos. Quando o homem se sentia inflamado pelo amor de Deus, era engolfado pelo desejo de que existissem outras criaturas que partilhassem dessa adoração, de modo que o líquido transbordava e, espalhando-se sobre um dos ovos, fazia com que, no tempo próprio, dele eclodisse outro homem perfeito. Pelo menos era isso que se esperava que ocorresse, quando Deus disse ao homem que fosse fecundo e se multiplicasse. No entanto, isso só aconteceu dessa forma uma vez: o homem que eclodiu foi o Messias, que transformou a si mesmo num feto e esperou o tempo necessário para instalar-se no ventre de Maria. Todos os outros homens nasceram de forma diferente, depois que Adão e Eva foram expulsos do Paraíso. Enxotados da área sagrada, seus corpos tornaram-se grosseiros e semelhantes ao nosso. Perderam sua transparência cristalina, a luz interior diminuiu e apagou-se; e seus vasos internos se tornaram os órgãos cuja vista só nos repele. E, em lugar dos belos rostos que um dia emitiam aqueles perfumes maravilhosos, hoje se vê a feia genitália que, tomadas de vergonha, todas as pessoas cobrem.

[Antoinette Bourignon (1616-80)]

Huynh Sanh Thong, recipiente de uma Bolsa MacArthur, sustentou que as cobras foram, em última análise, responsáveis pela origem da linguagem, já que as mães precisavam avisar aos filhos que tivessem cuidado com elas. As cobras deram aos hominíneos bípedes, que já estavam dotados de um sistema de comunicação de primatas não humanos, o impulso evolucionário para começarem a apontar com os dedos para se comunicar com vistas ao bem social, um passo crítico para a evolução da linguagem e de tudo que se seguiu para que nos tornássemos o que somos hoje.

[Lynne A. Isbell, 2009]

Apêndice 2

Uma amostragem de histórias de origem

Quase todas as culturas humanas já estudadas têm uma ou mais histórias de origem. Segue-se uma pequena seleção delas.

EGITO

Depois que passei a existir, a (própria) existência passou a existir, e todos os seres vieram a ser depois que eu vim a ser.

Planejei em meu próprio coração e passou a existir uma multidão de formas de seres, as formas de crianças e as formas de seus filhos. Eu fui aquele que copulou com meu punho. Eu me masturbei com a minha mão. Então expeli com minha própria boca.

Eles me trouxeram meu Olho com eles. Depois que juntei meus membros, chorei sobre eles. Foi assim que os homens passaram a existir, a partir das lágrimas que saíam de meu Olho.

[Pritchard, *Ancient Near Eastern Texts* (Textos antigos do Oriente Próximo)]

GRÉCIA
Naqueles dias o próprio Deus os pastoreava e os governava, do mesmo modo que um homem, que em comparação é um ser divino, ainda domina os animais inferiores. Sob ele não existiam formas de governo ou possessão separada de mulheres e crianças, pois todos os homens se levantaram de novo da terra, sem lembrança do passado. E, embora nada tivessem dessa natureza, a terra lhes dava frutos em abundância, frutos que cresciam de modo espontâneo em árvores e arbustos e onde não eram plantados pela mão do homem. E eles viviam nus, e sobretudo a céu aberto, pois a temperatura de suas estações era amena, e eles não tinham camas, mas deitavam-se em camadas macias de grama, que cresciam com abundância da terra.

[Platão, *Político*]

GRÉCIA
Nos tempos antigos, os deuses distribuíram a terra entre eles próprios e povoaram suas próprias áreas. E, depois de as terem povoado, cuidaram de nós, seus bebês e possessões, como os pastores cuidam de seus rebanhos, só que não usavam golpes ou força física, como fazem os pastores, mas nos governavam como pilotos da popa do navio, o que é uma forma fácil de guiar animais, regendo suas almas mediante o leme da persuasão, de acordo com seu próprio prazer.

[Platão, *Crítias*]

ROMA
Um animal com intelecto superior.
mais nobre, mais apto — capaz de governar o restante:
assim era o ser vivo que faltava ainda à terra.
E então surgiu o homem. Ou o Arquiteto
de Tudo, o autor do universo,
a fim de gerar um mundo melhor,
criou o homem a partir de uma semente divina — ou então
Prometeu, filho de Jápeto, fez o homem
mesclando terra nova com água da chuva

(pois só recentemente a terra se separara
do céu, e a terra ainda conservava
sementes do céu — restos do nascimento comum);
e quando ele modelou o homem, sua forma lembrava
os mestres de todas as coisas, os deuses. E enquanto
todos os outros animais se curvavam, cabisbaixos,
e fixavam o olhar na terra, ao homem
ele deu um rosto que se mantém erguido; ele fez
o homem manter-se ereto, com os olhos nas estrelas.
Assim era a terra, que até então fora
tão rude e indistinta, transformada: usava
algo antes desconhecido: a forma humana.

[Ovídio, *Metamorfoses*]

ROMA

... do brônzeo elmo, ele [Jasão] tira dentes de cobra
e os espalha no campo arado como sementes.
Esses dentes haviam sido impregnados de potente veneno;
a terra os amacia: eles crescem, assumem novas formas.
Tal como um feto aos poucos assume,
no ventre da mãe, uma forma humana,
ganhando harmonia em todas as suas partes,
e só vê a luz que todos os homens dividem
quando está todo formado, de modo que a aparência
dos homens, aprimorada na terra prenhe,
saltou do solo: e, o que era mais miraculoso,
cada homem estava armado e usava
suas armas no nascimento.

[Ovídio, *Metamorfoses 7*]

ROMA

Por fim, trazida pelas asas de seus dragões,
Medeia chegou à fonte sagrada de Corinto.

Ali, quando o mundo nasceu — contam
lendas antigas — corpos mortais brotaram
de cogumelos surgidos depois da chuva

[Ovídio, *Metamorfoses* 7]

AMÉRICA DO NORTE (GRANDES PLANÍCIES)
    Um dia, o Ancião decidiu que faria uma mulher e uma criança; por isso, formou os dois — a mulher e a criança, seu filho — com barro. Depois de ter dado ao barro forma humana, disse ao barro: "Tu deves ser gente", e a seguir cobriu-o, deixou-o ali e saiu. Na manhã seguinte, foi àquele lugar, afastou a cobertura e viu que as formas de barro tinham mudado um pouco. Na segunda manhã havia novas mudanças, e na terceira outras mais. Na quarta manhã, ele foi ao local, tirou a cobertura, olhou para as imagens e lhes disse que se erguessem e caminhassem; e elas obedeceram. Foram até o rio com seu Criador e ali ele lhes disse que seu nome era *Na'pi*, ancião.
    Ainda na beira do rio, a mulher lhe perguntou: "Diz-me. Viveremos para sempre e nossa vida não terá fim?". Ele respondeu: "Nunca pensei nisso. Teremos de decidir quanto a isso. Vou pegar esse ossinho de búfalo e jogá-lo no rio. Se ele flutuar, quando as pessoas morrerem voltarão a viver depois de quatro dias; só ficarão mortas quatro dias. Mas, se ele afundar, será o fim das pessoas". Ele arremessou no rio o ossinho, que flutuou. A mulher se virou, pegou uma pedra e disse: "Não. Vou jogar esta pedra no rio. Se ela flutuar, viveremos para sempre e, se ela afundar, as pessoas deverão morrer, para que sempre se apiedem umas das outras". A mulher atirou a pedra na água e ela afundou. "Pronto", disse o Ancião, "tu escolheste. As pessoas terão fim."

[George Bird Grinnell, *Blackfoot Lodge Tales*, in Joseph Campbell, *The Hero with a Thousand Faces*]

MELANÉSIA
    Aquele que chegou primeiro desenhou duas figuras masculinas no chão, abriu com as unhas a própria pele e borrifou seu sangue sobre os desenhos. Pegou duas folhas grandes e cobriu as figuras, que daí a pouco se tornaram dois homens. Os nomes dos homens eram To Kabinana e To Karvuvu.

To Kabinana saiu dali sozinho, subiu num coqueiro em que havia cocos amarelo-claros, pegou dois que ainda não estavam maduros e atirou-os no chão; eles se partiram e se tornaram duas belas mulheres. To Karvuvu admirou-as e perguntou ao irmão como as tinha encontrado. "Trepa num coqueiro", disse To Kabinana, "pega dois cocos ainda verdes e joga-os no chão." Mas To Karvuvu atirou-os com a ponta para baixo, e as mulheres que saíram deles tinham o nariz chato e feio.

[P. J. Meier, *Mythen und Erzählungen der Küstenbewohner der Gazelle--Halbinsel (Neu-Pommern)*, in Joseph Campbell, *The Hero with a Thousand Faces*]

SIBÉRIA

Quando o demiurgo Pajana modelou os primeiros seres humanos, descobriu que não conseguia dar-lhes um espírito vivificante. Para isso teria de subir ao céu e obter almas com Kudai, o Sumo Deus, deixando um cão sem pelo tomando conta das figuras que tinha feito. Enquanto estava fora, chegou o diabo, Erlik, que disse ao cão: "Tu não tens pelo. Dar-te-ei um pelo dourado se me entregares essas pessoas sem alma". A proposta agradou ao cão, que deu ao Tentador as pessoas que estava guardando. Erlik as profanou com seu cuspe, mas afastou-se voando no momento em que viu Deus se aproximando a fim de lhes dar vida. Percebendo o que tinha sido feito, Deus virou os corpos humanos pelo avesso. É por isso que temos escarro e impurezas em nossos intestinos.

[W. Radloff, *Proben der Volksliteratur der türkischen Stämme Süd-Siberien*, in Joseph Campbell, *The Hero with a Thousand Faces*]

ZIMBÁBUE

Maori (Deus) criou o primeiro homem e o chamou Mwuetsi (lua). Colocou-o no fundo de um Dsivoa (lago) e lhe deu um chifre de ngona cheio de óleo de ngona. Mwuetsi vivia em Dsivoa. Mwuetsi disse a Maori: "Quero ficar na terra". Maori respondeu: "Hás de arrepender-te". Mwuetsi disse: "Mesmo assim, quero ficar na terra". Maori disse: "Então, vá para a terra". Mwuetsi saiu de Dsivoa e foi para a terra.

A terra era fria e vazia. Não havia gramíneas, nem moitas, nem árvores.

Tampouco animais. Mwuetsi chorou e disse a Maori: "Como hei de viver aqui?". Maori disse: "Eu te avisei. Puseste a percorrer o caminho no fim do qual morrerás. No entanto, dar-te-ei uma pessoa de tua espécie". Maori deu a Mwuetsi uma donzela que se chamava Massassi, a estrela-d'alva. Maori disse: "Massassi será tua esposa durante dois anos". Maori deu a Massassi uma pederneira de sílex para fazer fogo.

[Leo Frobenius e Douglas C. Fox, *African Genesis*, in Joseph Campbell, *The Hero with a Thousand Faces*]

TOGO

Unumbotte (deus) fez um ser humano. O Homem era Unele (homem). Depois, Unumbotte fez Opel (antílope [...]). Em seguida, Unumbotte fez Ukow (cobra [...]), chamada Cobra. Quando essas três criaturas foram feitas, não existiam outras árvores, mas somente uma, Bubauw (dendezeiro [...]). Naquele tempo, a terra ainda não tinha sido batida (alisada). [...] Unumbotte disse às três criaturas: "[...] Vocês devem bater a terra em que se sentam". Unumbotte deu-lhes sementes de todas as espécies e disse: "Plantem essas sementes". Unumbotte foi (embora).

Unumbotte voltou. Viu que as criaturas ainda não tinham batido o chão, mas haviam plantado as sementes. Uma das sementes tinha germinado e crescido. Era uma árvore que ficara alta e estava dando frutos. Os frutos eram vermelhos. [...] Agora, a cada sete dias, Unumbotte voltava e pegava um dos frutos vermelhos.

Um dia, Cobra disse: "Nós também gostaríamos de comer esses frutos. Por que devemos passar fome?". Antílope disse: "Mas nós não conhecemos esse fruto". Então, Homem e sua mulher ([...] que no começo não estavam lá [...]) pegaram alguns frutos e os comeram. Aí, Unumbotte desceu do Céu. Unumbotte perguntou: "Quem comeu o fruto?". Homem e Mulher responderam: "Fomos nós". Unumbotte perguntou: "Quem lhes disse que era para vocês o comerem?". Homem e Mulher responderam: "Foi a Cobra". Unumbotte perguntou: "Por que vocês deram ouvidos à Cobra?". Homem e Mulher responderam: "Estávamos com fome".

Unumbotte interrogou Antílope: "Você está com fome também?". Antílope respondeu: "É, estou com fome também. Eu gostaria de comer capim". Desde então, Antílope passou a morar no mato, comendo capim.

Unumbotte então deu Idi ([...] sorgo) a Homem, [...] cará e [...] painço.

[...] E desde então as criaturas passaram a cultivar a terra. Mas Cobra ganhou de Unumbotte um remédio (Njojo) para que pudesse picar as pessoas.

[E. J. Michael Witzel, *The Origins of the World's Mythologies*]

TERRA DO FOGO

    Kenós vivia sozinho na terra. "Alguém Lá Em Cima", Temaúkel, o encarregara de manter tudo aqui em ordem. Ele era filho do Sul e do Céu. Vagueou pelo mundo, voltou para cá, olhou em torno, e então foi a um lugar pantanoso, tirou do chão um torrão de lama misturada com raízes emaranhadas e tufos de terra, modelou um órgão masculino e o pôs no chão. Pegou mais lama, espremeu fora a água, modelou um órgão feminino, que pôs ao lado do primeiro, e seguiu seu caminho. Durante a noite, os dois torrões se juntaram. Disso surgiu algo parecido com uma pessoa: o primeiro Ancestral. Os dois objetos se separaram e, durante a noite seguinte, juntaram-se de novo. Mais uma vez, surgiu alguém que cresceu depressa. Noite após noite isso acontecia, e a cada noite surgia um novo Ancestral. Com isso o número deles cresceu continuamente.

[Joseph Campbell, *Historical Atlas of World Mythology*]

Agradecimentos

Parte do prazer de pesquisar este assunto foi o incentivo que tive para me aventurar fora da órbita temática na qual normalmente circulo. Durante as fases de pesquisa e de redação, incorri em dívidas de gratidão com um grande número de pessoas e instituições. Minha maior (e contínua) dívida institucional é com a Universidade Harvard, em que leciono. Contei com a ajuda de colegas e estudantes maravilhosos em múltiplas disciplinas, dos recursos incomparáveis de suas bibliotecas e da assistência infatigável de seus funcionários, dos tesouros notáveis abrigados em seus museus de arte e dos ricos acervos do Museu Semítico, do Museu Harvard de História Natural e do Museu Peabody de Arqueologia e Etnologia. Em geral se crê que a familiaridade embote uma sensação de assombro, mas com o passar dos anos espanta-me cada vez mais a simples existência de grandes universidades, e tirei proveito da generosidade intelectual que é uma característica extraordinária e muitas vezes não reconhecida das comunidades acadêmicas.

Essa generosidade fica mais do que evidenciada com clareza em duas admiráveis instituições de pesquisa com as quais tenho também uma enorme dívida. A primeira é a Wissenschaftskolleg zu Berlin, onde ao longo de muitos anos fiz amizades duradouras, que me permitiram definir um modelo para conversas intensas e contínuas que aliam as humanidades com as ciências naturais. A segunda é a American Academy, em Roma, com sua insistência visionária em que a atividade artística e o mundo acadêmico habitam o mesmo espaço de investigação. Com seus recursos inesgotáveis — antigos, medievais e renascentistas —, Roma é, em muitos sentidos, o ambiente ideal para uma pesquisa sobre Adão e Eva, e passei muitas horas felizes nas inumeráveis igrejas, catacumbas, museus, galerias e bibliotecas da cidade. Sou particularmente grato ao pessoal das bibliotecas da American Academy e do Vaticano, com um agradecimento especial a Sebastian Hierl, diretor da biblioteca da Academy; a Umberto Utro, curador de Antiguidades Cristãs do Vaticano; e a Angela Di Curzio, da Catacombe ss. Marcellino e Pietro.

Tive a oportunidade de apresentar partes desse projeto, à medida que avançava, em vários locais e de tirar proveito das perguntas e comentários da plateia. Posso citar a Humanitas Lectures, na Universidade de Oxford; a Mosse-Lecture, na Universidade Humboldt, em Berlim; a Cardin Lecture, na Universidade Loyola, em Baltimore; uma conferência em homenagem a Thomas Laqueur, na Universidade da Califórnia, em Berkeley; o Wissenschaftskolleg e a Staatsbibliothek em Berlim; a Universidade do Norte do Arizona; e a Convenção Anual da Renaissance Society of America. Todas as providências para esses eventos foram tomadas por minha competente assistente Aubrey Everett, a quem sou grato por essas e muitas outras ajudas, feitas com infalível alegria, talento e criatividade.

Nesse projeto, uma parte significativa do prazer, assim como também da assustadora dificuldade, foi o número de mundos distintos em que Adão e Eva encontraram um lar ao longo de muitos séculos. Do mesmo modo que tenho dolorosa consciência do quanto não consegui compreender nessa longa história, também estou ciente, com alegria, de quanto auxílio recebi para entender as partes que logrei apreender e para impedir que a pesquisa se dividisse em partes separadas. Minha agente, Jill Kneerim, como sempre esteve a meu lado, desde o começo desse projeto até sua finalização, e pôs à minha disposição o dom de sua infalível competência profissional e pessoal. Este é o terceiro livro no qual trabalhei com minha notável editora na Norton, Alane Mason. Em cada um dos casos — e, talvez, principalmente na execução deste livro — espantei-me com seus dons especiais. Esses dons compreendem paciência, uma impressionante (e, vez por outra, assombrosa) acuidade intelectual, uma atenção incansável aos detalhes e a capacidade de realizar façanhas no campo de repensar, reestruturar e reescrever. Essas são qualidades raras em qualquer pessoa, e só posso esperar poder imitá-las como professor, do mesmo modo que me vali delas como autor. Sou grato a Shawon Kinew pela ajuda inestimável na pesquisa e na obtenção da autorização de reprodução das imagens publicadas neste livro. Entre as muitas pessoas que amavelmente me ajudaram, quero destacar os nomes de Salar Abdolmohamadian, Lilly Ajarova, Suzanne Akbari, Shaul Bassi, Uta Benner, Homi Bhabha, Kathrin Biegger, Robert Blechman, Mary Anne Boelcskevy, Will Bordell, Daniel Boyarin, Horst Bredekamp, Georgiana Brinkley, Terence Capellini, David Carrasco, Maria Luisa Catoni, Christopher Celenza, Grazie Christie, Shaye Cohen, Rebecca Cook, Rocco Coronato, Lorraine Daston, Zachary Davis, Jeremy DeSilva, Maria Devlin, François Dupuigrenet Desroussilles, Ruth Ezra, Noah Feldman, Steven Frank, Raghavendra Gadagkar, Luca Giuliani, Anthony Grafton, Margareth Hagen, Jay Harris, Galit Hasan-Rokem, Walter Herbert, David Heyd, Elliott Horowitz, Bernhard Jussen, Henry Ansgar Kelly, Shawon Kinew, Karen King, Adam Kirsch, Jeffrey Knapp, Jennifer Knust, Ivana Kvetanova, Bernhard Lang, Thomas Laqueur, Jill Lepore, Anthony Long, Avi Lifschitz, Zarin Machanda, Peter Machinist, Hussain Majeed, Louis Menand, Eric Nelson, Morton Ng, Emily Otali e seu grupo em Kanyawara, Shekufeh Owlia, Elaine Pagels, Catalin Partenie, David Pilbeam, Lisbet Rausing, Meredith Ray, Robert Richards, Galit Hasan-Rokem, Ingrid Rowland, Paul Schmid-Hempel, David Schorr, Charles Stang, Stephen Stearns, Alan Stone, Gordon Teskey, Michael Tomasello, Normandy Vincent, Elizabeth Weckhurst, Adam Wilkins, Nora Wilkinson, Edward O. Wilson e Richard Wrangham. A todos eles, além de meus agradecimentos, quero juntar a ressalva habitual: sou o único responsável pelos erros, as omissões e imprecisões que, sem dúvida, serão descobertos e devidamente anotados.

A mesma liberação genérica de culpa deve ser estendida àqueles cuja influência nessas páginas é ainda mais marcante. Devo a Robert Pinsky, Adam Phillips e ao rabino Edward Schecter a mais profunda gratidão por anos de escuta paciente, conselhos sábios e inabalável amizade. Com irrestrita generosidade intelectual, Meredith Reiches ajudou-me a achar meu caminho em meio à difícil, e muitas vezes confusa, paisagem da biologia evolutiva e iniciou-me nos complexos cálculos do gasto de energia que balizou seu trabalho de campo sobre mulheres em Gâmbia. Esse trabalho explora um mundo muito distante dos sonhos do Éden, mas projetou um facho esclarecedor sobre esses sonhos. Ao lado de Joseph Koerner, historiador de arte de talento singular, dei em Harvard cursos de graduação e pós-graduação sobre Adão e Eva. Em vários pontos deste livro reconheço as enormes dívidas que tenho com ele, mas estou consciente de que se estendem muito além desses gestos. É no doce perigo do magistério em equipe e também na amizade íntima que as fronteiras entre as ideias de uma pessoa e as de outra facilmente se misturam.

Devo agradecer a meus três filhos, Josh, Aaron e Harry, pela paciência com que toleraram inúmeras conversas sobre primatas, e também pela consideração, bom humor e perspicácia, assim como pelo amor inesgotável. A experiência do amor, como Milton entendeu muito bem, constitui o centro da história de Adão e Eva. Por isso é mais do que apropriado que minha mais profunda gratidão, ao escrever este livro, e em muitas outras coisas, se dirija à minha mulher, Ramie Targoff. Ela me levou mais perto dos portões do Éden do que jamais estarei em minha vida.

Notas

1. OSSOS ISOLADOS [pp. 13-27]

1. Os rabinos logo perceberam que a história da criação e da primeira desobediência, no Gênesis, poderia gerar especulações perigosas. De acordo com a Mishná — a primeira redação importante das leis orais judaicas —, "[o tema das] relações proibidas não poderia ser tratado na presença de três pessoas, nem o do trabalho da criação na presença de duas, nem [o funcionamento da] carruagem na presença de uma, a menos que o mestre seja um sábio e compreenda seu próprio conhecimento (Hagigah 2,1 [*Talmude babilônico completo*]). O Talmude aplica a última cláusula às três proibições e recomenda que três temas particularmente arriscados — as leis referentes ao incesto, a história da criação no Gênesis e a visão de Ezequiel da carruagem divina — só fossem ensinados aos sábios. Quanto à idade precisa em que se supunha que uma pessoa fosse sábia, eram consideráveis as divergências, variando de vinte a 25 anos até quarenta.

2. Muhammad ibn 'Abd Allah al-Kisa'i, *The Tales of the Prophets* (*c.* 1200 EC), in Kvam et al., *Eve & Adam*, p. 192. Com relação a Iblis, ver *Qur'an, Surah 7,27*, in *Eve & Adam*, pp. 181-2. Ver também Marion Holmes Katz, "Muhammad in Ritual", in *The Cambridge Companion to Muhammad*, Jonathan E. Brockopp (org.), Nova York: Cambridge University Press, 2010, pp. 139-57; Asma Barlas, "Women's Readings of the Qur'an", in *The Cambridge Companion to the Qur'an*, pp. 255-72.

3. No Museu de Zoologia Comparada de Harvard, o grande biólogo E. O. Wilson abriu um armário, há não muito tempo, e me mostrou alguns do grande número de holótipos de formigas que havia coletado, cada qual de uma espécie diferente, preso a um alfinete e com um rótulo numa caligrafia quase microscópica.

4. Os leitores que desejarem ter um contato preliminar com esse campo imenso podem

começar com James L. Kugel, *Traditions of the Bible*; Louis Ginzberg, *Legends of the Jews*; Bialik et al., *The Book of Legends: Sefer Ha-Aggadah*; Hermann Gunkel, *Genesis*; e Claus Westermann, *Genesis: A Commentary*.

5. Citado em Philip C. Almond, *Adam and Eve in Seventeenth-Century Thought*, p. 49.

6. Bernard A. Wood, "Welcome to the Family", in *Scientific American*, set. 2014, p. 46.

7. Embora não tenhamos evoluído a partir dessas criaturas, calcula-se que ao menos durante um período "breve" de 5 mil anos — a duração de toda a história humana com registro — dividimos o mundo e, vez por outra, cruzamos com eles.

8. Em *Midrash Rabbah*, trad. de H. Freedman, 8:1. Sobre o gigantismo humano, ver R. Tanhuma com o nome de R. Banayah, R. Berekiah com o nome de R. Leazar, e R. Joshua b. R. Nehemiah e R. Judah b. R. Simon com o nome de R. Leazar (8:1); com relação à cauda, ver Judah B. Rabbi (14:10). Sobre outras especulações, ver Ginzberg, *Legends of the Jews*, 1: 47-100; e Bialik, *The Book of Legends: Sefer Ha-Aggadah*, pp. 12ss.

2. JUNTO AOS RIOS DA BABILÔNIA [pp. 28-43]

1. Há aqui uma confusão importante, pois num momento (Jubileus 1,26) o Anjo da Presença escreve o livro, ao passo que em outros momentos (2,1) é Moisés que registra o que lhe é ditado.

2. Robert Alter, tradutor de vários livros da Bíblia para o inglês, observa que aqui Abraão "torna-se um personagem individual e dá início às narrativas patriarcais".

3. É quase seguro afirmar que os Jardins Suspensos ficavam em Nínive, e não na Babilônia, onde arqueólogos nunca encontraram nenhum sinal deles. Aparentemente, fontes gregas confundiram as duas cidades e seus respectivos impérios. Ver Stephanie Dalley, "Nineveh, Babylon and the Hanging Gardens", pp. 45-58.

4. "Quando no empíreo nome algum era dado ao céu,/ Nem o mundo subterrâneo era chamado por um nome,/ o primevo Apsu foi o progenitor deles,/ E a madre-Tiamat a todos deu à luz./ Eles estavam misturando as suas águas." *From Distant Days: Myths, Tales, and Poetry of Ancient Mesopotamia*, trad. de Benjamin R. Foster, p. 11. Para outras traduções e comentários sobre essa fonte e outros textos mesopotâmicos de origem, ver *Ancient Near Eastern Texts Relating to the Old Testament*, James B. Pritchard (Org.); *The Harps That Once... Sumerian Poetry in Translation*, trad. de Thorkild Jacobsen; e *Myths from Mesopotamia: Creation, the Flood, Gilgamesh, and Others*, trad. de Stephanie Dalley.

5. Thorkild Jacobsen propõe que os babilônios estavam cientes de que tinham formado sua cidade e sua civilização sobre as fundações dos sumérios, seus inimigos, e que isso se reflete no relato que fazem da morte de Apsu (Jacobsen, *The Treasures of Darkness*, p. 186). Se essa interpretação estiver correta, leva a crer que, rejeitando a história de um assassinato primal, os hebreus não quiseram admitir nenhuma dívida de fundação semelhante em sua própria história de origem.

6. Cf. Jacobsen: "Marduk reservou para si os fenômenos de ventos e tempestades. Embaixo, pôs uma montanha sobre a cabeça de Tiamat, furou seus olhos para formar as nascentes do Eufrates e do Tigre (os acadianos tinham uma única palavra, *inu*, para 'olho' e 'nascente', que,

presumivelmente, consideravam ser a mesma coisa), e pôs montanhas semelhantes sobre seus seios, furando-os para fazer os rios das montanhas orientais que desembocam no Tigre. Já a cauda de Tiamat ele curvou para o alto a fim de formar a Via Láctea, e usou sua virilha para suportar o céu" (*Treasures of Darkness*, p. 179).

7. "Criarei um ser humano cujo nome será "Homem" [...] Eles arcarão com a carga do deus, para que este possa descansar" (*From Distant Days*, p. 38). Para realizar o que planejara, Marduk precisava de sangue. Perguntou quem era o principal responsável pela rebelião de Tiamat, e lhe disseram que fora "Qingu quem começou a guerra/ Subornou Tiamat e formou tropas para a batalha". Por isso, Qingu foi amarrado e levado diante de Ea, o pai de Marduk: "Impuseram-lhe a punição e derramaram seu sangue./ Com seu sangue, ele fez a humanidade,/ Impôs a carga dos deuses e os isentou" (ibid., p. 39). Assim, a matéria usada para criar a humanidade foi tirada de um deus executado por rebelião, ainda que o texto, ou pelo menos a parte que chegou a nós, não discuta se a origem afetou o resultado. A possibilidade de que pudesse ter acontecido, gerando nos homens uma tendência inata à rebelião, é o tema de uma análise fascinante em Paul Ricoeur, *The Symbolism of Evil*, pp. 175ss.

8. O homem selvagem, explica Pritchard, será provavelmente uma derivação do termo étnico *lullu*. "O fato de os acadianos provavelmente ligarem os *lullu* ao passado remoto e indefinido pode ser inferido dos dados [...] bem como do fato de a barca do dilúvio assentar-se no monte Nisir, em território *lullu*" (Pritchard, *Ancient Near Eastern Texts*, p. 68, n. 86).

9. Embora os babilônios atribuíssem proeminência absoluta a seu próprio deus e lhe conferissem um papel essencial na criação do homem, havia na Mesopotâmia relatos alternativos sobre a origem das coisas. Num deles, os homens foram criados não por um deus, mas por uma deusa, a sábia Ninhursag. Ela é "a mãe-matriz,/ Aquela que cria a humanidade" (Pritchard, *Ancient Near Eastern Texts*, p. 99), e numa fórmula encantatória evidentemente usada para facilitar o parto ela aparece formando crianças para servirem aos deuses: "Façamo-la de barro, e que seja animada com sangue!" (ibid., p. 99). Havia claramente uma complexa mitologia em torno dessa deusa-mãe — uma mitologia que incluía um lugar de beleza perfeita chamado Dilmun e uma série frenética de conjunções sexuais —, porém o culto de Marduk absorveu o que pôde e abandonou todo o resto.

10. As citações dessa obra foram tiradas de Foster, *From Distant Days*. Ver a valiosa introdução em Millard et al., *Atra-Hasis: The Babylon Story of the Flood*, pp. 1-30.

11. A fantasia de vingança atua como uma barreira simbólica à ameaça de assimilação, seja como animador, servo ou suplicante, à cultura do vencedor. Os inimigos nessa fantasia são simplesmente "os filhos de Edom", ou seja, os descendentes de Esaú, irmão e rival de Jacó, que são devolvidos a seu lugar na antiga história mítica que dá aos judeus seu senso de identidade.

12. Cf. Marc Van De Mieroop, *A History of the Ancient Near East*, p. 284.

13. Na verdade, o que os visitantes veem é a forma ampliada e grandiosa que lhe foi dada séculos depois por Herodes, o Grande. No ano 70 EC, cerca de quinhentos anos depois da reconstrução inicial, esses blocos foram desmontados e retirados do alto do monte do templo pelos soldados romanos que dominaram a cidade em outro desastre histórico.

14. Segundo Ezequiel, o Senhor o conduziu à porta norte do Templo, onde estavam mulheres "a chorar por Tamuz" (Ezequiel 8,14-15). Jeremias, que previu a destruição de Jerusalém pelos babilônios, afirmou com veemência que o desastre que se avizinhava era consequência não

de incompetência militar ou diplomática, e sim da infidelidade do povo de Deus. Em Jerusalém, ele escreveu: "Os filhos ajuntam a lenha, os pais acendem o fogo, e as mulheres preparam a massa para fazerem bolos à rainha dos céus; depois fazem libações a deuses estrangeiros" (Jeremias 7,18). É difícil, a essa distância, avaliar o horror e a fúria provocados por cerimônias que parecem tão simpaticamente familiares e domésticas. Quem era a "rainha dos céus", cujos bolinhos eram vistos como uma afronta tão intolerável? Embora Jeremias não lhe dê um nome, a divindade assim homenageada era, evidentemente, a deusa associada ao planeta Vênus, que os babilônios chamavam de Ishtar ou Inana, os cananeus, de Astarteia, e os hebreus, de Aserá. Arqueólogos já descobriram santuários antigos dedicados a Aserá nos reinos de Israel e Judá. É possível que os judeus até a vissem como uma consorte de Iahweh.

O culto de uma consorte de Deus parece ter sido suprimido pelos sacerdotes e profetas hebreus depois da queda da Babilônia e da volta deles a Jerusalém. As principais autoridades da comunidade insistiam em que Iahweh vivia sozinho, num esplendor solitário e assexuado. Há indícios, entretanto, de que a deusa não desapareceu em silêncio. Jeremias fala da reação que teve ao repreender os homens e as mulheres de Jerusalém por suas idolatrias:

Todos os homens que sabiam que suas mulheres incensavam deuses estrangeiros e todas as mulheres presentes — uma grande assembleia — (e todo povo que habitava na terra do Egito e em Patros) responderam a Jeremias, dizendo: "A palavra que nos falaste em nome de Iahweh, nós não a queremos escutar" (Jeremias 44,15-16).

A multidão recusou-se a aceitar a acusação do profeta como a palavra direta de Deus. Por que haveriam de parar de fazer o que faziam havia tanto tempo? Quanto à implicação de que as oferendas eram coisas das mulheres, feitas às escondidas dos homens, Jeremias registrou a resposta indignada das mulheres: "Quando oferecemos incenso à rainha do Céu e quando lhe fazemos libações é, por acaso, sem que saibam nossos maridos que lhe fazemos bolos que a representam e lhe fazemos libações" (Jeremias 44:19).

15. William Rainey Harper, "The Jews in Babylon", *The Biblical World*, pp. 104-11. Afirmar que toda essa questão é complexa e controversa seria muito pouco. Para uma exposição breve, focada apenas no momento em que a história de Adão e Eva talvez tenha sido escrita, ver Jean-Louis Ska, "Genesis 2-3: Some Fundamental Questions", in *Beyond Eden: The Biblical Story of Paradise (Genesis 2-3) and Its Reception History*, Konrad Schmid e Christoph Riedweg (Orgs.), pp. 1-27.

16. Ver Moshe Halbertal, *People of the Book*.

17. O reconhecimento de narrativas múltiplas remonta pelo menos ao começo do século XVIII, quando um pastor protestante alemão, Bernhard Witter (1683-1715), publicou uma tese a respeito da diferença entre os nomes divinos *Elohim* e *YHWH*. Em vista das imensas restrições ao reconhecimento, que dirá à admissão pública, da possibilidade de narrativas múltiplas, foi necessária muita coragem intelectual para explorar esse tema. Além de Witter, os mais importantes pioneiros nessa área foram o filósofo holandês Baruch Spinoza (1632-77) e o padre francês Richard Simon (1638-1712). Assim, as figuras pioneiras foram um protestante, um judeu e um católico. A essas corajosas vozes devemos acrescentar Jean Astruc e sua obra *Conjectures sur les mémoires originaux dont il paroit que Moyse s'est servi pour composer le livre de la Génèse. Avec des remarques qui appuient ou qui éclaircissent ces conjectures*, publicada anonimamente em 1753. Para um panorama desse tema complexo, ver Richard Elliott Friedman, *Who Wrote the Bible?*

18. Os problemas aqui são particularmente complexos e controversos. Em *The Edited*

Bible: The Curious History of the "Editor" in Biblical Criticism, John van Seters questiona com vigor o uso dos termos "editor" e "redator" no caso da Bíblia, preferindo falar de "autores". Os argumentos de Van Seters são examinados e contestados por Jean-Louis Ska em "A Plea on Behalf of the Biblical Redactors", pp. 4-18. Ska comenta, de maneira convincente, que os compiladores da Bíblia — quer os chamemos de redatores, quer de "canais vivos de transmissão", ou ainda de "zeladores de fontes antigas" — tinham profundo respeito pelos textos que haviam recebido e relutavam em retrabalhá-los de modo que produzissem um todo estilisticamente consistente e logicamente coerente. Em vez disso, optavam por mudanças mínimas e por inserção de passagens, com a função de serviriam de pontes, ligando trechos que hoje vemos como tradições distintas. Nesse sentido, o trabalho deles é bastante diferente do remanejamento de fontes que podemos acompanhar num texto como *Rei Lear*. Podemos perceber as diferentes fontes que Shakespeare uniu e, vez por outra, detectar contradições na peça resultante, porém ele confere ao todo seu estilo e sua sensibilidade inimitáveis. O mesmo não se pode dizer nem dos primeiros três capítulos do Gênesis, quanto mais do Pentateuco inteiro. Não obstante, durante muitos séculos — quase todo o período que meu livro analisa —, a história de Adão e Eva (junto com a íntegra do Pentateuco) foi vista como um texto inspirado, sagrado, da autoria de Moisés ou transcrito por ele das palavras de um anjo. Essa presunção de autoria conduziu à longa e fatídica narrativa, na qual as contradições e tensões textuais e visíveis convidavam não a uma crítica à redação, e sim a contínuas meditações, interpretações e representações artísticas.

3. TÁBULAS DE ARGILA [pp. 44-65]

1. Sir Henry Creswicke Rawlinson, que reivindicou a descoberta, era um daqueles cavalheiros aventureiros vitorianos que, vistos de hoje, parecem quase inacreditáveis: como um jovem tenente ligado à Companhia Britânica das Índias Orientais, dono de uma energia tremenda, além de resistente e egocêntrico, ajudou a reorganizar o exército do xá da Pérsia, ao mesmo tempo que exibia seu notável talento como cavaleiro, explorando as regiões mais remotas do Curdistão e de Elam (hoje, sudoeste do Irã), tornando-se fluente em persa e estudando os vestígios do passado. Em 1836, tomou conhecimento da intrigante inscrição, parte de um antigo monumento em homenagem ao rei persa Dario, o Grande, situado em Behistun, nos montes Zagros, entre a Babilônia e a Pérsia. O monumento era visível de longe, mas praticamente inacessível, pois estava talhado acima de uma estreita saliência num penhasco a cerca de noventa metros de altura sobre o vale. Sem se intimidar, Rawlinson escalou o penhasco (junto com um rapazinho da região, que, como é de praxe nessas histórias, não mereceu mais que uma pequena recompensa em dinheiro e quase nenhum crédito por arriscar a vida) e fez uma cópia da inscrição. Numa obra fascinante, *The Buried Book: The Loss and Rediscovery of the Great Epic of Gilgamesh*, David Damrosch descreve a aventura em detalhes. Tenho uma dívida especial com esse relato. A inscrição acha-se transcrita em De Mieroop, *A History of the Ancient Near East*, p. 291.

2. Nas palavras iniciais, o Deus hebreu ainda tem um nome plural, Elohim, e não começa do nada. Apsu e Tiamat, é verdade, não aparecem, mas há uma coisa que é chamada de *tohu v' bohu* — matéria caótica, amorfa, e também de *tehom*, profundeza ou abismo. "Quando Deus começou a criar o céu e a terra, e a terra era vazia e vaga [*tohu v' bohu*], as trevas cobriam o

abismo [*tehom*], e um vento de Deus pairava sobre as águas. Deus disse: 'Haja luz'." Para uma descrição de alguns dos ecos, ver Howard N. Wallace, *The Eden Narrative*; W. G. Lambert, "Old Testament Mythology in Its Ancient Near Eastern Context" [pub. orig. 1988], in Lambert, *Ancient Mesopotamian Religion and Mythology: Selected Essays*, pp. 215-28.

3. Ver Damrosch, pp. 11-2. Ao se esforçar por juntar as peças, Smith cometeu vários erros graves — é incrível que tenha conseguido fazer bem uma parte tão grande da montagem, das transcrições e da decifração —, porém pesquisas eruditas durante o século seguinte, além de uma série de novas descobertas, confirmaram de modo geral que aquilo que ele já percebera nos primeiros segundos estava correto. As tábulas de argila estavam em fragmentos, que só foram decifrados e inteiramente organizados na década de 1960.

4. Assiriologistas levantaram a hipótese de que, numa parte desaparecida do *Atrahasis*, os deuses também concordam em impor um fim natural à duração da vida humana. Ver W. G. Lambert, "The *Theology* of Death", in Lambert, *Ancient Mesopotamian Religion and Mythology: Selected Essays*; citado em Andrew George, *The Epic of Gilgamesh: A New Translation*, pp. xliv-xlv.

5. A história narrada no Gênesis não é indiferente a valores morais. Noé foi salvo porque "era um homem justo, íntegro entre seus contemporâneos", enquanto o resto da terra "encheu-se de violência" (Gênesis 6,9-11). Entretanto, o mesmo deus que se sentia profundamente compungido pelo espetáculo de tanta violência no mundo que havia criado — "afligiu-se em seu coração" (Gênesis 6,6) — decidiu destruir, de modo indiscriminado, praticamente todos os seres vivos. Na opinião da maioria dos biblicistas, os versículos 5-8 do capítulo 6 vêm da fonte J, enquanto do versículo 9 até o fim do capítulo o texto vem da fonte P. É evidente que há concepções teológicas diferentes aqui: na fonte J, Iahweh se arrepende de ter criado a terra, ao passo que, na fonte P, Elohim não se arrepende de nada. Devo essa percepção ao professor Jay Harris, da Universidade Harvard.

6. Dois livros de Elaine Pagels, *The Gnostic Gospels* e *Adam, Eve, and the Serpent*, são particularmente esclarecedores.

7. Salvo indicação em contrário, as citações do *Gilgamesh* se referem à edição e tradução para o inglês de Benjamin J. Foster. A história textual do *Gilgamesh* é complexa. Há múltiplas versões, nenhuma delas completa, de diferentes períodos e lugares. O instrumento essencial para distinguir essas versões é Andrew George, *The Babylonian Gilgamesh Epic: Introduction, Critical Edition, and Cuneiform Texts*; ver também George, *Gilgamesh: The Babylonian Epic Poem and Other Texts in Akkadian and Sumerian*. Existe uma tradução moderna em versos — imprecisa como versão acadêmica, porém bela e poética — de David Ferry. Foram-me úteis também as traduções de Stephen Mitchell e James B. Pritchard, *Ancient Near Eastern Texts* e Stephanie Dalley, *Myths from Mesopotamia*.

8. Essa inovação, que mudou o rumo de toda a nossa vida, foi facilitada por uma série de avanços tecnológicos, acima de tudo a invenção do primeiro sistema de escrita. As tábulas cuneiformes registravam os cálculos complexos, a regulamentação de pesos e medidas, as transações, os contratos e as leis que possibilitam a vida urbana e ainda a caracterizam, mas também registravam uma consciência do significado simbólico do novo modo de vida. Uruk era uma imagem do universo, e seu herói fundador era mais divino que humano. Cf. Nicola Crüsemann et al. (Orgs.), *Uruk: 5000 Jahre Megacity*.

9. Em Pritchard, *Ancient Near Eastern Texts*, p. 74: Aruru lavou as mãos,/ Pegou um punhado de barro e atirou-o na estepe. [Ou, talvez, fez um desenho nele; ou cuspiu nele.]

10. Cf. estas linhas de Bernard F. Batto, *Slaying the Dragon: Mythmaking in the Biblical Tradition*, p. 55: Mito sumério, "Ovelha e trigo": Shakan (deus dos rebanhos) não chegara (ainda) a terra seca;/ A humanidade naqueles tempos distantes/ Não conhecia as vestimentas de tecido,/ Comia gramíneas com a boca, como carneiros,/ Bebia água direto da nascente. Outro texto sumério, "Textos da escavação de Ur 6.61.i.7'–10'" (ibid.): A humanidade naqueles tempos distantes,/ Como Shakan não tinha (ainda) chegado a terra seca,/ Não sabia vestir roupas de pano;/ A humanidade andava nua.

11. Seria o *Gilgamesh* uma epopeia gay? É difícil dizer. Embora não haja nenhuma negação explícita de um relacionamento sexual entre Gilgamesh e Enkidu, também não existe nenhuma representação dele. Em vez disso, o que existe é exatamente o que a sábia mãe de Gilgamesh diz que haverá: um profundo vínculo masculino, que envolve o enfrentamento de perigos comuns e absoluta fidelidade. Gilgamesh e Enkidu são o amor da vida um do outro.

12. Não sabemos quem foi que os editores do Gênesis escolheram para compor essa nova história. O que sabemos é que a escolha foi brilhante. Se parece plausível que quem escreveu o primeiro capítulo revisou vários relatos anteriores e os usou para criar sua cosmologia, é mais plausível ainda que o autor do segundo e do terceiro capítulos fosse um engenhoso tecedor de fios de origem diversa. Há vários séculos, os versículos vêm sendo esquadrinhados de forma atenta, e até obsessiva, na tentativa de determinar quantos seriam esses fios. O número exato permanece incerto, mas a pessoa que empreendeu essa tarefa hercúlea — aquela que os estudos bíblicos designam como J, de Javeísta — quase com certeza reuniu várias lendas e textos orais hebraicos, todos antigos e diferentes.

13. Por isso, antes do surgimento dos modernos estudos críticos da Bíblia, praticamente todos os comentaristas do Gênesis assumiam os atributos do homem criado no capítulo 1, transportando-os para o relato da criação do homem de barro no capítulo 2.

14. Em hebraico, o jogo de palavras se faz com *balal*, "confundir". Em *Five Books of Moses*, Robert Alter observa que a história "é um exemplo extremo da predisposição estilística da narrativa bíblica para explorar os ecos internos das palavras e para trabalhar com um vocabulário deliberadamente restrito" (p. 59, n. 11,3).

15. Para uma exegese pormenorizada do jardim, com cuidadosas comparações com outros jardins das religiões do Oriente Próximo, ver Terje Stordale, *Echoes of Eden*.

16. No capítulo 1 do Gênesis, o mundo surge num ambiente sem forma e aquoso, no qual a terra aparece quando Deus divide as águas e ordena que aquelas debaixo dos céus se juntassem num lugar e que aparecesse a porção seca (Gênesis 1,9). No capítulo 2, o problema parece ser não um excesso de água, mas o contrário, um estado de seca, juntamente com a ausência de qualquer pessoa para lavrar a terra: "No tempo em que Iahweh Deus fez a terra e o céu, não havia ainda nenhum arbusto dos campos sobre a terra e nenhuma erva dos campos tinha ainda crescido, porque Iahweh Deus não tinha feito chover sobre a terra e não havia homem para cultivar o solo" (Gênesis 2,4-5).

17. Uma das vantagens da ficção é que ela pode violar as leis da natureza e realizar uma fantasia: aqui a fantasia é que o primeiro nascimento não ocorre do corpo de uma mulher, mas do corpo de um homem, junto com a fantasia de que o objeto de amor foi extraído do corpo do

próprio amante. A feitura da pessoa que nasce é representada, ao mesmo tempo, de uma forma onírica — acontece durante o sono do homem — e cirúrgica: seu corpo é aberto, dele se retira um osso e a ferida é fechada de novo. Em seguida, o homem saúda a mulher como uma parte de si mesmo que lhe é devolvida, fundindo-se emocionalmente com ele. Essa fusão é descrita em termos metafóricos e extáticos, como se fosse a verdade física original do mito — osso de meus ossos, carne de minha carne. Embora não devamos imaginar que a mulher esteja retornando de fato, fisicamente, ao corpo do homem e voltando a ser com ele um único ser, toda a força da metáfora é a fantasia física subjacente.

18. "Jubiloso discurso de boas-vindas" é uma frase feliz de Johann Gottfried Herder (1744--1803). Citada em Claus Westermann, Gênesis 1-11, p. 231.

19. O jogo com as palavras "*ishah*" e "*ish*" (que parecem não se relacionar etimologicamente) é mais uma confirmação da experiência de "uma só carne", mas é ao mesmo tempo um ato de dominação e de subordinação: ou seja, o homem dá nome à mulher, do mesmo modo como dera nome às outras criaturas. E, numa retificação da realidade biológica, não foi tirado da mulher, mas a mulher é que foi tirada dele. Também no *Gilgamesh* há dominação e subordinação, mas estabelecida mediante disputa física, e não por nomeação, nem existe um sentimento de "osso de meus ossos" a permear o relacionamento.

20. Para as implicações no Ocidente dessa formação de novas famílias por meio de "laços mais frouxos de descendência", ver Michael Mitterauer, *Why Europe: The Medieval Origins of Its Special Path*, trad. de Gerald Chapple, pp. 58-98.

4. A VIDA DE ADÃO E EVA [pp. 66-79]

1. As circunstâncias, já bastante estranhas, tomaram um rumo ainda mais estranho. Seis meses antes, o pai de Mohammed 'Ali, que era vigia noturno, tinha sido assassinado, e, quando seu filho mais velho e os irmãos tomaram conhecimento do paradeiro do assassino, decidiram vingar-se. Achando o culpado dormindo e desprotegido, cortaram-lhe os membros com suas picaretas afiadas, arrancaram-lhe o coração e o comeram. Alertadas para os fatos e desejosas de parar com o morticínio, autoridades começaram a interrogar os aldeões. Mohammed 'Ali e os irmãos foram detidos, mas logo postos em liberdade. Embora, supostamente, muitas pessoas soubessem o que tinha acontecido, todos se mantiveram em silêncio.

Com a polícia ainda investigando o caso e revistando as casas em busca de pistas, Mohammed 'Ali teve medo de que os velhos livros, com os quais esperava ainda ganhar algum dinheiro, fossem encontrados e confiscados. Confiou um deles a um padre cristão. Um cunhado do sacerdote, professor primário, achou que a descoberta poderia ter algum valor e propôs entrar em contato com pessoas que provavelmente se interessariam pelos livros. Para mais detalhes, ver John Dart, *The Laughing Savior*; Jean Doresse, *The Discovery of the Nag Hammadi Texts*; Elaine Pagels, *The Gnostic Gospels*; James M. Robinson, *The Nag Hammadi Story*.

2. O único livro de papiro, que escapou ao crivo das autoridades egípcias, foi levado para os Estados Unidos, onde foi adquirido, através de um acadêmico holandês, para o Instituto Carl Jung, na Suíça. Pouco a pouco, começou o trabalho de decifração do códice, e o significado de toda a descoberta passou a ser conhecido.

3. Num dos mais notáveis desses textos, *O apocalipse secreto de João*, o "primeiro homem" é uma figura feminina, conhecida como Barbelo: "Ela se tornou um útero para Todos, porque é anterior a todos eles, a Mãe-Pai, o primeiro Ser Humano, o Espírito santo, o tríplice macho, a tríplice potestade, a tríplice chamada andrógina e o eterno éon entre os invisíveis, e o primeiro a surgir" (5,24-26, in Karen King, *The Secret Revelation of John*, p. 33).

4. Anderson et al., *A Synopsis of the Books of Adam and Eve*, permite ao leitor comparar as versões em grego, latim, armênio, georgiano e eslavônio. Ver Michael E. Stone, *A History of the Literature of Adam and Eve*, e Gary A. Anderson et al. (Orgs.), *Literature on Adam and Eve: Collected Essays*. A história da vida de Adão e Eva depois da expulsão teve uma carreira imensamente longa e rica na Idade Média e mesmo depois dela. Ver Brian Murdoch, *Adam's Grace*, e Murdoch, *The Medieval Popular Bible*. Para uma transcrição em inglês da versão em francês antigo, ver Esther C. Quinn e Micheline Dufau, *The Penitence of Adam: A Study of the Andrius Ms*.

5. In Freedman, *Midrash Rabbah*, 8,8.

6. Ibid., 8,4.

7. Ver Neil Forsyth, *The Old Enemy: Satan and the Combat Myth*; Elaine Pagels, *The Origin of Satan*; e Jeffrey Burton Russell, *The Devil: Perceptions of Evil from Antiquity to Primitive Christianity*.

8. O texto, com tradução para o inglês na Christian Classics Ethereal Library (disponível em: <http://www.newadvent.org/fathers/1006.htm>), é nominalmente cristão, mas parece refletir questões que eram levantadas na época também por judeus. Ver *Apocalypsis Sedrach*, Otto Wahl (Org.), in *Pseudepigrapha Veteris Testamenti Graece*, 4 v. (Leiden: Brill, 1977).

9. Cf. Adolf von Harnack, *Marcion: The Gospel of the Alien God*.

10. Muitos autores têm refletido sobre a razão pela qual Paulo fez a conexão crucial entre Jesus e a história de Adão e Eva. O motivo está obviamente ligado às origens de Paulo num mundo judaico — a Paulo, nas palavras de Daniel Boyarin, como um "judeu radical" (cf. Boyarin, *A Radical Jew: Paul and the Politics of Identity* [Berkeley: University of California Press, 1994]). No entanto, como vimos, em sua explicação sobre a origem do mal, o pensamento judaico tradicional normalmente não discorria sobre a história de Adão e Eva. Em vez disso, tendia a recorrer à história dos chamados "Guardiães", em Gênesis 6, isto é, os "filhos de Deus", que vieram à terra e tomaram mulheres entre as "filhas dos homens". Dessa união surgiram os gigantes, aos quais se atribuía o mal. O problema dessa narrativa está em que o Dilúvio supostamente matou todos esses gigantes mestiços, deixando o problema da origem intacto para o mundo pós-diluviano. A partir de fins do século II EC, com o Livro dos Jubileus, o pensamento judaico passou a recorrer com mais frequência à transgressão de Adão como explicação. Ver John R. Levinson, *Portraits of Adam and Early Judaism*. Quanto às complexas questões teológicas, ver W. D. Davies, *Paul and Rabbinic Judaism*, sobretudo pp. 31-57.

11. E então ele tornou a ligação ainda mais explícita: "Com efeito, visto que a morte veio por um homem, também por um homem vem a ressurreição dos mortos. Pois, assim como todos morrem em Adão, em Cristo todos receberão a vida" (1Coríntios 15,21-22). Também na Epístola aos Romanos, Paulo junta a dádiva trazida por Jesus a uma coisa que aconteceu no princípio dos tempos: "Por conseguinte, assim como pela falta de um só resultou a condenação de todos os homens, do mesmo modo, da obra de justiça de um só, resultou para justificação que traz a vida.

De modo que, como pela desobediência de um só homem, todos se tornaram pecadores, assim pela obediência de um só, todos se tornarão justos". (Romanos 5:18-19).

Davies (*Paul and Rabbinic Judaism*, p. 44) argumenta que Paulo apresentou a doutrina de Cristo como o Segundo Adão. Outros, como C. F. Burney (*The Aramaic Origin of the Fourth Gospel* [Oxford: Clarendon Press, 1922]), creem que essa doutrina já estava implícita nos evangelhos sinópticos. Seja como for, Paulo deu a partida: depois dele, a maioria dos primeiros pais do cristianismo sentiu-se na obrigação de enfrentar a questão dos capítulos iniciais do Gênesis.

12. Victorinus, "On the Creation of the World", in Coxe, *The Ante-Nicene Fathers*, v. 7, *Fathers of the Third and Fourth Centuries*, p. 341. Na liturgia ortodoxa oriental, atribuída a são Basílio, como em muitos outros solenes pronunciamentos rituais em todo o mundo cristão, o desígnio dominante era explicitado e reiterado incessantemente: "Porque, como através do homem o pecado veio ao mundo, e através do pecado, a morte, agradou a Vosso Filho unigênito [...], nascido segundo a lei, condenar o pecado em Sua carne, para que aqueles que morreram em Adão possam ser trazidos à vida n'Ele, Vosso Cristo".

13. Lembrando a seus congregantes que Adão recebeu a sentença: "Maldito é o solo por causa de ti! [...] Ele produzirá para ti espinhos e cardos", são Cirilo, um bispo de Jerusalém no século IV, concluiu que "por causa disso Jesus assume os espinhos, para que Ele possa cancelar a sentença; por essa causa também ele foi sepultado na terra, de modo que a terra que fora amaldiçoada pudesse receber a bênção, em vez de uma maldição (Edwin Hamilton Gifford, D. D. (Org.), "The Catechetical Lectures of S. Cyril, Archbishop of Jerusalem", in *Nicene and Post-Nicene Fathers of the Christian Church, Second Series*, v. 7, p. 87). Os espinhos que brotaram do solo depois da queda de Adão eram genuinamente afiados, mas todo o seu significado — seu destino, por assim dizer — só foi revelado e ao mesmo tempo anulado na Coroa de Espinhos. Com relação à tipologia, ver principalmente Erich Auerbach, "Figura", in *Scenes from the Drama of European Literature* (Nova York: Meridian, 1959), pp. 11-56, e Auerbach, "Typological Symbolism in Medieval Literature", in *Yale French Studies* 9 (1952), pp. 3-10.

14. *Against the Galileans*, in *Works of the Emperor Julian*, Wilmer C. Wright (Org.) (Cambridge: Harvard University Press, 1913-23), v. 1, pp. 325-9.

15. Ver Filo de Alexandria, *On the Creation of the Cosmos According to Moses*, sobretudo pp. 84-9. Ainda que, provavelmente, ele não soubesse hebraico (em suas muitas obras sempre citava da Septuaginta), Filo professava enorme admiração por Moisés como autor do Pentateuco. Moisés não se limitou a expor leis que deveriam ser obedecidas, escreveu Filo, nem tentou, como os sacerdotes pagãos, iludir as massas com fantasias forjadas e mitos inventados. Em vez disso, tinha começado as Escrituras com um relato da criação do mundo, o que deixava implícito que "o cosmos está em harmonia com a lei, e a lei em harmonia com o cosmos" (p. 47).

16. Não existe ordem sem número, e "seis é o primeiro número perfeito". É igual ao (produto de) suas partes e é também formado pela soma delas, ou seja, o três como sua metade e o dois como seu terço e a unidade como seu sexto. O seis é também, por assim dizer, tanto macho como fêmea por natureza, formando uma união harmônica pelo produto de cada um deles, pois entre as coisas existentes, o ímpar é macho e a fêmea é par. Entre os números ímpares, o primeiro é três, e entre os pares o primeiro é dois, e o produto dos dois é seis. Por isso, era justo que o cosmos, a mais perfeita das coisas que passaram a existir, houvesse sido criado de acordo com o número perfeito, seis (Filo, ibid., p. 49).

17. "Com o jardim das delícias ele alude à parte normativa da alma, que é cheia de opiniões incontáveis, tal como as plantas, ao passo que com a Árvore da Vida alude à mais importante das virtudes, a reverência a Deus, por meio da qual a alma se torna imortal, e com a árvore que torna conhecidas as coisas boas e más alude a uma percepção prática intermediária, através da qual discriminam-se as coisas que são opostas por natureza" (Filo, ibid., p. 88).

18. Essa técnica exegética chegou ao ponto alto com o grande filósofo sefardita Maimônides (1135-1204 EC). Maimônides, que permanece ainda hoje no centro do judaísmo ortodoxo, interpretou os versículos do Gênesis com cultura e precisão profundas, mas não tinha nenhuma intenção de lê-los como uma descrição clara de fatos reais. Pelo contrário, recorrendo à filosofia grega, assim como a pronunciamentos dos sábios hebreus, via Adão e Eva não como personagens de um romance, e sim como a alegoria de um ser humano em quem se fundem a forma e a substância, o intelecto e a paixão.

Para expor essa ideia, Maimônides citou um daqueles comentários da Midrash que um leitor sofisticado poderia ter visto como o epítome da elaboração narrativa desatinada. "A serpente tinha um montador", observara um Sábio antigo, "o montador era do tamanho de um camelo, e foi o montador que seduziu Eva: esse montador era Samael." A passagem, reconhece Maimônides, é totalmente absurda no sentido literal; mas como alegoria contém uma sabedoria maravilhosa e concorda plenamente com os fatos reais. Samael, ele explica, era o nome de Satã, e faz perfeito sentido que Satã falasse não ao intelecto, e sim ao desejo e à imaginação, ou seja, à parte do ser humano que na alegoria é chamada de "Eva". Absurda em seu sentido literal, mas de sabedoria maravilhosa como alegoria. (Moisés Maimônides, *Guia dos perplexos*, pp. 154-6.) Com relação ao método e aos objetivos de Maimônides, ver Moshe Halbertal, *Maimonides: Life and Thought*.

A interpretação alegórica da história de Adão e Eva não era uma estratégia de dissensão religiosa ou de ceticismo. Pelo contrário, gerava um amplo espectro de pensamento profundamente devoto. Se influenciou Maimônides, pessoa extremamente intelectualizada e racional, também inspirou as extravagâncias esotéricas de cabalistas místicos. Nas obras fundamentais do misticismo judaico —, o *Zohar* do século XIII, e a Cabala luriânica do século XVI —, o Adão do capítulo 1 do Gênesis foi criado à imagem do Adão *Kadmon*, o Adão primordial ou celeste, de cuja cabeça radiavam correntes de luz. Esse Adão superior, puramente espiritual — associado em certas linhas dessa tradição com o Messias —, distingue-se de um Adão inferior, o Adão *Ha-rishon*, que é o Adão que encontramos na narrativa das Escrituras e que compreendia em si todas as almas futuras. A contínua vitalidade da noção dos dois Adões e do método alegórico lançado por Filo há 2 mil anos pode ser vista em *Homem de fé solitário*, de Joseph Soloveitchik, publicado em meados da década de 1960. Para Soloveitchik, o Adão do capítulo 1 do Gênesis é uma alegoria do "homem majestático", que domina o universo por meio de seu conhecimento e de sua tecnologia, enquanto o Adão do capítulo 2 é o "homem da aliança", salvo de sua solidão existencial por uma companhia e por sua observância da lei revelada de Deus.

19. Os judeus "teceram algumas das histórias mais inacreditáveis e desinteressantes, ou seja, que certo homem foi formado pelas *mãos* de Deus, que insuflou nele o hálito da vida, e que uma mulher foi tirada de seu flanco, e que Deus divulgou certas ordens, e que uma serpente se insurgiu contra elas e conquistou uma vitória sobre os ditames de Deus; que com isso tinham juntado algumas patranhas e impiamente mostrado Deus como um fraco na origem (das coisas),

incapaz de convencer mesmo um ser humano que Ele Próprio tinha formado" (Orígenes, *Contra Celsum*, in *Os pais antinicnianos*, 44,36).

20. Da mesma forma como o moderno pensamento judaico a respeito de Adão e Eva reflete a herança de Filo, também entre os modernos cristãos há muitos herdeiros do método alegórico lançado no século III por Orígenes. O maior filósofo do Iluminismo europeu, Immanuel Kant, não tinha paciência com obscurantismos teológicos ou literalismo em relação às Escrituras. A respeito de todos os meios de compreender a origem do mal moral e de representar sua disseminação entre os membros de toda a nossa espécie, ele escreveu: "A forma mais inapropriada é certamente imaginar que ela tenha chegado a nós por meio de uma herança deixada por nossos primeiros pais". Não nos é possível herdar nossa pecaminosidade; "toda ação má deve ser assim considerada sempre que buscarmos sua origem racional, como se o ser humano houvesse caído nela, diretamente, do estado de inocência". O problema, reconhecia Kant, é que, se partimos de um estado de inocência, não há meio de explicar como o mal moral poderia ter chegado a nós. Diante desse dilema, ele voltou, de uma forma que Orígenes poderia ter reconhecido e aprovado, à história do Jardim e da serpente: "A Escritura", para Kant, "expressa essa incompreensibilidade numa narrativa histórica" (Immanuel Kant, *A religião dentro dos limites da mera razão*, p. 65). A irracionalidade da narrativa bíblica é uma brilhante alegoria de um problema filosófico que a razão não tem como resolver. Uma série de eminentes filósofos dos séculos XIX e XX, protestantes e católicos — Friedrich Schleirmacher, Søren Kierkegaard, Reinhold Niebuhr, Hans Urs von Balthasar — seguiu-lhe o exemplo. No entanto, ao contrário do que ocorre no moderno judaísmo, esses exemplos modernos de alegorização cristã não são a continuação de uma linha ininterrupta de pensamento. Em vez disso, constituem um reavivamento após um longuíssimo eclipse.

5. NA CASA DE BANHO [pp. 80-94]

1. Essa mesma rotina persiste, mais ou menos intacta, nos Banhos Rudas, em Budapeste, no Al Pasha, em Amã, no Suleymaniye Hamami, em Istambul, ou no Russian and Turkish Baths, na Primeira Avenida, em Nova York.

2. Santo Agostinho, *Confissões*, 2,6. O trecho "me ille pater in balneis vidit pubescentem et inquieta indutum adulescentia" deixa aberta a possibilidade de que o pai tenha visto apenas os pelos pubianos do filho, e não uma ereção. Inclino-me a crer que as palavras *inquieta adulescentia* implicam algo mais que pelos. Em todo caso, a ereção — e sobretudo a experiência involuntária de ereção — tornou-se crucial na interpretação, por Agostinho, da história de Adão e Eva e de sua visão da condição humana depois da Queda.

3. O irmão, Navigius, faz uma breve aparição nas *Confissões*, em Óstia, à beira da cama da mãe moribunda. Diz que gostaria que a mãe morresse não numa terra estranha, mas em seu próprio país, onde poderia ser sepultada ao lado do marido. "Veja o que ele fala!", ela exclama, censurando-o por seus pensamentos mundanos, e diz que não se importa com o local onde seu corpo for sepultado. Com relação à biografia de Agostinho, baseei-me principalmente em *Augustine of Hippo*, de Peter Brown, e *Augustine: Conversions to Confessions*, de Robin Lane Fox.

4. "Daí o amor pelas dores, não para que elas penetrassem mais fundo — com efeito, não

queria sofrê-las, apenas olhar para elas — mas para que, ao ouvi-las e vê-las representadas, me arranhassem superficialmente" (*Confissões* 3,2).

5. Epicuro afirmara que o universo que conhecemos surgira da colisão aleatória e espontânea de átomos e que os deuses eram indiferentes ao comportamento dos homens e surdos a seus apelos.

6. "Oferecendo-se a todos pelas palavras claríssimas e o mais humilde gênero de expressão, mas atiçando a atenção daqueles que não têm coração leve" (*Confissões* 6,5).

7. A criança, Adeodato, foi batizada junto com o pai e seu amigo Alípio. Agostinho maravilhava-se com a devoção e a inteligência do filho, ambas inteiramente dádivas de Deus, "pois não havia nada de mim naquele rapaz, a não ser o pecado" (*Confissões* 9,6). Adeodato morreu ainda adolescente.

8. As palavras finais são uma citação de Mateus 25,21. *Confissões* 9,10.

9. Rebecca West, *St. Augustine*, p. 91.

6. LIBERDADE ORIGINAL, PECADO ORIGINAL [pp. 95-113]

1. Citado em Agostinho, "De Gratia Christi, Et De Peccato Originali", *Augustin: Anti-Pelagian Writings*, p. 214.

2. Ver o capítulo 45 de *On the Holy Trinity*, in *Nicene and Post-Nicene Fathers of the Christian Church, First Series*, v. 3, *St. Augustin: On the Holy Trinity, Doctrinal Treatises, Moral Treatises*. Agostinho começou a escrever *A Trindade* por volta do ano 400, três anos depois das *Confissões*.

3. "[...] A razão desses males deve ser ou a injustiça ou a impotência de Deus, ou o castigo pelo primeiro pecado. Como Deus não é injusto nem impotente, só resta aquilo que o homem é forçado a contragosto a confessar: que o jugo pesado sobre os filhos de Adão, do dia que saem do ventre da mãe até o dia em que são sepultados, não existiria se a ofensa de origem não tivesse ocorrido primeiro para merecê-lo" (*Saint Augustine Against Julian*, p. 240).

4. "A não ser que algum bom juiz aprove que me batessem porque jogava bola quando criança, e aquela brincadeira me impedia de aprender mais rapidamente as letras, com as quais, adulto, faria brincadeiras mais perversas" (*Confissões* 1,9).

5. "Nada que seja bom e mau, em virtude do que somos louvados ou censurados, nasce conosco — são virtudes ou defeitos construídos por nós, pois nascemos com capacidade para ambos" (citados em "St. Augustine on Original Sin", in *St. Caesarius of Arles Sermons*, p. 442). "Antes da ação de sua própria vontade, que só existe no homem feito por Deus" (citado em Benjamin B. Warfield, "Introductory Essay on Augustin and the Pelagian Controversy", in *St. Augustin: Anti-Pelagian Writings*, p. 15). "Do mesmo modo como somos procriados sem virtude, também o somos sem vício."

6. Citado em John M. Rist, *Augustine: Ancient Thought Baptized*. Esse argumento pelagiano foi combatido desde o início como irremediavelmente débil, pois como poderiam a "imitação" e o "hábito" explicarem a virtual universalidade da tendência humana para o pecado? E ainda hoje é objeto de desdém ou, pelo menos, de condenação. Ver, por exemplo, Bonnie Kent, "Augustine's Ethics", in *The Cambridge Companion to Augustine*, p. 223, que observa, depreciativamente, que "as obras de Pelágio e seus seguidores tacham de absurda a ideia de que o pecado de Adão tenha

prejudicado qualquer pessoa além dele próprio, a não ser no sentido trivial de que Adão deu um mau exemplo". Em que sentido, um exemplo, bem compreendido, é trivial? Para Pelágio, na verdade "exemplo" significa todo o peso glacial da cultura humana.

7. Essa é uma das primeiras doutrinas pelagianas. Mais tarde os pelagianos se dispuseram a admitir que a morte foi trazida ao mundo por Adão.

8. James Wetzel, "Predestination, Pelagianism, and Foreknowledge", in *The Cambridge Companion to Augustine*: "Foi seu discípulo [de Pelágio], Celéstio, um aristocrata romano, o primeiro a despertar a ira dos bispos do Norte da África. Durante sua estada em Cartago, Celéstio levantou questões a respeito do batismo de crianças pequenas, dando a entender que a prática podia ser apoiada (como ele de fato a apoiava) sem necessidade de apelar para um pecado original que manchara todos os homens desde o nascimento. Para os africanos, isso significava questionar um dogma conquistado com esforço, e eles denunciaram Celéstio num sínodo. Durante um breve período, Pelágio escapou à culpa por associação, quando foi absolvido de heresia no sínodo de Dióspolis, presidido por um conselho de bispos da Palestina, em dezembro de 415. Contudo, nos anos seguintes, os africanos, agora liderados por Agostinho, juntaram suas forças e por fim persuadiram o papa Zózimo a condenar a heresia de Pelágio.

9. Juliano argumentara: "Não pode haver ofensa em recém-nascidos, pois não pode existir ofensa sem vontade, que eles não têm" (*Saint Augustine Against Julian*, p. 216). Agostinho redarguiu: "Esta afirmação pode ser feita corretamente em relação a um pecado pessoal, mas não com referência ao contágio através da origem do primeiro pecado. Se não existisse tal pecado, os recém-nascidos, livres de todo mal, nada sofreriam de mau no corpo ou na alma sob o grande poder do Deus justo" (ibid., p. 116).

10. "Tudo de bom que for feito pelo homem não é feito, porém, tendo em vista o propósito para o qual a verdadeira sabedoria determina que seja feito; pode parecer bom por sua função, mas, como o fim não é correto, é pecado" (*Saint Augustine Against Julian*, p. 187). Como prova, Agostinho citou as palavras da Epístola de Paulo aos Hebreus: "Ora, sem a fé é impossível ser-lhe agradável [a Deus]" (ibid., p. 195) (Hebreus 11,6). Indignado, Juliano retrucou que essas palavras estavam sendo utilizadas com um fim para o qual nunca tinham sido destinadas.

11. "Tu divides, defines, fazes uma espécie de dissertação clínica sobre o gênero, a espécie, o modo e o excesso de concupiscência, asseverando que 'Seu gênero está no fogo vital; sua espécie, na ação genital; seu modo no ato conjugal; seu excesso, na intemperança da fornicação'. No entanto, depois de toda essa discussão supostamente sutil e verdadeiramente prolixa, quando te pergunto, breve e abertamente, por que esse fogo vital planta a raiz da guerra no homem, de modo que sua carne luxuriosa luta contra seu espírito, e torna-se necessário que seu espírito lute contra sua carne — pois quem deseja condescender com o fogo vital recebe um ferimento mortal —, creio que a tinta negra em teu livro deve enrubescer" (*Saint Augustine Against Julian*, p. 130). Na contenda com os pelagianos, Agostinho tinha uma vantagem: embora tivesse se casado, Juliano deixava claro que agora era casto, como se fosse o próprio Pelágio ascético. Qual era o sentido de preferir a castidade, perguntava Agostinho com ironia, se nada havia de errado com o sexo?

12. A concupiscência, ele escreveu, "ora agindo frouxamente, ora com muita violência, nunca cessa de urgir o casamento aos contrários à lei, mesmo quando o casamento faz bom uso do mal da concupiscência na propagação da prole" (*Saint Augustine Against Julian*, p. 134).

13. Sim, aquele estímulo era prazenteiro; a cópula sexual, como a conhecemos — como

Agostinho bem sabia devido à longa experiência com sua amante e outras mulheres —, é "o maior de todos os prazeres físicos". Entretanto, essa intensidade de prazer é exatamente sua sedução perigosa. Melhor seria gerar crianças sem esse doce veneno. "Qual amigo da sabedoria e dos deleites santos [...] não preferiria, se isso fosse possível, gerar filhos sem essa luxúria?" (Agostinho, *A cidade de Deus*, in *Pais nicenos e pós-nicenos. Primeira Série*, v. 2, *Santo Agostinho: a cidade de Deus, e doutrina Cristã*, pp. 275-6). Ver, igualmente, "Qual amante do bem espiritual, que se casou apenas para ter prole, não preferiria poder propagar crianças sem o casamento ou sem sua verdadeira grande impulsão?" (*Saint Augustine Against Julian*, p. 228).

14. Para N. P. Williams, Agostinho criou o termo em seu tratado "*ad Simplicianum*". Cf. Williams, *The Ideas of the Fall and of Original Sin, a Historical and Critical Study*. Em minha amostragem da literatura imensamente vasta sobre o Pecado Original, considerei o livro venerável de Williams utilíssimo, junto com outra obra, ainda mais venerável, *The Christian Doctrine of Man*, de H. Wheeler Robinson (Edimburgo: T. & T. Clark, 1913), e *The Sources of The Doctrines of the Fall and Original Sin*, de Frederick Robert Tennant (Cambridge: Cambridge University Press, 1903).

15. É claro que a vastidão desses textos e dessa tradição faz com que possamos achar exceções com facilidade. E, embora judeus e muçulmanos devotos não tenham adotado um conceito plenamente desenvolvido do Pecado Original, com bastante frequência discorriam sobre a mácula que a desobediência de Adão e Eva trouxe para si e para os seus descendentes. "Os detritos que excretamos é um resultado do que herdamos por causa da árvore", explicou um viajante muçulmano do século XVII, na França, a um interlocutor cristão, "aquilo trouxe impureza para o corpo e, como resultado disso, o homem tem de lavar aquelas parte impuras do corpo. Lava as mãos porque nosso pai Adão, a paz esteja com ele, estendeu a mão para o fruto que Deus tinha proibido; lava a boca porque comeu aquele fruto, e o nariz porque o cheirou, e o rosto porque virou-se para ele." Ahmad bin Qasim, *Kitab Nasir al-Din ala al-Qawm al-Kafirin* [*O livro do protetor da religião contra os infiéis*], in *In the Land of the Christians: Arabic Travel Writing in the Seventeenth Century*, pp. 26-7.

16. Ver o capítulo 18 em Agostinho, "Sobre a Santíssima Trindade" in *Sobre a Santíssima Trindade, tratados doutrinários, tratados morais*. "Tampouco interveio aquela concupiscência da carne, pela qual o resto dos homens, que carregam o pecado original, se propaga e são concebidos; mas a santa virgindade engravidou, não por conjunção conjugal, mas pela fé — estando a luxúria totalmente ausente — de modo que aquilo que nasceu da raiz do primeiro homem pudesse produzir apenas a origem da raça, e não da culpa" (*Sobre a Santíssima Trindade*).

17. As palavras que Agostinho emprega em seu método de interpretação compreendem não só *allegoria*, como também *figura, aenigma, imago, similitudo, mysterium, sacramentum, signum* e *velum* [véu]. Cf. Agostinho, *Uma refutação do maniqueus*, in *Sobre o Gênesis: Uma refutação dos maniqueus, comentário literal inacabado sobre o Gênesis, o significado literal do Gênesis*, p. 30. Em relação a "almesco", ver Agostinho, *Sobre o Gênesis*, p. 78. Em *Uma refutação aos maniqueus*, Eva não estava no Paraíso "num sentido local, mas sim em relação à sua sensação extática de Paraíso" (Agostinho, *Sobre o Gênesis*, 2.41.20). Cf. John M. Rist, *Augustine: Ancient Thought Baptized*, p. 98.

18. Grifo meu. Agostinho não nega que as palavras das Escrituras pudessem encerrar uma verdade literal, mas a verdade literal não é o que mais importa. "Mesmo que a mulher real, visível,

tenha sido feita pelo Senhor Deus, historicamente, a partir do corpo do primeiro homem", ele escreveu, "com certeza não foi sem uma razão que ela foi feita assim — deve ter sido para sugerir alguma verdade oculta. Deus preencheu o lugar daquela costela com carne, a fim de indicar, por meio desta palavra, a afeição carinhosa com que devemos amar nossas próprias almas" (*Sobre o Gênesis*, 2.12.1). Em alguns casos, o sentido literal poderia seguir-se ao espiritual. Por isso, a bênção "sede fecundos, multiplicai-vos" originou-se num sentido espiritual e, depois, "transformou-se numa bênção de fertilidade na carne depois do pecado" (*Sobre o Gênesis*, 1.19.30). Sobre o trabalho de Adão como uma antecipação de Cristo estendendo a mão, ver *Sobre o Gênesis*, 2.22.344.

19. Já no ano 393, só cinco anos depois da *Refutação dos maniqueus*, Agostinho vinha escrevendo um texto que não chegou a terminar, uma interpretação mais literal, que tratava os capítulos iniciais do Gênesis como uma descrição de personagens e fatos históricos. Ao mesmo tempo, não abandonava por completo uma leitura alegórica, que deixou uma marca particularmente forte nos últimos livros das *Confissões*. Por que Deus teria instruído os primeiros seres humanos, em Gênesis 1,28, "sede fecundos, multiplicai-vos, enchei a terra"? Afinal de contas, Ele não deu a mesma ordem aos peixes, às aves e às árvores, presumivelmente porque esperava que se reproduzissem de qualquer modo, mesmo sem uma ordem específica para tanto. Por conseguinte, o mandamento de Deus aos homens devia ocultar um significado especial. "Qual é esse mistério?", pergunta Agostinho a Deus. "Não vejo o que me impeça de entender assim as expressões figuradas de teus livros" (*Confissões* 13,24). O sentido figurado em questão revela que a multiplicação que Deus tem em mente em relação à humanidade nada tem a ver com reprodução sexual: "Considero que a reprodução da humanidade se refere aos pensamentos que nossa mente concebe, pois a razão é fértil e produtiva" (*Confissões* 13,24).

20. Agostinho tinha imensa confiança em sua capacidade, com a ajuda de Deus, de realizar qualquer coisa que resolvesse fazer. Vejamos o tom dessa passagem de *A cidade de Deus*: "Tendo liquidado a questão dificílima concernente à origem de nosso mundo e do princípio da raça humana, a ordem natural requer que debatamos agora a queda do primeiro homem (podemos dizer dos primeiros homens) e a origem e propagação da morte humana" (*A cidade de Deus*, in *Santo Agostinho: A cidade de Deus e doutrina cristã*, p. 245).

21. "A praticamente nenhuma de suas outras obras Agostinho dedicou a mesma perseverança, o mesmo cuidado e circunspecção" (Agostinho, *The Literal Meaning of Genesis*, in *On Genesis*, p. 164). A respeito da rejeição de "enigmas", ver *The Literal Meaning of Genesis*, in Agostinho, *On Genesis*, p. 183) [*Secundum proprietatem rerum gestarum, non secundum aenigmata futurarum*]. Com relação às instâncias de amigos, ver Carta 38, princ. CLIX, do anos 415 EC, ao padre Evódio, em que ele alude à "suspensão da antecipação" entre seus amigos para ver o livro (*St. Augustine Select Letters*, p. 277).

22. "Revisões [Retractiones]", in *Sobre o Gênesis*, 2.24.1. Quando encontrava problemas, como as pregas vocais de Deus, Agostinho se refugiava num princípio que se via obrigado a repetir: "Se [...] nas palavras de Deus ou de qualquer pessoa que cumpra a função profética, é dita alguma coisa que, tomada de forma literal, é simplesmente absurda, sem dúvida devemos entender que essas palavras foram pronunciadas de maneira figurativa" (ibid., 11.1.2, pp. 429-30).

23. Se alguém pergunta como ele poderia saber o que significa "morte", escreveu Agostinho,

deve lembrar-se de que sabe muitas coisas intuitivamente, sem experiência direta delas (cf. *Sobre o Gênesis*, 8.16.34).

24. Podemos estar seguros, escreveu Agostinho, de que as maçãs na árvore fatal eram da mesma espécie das maçãs que Adão e Eva já tinham visto ser inofensivas em outras árvores. Sabemos que as cobras verdadeiras não falam, mas a cobra real no Jardim do Éden real não precisava falar: "Foi o próprio diabo que falou através da serpente, usando-a como se fosse um órgão" (Agostinho, *Sobre o Gênesis*). Nem todos os pormenores necessários para uma leitura literal estavam necessariamente especificados nas Escrituras, mas podemos preencher as lacunas por conjectura. E, como não seria possível pensar que o diabo tivesse algum poder independente para ameaçar o poder de Deus ou o livre-arbítrio dos primeiros seres humanos, devemos entender que suas palavras não teriam exercido nenhum efeito sobre Eva se ela já não houvesse sentido "amor por sua própria autoridade independente e um certo orgulhoso excesso de confiança em si mesma" (*Sobre o Gênesis*, 11.30.39).

25. *A cidade de Deus*, in *St. Augustin: The City of God, and Christian Doctrine*, p. 271. Agostinho escreve que também Adão errou ao presumir o perdão de Deus. Ele não foi enganado pela serpente ou por sua mulher, mas "iludiu-se quanto ao julgamento com que seu pedido de desculpa seria recebido". Presumivelmente, não esperava a sentença de morte por aquilo que considerava um pecado venial. Em *Paraíso perdido*, Milton mostra Adão, confuso, cometendo o mesmo erro.

26. Agostinho, "Carta endereçada ao conde Valério, por ocasião do envio a ele, por Agostinho, do que ele chama de seu primeiro livro, 'Sobre casamento e concupiscência'", in "Excerto das 'Revisões', de Agostinho, Livro II, cap. 53, sobre o Tratado Seguinte, '*De Nuptiis et Concupiscennta*'", in *St. Augustin: Anti-Pelagian Writings*, p. 258.

27. "Não deve isto fazer com que o rubor da vergonha caia sobre a liberdade da vontade humana, que por seu desprezo por Deus, seu próprio Comandante, perdeu todo o apropriado comando sobre seus próprios membros?" (Agostinho, *Sobre casamento e concupiscência*, in *St. Augustin: Anti-Pelagian Writings*, p. 266). Sobre o crescimento da vergonha, ver Kyle Harper, *From Shame to Sin*. Sobre a experiência psicológica e somática da vergonha, ver Michael Lewis, *Shame: The Exposed Self*.

28. *Sobre casamento e concupiscência*, p. 266. Em algumas ocasiões, ele reconheceu que a experiência sexual da mulher poderia ser diferente. Sabia, por exemplo, que para o homem a liberação de sêmen é muitíssimo prazerosa, mas se "tal prazer acompanha a mistura dos elementos seminais dos dois sexos no útero", escreveu, "é uma questão que as mulheres talvez possam determinar com base em suas sensações mais internas; mas é impróprio para nós levar tão longe uma curiosidade ociosa" (*Sobre casamento e concupiscência*, p. 293).

29. *Sobre casamento e concupiscência*, p. 266. Em *A cidade de Deus*, Agostinho faz uma observação sobre a estranha falibilidade da excitação: "Essa emoção não só deixa de obedecer ao desejo legítimo de gerar prole, como também se recusa a servir à luxúria lasciva; e, conquanto com frequência oponha toda a sua energia combinada à alma que resiste a ela, às vezes também se divide contra si mesma, e enquanto move a alma, deixa o corpo imóvel" (*A cidade de Deus*, in *St. Augustin: The City of God, and Christian Doctrine*, p. 276).

30. "E não resulta essa extremidade do prazer", continua Agostinho, "numa espécie de submersão da própria mente, mesmo quando procurada com boa intenção, isto é, para o propósito

da procriação de filhos, dado que em sua própria operação não permite a alguém pensar, já não digo em sabedoria, mas em qualquer coisa" (*Saint Augustin Against Julian*, p. 228). Com relação às questões teológicas que Agostinho está atacando, ver Peter Brown, *The Body and Society*.

31. A reprodução sexual não era a única diferença. Os pelagianos argumentavam que, sendo a morte parte do que significava ser humano, inevitavelmente chegaria também para Adão e Eva. Agostinho discordava com veemência: os primeiros seres humanos tinham a possibilidade, por meio da Árvore da Vida, de ser imortais. Adão não teria envelhecido se não houvesse pecado: "o fruto de várias árvores lhe forneciam amparo contra a deterioração, enquanto a Árvore da Vida o protegia da senectude" (Agostinho, *A Treatise on the Merits and Forgiveness of Sins, and on the Baptism of Infants*, in *St. Augustin: Anti-Pelagian Writings*, p. 16). Se não tivessem pecado, não teriam conhecido a decrepitude, nem teriam morrido. Embora o afirmasse com menos certeza, Agostinho também duvidava que os filhos de Adão e Eva, se tivessem permanecido no Paraíso, teriam padecido da mesma impotência que todos os bebês agora experimentam. No mundo antigo e hoje em dia, os biólogos sempre consideraram que a infância prolongada é uma das marcas de nossa espécie. Agostinho acreditava que isso fosse uma punição. A questão não era de tamanho: as restrições do útero, ele entendia perfeitamente, exigia que os bebês fossem muito pequenos. Contudo, se os primeiros seres humanos não houvessem pecado, sua prole poderia ter alcançado de imediato competência física e mental. Afinal, ele observou, muitas criaturas brutas, mesmo logo depois de nascer, "correm de um lado a outro, reconhecem as mães e não requerem nenhuma ajuda ou assistência externa quando querem mamar, mas com facilidade notável localizam eles mesmos as mamas da mãe" (ibid., p. 43). Já um ser humano, "ao nascer não dispõe nem de pés adequados para caminhar, nem mãos capazes sequer de arranhar; e a menos que seus lábios sejam levados ao peito pela mãe, ele não saberia onde encontrá-lo; e mesmo quando próximo ao bico do seio, ele seria, não obstante o desejo de alimento, mais capaz de chorar que de sugar" (ibid., p. 43). Esse estado de desamparo, concluiu, era quase certamente punitivo, consequência da Queda.

32. A descrição do sexo no Paraíso é exposta em detalhes no livro 14 de *A cidade de Deus*.

33. Evidentemente, não existia no homem nenhum equivalente físico ao hímen, mas, da mesma forma como Agostinho imaginava que a mulher deveria dispor do equivalente à excitação da ereção, também achava que o homem tivesse uma integridade física que fosse violada pelo coito.

34. Seria prazenteira essa conjunção pública diante de quem quisesse assisti-la? Agostinho não tinha opinião formada. Estava convicto de que seria destituída de "concupiscência carnal", ou seja, sem excitação involuntária. Cf. Agostinho, *Casamento e concupiscência*, in *St. Augustin: Anti-Pelagian Writings*, p. 288: "Pois por que a função especial dos pais será afastada e escondida dos olhos dos próprios filhos, a não ser pelo fato de ser-lhes impossível ocuparem-se da louvável procriação sem indecorosa luxúria? Porque foi disso mesmo que nossos primeiros pais se envergonharam quando pela primeira vez cobriram sua nudez. Essas partes de sua pessoa não provocaram vergonha anteriormente, mas mereciam ser elogiadas e louvadas como obra de Deus. Eles se cobriram quando sentiram vergonha e sentiram vergonha quando, depois de desobedecerem a seu Criador, sentiram seus membros desobedientes a si mesmos".

7. O HOMICÍDIO DE EVA [pp. 114-30]

1. O Alcorão não descreve o ato de Eva comer a fruta antes de Adão, nem fala de Adão pondo a culpa em nela. Eva — em árabe, Hawwa' — não é citada pelo nome no Alcorão, que se refere a ela como a "esposa" de Adão, e os considera culpados em conjunto pela desobediência que os levou a serem expulsos do Paraíso. Ver Kvam et al., *Eve & Adam*, sobretudo pp. 179-202, 413-9, 464-76; Karel Steenbrink, "Created Anew: Muslim Interpretations of the Myth of Adam and Eve", in Bob Becking e Susan Hennecke (Orgs.), *Out of Paradise: Eve and Adam and their Interpreters* (Sheffield: Sheffield Phoenix Press, 2011); *Concise Encyclopedia of Islam*, verbetes sobre Hawwa' e Adão. Lendas pós-corânicas no Islã refletem muitas tradições rabínicas e cristãs.

Quanto à tradição judaica, mesmo quando alguns judeus se interessaram pela culpabilidade humana na história do Gênesis, tenderam a se concentrar não em Eva, mas em Adão. Assim, por exemplo, lê-se em 4 Esdras 7.118:

Ó, Adão, o que tu fizeste?
Pois embora foste tu que pecaste,
a queda não foi somente tua,
mas também nossa, teus descendentes.

4 Esdras, também chamado 2 Esdras ou Apocalipse de Esdras, foi uma obra composta para ajudar seus leitores a enfrentar o desastre da história judaica depois da destruição do templo, em 70 EC.

2. As citações de Hesíodo se referem a Hesíodo, "Os trabalhos e os dias" e "Theognis". Há uma rica discussão da vida posterior da história em Dora e Erwin Panofsky, *Pandora's Box*: "Curiosamente, os Padres da Igreja são mais importantes para a transmissão — e a transformação — do mito de Pandora que os escritores seculares: numa tentativa de corroborar a doutrina do pecado original por meio de um paralelo clássico, e também de opor a verdade cristã à fábula pagã, eles a compararam a Eva" (11). Ver também, mais recentemente, Stephen Scully, *Hesiod's "Theognis"*.

3. Tertuliano, *De Cultu Feminarum*, trad. de Sydney Thelwall, 1.11.14. A expressão de indignação diante dos adornos femininos é absolutamente típica. Ver, por exemplo, um contemporâneo de Tertuliano, Clemente de Alexandria: "Porque, se a serpente ludibriou Eva, também os ornamentos de ouro enlouqueceram outras mulheres e as levaram a práticas iníquas, usando como engodo a forma da serpente e produzindo enfeites com a forma de lampreias e serpentes" (*Paedagogus*, in Clemente de Alexandria, *Os padres antinicenos*, v. 2, *Padres do século II: Hermas, Taciano, Atenágoras, Teófilo e Clemente de Alexandria*, 2.13).

4. "A Marcella", in Jerônimo, *St. Jerome: Select Letters*, p. 163. Com relação ao casamento como "a árvore proibida", ver p. 165.

5. "A Eustóquio", in Jerônimo, *Select Letters*, p. 93. Talvez para enfatizar a dureza do casamento para as mulheres, Jerônimo fez uma modificação importante em sua tradução do Gênesis 3:16. Onde em hebraico se lê "Teu desejo [heb., *teshukah*] te impelirá ao teu marido e ele te dominará", Jerônimo escreveu: "E estarás sob [o] poder do homem, e ele será teu senhor" (*sub viri potestate eris et ipse dominabitur tui*). Não há nenhuma base linguística para traduzir o texto hebraico como faz Jerônimo, e as modernas versões católicas o corrigem.

6. 1 Timóteo 2:11-14. Trecho citado por Jerônimo em sua obra contra Joviniano. Muito

discutidos atualmente, os versículos eram tomados de forma literal. Jerônimo enfrenta certa dificuldade com o seguinte versículo (15): "Entretanto, ela será salva pela sua maternidade, desde que, com modéstia, permaneça na fé, no amor e na santidade".

7. Guido de Baysio e Raymond de Penaforte são mencionados em Gary Macy, *The Hidden History of Women's Ordination*, p. 123.

8. Sobre Eva e Maria, ver Miri Rubin, sobretudo pp. 202-3, 311-2. Ernst Guldan, *Eva und Maria*, apresenta uma rica coleção de imagens que relacionam Eva e Maria.

9. Ilustração de Dante Alighieri, *Paradiso*, Yates Thompson MS 36, c. 1445. O artista pode ter sido Giovanni di Paolo.

10. Breslau. Stadtbibliothek Cod. M 1006 (3v.); em Guldan, lâmina 156.

11. Caravaggio pintou o quadro para o altar da Arquiconfraria dos Sediários Pontifícios. Não foi ele o criador do tema, que já aparecera numa pintura anterior do lombardo Ambrogio Figino. No entanto, Caravaggio conferiu-lhe uma intensidade e uma estranheza intimidantes, tanto assim que os Sediários, depois de exporem brevemente a obra, venderam-na para o cardeal Scipio Borghese.

12. Tomás de Aquino, *Summa Theologica*, 1.q.92 a.1 ad 1. Ver Harm Goris, "Será a mulher apenas um homem mutilado? Adão e Eva na Teologia de Tomás de Aquino", in *Out of Paradise*.

13. São Pedro Damião, citado em Gary Macy, *The Hidden History of Women's Ordination*, p. 113.

14. Paucapalea, citado em Macy, *The Hidden History of Women's Ordination*, p. 114. Essa era a opinião abalizada desse jurista canônico do século XII, que escreveu uma *Summa* sobre a obra de seu eminente mestre, Graciano. Esse trabalho destinava-se a apoiar o argumento segundo o qual não se deveria permitir às mulheres frequentarem uma igreja durante a menstruação ou depois de darem à luz. Outros eclesiásticos discordaram com vigor.

15. *The Hammer of Witches: A Complete Translation of the Malleus Maleficarum*, trad. de Christopher S. Mackay, p. 164.

16. Com relação às vigorosas refutações desse relato misógino e à defesa de Eva, ver Alcuin Blamires, *The Case for Women in Medieval Culture*, sobretudo pp. 96-125.

17. *Dialogue on the Equal of Unequal Sin of Adam and Eve* (Verona, 1451), in Isotta Nogarola, *Complete Writings: Letterbook, Dialogue on Adam and Eve, Orations*, pp. 151-2.

18. Christine de Pizan, *The Book of the City of Ladies*, I.9.3.

19. Arcangela Tarabotti, *Paternal Tyranny*, p. 51.

8. PERSONIFICAÇÕES [pp. 131-51]

1. Para uma excelente exposição das complexas mudanças entre as várias opções de sepultamento, ver Thomas Laqueur, *The Work of the Dead*.

2. Localizei nada menos que quatro representações de Adão e Eva nesse local. Sou grato à minha guia, a historiadora de arte dra. Angela di Curzio, e à dra. Raffaella Giuliani, Ispettore della Pontificia Commissione de Archeologia, por me permitirem visitar partes das catacumbas que normalmente não estão franqueadas ao público.

3. Elizabeth Struthers Malbon, *The Iconography of the Sarcophagus of Junius Bassus*. Cerca de 34 figuras de Adão e Eva adornam esses sarcófagos paleocristãos.

4. Ver William Tronzo, "The Hildesheim Doors", *Zeitschrift für Kunstgeschichte*, pp. 347-66; Adam S. Cohen e Anne Derbes, "Bernward and Eve at Hildesheim", pp. 19-38.

5. Uma amostragem das imagens pode ser vista em Sigrid Esche, *Adam und Eva: Sündenfall and Erlösung*. Isso é uma generalização muito grosseira, e com certeza serão encontradas muitas exceções ao longo de um período tão longo e iconograficamente complexo. Por exemplo, no famoso Gênesis de Viena, do século VI, veem-se Adão e Eva nus e em pé, embora ramos de árvores cubram discretamente as genitálias, e as figuras sejam em seguida mostradas no momento da expulsão, dobradas pela vergonha. Ver *Imaging the Early Medieval Bible*, com organização de John Williams. Para as maneiras novas e surpreendentes de mostrar nudez, exemplificados aqui pela Eva de Gisleberto, ver Alastair, Minnis, *From Eden to Eternity: Creations of Paradise in the Later Middle Ages*.

6. No que se refere a essa observação, além de muitas outras coisas em minha análise de imagens, sou grato a minhas conversas com Joseph Koerner.

7. Afora a modéstia, a vestimenta fazia sentido, uma vez que, como lemos no Gênesis, os primeiros seres humanos recorreram a folhas de figueira depois da queda, em reação à recém--descoberta experiência de vergonha, e Deus, por seu lado, vestiu-os com peles de animais antes de expulsá-los do Paraíso. Assim, de um ponto de vista estritamente textual, as figuras cobertas por folhas de figueira no afresco estavam, para dizer o mínimo, vestidas sumariamente. Ver James Clifton, "Gender and Shame in Masaccio's *Expulsion from the Garden of Eden*", pp. 637-55.

8. Erwin Panofsky, *The Life and Art of Albrecht Dürer*.

9. William Martin Conaway, *Literary Remains of Albrecht Dürer*, p. 244.

10. Joseph Koerner, *The Moment of Self-Portraiture in German Renaissance Art*, p. 239, n. 43.

11. Embora Dürer a tenha levado mais longe do que qualquer outra pessoa, a ideia estava bastante disseminada; cf. o pregador italiano do século XV Girolamo Savonarola: "Como é costume dizer, na verdade todo pintor pinta a si mesmo" (citado em Koerner, *The Moment of Self-Portraiture*, p. 484, n. 2).

12. Enquanto tentava articular o que ele e qualquer pessoa relativamente dotada de bastante talento deveriam fazer, Dürer invocava uma situação que era estranhamente semelhante à de Adão e Eva no Jardim do Éden: "O mal e o bem estão diante dos homens", ele escreveu, "e por isso convém a um homem racional escolher o bem" (*Literary Remains of Albrecht Dürer*, p. 245).

13. A postura das figuras é conhecida como *contrapposto*, assim descrito por Erwin Panofsky, historiador de arte: "o peso do corpo (que é apresentado frontalmente, com a cabeça virada um pouco, quase de perfil) repousa na 'perna de apoio', enquanto o pé da 'perna livre' só toca o chão com os artelhos, voltados para fora; a pélvis se equilibra com o tórax de maneira tal que o quadril da perna de apoio fica ligeiramente erguido, ao passo que o ombro correspondente abaixa-se um pouco" (*The Life and Art of Albert Dürer*, p. 86).

14. Essa possibilidade foi observada por Koerner (juntamente com muitos outros detalhes importantes): "o quadril e as dobras do flanco esquerdo do próprio Dürer, iluminadas por trás, que tocam na parte inferior de seu braço, assemelham-se a essa área do corpo de Adão" (Koerner, *The Moment of Self-Portraiture*, p. 239).

15. Cf. Koerner, *The Moment of Self-Portraiture*, p. 195. As proporções são apresentadas com

mais detalhes em Albrecht Dürer, *Vier Bücher Von menschlicher Proportion (1528): mit einem Katalog der Holzschnitte*, org. de Berthold Hinz (Berlim: Akademie, 2011). Ver também Christian Schoen, *Albrecht Dürer: Adam und Eva. Die Gem.lde, ihre Geschichte und Rezeption bei Lucas Cranach d... und Hans Baldung Grien*; Anne-Marie Bonnet, "*Akt*" bei Dürer.

9. A CASTIDADE E SEUS DESCONTENTES [pp. 152-74]

1. Menos dotado que Milton, seu irmão mais novo, Christopher, estava "destinado" pelo pai, como se expressou um dos primeiros biógrafos do poeta, para o direito. Em *The Reason of Church Government*, Milton escreveu que "pelas intenções de meus pais e de amigos, não fui orientado, em criança", para o serviço eclesiástico, "e em minhas próprias resoluções, ao chegar a certa maturidade de anos, e percebendo o quanto a tirania havia invadido a igreja, que quem tomasse Ordens deveria assumir-se como escravo [...], julguei melhor preferir um silêncio irrepreensível diante do sagrado ofício de falar, comprado e iniciado com servidão e abjuração" (Milton, "The Reason of Church Government", in *Complete Prose Works of John Milton*, p. 108).

2. Ou foi o que ele declarou num poema em latim escrito para seu amigo Charles Deodati: "Com frequência veem-se aqui grupos de mocinhas passar: estrelas expirando chamas sedutoras. Ah, quantas vezes assombrei-me com os milagres de uma figura ilibada que fosse capaz de reverter a senectude de Júpiter!" ("Elegia Prima ad Carolum Diodatum", in *The Complete Poetry and Essential Prose of John Milton*, p. 174). Todas as citações da poesia de Milton se referem a essa edição. Sobre a vida no campo, ver Barbara Kiefer Lewalski, *The Life of John Milton: A Critical Biography*, pp. 21-2. Ao voltar para o Christ's College, Milton foi designado a outro tutor — uma medida extremamente incomum na época.

3. Citado por Milton em *An Apology for Smectymnuus*, 1642, in *Milton on Himself: Milton's Utterances Upon Himself and His Works*, p. 73.

4. Alguns confrontos com sua língua afiada parecem ter mudado o rumo dos acontecimentos. Milton ficou famoso com seus discursos satíricos (todos em latim, é claro) e até foi escolhido por seus colegas para proferir o discurso de férias anual. A "Senhora do Christ's" aproveitou a ocasião para tecer comentários sobre "a nova cordialidade" (Milton, "The Reason of Church Government", in *Complete Prose Works of John Milton*) por parte de seus colegas — uma surpreendente mudança em relação à "hostilidade e má vontade" que tinha passado a esperar. "Por que pareço a eles um homem tão diminuto?", perguntou, refletindo sobre a alcunha que lhe tinham dado.

"Imagino que seja porque nunca me dispus a virar canecões de cerveja cheios até a borda, como um pugilista, porque o trabalho com o arado nunca calejou minha mão, porque nunca fui um lavrador aos sete anos de idade ou me deitei estendido ao sol do meio-dia; ou talvez porque nunca demonstrei minha virilidade como fazem muitos puteadores" (ibid., p. 284).

Era típico de Milton conservar com todo cuidado este e outros exemplos de seus feitos literários como estudante. Mais de quarenta anos depois, publicava-os, satisfazendo-se, ao que parece, com suas respostas adequadas: "Eu gostaria que eles deixassem de lado o papel de bobos, como eu faço com as mulheres" (ibid., p. 284).

5. "Saiba que eu não posso deixar de amar pessoas como tu", ele escreveu a Diodati. "Pois,

embora não saiba o que Deus determinou para mim, uma coisa com certeza é verdade: ele instilou em mim, mais que em qualquer pessoa, um intenso amor ao belo" (*The Complete Poetry and Essential Prose*, p. 774).

6. "Graças ao trabalho e ao estudo aplicado (que entendo serem o meu quinhão nesta vida)", ele refletia, "combinados com um intenso pendor natural, talvez eu venha a deixar alguma coisa assim escrita para o porvir, uma vez que decerto essas qualidades não a deixarão morrer" (Milton, *The Reason of Church Government*, in *Complete Prose Works of John Milton*, v. 1, p. 11).

7. O poeta não se acha presente em pessoa, como está em "Lycidas", em que expressa o temor de que, tal como o amigo afogado, também ele desapareça antes da flor da idade (*The Complete Poetry and Essential Prose*, pp. 100-10).

8. É o que ocorre, por exemplo, nas peças tardias de Shakespeare, nas quais há um imenso interesse pela preservação da virgindade das jovens heroínas — Imogen, Marina, Perdita e Miranda — e quase nenhuma preocupação com a virgindade dos rapazes que as cortejam (e às vezes casam-se com elas).

9. Milton, *An Apology for Smectymnuus*, 1642, in *Milton on Himself: Milton's Utterances upon Himself and His Works*, p. 81; em Edward Le Comte, *Milton and Sex*, p. 18.

10. Mesmo como um jovem leitor, escreveu Milton, ele fazia questão de distinguir claramente o talento poético nas obras que mais admirava e os valores que elas expressavam. Se houvesse alguma ameaça à castidade, sabia o que responder: "ainda aplaudia a arte deles, mas deplorava a pessoa" (*Milton on Himself: Milton's Utterances upon Himself and His Works*, p. 78). E os poetas que mais admirava, Dante e Petrarca, nunca pecavam por transgressão. O problema, claro, era que as mulheres a quem eles se dirigiam, Beatriz e Laura, já tinham morrido na época em que escreveram seus poemas de amor. Na poesia, tal como na vida real, o desejo em relação aos vivos é uma questão inteiramente diferente.

11. Milton, *Areopagitica*, in *The Complete Poetry and Essential Prose*, p. 950. Galileu estava confinado desde sua condenação, em 1633.

12. Ver Helen Derbyshire, *The Early Lives of Milton* (Londres: Constable & Co., 1932), pp. 56-7, citado em Lewalski, *The Life of John Milton: A Critical Biography*, p. 91.

13. É possível, naturalmente, que os interesses sexuais de Milton estivessem em outra parte. Havia uma inequívoca intensidade erótica em suas expressões de amor por Charles Deodati, o jovem por cuja beleza declarou ser atraído. Em Florença, Milton logo se tornou amigo de um talentoso estudante de ciências de dezenove anos cujo nome — Carlo Dati — lembrava bastante o de seu amigo inglês. E, na Itália, a mesma atmosfera de excitação e disponibilidade decerto se estendia a ligações homossexuais e também heterossexuais. No entanto, a preocupação de Milton em relação "ao pervertido e lascivo ato pecaminoso" como ameaça à vida espiritual e criativa dificilmente cessaria na companhia de homens.

14. Citado em Lewalski, *The Life of John Milton: A Critical Biography*, p. 99. "Ele tanto discutia sobre religião, como, vez por outra, contra tudo que fosse uma crítica feroz ao pontífice romano." Heinsius, que tinha dois filhos ilegítimos com a filha de um pastor luterano, talvez tivesse motivos pessoais para ofender-se com o moralismo de Milton.

15. Milton, *Defensio Secunda*, in *Complete Prose Works of John Milton*, v. 1, p. 609.

16. Nominalmente protestantes, esses dignitários eclesiásticos, ardorosos defensores do rei,

pareciam a Milton quase indistinguíveis, tanto em teologia como na arrogância, dos corruptos prelados católicos romanos que vira na Itália

17. No entender de Milton, o termo, que pretendia ser depreciativo, tinha um fundo de verdade, pois essas pessoas estavam de fato decididas a devolver a Inglaterra à pureza do cristianismo das Escrituras e a uma igreja à altura de sua origem sagrada.

18. O Parlamento se recusava a dar ao rei os recursos que ele exigia para custear uma guerra contra os presbiterianos escoceses, que haviam se rebelado contra os bispos e a liturgia anglicana. O rei Carlos tentou governar sem o beneplácito do Parlamento, mas seu principal conselheiro, o conde de Stratford, foi julgado por traição e executado. Avesso a um acordo, ainda assim o rei levou adiante seus planos, mas os disciplinados escoceses, embora muito inferiores numericamente, derrotaram as tropas inglesas, mal treinadas e carentes de recursos.

19. *Animadversions upon the Remonstrants Defence, Against Smectymnuus*, in Milton, *Complete Prose Works of John Milton*, v. 1, p. 655.

20. John Milton, *An Apology for Smectymnuus*, in *Complete Prose Works of John Milton*, v. 1, p. 900.

21. "De uma certa gentileza da Natureza", como ele escreveu, num exemplo típico de uma prosa sinuosa e sintaticamente complexa, "de uma presunção honesta e de autoestima pelo que eu era ou poderia vir a ser (deixemos que a inveja chame de orgulho), e, por fim, daquela modéstia, não do nome na página de rosto, embora aqui eu possa ser perdoado por fazer uma profissão apropriada; e tudo isso, unindo o suprimento de sua ajuda natural, mantinha-me acima daquelas desprezíveis baixezas de espírito abaixo das quais precipita-se quem for capaz de aceitar prostituições venais e ilícitas" (*Apology for Smectymnuus*, in *Complete Prose Works of John Milton*, v. 1, p. 890).

22. Não se sabe ao certo como veio a ocorrer esse casamento precipitado. A principal fonte de informação é Edward Phillips, sobrinho de Milton e um dos adolescentes que ele estava educando em sua casa. Phillips tinha doze anos na época, e mais de cinquenta anos depois assim recordou o surpreendente casamento: "Foi na época de Pentecostes, ou um pouco mais tarde, que ele fez uma viagem ao interior. Ninguém que lhe fosse próximo decerto sabia o motivo pelo qual se ausentava, ou julgava que fosse algo mais que uma viagem de recreio. Depois de uma ausência de um mês, quem partiu solteiro voltava casado" (Edward Phillips, "The Life of Milton", in *John Milton: Complete Poems and Major Prose*, Merritt Y. Hughes, p. 1031).

Talvez o próprio Milton também estivesse surpreso.

23. *Apology for Smectymnuus*, in *John Milton: Complete Poems and Major Prose*, org. de Merritt Y. Hughes, p. 695. Durante muito tempo ele meditara sobre a cena no Apocalipse em que soava uma voz vinda do céu, "semelhante a um fragor de águas e ao ribombo de um forte trovão" e em que o som glorioso teve como resposta uma voz de harpistas, que tocavam as suas harpas. E "cantavam um cântico novo diante do trono" (14:2-3). Milton, que ansiava cantar esse cântico dos redimidos, leu que só poderiam cantá-lo aqueles "que não se contaminaram com mulheres: são virgens" (14:4). Um homem casado seria excluído desse coro? Não, declarou Milton, essa não era de forma nenhuma a conclusão a que chegaria qualquer cristão que pensasse com correção.

24. O casamento, declarava a cerimônia nupcial anglicana, é "um estado honroso, instituí-

do por Deus na época da inocência do homem" (Brian Cummings, *The Book of Common Prayer*, p. 434).

25. John Aubrey, *Brief Lives*, p. 20.

26. Os Powell, escreveu o sobrinho de Milton, "começaram a se arrepender de terem casado a filha mais velha da família com uma pessoa tão contrária a eles em opinião, e consideravam que o enlace seria uma mancha no brasão da família quando a corte voltasse a florescer" (Edward Phillips, "The Life of Milton", in *John Milton: Complete Poems and Major Prose*, org. de Merritt Y. Hughes, p. 1031).

27. Trata-se da estação chamada Chiswick Park, e não a que fica perto desta e se chama Turnham Green, mais próxima ao local da batalha.

28. Abandonado pela mulher depois de poucas semanas e desdenhado pela família dela, Milton tomou a decisão de juntar os cacos. Aumentando o número de alunos que se dispusera a educar, planejou e pôs em prática um novo plano de estudos, que, segundo ele esperava, serviria como base para a reforma do sistema educacional inglês. Como era próprio de Milton, sua meta não era modesta, e para explicá-la voltou até Adão e Eva. O objetivo supremo da educação, ele escreveu num panfleto em que descrevia o currículo que propunha, "consiste em reparar as ruínas de nossos primeiros pais" (*Of Education*, in *Complete Prose Works of John Milton*, v. 2, p. 366).

29. "Decidi, por fim", ele escreveu, refletindo sobre sua própria atitude impensada, "investir contra este mundo bárbaro e calunioso. Porque Deus, ao que parece, pretendeu me pôr à prova, verificar se me arriscaria a abraçar uma causa meritória contra um mundo de desprezo, e comprovou que eu ousaria fazê-lo" (Milton, *Judgment of Martin Bucer, Concerning Divorce*, in Milton, *The Divorce Tracts of John Milton*, p. 203).

30. A justificativa foi que o casamento anterior de Catarina com seu falecido irmão mais velho, Arthur, tornava tecnicamente inválida a união entre eles, segundo o direito canônico.

31. Uma recusa ou incapacidade de consumar um casamento poderia ser fundamento para anulação, mas, como Milton nunca levantou a questão, isso não parecia estar em dúvida. É possível, com certeza, que um marido que seja incapaz de consumar o casamento ou cuja mulher se recuse categoricamente a se deitar com ele poderia preferir não divulgar esse fato. Entretanto, a descrição que Milton faz, em suas obras sobre o divórcio, do desprazer que é a conjunção sexual num casamento infeliz — "moer numa cópula melancólica e servil" (*Doctrine and Discipline of Divorce*, in *The Divorce Tracts of John Milton*, p. 118) — mais parece indicar o que realmente aconteceu ou como ele se sentiu.

32. Depois de uma ausência de sete anos, o cônjuge abandonado podia solicitar que o cônjuge ausente fosse considerado morto, mas havia riscos: um desses cônjuges voltou e reivindicou seu lugar, embora sua mulher já tivesse se casado de novo.

33. Milton já havia dedicado certa reflexão à questão do divórcio, que estava implícito no interesse geral dos Puritanos pelo casamento com companheirismo. Entretanto, não havia produzido uma argumentação de peso sobre o assunto.

34. A questão é tratada em *Doctrine and Discipline of Divorce*, in *The Divorce Tracts of John Milton*, p. 95. O costume, escreveu Milton, cheio de si, "assume de maneira prejudicial certa aparência de fingido saber. Foram os monges que montaram todo o sistema repressivo", ele escreveu, pois "tendo se comprometido temerariamente com uma vida de celibato, que não conseguiam tolerar", depois "inventaram novos grilhões a serem impostos ao matrimônio, para que, como

o mundo com isso se tornasse mais dissoluto, eles também pudessem, num clima de frouxidão geral, pecar com mais liberdade" (*Judgment of Martin Bucer, Concerning Divorce*, in *The Divorce Tracts of John Milton*, p. 201). Em outras palavras, incapazes de suportar o jugo do celibato, clérigos descontentes sabiam que teriam mais oportunidades de aventuras sexuais se a população em geral, formada majoritariamente por casais, se tornasse mais infeliz.

35. Os fariseus indagaram a Jesus o que ele achava da lei mosaica (em Deuteronômio 24:1 e outras passagens) que permitia o divórcio. Aparentemente, a resposta do Salvador foi inequívoca e intransigente: "E eu vos digo que todo aquele que repudiar a sua mulher — exceto por motivo de 'fornicação' — e desposar outra, comete adultério" (Mateus 19:9).

36. "A doutrina de Nosso Senhor é que a finalidade e o cumprimento de todos os mandamentos é a caridade" (Milton, *Tetrachordon*, in *The Divorce Tracts of John Milton*, p. 291).

37. *Tetrachordon*, p. 254.

38. Milton casou-se — como quase todas as pessoas se casam — com a esperança e a expectativa de encontrar o que chamou de "uma adjutora íntima e falante, uma companhia prestativa e confortante". Era esse, ele pensava, o objetivo do casamento para Adão antes da Queda, e que continua sendo, mais ainda, o objetivo para todos nós, nascidos depois da Queda, num mundo infinitamente mais hostil e doloroso, em que precisamos de toda a ajuda e cordialidade que possamos obter. Casar-se com a pessoa errada é um desastre. O homem "que erra por arriscar-se ao escolher uma companheira muda e de pouco préstimo", escreveu Milton, lembrando-se do que lhe acontecera, "permanece mais solitário do que antes" (*Doctrine and Discipline of Divorce*, in *The Divorce Tracts of John Milton*, pp. 113-4). Cf. *Tetrachordon*, in ibid., pp. 256-7: o casamento, "se trouxer um espírito perpetuamente adverso e desagradável, nos trai e conduz a uma situação pior do que a mais extrema solidão".

39. Duas cartas de Diodati a Milton, em grego, chegaram a nós, e ambas falam de conversação. "Anseio tanto por tua companhia", escreve Diodati numa delas, "que em minha saudade sonho com bom tempo e tranquilidade, quase os profetizando, e com um futuro em que tudo será dourado, para que possamos desfrutar nosso quinhão de palestra filosófica e culta." Na outra, ele diz: "Não tenho o que me queixar de meu atual modo de vida, a não ser essa exceção — a falta que sinto de uma alma nobre e apreciadora de conversação" (*The Complete Poetry and Essential Prose of John Milton*, p. 767).

40. *Doctrine and Discipline of Divorce*, in *The Divorce Tracts of John Milton*, p.118.

41. Ibid., p. 77. Com relação à malquerença que Milton encontrou no casamento, em vez de conversação, ver p. 49; cf. p. 115.

42. Alguns dos ataques mais rudes vieram de setores nos quais Milton poderia esperar encontrar aliados, entre os pregadores presbiterianos e independentes, eles próprios inimigos jurados dos bispos. Um desses pregadores, Herbert Palmer, avisou aos membros do Parlamento que "um livro iníquo e não censurado está circulando, embora mereça ser queimado". Outro atacou Milton por ser o autor de "um tratado sobre divórcio nos quais as promessas nupciais são desfeitas e entregues à luxúria desordenada" (*The Divorce Tracts of John Milton*, pp. 52, 78). Ver Gordon Campbell e Thomas N. Corns, *John Milton: Life, Work, and Thought*, pp. 165-7. A mesma sorte teve sua fantasia (*Doctrine and Discipline of Divorce*, p. 42) de ficar famoso como um dos benfeitores da humanidade.

43. *An Answer to a Book, Intituled, The Doctrine and Discipline of Divorce*, in Milton, *The Divorce Tracts of John Milton*, p. 430.

44. Milton deveria ter dedicado algum tempo, comentavam seus críticos, para conhecer de antemão a mulher com quem resolvera se casar. Se agora estava insatisfeito com os dotes de conversação da esposa, que saísse de casa e achasse uma pessoa mais adequada com quem falar, mesmo que fosse outra mulher, "desde que não se meta com seu corpo" (p. 434). No entanto, ele não podia desfazer o casamento e casar-se com outra, pois as consequências sociais desse comportamento com certeza seriam desastrosas: "Quem não vê quantos milhares de homens lúbricos e libidinosos não deixariam sua mulher a cada semana para se casar com outra? E, depois disso, quem cuidaria dos filhos desses casais divorciados, que às vezes eles deixariam no ventre de sua mulher?" (citado em Gordon Campbell e Thomas N. Corns, *John Milton: Life, Work, and Thought*, p. 166). Pensem nessas mulheres e crianças abandonadas, obrigadas a recorrer às esmolas da paróquia, advertiam os oponentes do divórcio.

45. *Tetrachordon*, in *The Divorce Tracks of John Milton*, p. 255.

46. Todos os termos depreciativos estão no *Colesterion*.

47. "Tudo o que fiz foi induzir as pessoas a abandonar seus grilhões", ele escreveu num soneto não publicado. E, naturalmente, não eram apenas "as pessoas" em geral que se achavam agrilhoadas, como animais impedidos de ir aonde quisessem; era o próprio Milton que não podia recobrar sua liberdade. Eram as corujas, os cucos, os asnos, os macacos e os cães que o mantinham aprisionado.

48. Carta a Leonard Philaris, datada de 28 set. 1654, citada em Lewalski, *The Life of John Milton: A Critical Biography*, p. 181.

49. Ver *The Reason of Church Government*, in *Complete Prose Works of John Milton*, v. 1, p. 784: "Se causando nas pessoas uma débil e fria estupidez de alma, uma letárgica cegueira mental, por meio de sua doutrina sufocante, ou por doutrina alguma [...] com a intenção de impedir o cisma, eles [os censores eclesiásticos] realmente mantêm afastado o cisma [...] Com um argumento semelhante, a paralisia cerebral poderia gabar-se a alguém: 'Sou eu que te livro de espasmos e dores'". "A censura da Igreja", concluiu Milton, deveria "estar totalmente isenta de toda e qualquer jurisdição judiciária."

50. *Areopagitica*, in *The Complete Poetry and Essential Prose of John Milton*, p. 930.

51. Não era somente uma questão de sua postura pública. Milton estava determinado a não sepultar suas esperanças de felicidade pessoal. Fez planos de se mudar para uma casa nova, maior — para onde pudesse levar o pai, agora com oitenta e poucos anos — e atender a um número maior de alunos. De acordo com seu sobrinho, ele começou a passar saraus na companhia de uma mulher casada de "muito espírito e inteligência", Lady Margaret Lee, para quem compôs um soneto elogioso. A questão não era que Milton tivesse um caso adulterino, pois em vista de seu comportamento ilibado isso parece altamente improvável. Em vez disso, parecia ter-se disposto a provar a si mesmo que poderia achar na mulher certa o "prazer de conversação" que seus inimigos diziam que só poderia ser encontrado na companhia de outro homem. Ademais, seu sobrinho escreveu, Milton realmente propôs casamento, nessa época, "a uma mulher de alta posição social, muito bela e espirituosa", que, porém, mostrava-se "adversa" à sua proposta. Não é de admirar que ela assim procedesse: Milton pode ter dito a si mesmo (e a ela) que estava livre

simplesmente para declarar-se divorciado, mas que o resto do mundo teria considerado seu novo casamento um caso de bigamia.

52. A fúria que devia estar se acumulando durante os muitos meses de ataques e contra-ataques transbordou. Soldados realistas que tinham cometido erros grosseiros e levaram a vitórias dos adversários foram massacrados. As esposas e amantes capturadas compraram a liberdade com dinheiro e joias — a pilhagem foi calculada em 100 mil libras em ouro —, porém mais de cem prostitutas e servas pobres do lado do rei foram mortas (cf. C. V. Wedgwood, *The King's War*: 1641-1647, pp. 427-8).

53. O sobrinho de Milton, que tinha apenas quinze anos na época, faz um relato que reconheceu ser só conjectural: "Talvez de início ele demonstrasse certo antagonismo e rejeição. Mas em parte sua própria natureza generosa, mais propensa à reconciliação que à perseverança na hostilidade e na vingança, e em parte a intensa intercessão de amigos, dos dois lados, logo o levaria a um gesto de esquecimento e a um firme acordo de paz para o futuro" (Edward Phillips, citado em Hughes, *John Milton: Complete Poems and Major Prose*, p. 1032).

54. O primeiro biógrafo anônimo de Milton informa que Mary mais tarde culpou sua mãe por incitá-la a seu "pernosticismo" (William Riley Parker, *Milton: A Biography*, v. 2, p. 864).

55. Essa era a frase usada no Book of Common Prayer, de 1559. Na edição de 1662, foi mudada para "até que a morte cause nossa separação". Ver Cummings, *The Book of Common Prayer: The Texts of 1549, 1559, and 1662*.

56. Parker, v. 2, p. 1009. Era habitual lançar a data e a hora precisas de um nascimento — provavelmente um resquício, mesmo para aqueles que não acreditavam na astrologia, das anotações necessárias para que se fizessem as previsões corretas —, mas não seria de esperar que laços humanos comuns levassem um marido enlutado a registrar a data exata da morte de sua mulher? Um dos mais doutos e dedicados biógrafos modernos de Milton quis acreditar que, no momento em que Mary ajoelhou-se diante dele, o poeta se deu conta de que ainda a amava (Parker, *Milton: A Biography*, v. 1, p. 299). Isso me parece muito improvável, porém coisas mais estranhas já aconteceram. É possível que neste caso a vagueza de Milton não fosse sinal de desinteresse. Talvez a precisão não fosse importante nem para a morte, cuja história terrestre tinha chegado ao fim, nem para os vivos, cuja vida agora tinha de seguir adiante. Pouco depois da morte de Mary, seguiu-se a morte do filho deles, John, de quinze meses, e no registro que fez em sua Bíblia Milton foi novamente vago quanto aos pormenores: "E meu filho cerca de seis semanas depois da mãe" (Parker, v. 2, p. 1014).

10. A POLÍTICA DO PARAÍSO [pp. 175-87]

1. "… a servidão tinha sido instituída pela opressão injusta e perversa dos homens, contra a vontade de Deus, que, se a criação de servos Lhe agradasse, com certeza teria indicado, no começo do mundo, quem seria servo e que seria senhor." As palavras atribuídas a Ball foram registradas por seu inimigo aristocrata, Thomas Walsingham. Cf. Albert Friedman, "'When Adam Delved […]': Contexts, of an Historic Proverb", in Benson, *The Learned and the Lewd*, pp. 213-30. Também Steven Justice, *Writing and Rebellion: England in 1381*. Quando passou a circular mais amplamente, o lembrete de Ball sobre a natureza dos primeiros seres humanos nem sempre e

necessariamente foi um chamado à revolta, e podia ser apenas um convite à humildade. Owst cita o dominicano Bromyard: "Todos nós descendemos dos primeiros pais e todos viemos do mesmo barro. Pois se Deus houvesse feito os nobres com ouro e os não nobres com barro, os primeiros teriam motivo de se orgulhar. [...] A verdadeira glória não depende da origem ou do início de que alguma coisa procede, mas sim de sua própria condição". (citado em G. R. Owst, *Literature and Pulpit in Medieval England*, p. 292).

2. Robert Everard, *The Creation and Fall of Adam Reviewed*. Agradeço ao dr. Stephen Hequembourg por isto e pela referência a George Fox.

3. *The Journal of George Fox*.

4. Thomas Traherne, "Innocence", in Thomas Traherne, *Centuries, Poems, and Thanksgiving*, org. de H. M. Margoliouth (Oxford: Clarendon Press, 1958, 2 v.), v.2, p. 18. Cf. *Centuries* 3:1: "Adão no Paraíso não tinha mais temores doces e curiosos em relação ao mundo do que eu quando criança" (1:110).

5. *Of Prelatical Episcopacy*, in *Complete Prose Works of John Milton*, v. 1, p. 625.

6. "A maçã que o primeiro homem come não é um fruto determinado, chamado maçã, ou qualquer fruto semelhante; e sim os objetos da Criação" (Gerrard Winstanley, *New Law of Righteousness*, in *The Works of Gerrard Winstanley*).

7. Winstanley (*Fire in the Bush*, in *Works*, p. 220). Com relação à ampla variedade de visões de Adão nesse período, ver Julia Ipgrave, *Adam in Seventeenth Century Political Writing in England and New England*, e Joanna Picciotto, *Labors of Innocence in Early Modern England*.

8. Winstanley, *New Law of Righteousness*, in *Works*, p. 184. Essa interpretação "comunista" do Éden, que tinha raízes no radicalismo de John Ball, foi vigorosamente contestada na Inglaterra seiscentista por uma interpretação conservadora que via em Adão o primeiro patriarca, o primeiro proprietário de terras e o primeiro governante. Ver Robert Palmer, *"Patriarcha" and Other Political Works*, org. de Peter Laslett (Nova York: Garland, 1984): "Essa senhoria que Adão, pela criação, exercia sobre todo o mundo, e que por direito de herança foi passada aos Patriarcas, era tão grande e ampla quanto o mais absoluto poder de qualquer monarca que já existiu desde a criação" (p. 58).

9. *The Reason of Church Government*, in Milton, *Complete Poems and Major Prose*, org. de Hughes, p. 662.

10. O alvo de maior contestação, Oliver Cromwell, tinha assinado a ordem de execução e atuado como o principal sustentáculo da república que se seguiu, mas sua morte, em 1658, impôs certos limites aos revides que os realistas podiam fazer. Não obstante, eles fizeram o que podiam: exumaram o corpo de Cromwell de seu túmulo na Abadia de Westminster, onde se encontrava havia mais de dois anos, e o arrastaram num trenó, com o rosto voltado para baixo, pelas ruas de Londres, junto com os cadáveres em decomposição de John Bradshaw, que atuara como presidente do tribunal que julgara o rei, e de Henry Ireton, genro de Cromwell e general do exército parlamentar. Por ocasião do aniversário do rei, os três mortos foram levados a um cadafalso e pendurados pelo pescoço. Ao anoitecer, seus corpos foram decapitados e atirados numa cova sem identificação. Suas cabeças foram empaladas em Westminster Hall, onde o rei tinha sido julgado, e ali permaneceram durante anos, como uma medonha advertência.

11. O principal desses amigos de Milton seria o poeta Andrew Marvell, ex-assistente seu, que ocupava então uma cadeira no Parlamento, como representante de Hull. O poeta e drama-

turgo William Davenant também alegava ter ajudado a proteger Milton. Anos antes, quando Davenant, um realista, foi acusado de traição e encarcerado na Torre de Londres, Milton, então no poder, interveio e ajudou a salvar-lhe a vida.

12. Informação de Jonathan Richardson, in Parker, *Milton: A Biography*, v. 1, p. 577.

11. A CONSTRUÇÃO DA REALIDADE [pp. 188-210]

1. Entre as muitas descrições de como evoluiu essa elaboração, ver Neil Forsyth, *The Old Enemy: Satan and the Combat Myth* (Princeton: Princeton University Press, 1987), e, mais recentemente, Dallas G. Denery II, *The Devil Wins*.

2. "Excedente" aqui refere-se a alimento que não pode ser assimilado, mas tem de passar pelo sistema digestório e ser excretado. Afora sua insistência na doçura do perfume do Jardim, Milton não especulou diretamente sobre esse resultado, ao contrário do que fez Lutero: "*non fuit foetor in excrementis*", ele escreveu. Ou seja, no Éden o excremento não cheirava mal (citado em Kurt Flasch, *Eva e Adamo: Metamorfosi di un mito*, p. 111, n. 27). Lutero, que falou de "meu amado Gênesis", escreveu comentários e interpretações do primeiro livro do Pentateuco durante grande parte de sua vida. Ver Theo M. M. A. C. Bell, "Humanity Is a Microcosm: Adam and Eve in Luther's Lectures on Genesis (1535-45)", in *Out of Paradise: Eve and Adam and Their Interpreters*, org. de Bob Becking e Susanne Hennecke (Sheffield, R.U., Sheffield Phoenix Press, 2011).

3. Yevamot, 63ª Ordem da Mishná (compilada nos séculos I e II EC). A Yevamot, tratado de direito familiar, baseia-se num comentário de Deuteronômio 23:5 e 7:9.

4. Gênesis 2:23.

5. Alexander Ross, *An Exposition on the Fourteen First Chapters of Genesis, by Way of Question and Answer*, p. 26.

6. E quando me inclinei p'ra ver, defronte
   Um vulto se inclinou no aquoso feixe
   P'ra me ver; recuei pávida, ele pávido
   Recuou; mas agradada logo ousei,
   Agradado ousou ele correspondendo
   Na afeição e no amor. (*Paraíso perdido*, 4,460-5)

7. Existe ao menos um indício, embora ambíguo, de que Milton tenha superado a amargura e alcançado um vínculo emocional renovado e mais profundo. Talvez os versos mais tocantes que ele escreveu tenham sido os de um soneto sobre um sonho em que julgava ter visto Mary Powell — "sua falecida santa esposada" — voltar da tumba para ele (John Milton, "Soneto XXIII" em Milton, *Complete Poems and Major Prose*, p. 170).

Durante muito tempo se supôs que a "perecida santa e esposa" fosse a segunda mulher do poeta, Katherine, mas em meados do século XX William Riley Parker, o grande biógrafo de Milton, argumentou que a esposa em questão só poderia ter sido Mary. Milton já estava cego ao se casar com Katherine, observou Parker, e por isso não poderia esperar vê-la no céu "mais uma vez". O rosto que um dia contemplara com tanta admiração fora o de Mary. Considero esse argumento bastante frágil para fundamentar a teoria de Parker.

12. HOMENS PRÉ-ADÂMICOS [pp. 211-26]

1. Em seu proêmio a *A Theological System* (Londres, 1655), La Peyrère lança a tese (uma "suspeita natural") segundo a qual o mundo não começou com Adão. Essa suspeita decorre da existência de relatos mais antigos de outros povos. Além disso, ele observou, a ideia ocorreu-lhe já na infância, "quando ouvi ou li a história, narrada no Gênesis, em que Caim mata o irmão quando os dois estavam no campo; ele faz isso às escondidas, como um ladrão, para que ninguém o descobrisse; depois foge por temer ser punido pela morte do irmão. Mais tarde, casa-se com uma mulher distante de seus ancestrais e constrói uma cidade".

2. O grupo incluía intelectuais do porte de Blaise Pascal, Marin Mersenne, Pierre Gassendi, Hugo Grotius e Thomas Hobbes.

3. "Ellos andan todos desnudos como su madre los parió; y también las mujeres." *Diário da primeira viagem de Cristóvão Colombo à América, 1492-1493*, pp. 64-5.

4. Cf. H. W. Janson, *Apes and Ape Lore in the Middle Ages and the Renaissance*. Londres: Warburg Institute, 1952.

5. Cf. Stephen Greenblatt, *Marvelous Possessions*, pp. 78-9.

6. Jean Delumeau, *History of Paradise*, pp. 156-7.

7. "Não os Campos Elíseos, como os pagãos", ele escreveu, "porém o Paraíso terrestre, como um católico, localizava-se ali" (*no los Campos Elíseos, como los gentiles, sino, como católico, el paraiso terrenal*). Las Casas, *Historia de las Indias* II:50, in Santa Arias, "Bartolomé de las Casas's Sacred Place of History", in Arias et al., *Mapping Colonial Spanish America*, p. 127.

8. Las Casas, *A Short Account of the Destruction of the Indies*, p. 9. "Muitas vezes estive com leigos espanhóis que se mostravam tão admirados com a bondade natural daquelas pessoas que frequentemente exclamavam: 'Essa seria a gente mais abençoada do mundo se tivessem a oportunidade de se converter ao cristianismo'" (pp. 10-1).

9. Cf. Woodrow Borah e Sherburne F. Cook, *Essays in Population History*.

10. "Há mais barbárie em comer um homem vivo do que em comê-lo morto", escreve Montaigne em seu ensaio "Sobre os canibais", "em dilacerar por tormentos e suplícios um corpo ainda cheio de sensações, fazê-lo assar pouco a pouco, fazê-lo ser mordido e esmagado pelos cães e pelos porcos (como não apenas lemos, mas vimos de fresca memória, não entre inimigos antigos, mas entre vizinhos e compatriotas, e, o que é pior, a pretexto de piedade e religião) do que em assá-lo e comê-lo depois que está morto" in (Montaigne, "Sobre os canibais", in *Os ensaios, uma seleção*, p. 150, tradução de Rosa Freire d'Aguiar, Companhia das Letras, 2010). As guerras religiosas na França, a cujos horrores Montaigne se refere, desgastou, para ele e muitos de seus contemporâneos, a fé nos princípios da ortodoxia religiosa. É revelador que o fecho de seu ensaio seja uma brincadeira irônica sobre a nudez dos indígenas: "Tudo isso não é tão mau assim: mas ora! eles não usam calças".

11. Matthew Hale, in Almond, *Adam and Eve in Seventeenth-Century Thought*, p. 49. Ver também La Peyrère, *Two Essays Sent in a Letter from Oxford to a Nobleman in London*: "Nas Índias Ocidentais e nas vastas *Regiões* descobertas recentemente no Sul abundam tal variedade de habitantes e de Novos Animais, desconhecidos ou nunca vistos na Ásia, na África ou na *Europa*, que a *Origem* deles não parece tão clara como pretendem certos *Autores* [...] e suas diferenças em relação a todo o restante do *Globo*, em Maneiras, Línguas, Hábitos, Religiões, Dieta, Artes e

Costumes, bem como em seus Quadrúpedes, Aves, Serpentes e Insetos, tornam sua Derivação bastante obscura, e sua Origem incerta, mormente no sentido comum, e segundo as Opiniões correntes sobre fazer toda a Terra provir de um único e pequeno Ponto". Não surpreende que isto tenha sido publicado anonimamente, mesmo em 1695.

12. "A Bíblia informa", ele escreveu, "que os sobreviventes produziram todas as nações da Terra em cinco gerações. Mas poderiam eles ter realmente produzido os habitantes da China, da América, da Terra do Sul e da Groenlândia, entre outros? Poderia isso explicar até mesmo a população da Europa?" (citado em Richard Henry Popkin, *Isaac La Peyrère [1596–1676]: His Life, Work, and Influence*, p. 51).

13. Lucrécio, *Sobre a natureza das coisas*, 5:963-5.

14. Citado em Arthur O. Lovejoy e George Boas, *Primitivism and Related Ideas in Antiquity*, p. 149.

15. O estranho eleata em *Político*, de Platão, citado em *Primitivism and Related Ideas in Antiquity*, pp. 121-2.

16. Heródoto, *The Histories*, trad. de Aubrey de Sélincourt, rev. de John Marincola (Londres: Penguin, 1972), v. 2. p. 142. Com relação a Beroso, ver Beroso, *The Babyloniaca of Berossus* (Malibu: Undena Publications, 1978).

17. Richard Baines, "Baines Note", in BL Harley MS.6848, pp.185-6 (Disponível em: <http://www.rey.myzen.co.uk/baines1.htm>).

18. *Spaccio della Bestia trionfante* (1584), in *Dialoghi italiani: Dialoghi metafisici e dialoghi morali*, 3. ed., org. de Giovanni Aquilecchia, pp. 797-8; Popkin, *Isaac La Peyrère*, p. 35.

19. Grotius, citado em Popkin, *Isaac La Peyrère*, p. 6.

20. O texto em inglês foi publicado junto com *A Theological System*.

21. "Não sei que autor informa que o Pentateuco é o original do próprio Moisés. É o que se diz, mas nem todos creem nisso. Essas Razões me fazem acreditar que os Cinco Livros não são os Originais, e sim cópias feitas por outra pessoa. Isso porque lê-se ali que Moisés tinha morrido. Como poderia Moisés escrever depois de morto? Dizem que Josué adicionou a morte de Moisés ao Deuteronômio. Mas quem adicionou a morte de Josué ao livro que tem o seu nome?" (Popkin, *Isaac La Peyrère*, pp. 204-5). La Peyrère não foi o único a apontar os problemas decorrentes da afirmação de uma transmissão direta de Moisés. O problema de autoria causado pela inclusão da morte de Moisés já fora notada muito antes, e no século XVI Louis Cappel, erudito protestante francês, "havia contado 1800 variantes entre as várias versões das Escrituras hebraicas que tinham chegado à sua época" (ibid., p. 50).

22. "É um grande erro ler as Escrituras muitas vezes, quando isso é feito de forma mais generalista, e não compreendida de maneira particular, como a história de Adão, a quem Moisés mostrou como Pai dos judeus, e a quem hiperbolicamente chamamos de primeiro Pai de todos os homens" (Popkin, *Isaac La Peyrère*, p. 119).

23. La Peyrère esforçou-se para elaborar a complexa questão teológica que esse argumento acarretava: o pecado de Adão, ele escreveu, "foi imputado retroativamente àqueles homens criados antes de Adão" (Popkin, *Isaac La Peyrère*, p. 46). Por quê? Não para serem destruídos, mas para serem salvos. Isto porque só poderiam participar da glória e da salvação de Cristo se houvessem pecado, de maneira semelhante à transgressão de Adão. "Eles tinham perecido, se não tivessem perecido" (ibid., p. 47). La Peyrère argumenta também que ninguém, depois de

Adão e Eva, poderia pecar como eles tinham pecado, uma vez que não era mais possível comer da Árvore do Conhecimento do Bem e do Mal. Todos os pecados subsequentes ocorriam "de modo semelhante à transgressão de Adão" (ibid., p. 37).

24. Quase um século antes, o frade dominicano Jacob Palaeologus, nascido na Grécia, foi decapitado em Roma por afirmar que nem todos os seres humanos descendiam de Adão e Eva e que todas as três grandes religiões monoteístas (o judaísmo, o cristianismo e o islamismo) proporcionavam caminhos legítimos para a salvação.

25. O padre Richard Simon ouviu isso de La Peyrère (Popkin, pp. 14 e 181, n. 61).

26. Na verdade, o problema não reside na existência de um número excessivo de pessoas no período entre Adão e Eva e o presente, e sim em que esse número seja demasiado pequeno. Ver Dominic Klyve, "Darwin, Malthus, Süssmilch e Euler: The Ultimate Origin of the Motivation for the Theory of Natural Selection".

13. A QUEDA DE ADÃO E EVA [pp. 227-42]

1. Orígenes, citado em Almond, *Adam and Eve in Seventeenth-Century Thought*, p. 66.
2. Epifânio, citado em Nicholas Gibbons, *Questions and Disputations Concerning the Holy Scripture*.
3. Pierre Bayle (1647-1706), *Dicionário Histórico e Crítico, de Monsieur Bayle*. Traduzido para o inglês, com muitos acréscimos e correções, do próprio autor, que não aparecem nas edições em francês (4:2487).
4. "Eu não disse a ele que usasse a faca", imagina Bayle que o governante alegasse depois que o crime fosse cometido. "Pelo contrário, ordenei-lhe claramente que *não* a usasse." No entanto, a defesa é inútil: o governante sabia muito bem que um homem posto naquelas circunstâncias faria exatamente o que ele fez e provocaria um sem-fim de sofrimentos. O governante tinha poder para evitar isso, mas, de forma inexplicável, preferiu não fazê-lo.
5. Quanto à suposta justiça dos castigos a que Adão e Eva e sua progênie foram submetidos, escreveu Bayle, com certeza é muito melhor "impedir que um assassino mate um homem a despedaçá-lo na roda depois que lhe permitiram cometer o crime". Se a resposta do cristianismo for que Deus quis mostrar Sua imensa bondade redimindo a humanidade pecadora, nesse caso o dilema, insistia Bayle, é ainda maior. Essa divindade estaria agindo como um pai que permite que o filho sofra uma fratura das duas pernas (embora pudesse facilmente evitar o acidente), a fim de mostrar a toda a cidade sua habilidade para fazer um excelente aparelho de gesso. Que espécie de Deus é esse?
6. "La meilleure réponse qu'on puisse faire naturellement à la question, *Pourquoi Dieu a-t-il permis que l'homme péchat?* est de dire: *J'en sais rien*" (ibid., p. 504). Numa outra nota de rodapé, ele explicou que o advérbio "naturalmente" significava "sem consultar a revelação divina". É impossível, creio, determinar se há alguma ironia aqui.
7. Ezra Taft Benson, *The Teachings of Ezra Taft Benson*, pp. 587-8.
8. Ralph Waldo Emerson, registro em seu diário em 18 out. 1839, em *The Journals and Miscellaneous Notebooks of Ralph Waldo Emerson*, p. 270.
9. Henry D. Thoreau, *Walden* (Boston: Ticknor & Fields, 1864), cap. 9.

14. AS DÚVIDAS DE DARWIN [pp. 243-56]

1. O darwinismo inspirou exposições rigorosamente seculares sobre o surgimento da vida, como *The Origins of Life*, de John Maynard Smith e Eörs Szathmáry. No entanto, essas obras não conseguiram derrubar a fé. Ver, por exemplo, Alvin Plantinga, *Where the Conflict Really Lies*, e Berry et al., *Theology After Darwin*.

2. Merlin Donald, *Origins of the Modern Mind*: "Não mais do que 5 milhões de anos nos separam de um ancestral que tivemos em comum com o chimpanzé. A mais recuada espécie do gênero *Homo* hoje conhecida tem menos de 2 milhões de anos, e os mais antigos restos de homens plenamente modernos têm somente entre 50 mil e 100 mil anos (p. 22).

3. Charles Darwin, *The Descent of Man, and Selection in Relation to Sex* (1871), in *From So Simple a Beginning: The Four Great Books of Charles Darwin*, p. 777. Com relação ao impacto do pensamento de Darwin sobre o relato bíblico da criação, ver John C. Greene, *The Death of Adam: Evolution and Its Impact on Western Thought* (Ames: Iowa State University Press, 1959).

4. Lucrécio, *Sobre a natureza das coisas*, trad. de Martin Ferguson Smith (Indianapolis: Hackett, 2001), v. 5, p. 932.

5. "Para explicar ao leitor a estrutura física do Valley of the Weald", escreveu Charles Lyell, na década de 1830, descrevendo as colinas ondulantes do sudeste da Inglaterra, "vamos imaginar que, saindo da bacia de Londres, ele viaje primeiro para o sul. Deixando para trás os extratos terciários, ele primeiro subirá um aclive suave, constituído pela porção superior, pétrea, de giz, e logo se verá no topo de um declive. [...] O geólogo não pode deixar de reconhecer nessa paisagem a imagem exata de um penhasco marinho, e se der meia-volta e olhar na direção oposta, para Beachy Head, a leste, verá a mesma linha prolongada de altitude. Mesmo aqueles que não estejam habituados a especular sobre as alterações antigas sofridas pelo relevo poderão imaginar que a planície ampla e nivelada assemelha-se a areais planos que foram deixados secos pelo refluxo da maré, e que as diferentes massas salientes de giz sejam promontórios costeiros que separaram as diversas baías umas das outras" (Charles Lyell, *Principles of Geology, Being an Attempt to Explain the Former Changes of the Earth's Surface, by Reference to Causes Now in Operation* [Londres: J. Murray, 1832, 3 v.], v. 3, pp. 289-90).

6. Ver Paolo Rossi, *The Dark Abyss of Time: The History of Earth and the History of Nations from Hooke to Vico* (Chicago: University of Chicago Press, 1984).

7. Citado em Andrew Dickson White, *A History of the Warfare of Science with Theology in Christianity* (Nova York: D. Appleton & Co., 1896), p. 182.

8. Philip H. Gosse, *Omphalos: An Attempt to Untie the Geological Knot*, p. 274.

9. *On the Origin of Species* (1859), in *From So Simple a Beginning: The Four Great Books of Charles Darwin*, p. 647.

EPÍLOGO: NA FLORESTA DO ÉDEN [pp. 257-72]

1. Entre outros argumentos em favor da semelhança dos chimpanzés com o Último Ancestral Comum estão as acentuadas semelhanças morfológicas entre eles e os gorilas, presu-

mivelmente porque nem os chimpanzés nem os gorilas mudaram muito desde a divergência em relação ao homem.

2. Essa afirmação foi contestada por Russell H. Tuttle em *Apes and Human Evolution*, p. 576.

3. Animais de uma xenofobia furiosa, eles se agarram uns aos outros se detectam a presença de chimpanzés de outro grupo nas proximidades. A aflição e a raiva fazem com que seus pelos arrepiem, eles vomitam e têm crises de diarreia. Não vi nada disso pessoalmente, mas essas reações estão bem descritas em muitos textos científicos. Ver, por exemplo, Toshisada Nishida, *Chimpanzees of the Lakeshore*, p. 246.

4. Essas opiniões antigas devem ter se baseado sobretudo em observações de macacos e babuínos, embora os observadores também às vezes vissem grandes primatas. Samuel Purchas (1575-1626), famoso colecionador de narrativas de viagens, publicou o relato feito por Andrew Battell, em 1607, de seu cativeiro na África. Battell descreveu um "monstro" que os nativos chamavam de "pongo": "Esse Pongo tem todas as proporções de um homem, mas, no que se refere à estatura, mais lembra um Gigante que um homem: é muito alto e tem um rosto semelhante ao humano, olhos em órbitas oculares e pelos longos sobre a fronte" ("The Strange Adventures of Andrew Battell of Leigh in Essex, Sent by the Portugals Prisoner to Angola", in Samuel Purchas, *Hakluytus Posthumus, or Purchas His Pilgrimes*, v. 6, p. 398). Ver Dale Peterson e Jane Goodall, *Visions of Caliban: On Chimpanzees and People*. Somente no período moderno os chimpanzés e os gorilas foram identificados como espécies separadas e descritos por cientistas.

5. Tuttle, *Apes and Human Evolution*. Existe aqui muito espaço para argumentos em todos os sentidos: alguns pesquisadores afirmam que os chimpanzés na verdade têm algo como um senso do bem e do mal; para outros, por mais que simulem possuí-lo, os próprios humanos carecem desse senso.

6. Frans de Waal, *Chimpanzee Politics: Power and Sex Among Apes*. Ver Maquiavel, *O príncipe*, cap. 18.

7. Richard Wrangham e Dale Peterson, *Demonic Males: Apes and the Origins of Human Violence*.

8. Louis Ginzberg, *Legends of the Jews*, v. 1, p. 167.

9. Ver H. W. Janson, *Apes and Ape Lore in the Middle Ages and the Renaissance*.

10. É improvável que Huxley tenha pronunciado exatamente essas palavras, e a mulher pode ter desmaiado por causa do calor ou da aglomeração na sala. Ver J. R. Lucas, "Wilberforce and Huxley: A Legendary Encounter", que comenta um possível exagero lendário. Entretanto, mesmo que as palavras não tenham sido precisamente como foram lembradas, a história representou uma reviravolta simbólica.

11. Ian Tattersall, *Masters of the Planet*, p. 85.

12. Friedrich Nietzsche, *The Genealogy of Morals*.

13. Ver Richard Wrangham e David Pilbeam, "African Apes as Time Machines", in *All Apes Great and Small*, v. 1: *African Apes*.

Bibliografia selecionada

Uma lista maior de obras que consultei durante a preparação deste livro pode ser encontrada em meu site, stephengreenblatt.com.

Adam, a Religious Play of the Twelfth Century. Trad. de Edward N. Stone. Seattle: University of Washington Press, 1928.

ADAR, Zvi. *The Book of Genesis: An Introduction to the Biblical World.* Trad. de Philip Cohen. Jerusalém: Magnes Press, 1990.

AGOSTINHO, Santo. "The City of God". In: *St. Augustin: The City of God, and Christian Doctrine.* Org. de Philip Schaff. Grand Rapids: Wm. B. Eerdmans Publishing Co., 1956. v. 2.

_____. *Confessions.* Texto em latim com comentários de James J. O'Donnell. 3 v. Oxford: Clarendon Press, 1992.

_____. *Confessions.* Texto em latim com trad. para o inglês de William Watts (1631). 2 v. Loeb Classical Library. Cambridge: Harvard University Press, 1912.

_____. *Confessions.* Trad. de Gary Willsm. Nova York: Penguin, 2006.

_____. *Confessions.* Trad. de R. S. Pine-Coffin. Baltimore: Penguin, 1961.

_____. *Concerning the City of God Against the Pagans.* Trad. de Henry Bettenson. Nova York: Penguin, 1984.

_____. "De Gratia Christi, Et De Peccato Originali". In: *St. Augustin: Anti-Pelagian Writings.* Org. de Philip Schaff. Grand Rapids: Wm. B. Eerdmans Publishing Co., 1955. v. 5.

_____. *De Haeresibus.* Trad. Liguori G. Mueller. Washington, DC: Catholic University of America Press, 1956.

_____. "Letter Addressed to the Count Valerius, on Augustin's Forwarding to Him What He Calls His First Book 'On Marriage and Concupiscence' in 'Extract from Augustin's Refractions', Book II. Chap. 53, on the Following Treatise, *De Nuptiis Et Concupiscenta*". In *St. Augustin: Anti-Pelagian Writings*. Org. de Philip Schaff. Grand Rapids: Wm. B. Eerdmans Publishing Co., 1955. v. 5.

AGOSTINHO, Santo. *On Christian Doctrine*. Trad. de D. W. Robertson. Nova York, 1958.

_____. *On Genesis: A Refutation of the Manachees, Unfinished Literal Commentary on Genesis, the Literal Meaning of Genesis*. Trad. Edmund Hill. Hyde Park, NY: New City Press, 2012.

_____. "On the Holy Trinity". In: *St. Augustin: On the Holy Trinity, Doctrinal Treatises, Moral Treatises*. Org. de Philip Schaff. Grand Rapids: Wm. B. Eerdmans Publishing Co., 1956. v. 3.

_____. "On Marriage and Concupiscence". In: *St. Augustin: Anti-Pelagian Writings*. Org. de Philip Schaff. Grand Rapids: Wm. B. Eerdmans Publishing Co., 1955. v. 5.

_____. "On Original Sin". In: *St. Caesarius of Arles Sermons, Volume 2 (81-86)*. Trad. de Irmã Mary Magdalene Mueller, O.S.F. Washington, DC: Catholic University of America Press, 1981.

_____. *Saint Augustine Against Julian*. Trad. de Matthew A. Schumacher. Nova York: Fathers of the Church, 1957.

_____. *St. Augustine on the Psalms*. Trad. de Dame Scholastica Hegbin e Dame Felicitas Corrigan. Londres: Longmans, Green & Co, 1960, 1961. v. 1-2.

_____. *St. Augustine Select Letters*. Trad. de James Houston Baxter. Nova York: G. P. Putnam's Sons, 1930.

_____. "A Treatise on the Merits and Forgiveness of Sins, and on the Baptism of Infants". In: *St. Augustin: Anti-Pelagian Writings*. Trad. de Philip Schaff. Grand Rapids: Wm. B. Eerdmans Publishing Co., 1955. v. 5.

ALLEN, Don Cameron. *The Legend of Noah: Renaissance Rationalism in Art, Science, and Letters*. Urbana: University of Illinois Press, 1949.

ALMOND, Philip C. *Adam and Eve in Seventeenth-Century Thought*. Cambridge: University of Cambridge Press, 2008.

ALTER, Robert. *The Art of Biblical Narrative*. Ed. revista e atualizada. Nova York: Basic Books, 2011.

_____. (Trad.). *The Book of Psalms: A Translation with Commentary*. 1. ed. Nova York: W. W. Norton, 2007.

_____. (Trad). *Five Books of Moses*. Nova York: W. W. Norton, 2004.

_____; KERMODE, Frank (Orgs.). *The Literary Guide to the Bible*. Cambridge: Harvard University Press, 1987.

ANDERSON, Gary A. *The Genesis of Perfection: Adam and Eve in Jewish and Christian Imagination*. Louisville, KY: Westminster John Knox Press, 2001.

_____. *Sin: A History*. New Haven: Yale University Press, 2009.

_____; STONE, Michael E. (Orgs.). *A Synopsis of the Books of Adam and Eve*. 2 ed. rev. Atlanta: Scholars Press, 1999.

ANDREWES, Lancelot. "A Lecture on Genesis 2:18". In: *Apospasmata Sacra, or A Collection of Posthumous and Orphan Lectures*. Londres: [s. n.], 1657.

ARENDT, Hannah. *Love and Saint Augustine*. Org. de Judith Chelius Stark e Joanna Vecchiarelli Scott. Chicago: University of Chicago Press, 1996.

ARIAS, Santa. "Bartolomé de Las Casas's Sacred Place of History." In: ARIAS, Santa; MELÉ, Mariselle. *Mapping Colonial Spanish America: Places and Commonplaces of Identity, Culture, and Experience*. Lewisburg, PA: Bucknell University Press, 2002.

AUBREY, John. *Brief Lives.* Londres: Penguin Books, 2000.

AUERBACH, Erich. *Time, History, and Literature: Selected Essays of Erich Auerbach.* Org. de James I. Porter e Jane O. Newman. Princeton: Princeton University Press, 2014.

AUSTIN, William. *Haec homo: Wherein the Excellency of the Creation of Woman is Described, by Way of an Essay.* Londres: Richard Olton for Ralph Mabb..., 1637.

AVRIL, Henry (Org.). *Biblia Pauperum, a Facsimile and Edition.* Ithaca: Cornell University Press, 1987.

BAILEY, Derrick. *The Man-Woman Relation in Christian Thought.* Londres: Longmans, Green & Co., 1959.

BAL, Mieke. "Sexuality, Sin, and Sorrow: The Emergence of Female Character (A Reading of Genesis 1-3)". In: RUBIN, Susan (Org.). *The Female Body in Western Culture: Contemporary Perspectives.* Cambridge: Harvard University Press, 1986.

BARASCH, Moshe. *Gestures of Despair in Medieval and Early Renaissance Art.* Nova York: New York University Press, 1976.

BARR, James. *The Garden of Eden and the Hope of Immortality: The Read-Tuckwell Lectures for 1990.* Londres: SCM Press, 1992.

BARR, Jane. "The Influence of St. Jerome on Medieval Attitudes to Women". In: SOSKICE, Janet Martin. *After Eve: Women in the Theology of the Christian Tradition.* Nova York: Marshall Pickering, 1990, pp. 89-102.

BATTO, Bernard F. *Slaying the Dragon: Mythmaking in the Biblical Tradition.* Louisville, KY: Westminster John Knox Press, 1992.

BAUDET, Henri. *Paradise on Earth: Some Thoughts on European Images of Non-European Man.* Trad. de Elizabeth Wentholt. New Haven: Yale University Press, 1965.

BAYLE, Pierre. *An Historical and Critical Dictionary. By Monsieur Bayle. Translated into English, with Many Additions and Corrections, Made by the Author Himself, That Are Not in the French Editions [...] A-B.* Londres: MDCCX, 1710.

BAYLESS, Martha. *Sin and Filth in Medieval Culture.* Nova York: Routledge, 2011.

BECK, Jonathan. "Genesis, Sexual Antagonism, and the Defective Couple of the Twelfth-Century Jeu d'Adam". *Representations*, n. 29, 1990, pp.124-44.

BEDUHN, Jason. *Augustine's Manichaean Dilemma.* 2 v. 1 ed. Filadélfia: University of Pennsylvania Press, 2013.

BEER, Gillian. *Darwin's Plots: Evolutionary Narrative in Darwin, George Eliot, and Nineteenth-Century Fiction.* 3. ed. Cambridge: Cambridge University Press, 2009.

BELLAH, Robert N. *Religion in Human Evolution: From the Paleolithic to the Axial Age.* Cambridge: Harvard University Press, 2011.

BENSON, Ezra Taft. *The Teachings of Ezra Taft Benson.* Salt Lake City: Bookcraft, 1988.

BERLIN, Adele; BRETTLER, Marc Zvi (Orgs.). *The Jewish Study Bible.* Nova York: Oxford University Press, 2004.

BERRY, R.J.; NORTHCOTT, Michael S. (Orgs.). *Theology After Darwin.* Milton Keynes: Paternoster, 2009.

BERTOLI, Bruno. *Medieval Misogyny and the Invention of Western Romantic Love.* Chicago: University of Chicago Press, 1991.

BETTENSON, Henry Scowcroft; MAUNDER, Chris Maunder (Orgs.). *Documents of the Christian Church*. 4. ed. Oxford: Oxford University Press, 2011.

BEVINGTON, David (Org.). *Medieval Drama*. Boston: Houghton Mifflin, 1975.

BIALE, David. *Not in the Heavens: The Tradition of Jewish Secular Thought*. Princeton: Princeton University Press, 2011.

BIALIK, Hayim Nahman; RAVNITZKY, Yehoshua Hana. *The Book of Legends: Sefer Ha-Aggadah*. Trad. de William G. Braude. Nova York: Schocken, 1992.

BLAMIRES, Alcuin. *The Case for Women in Medieval Culture*. Oxford: Clarendon Press, 1997.

BLOOM, Harold; ROSENBERG, David, *The Book of J*. Trad. de David Rosenberg, Nova York: Grove Weidenfeld, 1990.

BLUM, Pamela Z. "The Cryptic Creation Cycle in Ms. Junius XI". *Gesta* 15, n. 1/2, 1976, pp. 211-26.

BOEHM, Christopher. *Hierarchy in the Forest: The Evolution of Egalitarian Behavior*. Cambridge: Harvard University Press, 1999.

_____. *Moral Origins: The Evolution of Virtue, Altruism, and Shame*. Nova York: Basic Books, 2012.

BOEHME, Jacob. *Mysterium Magnum*. Trad. de J. Sparrow. Londres, 1654.

BONNET, Anne-Marie. "*Akt*" *Bei Dürer*. Colônia: Walther König, 2001.

BOTTERO, Jean. *Everyday Life in Ancient Mesopotamia*. Trad. de Antonio Nevil. Edimburgo: Edinburgh University Press, 2001.

_____. *Mesopotamia: Writing, Reasoning, and the Gods*. Trad. de Marc Van De Mieroop e Zainab Bahrani. Chicago: University of Chicago Press, 1992.

_____. *Religion in Ancient Mesopotamia*. Trad. de Teresa Lavender Fagan. Chicago: University of Chicago Press, 2001.

BRAUDE, William G. (Trad.). *The Book of Legends: Sefer Ha-Aggadah*. Nova York: Schocken, 1992.

BRENNER, Athalya. *The Intercourse of Knowledge: On Gendering Desire and Sexuality in the Hebrew Bible*. Org. de R. Alan Culpepper e Rolf Rendtorff. Leiden: Brill, 1997.

BREYMANN, Arnold. *Adam und Eva in der Kunst des Christlichen Alterthums*. Wolfenbüttel: Otto Wollermann, 1893.

BROCKOPP, Jonathan E. (Org.). *The Cambridge Companion to Muhammad*. Nova York: Cambridge University Press, 2010.

BRODIE, Thomas L. *Genesis as Dialogue: A Literary, Historical & Theological Commentary*. Oxford: Oxford University Press, 2001.

BROWN, Peter. *Augustine of Hippo: A Biography*. Ed. atualizada com epílogo. Berkeley: University of California Press, 2000.

_____. *The Body and Society: Men, Women, and Sexual Renunciation in Early Christianity*. Nova York: Columbia University Press, 2008.

_____. *The Ransom of the Soul: Afterlife and Wealth in Early Western Christianity*. Cambridge: Harvard University Press, 2015.

_____. *Through the Eye of a Needle: Wealth, the Fall of Rome, and the Making of Christianity in the West, 350-550 A.D*. Princeton: Princeton University Press, 2012.

BROWNE, E. J. *Charles Darwin*. Princeton: Princeton University Press, 2002.

BROWNE, Thomas. *Pseudodoxia Epdimica: or Enquires into Many Received Tenants and Commonly Presumed Truths*. Londres: Edward Dod, 1646.

BROWNE, Thomas. *Religio Medici*. Londres: Crooke & Cooke, 1643.

BRUNO, Giordano. *The Expulsion of the Triumphant Beast*. Londres: John Charlewood, 1584.

BRYCE, Trevor. *Atlas of the Ancient Near East: From Prehistoric Times to the Roman Imperial Period*. Nova York: Routledge, 2016.

BURNET, Thomas. *The Sacred Theory of the Earth: Containing an Account of the Original of the Earth, and of All the General Changes Which It Hath Already Undergone, or Is to Undergo* [...] Londres: J. Hooke [...], 1726.

CADDEN, Joan. *Meanings of Sex Difference in the Middle Ages: Medicine, Science, and Culture*. Cambridge: Cambridge University Press, 1993.

CAHILL, Lisa Sowle. *Sex, Gender, and Christian Ethics*. Cambridge: Cambridge University Press, 1996.

CALVINO, João. *Institutes and Commentary on Genesis*. Trad. de Thomas Tymme. Londres: John Harison and George Bishop, 1578.

_____. *Institutes of the Christian Religion*. Trad. de John Allen. Filadélfia: Presbyterian Board of Christian Education, 1936, v. 1, cap. 1.

CAMILLE, Michael. *The Gothic Idol: Ideology and Image-Making in Medieval Art*. Cambridge: Cambridge University Press, 1989.

_____. "Visual Signs of the Sacred Page: Books in the 'Bible moralisée'". *Word and Image* 5, n. 1, 1989, pp. 111-30.

CAMPBELL, Joseph. *The Hero with a Thousand Faces*. Nova York: Meridian, 1956.

_____. *The Way of the Animal Powers. Part 2: Mythologies of the Great Hunt*. Org. de Robert Walter. Nova York: Harper & Row, 1988. v. 1.

CARVER, Marmaduke. *A Discourse on the Terrestrial Paradise, Aiming at a More Probable Discovery of the True Situation of That Happy Place of our First Parents Habitation*. Londres: James Flesher [...], 1666.

CASSUTO, U. *A Commentary on the Book of Genesis. Part 1: From Adam and Noah*. Trad. de Israel Abrahams. Jerusalém: Magnes Press, 1978.

CAXTON, William. *The Golden Legend or Lives of the Saints as Englished by William Caxton*. Londres: J. M. Dent and Co., 1922.

CECIL, Thomas; FLETCHER, Joseph. *The Historie of the Perfect-Cursed-Blessed Man: Setting Forth Mans Excellency by His Generation, Miserie [by his] Degeneration, Felicitie [by his] Regeneration. By I. F. Master of Arts, Preacher of Gods Word, and Rector of Wilbie in Suff*. Londres: Nathanael Fozbrook [...], 1629.

CHADWICK, Henry. *Augustine of Hippo*. Nova York: Oxford University Press, 2009.

CHARLES, R. H. (Org). *The Apocrypha and Pseudepigrapha of the Old Testament in English*. 2 v. Oxford: Clarendon Press, 1913.

CHARLESWORTH, James. H. (Org.). *The Old Testament Pseudepigrapha*. Garden City, NY: Doubleday, 1983, 1985.

CHARLETON, Walter. *The Darkness of Atheism Dispelled by the Light of Nature*. Londres: William Lee [...], 1652.

CHRISTINE DE PIZAN, *The Book of the City of Ladies* [1405]. Trad. de Earl Jeffrey Richards. Nova York: Persea Books, 1982.

CLARKSON, Lawrence. *The Lost Sheep Found: or, The Prodigal Returned to his Fathers House, After Many a Sad and Weary Journey Through Many Religious Countreys*. Londres: [s. n.], 1660.

CLEMENTE DE ALEXANDRIA. "Paedagogus". In: COXE, A. Cleveland (Org.). *Fathers of the Second Century: Hermas, Tatian, Athenagoras, Theophilus, and Clement of Alexandria.*. Grand Rapids: Wm. B. Eerdmans Publishing Co., 1995. v. 2.

COHEN, Adam S.; DERBES, Anne. "Bernward and Eve at Hildesheim". *Gesta* 40, n. 1, 2001, pp. 19-38.

_____. *The Mosaics of San Marco in Venice*. 2 v. Chicago: University of Chicago Press, 1984.

COHEN, Jeremy. *Be Fertile and Increase, Fill the Earth and Master It: The Ancient and Medieval Career of a Biblical Text*. Ithaca: Cornell University Press, 1989.

COLES, William. *Adam in Eden, or, Natures Paradise: The History of Plants, Fruits, Herbs and Flowers* [...]. Londres: Nathaniel Brooke [...], 1657.

COLOMBO, Cristóvão. *The "Diario" of Christopher Columbus' First Voyage to America, 1492-1493*. Trad. de Oliver Dunn e James E. Kelley, Jr. Norman: University of Oklahoma Press, 1989.

CONAWAY, Sir William Martin. *Literary Remains of Albrecht Dürer*. Cambridge: Cambridge University Press, 1899.

Concise Encyclopedia of Islam. Org. de H. A. R. Gibb e J. H. Kramers. Boston: Brill, 2001.

COOGAN, Michael D. (Org.). *The New Oxford Annotated Bible*. 4. ed. Nova York: Oxford University, 2010.

_____; SMITH, Mark S. *Stories from Ancient Canaan*. 2. ed. Louisville, KY: Westminster John Knox Press, 2012.

COOK, Sherburne F.; BORAH, Woodrow Wilson. *Essays in Population History: Mexico and the Caribbean*. Berkeley: University of California Press, 1971.

CORNS, Thomas N.; CAMPBELL, Gordon. *John Milton: Life, Work, and Thought*. Oxford: Oxford University Press, 2008.

_____ et al. (Orgs.). *The Complete Works of Gerrard Winstanley*. 2 v. Oxford: Oxford University Press, 2009.

CROOKE, Helkiah; PARÉ, Ambroise et al. *Mikrokosmographia: A Description of the Body of Man. Together with the Controversies Thereto Belonging* [...]. Londres: Thomas and Richard Cotes [...], 1631.

CRÜSEMANN, Nicola et al. (Orgs.). *Uruk: 5000 Jahre Megacity*. Petersberg: Michael Imhof, 2013.

CUMMINGS, Brian (Org.). *The Book of Common Prayer: The Texts of 1549, 1555, and 1662*. Nova York: Oxford University Press, 2001.

CIRILO DE JERUSALÉM. "The Catechetical Lectures of S. Cyril, Archbishop of Jerusalem". In: *Cyril of Jerusalem, Gregory Nazianzen*. Org. de Edwin Gifford. Grand Rapids: Wm. B. Eerdmans Publishing Co., 1955. v. 7.

DALLEY, Stephanie (Trad.). *Myths from Mesopotamia: Creation, the Flood, Gilgamesh, and Others*. Nova York: Oxford University Press, 1989.

DAMROSCH, David. *The Buried Book: The Loss and Rediscovery of the Great Epic of Gilgamesh*. Nova York: Henry Holt & Co., 2006.

DANIELSON, Dennis. *Milton's Good God: A Study in Literary Theodicy*. Cambridge: Cambridge University Press, 1982.

_____. "Through the Lens of Typology: What Adam Should Have Done". *Milton Quarterly* 23, 1989, pp. 121-7.

DART, John. *The Laughing Savior*: *The Discovery and Significance of the Nag Hammadi Gnostic Library*. Nova York: Harper & Row, 1976.

DARWIN, Charles. *From So Simple a Beginning*: *The Four Great Books of Charles Darwin*. Org. de Edward O. Wilson. Nova York: W. W. Norton, 2006.

DAVIES, W. D. *Paul and Rabbinic Judaism*: *Some Rabbinic Elements in Pauline Theology*. 2. ed. Londres: SPCK, 1955.

DAWKINS, Richard. *The Selfish Gene*. Ed. de 30º aniversário. Oxford: Oxford University Press, 2006.

DE FOIGNY, Gabriel. *A New Discovery of Terra Incognita Australis, or, The Southern World, by James Sadeur, a French-man, Who Being Cast There by a Shipwreck, Lived 35 Years in That Country* [...]. Londres: John Dunton, 1693.

DELUMEAU, Jean. *History of Paradise*: *The Garden of Eden in Myth and Tradition*. Trad. de Matthew O'Connell. Urbana: University of Illinois Press, 2000.

DENERY, Dallas G. *The Devil Wins*: *A History of Lying from the Garden of Eden to the Enlightenment*. Princeton: Princeton University Press, 2015.

DESMOND, Adrian. *Huxley*: *The Devil's Disciple*. Londres: Michael Joseph, 1994.

_____. *Huxley*: *Evolution's High Priest*. Londres: Michael Joseph, 1997.

DONALD, Merlin. *Origins of the Modern Mind*: *Three Stages in the Evolution of Culture and Cognition*. Cambridge: Harvard University Press, 1991.

DORESSE, Jean. *The Discovery of the Nag Hammadi Texts*: *A Firsthand Account of the Expedition That Shook the Foundations of Christianity*. Rochester, VT: Inner Traditions (orig. francês), 1958; (ed. EUA), 1986.

DORIA, Gino. *Storia di una Capitale*. *Napoli dalle Origini al 1860*. 5. ed. rev. Milão; Nápoles: R. Ricciardi, 1968.

DORON, Pinchas. *The Mystery of Creation According to Rashi*: *A New Translation and Interpretation of Rashi on Genesis I-VI*. Nova York: Maznaim, 1982.

DRYDEN, John. *John Dryden (1631-1700)*: *His Politics, His Plays, and His Poets*. Org. de Claude Rawson e Aaron Santesso. Newark: University of Delaware Press, 2003.

DU BARTAS, Guillaume de Saluste. *The Divine Weeks and Works*. Org. de Susan Snyder. 2 v. Oxford: Oxford University Press, 1979.

DUBIN, Nathaniel (Trad.). *The Fabliaux*: *A New Verse Translation*. Nova York: W. W. Norton, 2013.

DUNCAN, Joseph. *Milton's Earthly Paradise*: *A Historical Study of Eden*. Minneapolis: University of Minnesota Press, 1972.

EBREO, Leone. *Dialogues of Love*. Trad. de Cosmos Damian Bacich e Rossella Pescatori. Toronto: University of Toronto Press, 2009.

ECO, Umberto. *The Search for the Perfect Language*. Trad. de James Fentress. Org. de Jacques Le Goff. Oxford: Blackwell, 1995 (orig. 1993).

EDWARDS, Thomas. *Gangraena*. Londres: Impresso para Ralph Smith [...], 1646.

EISENBERG, Evan. *The Ecology of Eden*. Nova York: Knopf, 1998.

ELLINGSON, Terry Jay. *The Myth of the Noble Savage*. Berkeley: University of California Press, 2001.

ELM, Susanna et al. (Orgs.). *Faithful Narratives*: *Historians, Religion, and the Challenge of Objectivity*. Ithaca: Cornell University Press, 2014.

EMERSON, Ralph Waldo. *The Journals and Miscellaneous Notebooks of Ralph Waldo Emerson*. Cambridge: Harvard University Press, 1969. v. 7.

EMPSON, William. *Milton's God*. Norfolk, CT: New Directions, 1961.

EPPACHER, Franz. "La Collegiata Di San Candido: Arte, Simbologia, Fede". Trad. de Carlo Milesi. San Candido: Parocchia San Michele Arcangelo, 2011.

ESCHE, Sigrid. *Adam und Eva: Sündenfall und Erlösung*. Düsseldorf: L. Schwann, 1957.

ESSICK, Robert N. *William Blake and the Language of Adam*. Oxford: Clarendon Press, 1989.

EVELYN, John. *Acetaria*. Londres: Impresso para B. Tooke [...] , 1699.

EVERARD, Robert. *The Creation and Fall of Adam Reviewed*. Londres, 1649.

FALLON, Stephen. "The Metaphysics of Milton's Divorce Tracts". In: TURNER, James Grantham; LOEWENSTEIN, David (Orgs.). *Politics, Poetics, and Hermeneutics in Milton's Prose*. Cambridge: Cambridge University Press, 1990.

FERMOR, Sharon. *Piero Di Cosimo: Fiction, Invention, and Fantasìa*. Londres: Reaktion Books, 1993.

FERRY, David (Trad.). *Gilgamesh: A New Rendering in English Verse*. 1. ed. Nova York: Farrar, Straus & Giroux, 1992.

FILMER, Robert. *Patriarcha and Other Writings*. Org. de Johann P. Sommerville. Cambridge: Cambridge University Press, 1991.

FILO DE ALEXANDRIA. *On the Creation*. Ed. de F. H. Colson. Cambridge: Harvard University Press, 1958. v. 1.

_____. *On the Creation of the Cosmos According to Moses*. Ed. de David T. Runia. Boston: Brill, 2001.

FISH, Stanley. *How Milton Works*. Cambridge: Harvard University Press, 2001.

_____. *Surprised by Sin: The Reader in Paradise Lost*. Londres: Macmillan, 1967.

FLASCH, Kurt. *Eva e Adamo: Metamorfosi di un mito*. Bolonha: Il Mulino, 2007. [Orig. *Eva und Adam: Wandlungen eines Mythos*. Munique: C. H. Beck, 2004.]

FLOOD, John. *Representations of Eve in Antiquity and the English Middle Ages*. Nova York: Routledge, 2011.

FLUCK, Cäcilia; HELMECKE, Gisela; O'CONNELL, Elisabeth R. (Orgs.). *Ein Gott: Abrahams Erbemn am Nil. Juden, Christen und Muslime in.gypten von der Antike Bis Zum Mittelalter*. Petersberg: Michael Imhof, 2015.

FOSTER, Benjamin R. (Org.). *Before the Muses: An Anthology of Akkadian Literature*. 2 v. Bethesda, MD: CDL Press, 1993.

_____. (Orgs). *From Distant Days: Myths, Tales, and Poetry of Ancient Mesopotamia*. Bethesda, MD: CDL Press, 1995.

_____. (Trad.). *Gilgamesh: A New Translation, Analogues, Criticism*. Nova York: W. W. Norton, 2001.

FOX, Everett (Trad.). *The Five Books of Moses: Genesis, Exodus, Leviticus, Numbers, Deuteronomy*. Nova York: Schocken, 1995.

FOX, George. *The Journal of George Fox*. Londres: [s. n.], 1649.

FRANCK, Sebastian. *The Forbidden Fruit: or, a Treatise of the Tree of Knowledge of Good or Evil*. Trad. de John Everard. Londres: [s. n.], 1642.

FRANKFORT, Henri et al. *The Intellectual Adventure of Ancient Man*. Chicago: University of Chicago Press, 1946.

FRANXMAN, Thomas W. *Genesis and the "Jewish Antiquities" of Flavius Josephus*. Biblica Et Orientalia. Roma: Biblical Institute Press, 1979.

FREEDMAN, H. (Trad.). *Midrash Rabbah*. 2 v. Londres: Soncino, 1983.

FRIEDMAN, Albert. "'When Adam Delved...': Contexts, of an Historic Proverb". In: BENSON, Larry D. (Org.). *The Learned and the Lewd*: Studies in Chaucer and Medieval Literature. Cambridge: Harvard University Press, 1974.

FRIEDMAN, Matti. *The Aleppo Codex*: In Pursuit of One of the World's Most Coveted, Sacred, and Mysterious Books. Chapel Hill, NC: Algonquin, 2013.

FRIEDMAN, Richard Elliott. *Who Wrote the Bible?* Nova York: Summit, 1987.

FROBENIUS, Leo; FOX, Douglas C. *African Genesis*: Folk Tales and Myths of Africa. Mineola, NY: Dover, 1999.

FURSTENBERG, Yair. "The Rabbinic Ban on *Ma'aseh Bereshit*: Sources, Contexts and Concerns". In: JENOTT, Lance; GRIBETZ, Saris Kattan (Orgs.). *Jewish and Christian Cosmogony* Tübigen: Mohr Siebeck, 2013.

GELL, Alfred. *Art and Agency*: An Anthropological Theory. Oxford: Clarendon Press, 1998.

GELLER, Markham J.; SCHIPPER, Mineke Schipper (Orgs.). *Imagining Creation*. Boston: Brill, 2008.

GEORGE, Andrew (Org. e trad.). *The Babylonian Gilgamesh Epic*: Introduction, Critical Edition, and Cuneiform Texts. Oxford: Oxford University Press, 2003.

_____. (Trad.). *Gilgamesh*: The Babylonian Epic Poem and Other Texts in Akkadian and Sumerian. Londres: Allen Lane, 1999.

GHIGLIERI, Michael Patrick. *The Chimpanzees of Kibale Forest*: A Field Study of Ecology and Social Structure. Nova York: Columbia University Press, 1984.

GIBBONS, Nicholas. *Questions and Disputations Concerning the Holy Scripture*. Londres: Felix Kyngston, 1602.

GIBSON, J. C. L. *Canaanite Myths and Legends*. Nova York: T&T Clark International, 1977.

GINZBERG, Louis. *Legends of the Jews*. Trad. de William G. Braude. 2 v. Filadélfia: Jewish Publication Society, 2003.

GIULIANI, Raffaella. "The Catacombs of SS. Marcellino and Pietro". Trad. de Raffaella Bucolo. Ed. por Pontifica Commissione di Archaeologia Sacra. Cidade do Vaticano: [s. n.], 2015.

GIVENS, Terryl L. *When Souls Had Wings*: Pre-Mortal Existence in Western Thought. Nova York: Oxford University Press, 2010.

GLANVILL, Joseph. *The Vanity of Dogmatizing*: The Three Versions. Org. de Stephen Medcal. Brighton: Harvester Press, 1970.

_____; MORE, Henry. *Saducismus Triumphatus*: or, Full and Plain Evidence Concerning Witches and Apparitions [...]. Trad. de Anthony Hornec. Londres: J. Collins [...]; S. Lowndes [...], 1681.

GLIOZZI, Giuliano. *Adamo e il nuovo mondo*: La nascita dell'antropologia come ideologia coloniale, dalle genealogie bibliche alle teorie razziali (1500-1700). Trad. de Arlette Esteve e Pascal Gabellone. Veneza: La Nuova Italia, 1977.

GMIRKIN, Russell. *Berossus and Genesis, Manetho and Exodus*: Hellenistic Histories and the Date of the Pentateuch. Nova York: T&T Clark International, 2006.

GODDEN, Malcolm; LAPIDGE, Michael (Orgs.). *The Cambridge Companion to Old English Literature*. Cambridge: Cambridge University Press, 2013.

GOLLANCZ, Israel (Org.). *The Caedmon Manuscript of Anglo-Saxon Biblical Poetry*: Junius Xi in the Bodleian Library. Oxford: British Academy, 1927.

GOODMAN, Godfrey. *The Fall of Man: or, the Corruption of Nature* [...]. Londres: Felix Kyngston [...], 1616.

GORDON, Cyrus H. *Ugaritic Literature: A Comprehensive Translation of the Poetic and Prose Texts.* Roma: Pontificium Institutum Biblicum, 1949.

_____; RENDSBURG, Gary. *The Bible and the Ancient Near East.* 4. ed. Nova York: W. W. Norton, 1997.

GORIS, Harm. "Is Woman Just a Mutilated Male? Adam and Eve in the Theology of Thomas Aquinas". In: HENNECKE, Susan; BECKING, Bob (Orgs.). *Out of Paradise: Eve and Adam and Their Interpreters.* Sheffield: Sheffield Phoenix Press, 2011.

GOSSE, Philip Henry. *Omphalos: An Attempt to Untie the Geological Knot.* Londres: John Van Voorst, 1857 (reimpr. 1998).

GOTT, Samuel. *The Divine History of the Genesis of the World Explicated & Illustrated.* Londres: E.C. & A.C., 1670.

GOULD, Stephen J.; LEWONTIN, Richard C. "The Spandrels of San Marco and the Panglossian Paradigm: A Critique of the Adaptationist Programme". *Proceedings of the Royal Society of Londres* 205, 1979, pp. 581-98.

GRABAR, André. *Christian Iconography, a Study of Its Origins* (The A. W. Mellon Lectures in the Fine Arts, 1961). Princeton: Princeton University Press, 1968.

GRAVES, Robert. *Wife to Mr. Milton: The Story of Marie Powell.* Nova York: Creative Age, 1944.

_____; PATAI, Raphael. *Hebrew Myths: The Book of Genesis.* Nova York: Greenwich House, 1963.

GREEN, Anthony; BLACK, Jeremy. *Gods, Demons, and Symbols of Ancient Mesopotamia.* Londres: British Museum Press, 1992.

GREENBLATT, Stephen. *Marvelous Posessions: The Wonder of the New World.* Chicago: University of Chicago Press, 1991.

_____. *The Swerve: How the World Became Modern.* Nova York: W. W. Norton, 2011. [Ed. bras.: *A virada: O nascimento do mundo moderno.* Trad. de Caetano W. Galindo. São Paulo: Companhia das Letras, 2012.]

GREENE, John C. *The Death of Adam: Evolution and Its Impact on Western Thought.* Ames: Iowa State University Press, 1959.

GRIBETZ, Sarit Kattan et al. (Orgs.). *Jewish and Christian Cosmogony in Late Antiquity.* Tübingen: Mohr Siebeck, 2013.

GRINNELL, George Bird. *Blackfoot Lodge Tales: The Story of a Prairie People.* Williamstown, MA: Corner House, 1972 (orig. 1892).

GROTIUS, Hugo. *Adamus Exul.* Haia: [s. n.], 1601.

GUILLORY, John. "From the Superfluous to the Supernumerary: Reading Gender into Paradise Lost". In: HARVEY, E. D.; MAUS, Katharine E. (Orgs.). *Soliciting Interpretation: Literary Theory and Seventeenth-Century English Poetry.* Chicago: University of Chicago Press, 1990.

GULDAN, Ernst. *Eva und Maria: Eine Antithese als Bildmotiv.* Graz-Cologne: Hermann Böhlaus Nachf., 1966.

GUNKEL, Hermann. *Genesis.* Trad. de Mark E. Biddle. Macon, GA: Mercer University Press, 1997.

HAILPERIN, Herman. *Rashi and the Christian Scholars.* Pittsburgh: University of Pittsburgh Press, 1963.

HAKEWILL, George. *An Apologie or Declaration of the Power and Providence of God in the Government of the World*. Londres: [s. n.], 1635.

HALBERTAL, Moshe. *Maimonides: Life and Thought*. Org. de Joel A. Linsider. Princeton: Princeton University Press, 2014.

_____. *People of the Book: Canon, Meaning, and Authority*. Cambridge: Harvard University Press, 1997.

HALE, Sir Matthew. *The Primitive Origination of Mankind, Considered and Examined According to the Light of Nature*. Londres: William Godbid, 1677.

HALKETT, John G. *Milton and the Idea of Matrimony: A Study of the Divorce Tracts and Paradise Lost*. New Haven: Yale University Press, 1970.

HALLER, John S. "The Species Problem: Nineteenth-Century Concepts of Racial Inferiority in the Origin of Man Controversy". *American Anthropologist* 72. n. 6, 1970, pp. 1319-29.

HAMMOND, Gerald; BUSCH, Austin (Orgs.). *The English Bible: The New Testament and the Apocrypha*. Nova York: W. W. Norton, 2012.

HARARI, Yuval N. *Sapiens: A Brief History of Humankind*. Ed. de John Purcell, Haim Watzman e Neil Gower. 1. ed. EUA. Nova York: Harper, 2015. [Ed. bras.: *Sapiens: Uma breve história da humanidade*. Trad. de Janaína Marcoantonio. Porto Alegre: L&PM, 2015.]

HARDISON, O. B. *Christian Rite and Christian Drama in the Middle Ages*. Baltimore: Johns Hopkins University Press, 1965.

HARNACK, Adolf von. *Marcion: The Gospel of the Alien God*. Trad. de John E. Steely e Lyle D. Bierma. Eugene, OR: Wipf & Stock, 1990 (orig. 1920).

HARPER, Kyle. *From Shame to Sin: The Christian Transformation of Sexual Morality in Late Antiquity*. Cambridge: Harvard University Press, 2013.

HARPER, William Rainey. *The Biblical World*. Chicago: University of Chicago Press, 1899.

HARRIS, Olvier J. T.; ROBB, John (Orgs.). *The Body in History: Europe from the Palaeolithic to the Future*. Cambridge: Cambridge University Press, 2013.

HARRISON, Robert Pogue. *Juvenescence: A Cultural History of Our Age*. Chicago: University of Chicago Press, 2014.

HEGER, Paul. *Women in the Bible, Qumran, and Early Rabbinic Literature: Their Status and Roles*. Boston: Brill, 2014.

HEIDEL, Alexander. *The Babylonian Genesis: The Story of the Creation*. 2. ed. Chicago: University of Chicago Press, 1951.

_____. *The Gilgamesh Epic and Old Testament Parallels*. Chicago: University of Chicago Press, 1946.

HENDEL, Ronald S. (Org.). *Reading Genesis: Ten Methods*. Cambridge: Cambridge University Press, 2010.

HESÍODO. "*Works and Days*" *and* "*Theognis*". Trad. de Dorothea Wender. Middlesex: Penguin, 1973.

HEYD, David. "Divine Creation and Human Procreation: Reflections on Genesis in the Light of *Genesis*". In: FOTION, Nick; HELLER, Jan C. (Orgs.). *Contingent Future Persons: On the Ethics of Deciding Who Will Live, or Not, in the Future*. Dordrecht: Kluwer, 1997, pp. 57-70.

HILTNER, Ken (Org.). *Renaissance Ecology: Imagining Eden in Milton's England*. Pittsburgh: Duquesne University Press, 2008.

HOBBES, Thomas. *Leviathan*. Ed. de Richard Tuck. Cambridge: Cambridge University Press, 1996, cap. 4, pp. 24-5.

HOLLINGWORTH, Miles. *Saint Augustine of Hippo: An Intellectual Biography*. Nova York: Oxford University Press, 2013.

HOLLOWAY, Julia Bolton; WRIGHT, Constance S.; BECHTOLD, Joan (Orgs.). *Equally in God's Image*. Nova York: Peter Lang Publishing, 1990.

HOOKE, Robert. *Micrographia: or, Some physiological descriptions of minute bodies made by magnifying glasses* [...]. Londres: Jo. Martyn e Ja. Allestry, 1665.

HRDY, Sarah Blaffer. *Mothers and Others: The Evolutionary Origins of Mutual Understanding*. Cambridge, MA: Belknap, 2009.

HUET, Pierre Daniel. *A Treatise of the Situation of the Terrestrial Paradise*. Trad. de Thomas Gale. Londres: James Knapton, 1694.

HUTCHINSON, Lucy. *Order and Disorder: or, The World Made and Undone* [...]. Londres: Margaret White para Henry Mortlock, 1679.

HUXLEY, T. H. *Evidence as to Man's Place in Nature*. Londres: Williams & Norgate, 1863.

_____. *Science and the Hebrew Tradition*. Londres: Macmillan, 1993.

In the Land of the Christians: Arabic Travel Writing in the Seventeenth Century. Org. e trad. de Nabil Matar. Nova York: Routledge, 2003.

INOCÊNCIO III. *On the Misery of the Human Condition: De miseria humanae conditionis*. Ed. de Donald R. Howard. Trad. de Margaret M. Dietz. Indianapolis, IN: Bobbs-Merrill, 1969.

ISBELL, Lynne A. *The Fruit, the Tree, and the Serpent: Why We See So Well*. Cambridge: Harvard University Press, 2009.

JACOBSEN, Thorkild (Org.). *The Harps That Once...: Sumerian Poetry in Translation*. New Haven: Yale University Press, 1987.

_____ *The Treasures of Darkness: A History of Mesopotamian Religion*. New Haven: Yale University Press, 1976.

JANSON, H. W. *Apes and Ape Lore in the Middle Ages and the Renaissance*. Londres: Warburg Institute, 1952.

JERÔNIMO, São. *Saint Jerome's Hebrew Questions on Genesis*. Trad. de C. T. R. Hayward. Oxford: Clarendon Press, 1995.

_____. *Select Letters*. Trad. de F. A. Wright. Cambridge: Harvard University Press, 1933.

JONAS, Hans. *The Gnostic Religion*. Boston: Beacon Press, 1972.

JOSPE, Raphael. "Biblical Exegesis as a Philosophic Literary Genre: Abraham Ibn Exa and Moses Mendelssohn". In: JOSPE, Raphael; FACKENHEIM, Emil L. (Orgs.). *Jewish Philosophy and the Academy*. Madison, NJ: Fairleigh Dickinson University Press, 1986.

JUDOVITS, Mordechai. *Sages of the Talmud: The Lives, Sayings, and Stories of 400 Rabbinic Masters*. Jerusalém: Urim, 2009.

JUSTICE, Steven. *Writing and Rebellion: England in 1381*. Berkeley: University of California Press, 1994.

JÜTTE, Daniel. *The Strait Gate: Thresholds and Power in Western History*. New Haven: Yale University Press, 2015.

KAHN, Paul W. *Out of Eden: Adam and Eve and the Problem of Evil*. Princeton: Princeton University Press, 2007.

KAHN, Victoria. "Embodiment". In: *Wayward Contracts: The Crisis of Political Obligation in England, 1640-1674*. Princeton: Princeton University Press, 2004, pp. 196-222.

KANT, Immanuel. *Religion Within the Boundaries of Mere Reason*. Trad. de Allen Wood. Cambridge: Cambridge University Press, 1998.

KAPELRUD, Arvid Schou. "The Mythological Features in Gen 1 and the Author's Inentions". *Vetus Testamentum* 24, 1974, pp. 178-86.

KASS, Leon R. *The Beginning of Wisdom: Reading Genesis*. Nova York: Free Press, 2003.

KAUFFMAN, Stuart A. *Reinventing the Sacred: A New View of Science, Reason, and Religion*. Nova York: Basic, 2008.

KAUFFMANN, C. M. *Biblical Imagery in Medieval England, 700-1550*. Londres: Harvey Miller, 2003.

KEE, Howard Clark, et al. *The Cambridge Companion to the Bible*. Cambridge: Cambridge University Press, 1997.

KELLY, Henry Ansgar. "Hic Homo Formatur: The Genesis Frontispieces of the Carolingian Bibles". *Art Bulletin* 53, n. 2, 1971, pp. 143-60.

_____. "The Metamorphoses of the Eden Serpent during the Middle Ages and Renaissance". *Viator* 2, n. 1, 1971, pp. 301-27.

_____. "Reading Ancient and Medieval Art". *Word and Image* 5, n. 1, 1989, p. 1.

KENT, Bonnie. "Augustine's Ethics". In: *The Cambridge Companion to Augustine*. Org. de Norman Kretzmann e Eleonore Stump. Cambridge: Cambridge University Press, 2001.

KERENYI, C. *Prometheus: Archetypal Image of Human Existence*. Trad. de Ralph Manheim. Nova York: Pantheon, 1963.

KIERKEGAARD, Søren. *Eighteen Upbuilding Discourses*. Org. de Howard V. Hong e Edna H. Hong. Princeton: Princeton University Press, 1990.

KING, Karen L. *The Secret Revelation of John*. Cambridge: Harvard University Press, 2006.

KIRCHNER, Josef. *Die Darstellung des Ersten Menschenpaares in der Bildenden Kunst von der Ältesten Zeit bis auf Unsere Tage*. Stuttgart: F. Enke, 1903.

KIRKCONNELL, Watson. *The Celestial Cycle: The Theme of Paradise Lost in World Literature, with Translations of the Major Analogues*. Toronto: University of Toronto Press, 1952.

KITCHER, Philip. *Living with Darwin: Evolution, Design, and the Future of Faith*. Oxford: Oxford University Press, 2006.

KLYVE, Dominic. "Darwin, Malthus, Süssmilch, and Euler: The Ultimate Origin of the Motivation for the Theory of Natural Selection". *Journal of the History of Biology* 47, 2014, pp. 189-212.

KOERNER, Joseph Leo. *Bosch & Bruegel: From Enemy Painting to Everyday Life*. Princeton: Princeton University Press, 2016.

_____. *The Moment of Self-Portraiture in German Renaissance Art*. Chicago: University of Chicago Press, 1997.

KONOWITZ, Ellen. "The Program of the Carrand Diptych", *Art Bulletin* 66, n. 3, 1984, pp. 484-8.

KRAMER, Samuel Noah. *The Sumerians: Their History, Culture, and Character*. Chicago: University of Chicago Press, 1963.

KREITZER, Larry. *Prometheus and Adam: Enduring Symbols of the Human Situation*. Nova York: Lanham, 1994.

KRISTEVA, Julia. *This Incredible Need to Believe*. Nova York: Columbia University Press, 2009.

KUGEL, James L. *Traditions of the Bible: A Guide to the Bible as It Was at the Start of the Common Era*. 2. ed. Cambridge: Harvard University Press, 1998.

KUPER, Adam. *The Reinvention of Primitive Society: Transformations of a Myth*. Nova York: Routledge, 1988.

KVAM, Kristen E.; SCHEARING, Linda S.; ZIEGLER, Valerie H. (Orgs.). *Eve & Adam: Jewish, Christian, and Muslim Readings on Genesis and Gender*. Bloomington: Indiana University Press, 1999.

LA PEYRÈRE, Isaac. *Du Rappel Des Juifs, 1643*. Trad. de Mathilde Anqueth-Aulette. Ed. de Fausto Parente. Paris: Honoré Champion, 2012.

_____. *Men Before Adam, or, A Discourse upon the Twelfth, Thirteenth, and Fourteenth Verses of the Fifth Chapter of the Epistle of the Apostle Paul to the Romans, by Which Are Prov'd that the First Men Were Created Before Adam*. Londres: [s. n.], 1656.

_____. *A Theological System*. Londres: [s. n.], 1655.

_____. *Two Essays Sent in a Letter from Oxford to a Nobleman in Londres: The First Concerning Some Errors About the Creation, General Flood, and the Peopling of The World: In Two Parts: The Second Concerning the Rise, Progress, and Destruction of Fables and Romances, with the State of Learning*. Londres: R. Baldwin, 1695.

LAMBERT, W. G. *Ancient Mesopotamian Religion and Mythology: Selected Essays*. Org. de A. R. George e Takayoshi Oshima. Tübingen: Mohr Siebeck, 2016.

LANE FOX, Robin. *Augustine: Conversions to Confessions*. Nova York: Basic Books, 2015.

LANYER, Aemelia. *Salve Deus Rex Judaeorum*. Londres: Valentine Simmes para Richard Bonian, 1611.

LAQUEUR, Thomas. *The Work of the Dead: A Cultural History of Mortal Remains*. Princeton: Princeton University Press, 2015.

LAS CASAS, Bartolomé de. *A Short Account of the Destruction of the Indies*. Trad. de Nigel Griffen. Londres: Penguin, 1992.

LE COMTE, Edward. *Milton and Sex*. Nova York: Columbia University Press, 1978.

LEIBNIZ, G. W. *Theodicy: Essays on the Goodness of Go, the Freedom of Man, and the Origin of Evil*. Trad. de E. M. Huggard. Londres: Routledge & Kegan Paul, 1951.

LEONARD, John. *Naming in Paradise: Milton and the Language of Adam and Eve*. Oxford: Clarendon Press, 1990.

LERNER, Anne Lapidus. *Eternally Eve: Images of Eve in the Hebrew Bible, Midrash, and Modern Jewish Poetry*. Waltham, MA: Brandeis University Press, 2007.

LEVAO, Ronald. "'Among Equals What Society': *Paradise Lost* and the Forms of Intimacy". *Modern Language Quarterly* 61, n. 1, 2000, pp. 77-107.

LEVISON, John R. *Portraits of Adam in Early Judaism: From Sirach to 2 Baruch*. Sheffield: JSOT, 1988.

_____. *Texts in Transition: The Greek Life of Adam and Eve*. Atlanta: Society of Biblical Literature, 2000.

LEWALSKI, Barbara Kiefer. *The Life of John Milton: A Critical Biography*. Oxford: Blackwell, 2000.

LEWIS, Michael. *Shame: The Exposed Self*. Nova York: Free Press, 1992.

LEWIS, R. W. B. *The American Adam: Innocence, Tragedy, and Tradition in the Nineteenth Century*. Chicago: University of Chicago Press, 1955.

LIERE, Frans van. *An Introduction to the Medieval Bible*. Cambridge: Cambridge University Press, 2014.

LIN, Yii-Jan. *The Erotic Life of Manuscripts: New Testament Textual Criticism and the Biological Sciences*. Oxford: Oxford University Press, 2016.

LOMBARD, Peter. *The Sentences*. Org. de Giulio Silano. Toronto: Pontifical Institute of Mediaeval Studies, 2007.

LOREDANO, Giovanni Francesco. *The Life of Adam*. Trad. de J. S. Londres: impresso para Humphrey Moseley [...], 1659.

_____. *The Life of Adam (1640)*. Ed. de Roy C. Flannagan e John Arthos. Gainesville, FL: Scholars' Facsimiles & Reprints, 1967.

LOVEJOY, Arthur O.; BOAS, George. *Primitivism and Related Ideas in Antiquity*. Baltimore: Johns Hopkins University Press, 1935.

LOWDEN, John. "Concerning the Cotton Genesis and Other Illustrated Manuscripts of Genesis", *Gesta* 31, n. 1, 1992, pp. 40-53.

LOWIE, Robert Harry. *Primitive Society*. Nova York: Boni & Liveright, 1920.

LUCAS, J. R. "Wilberforce and Huxley: A Legendary Encounter". *Historical Journal* 22, n. 2, 1979, pp. 313-30.

LUCRÉCIO. *On the Nature of Things*. Trad. de Martin Ferguson. Indianapolis: Hackett, 2001.

LUTERO, Martinho. *Commentary on Genesis*. Trad. de J. Theodore Mueller. 2 v. Grand Rapids: Zondervan, 1958.

MACKAY, Christopher S. (Trad.). *The Hammer of Witches: A Complete Translation of the Malleus Maleficarum*. Cambridge: Cambridge University Press, 2009. [Ed. bras., *O martelo das feiticeiras*. Rio de Janeiro: Rosa dos Tempos, 2004.]

MACLEAN, Ian. *The Renaissance Notion of Woman: A Study in the Fortunes of Scholasticism and Medical Science in European Intellectual Life*. Cambridge: Cambridge University Press, 1980.

MACY, Gary. *The Hidden History of Women's Ordination: Female Clergy in the Medieval West*. Oxford: Oxford University Press, 2007.

MAIMÔNIDES, Moisés. *The Guide of the Perplexed*. Ed. de M. Friedländer. Londres: Trübner, 1885.

_____. *The Guide of the Perplexed*. Ed. de Shlomo Pines e Leo Strauss. Chicago: University of Chicago Press, 1963.

MALAN, Solomon Caesar (Org.). *The Book of Adam and Eve: Also Called the Conflict of Adam and Eve with Satan, a Book of the Early Eastern Church*. Londres: Williams & Norgate, 1882.

MALBON, Elizabeth Struthers. *The Iconography of the Sarcophagus of Junius Bassus*. Princeton: Princeton University Press, 1990.

MÂLE, Emile. *The Gothic Image: Religious Art in France of the Thirteenth Century*. Nova York: Harper, 1958.

MALEBRANCHE, Nicolas. *Father Malebranche His Treatise Concerning the Search After Truth [...]*. Trad. de Thomas Taylor. Londres: Impresso por W. Bowyer para Thomas Bennet [...], 1700.

MARGALIT, Baruch. *The Ugaritic Poem of AQHT: Text, Translation, Commentary*. Berlim: De Gruyter, 1989.

MARKS, Herbert (Org.). *The English Bible: The Old Testament*. Nova York: W. W. Norton, 2012.

MARROW, James H. "Symbol and Meaning in Northern European Art of the Late Middle Ages and Early Renaissance", *Simiolus* 16, n. 2/3, 1986, pp. 150-69.

MARSDEN, Richard, et al. (Orgs.). *The New Cambridge History of the Bible*. Cambridge: Cambridge University Press, 2012.

MARTZ, Louis. *The Paradise Within: Studies in Vaughan, Traherne, and Milton*. New Haven: Yale University Press, 1964.

MATT, Daniel C. (Trad.). *The Zohar, Pritzker Edition*. Stanford, CA: Stanford University Press, 2004. v. 1.

MCAULIFFE, Jane Dammen (Org.). *The Cambridge Companion to the Qur' n*. Cambridge: Cambridge University Press, 2006.

MCCALMAN, Iain. *Darwin's Armada: Four Voyages and the Battle for the Theory of Evolution*. Nova York: W. W. Norton, 2009.

MCCOLLEY, Diane. *A Gust for Paradise: Milton's Eden and the Visual Arts*. Urbana: University of Illinois Press, 1993.

MEEKS, Wayne A.; FITZGERALD, John T. (Orgs.). *The Writings of St. Paul: Annotated Texts, Reception and Criticism*. 2. ed. Nova York: W. W. Norton, 2007.

MERCHANT, Carolyn. *Reinventing Eden: The Fate of Nature in Western Culture*. Nova York: Routledge, 2003.

METTINGER, T. N. D. *The Eden Narrative: A Literary and Religio-Historical Study of Genesis 2-3*. Winona Lake, IN: Eisenbrauns, 2007.

MEYERS, Carol. *Discovering Eve: Ancient Israelite Women in Context*. Nova York: Oxford University Press, 1988.

MIEROOP, Marc Van De. *A History of the Ancient Near East Ca. 3000-324 B.C.* Malden, MA: Blackwell Publishing, 2007.

MILES, Jack. *God: A Biography*. Nova York: Knopf, 1995.

MILES, Margaret Ruth. *Carnal Knowing: Female Nakedness and Religious Meaning in the Christian West*. Boston: Beacon Press, 1989.

MILLARD, A. R.; LAMBERT, W. G. (Orgs.). *Atra-Hasis: The Babylonian Story of the Flood*. Oxford: Clarendon Press, 1969.

MILLER, Kenneth R. *Finding Darwin's God*. Nova York: HarperCollins, 2009.

MILTON, John. *The Complete Poetry and Essential Prose of John Milton*. Org. de William Kerrigan, John Rumrich e Stephen M. Fallon. Nova York: Modern Library, 2007.

_____. *The Complete Prose Works of John Milton*. Org. de Don Marion Wolfe. New Haven: Yale University Press, 1953.

_____. *The Divorce Tracts of John Milton: Texts and Contexts*. Org. de Sara J. van den Berg e W. Scott Howard. Pittsburgh: Duquesne University Press, 2010.

_____. *John Milton: Complete Poems and Major Prose*. Org. de Merritt Y. Hughes. Nova York: Odyssey Press, 1957.

_____. *Milton on Himself: Milton's Utterances upon Himself and His Works*. Org. de J. S. Diekhoff. Nova York: Oxford University Press, 1939.

_____. *Paradise Lost*. Londres: Impresso por Peter Parker [...], 1668.

_____. *Paradise Lost*. Ed. de William Zunder. Nova York: St. Martin's Press, 1999.

_____. *The Poems of John Milton*. Org. de John Carey e Alastair Fowler. Harlow: Longman, 1968.

MINNIS, Alastair. *From Eden to Eternity: Creations of Paradise in the Later Middle Ages*. Org. de Ruth Mazo Karras. Filadélfia: University of Pennsylvania Press, 2016.

MITCHELL, Stephen (Trad.). *Genesis*. Nova York: HarperCollins, 1996.

_____. (Trad.). *Gilgamesh: A New English Version*. Nova York: Free Press, 2004.

MONTAIGNE, Michel de. *The Complete Essays of Montaigne*. Trad. de Donald M. Frame. Stanford, CA: Stanford University Press, 1958.

MOORE, James; DESMOND, Adrian. *Darwin's Sacred Cause: Race, Slavery, and the Quest for Human Origins*. Londres: Allen Lane, 2009.

MOREY, James H. "Peter Comestor, Biblical Paraphrase, and the Medieval Popular Bible", *Speculum* 68, n. 1, 1993, pp. 6-35.

MOSER, Stephanie. *Ancestral Images: The Iconography of Human Origins*. Ithaca: Cornell University Press, 1998.

MURDOCH, Brian. *Adam's Grace: Fall and Redemption in Medieval Literature*. Cambridge: D. S. Brewer, 2000.

_____. *The Medieval Popular Bible: Expansions of Genesis in the Middle Ages*. Cambridge: D. S. Brewer, 2003.

MYERS, Carol. *Discovering Eve: Ancient Israelite Women in Context*. Oxford: Oxford University Press, 1988.

NAGEL, Alexander. *Medieval Modern: Art out of Time*. Nova York: Thames & Hudson, 2012.

NEMET-NEJAT, Karen Rhea. *Daily Life in Ancient Mesopotamia*. Westport, CT: Greenwood, 1998.

NIETZSCHE, Friedrich. *The Genealogy of Morals*. Trad. de Francis Golffing. Garden City, NY: Doubleday, 1956 (orig. 1887). [Ed. bras.: *Genealogia da moral*. Trad. de Paulo César de Souza. São Paulo: Companhia das Letras, 1998.]

NISHIDA, Toshisada. *Chimpanzees of the Lakeshore: Natural History and Culture at Mahale*. Cambridge: Cambridge University Press, 2012.

NOGAROLA, Isotta. *Complete Writings: Letterbook, Dialogue on Adam and Eve, Orations*. Trad. de Diana Robin e Margaret L. King. Org. de Margaret L. King e Albert Rabil, Jr. Chicago: University of Chicago Press, 2004.

NORTON, David. *A History of the Bible as Literature. Volume 1, From Antiquity to 1700*. Cambridge: Cambridge University Press, 1993.

NUMBERS, Ronald. *The Creationists: From Scientific Creationism to Intelligent Design*. Nova York: Knopf, 1992.

NYQUIST, Mary. "The Genesis of Gendered Subjectivity in the Divorce Tracts and *Paradise Lost*". In: KENDRICK, Christopher (Org.). *Critical Essays on John Milton*. Nova York: G. K. Hall, 1995, pp. 165-93.

OLENDER, Maurice. *The Languages of Paradise: Race, Religion, and Philology in the Nineteenth Century*. Ed. de Arthur Goldhammer. Cambridge: Harvard University Press, 1992.

OPPENHEIM, A. Leo. *Ancient Mesopotamia: Portrait of a Dead Civilization*. Chicago: University of Chicago Press, 1964.

ORÍGENES. "Contra Celsum". In: *Tertullian, Part Fourth; Minucius Felix; Commodian; Origen, Part First and Second*. Org. de A. Cleveland Cox. Grand Rapids: Wm. B. Eerdmans Publishing Co., 1974. v. 4.

OSTOVICH, Helen; SAUER, Elizabeth; SMITH, Melissa (Orgs.). *Reading Early Modern Women: An Anthology of Texts in Manuscript and Print, 1550-1700*. Nova York: Routledge, 2004.

OVERTON, Richard. *Man's Mortality*. Amsterdam: Impresso por John Canne, 1644.

OWST, G. R. *Literature and Pulpit in Medieval England*. Oxford: Clarendon Press, 1961.

PÄCHT, Otto; ALEXANDER, J. J. G. (Orgs.). *Illuminated Manuscripts in the Bodleian Library, Oxford.* Oxford: Clarendon Press, 1966.

PAGELS, Elaine. *The Gnostic Gospels.* 1. ed. Nova York: Random House, 1979.

PALAEOLOGUS, Jacobus. *An omnes ab uno Adamo descenderit* (1570).

PANOFSKY, Dora; PANOFSKY, Erwin. *Pandora's Box: The Changing Aspects of a Mythical Symbol.* Nova York: Pantheon, 1956.

PANOFSKY, Erwin. *The Life and Art of Albrecht Dürer.* Princeton: Princeton University Press, 2005.

PARDES, Ilana. *Countertraditions in the Bible: A Feminist Approach.* Cambridge: Harvard University Press, 1992.

PARKER, William Riley. *Milton: A Biography.* 2 v. Oxford: Clarendon Press, 1996.

PATRIDES, C. A. *Milton and the Christian Tradition.* Oxford: Clarendon Press, 1966.

PATTERSON, Annabel. "No Meer Amatorious Novel?". In: LOEWENSTEIN, David; TURNER, James Grantham (Orgs.). *Politics, Poetics, and Hermeneutics in Milton's Prose.* Cambridge: Cambridge University Press, 1990, pp. 85-102.

PETERSON, Dale; GOODALL, Jane. *Visions of Caliban: On Chimpanzees and People.* Athens: University of Georgia Press, 1993.

PETTUS, Sir John. *Volatiles from the History of Adam and Eve: Containing Many Unquestioned Truths and Allowable Notions of Several Natures.* Londres: T. Bassett [...], 1674.

PHILLIPS, Adam. *Darwin's Worms.* Londres: Faber & Faber, 1999.

PHILLIPS, Edward. "The Life of Milton". In: *John Milton: Complete Poems and Major Prose.* Org. de Merritt Y. Hughes. Nova York: Odyssey, 1957.

PHILLIPS, John. *Eve: The History of an Idea.* Nova York: HarperCollins, 1984.

PICCIOTTO, Joanna. *Labors of Innocence in Early Modern England.* Cambridge: Harvard University Press, 2010.

PILBEAM, David; WRANGHAM, Richard. *All Apes Great and Small, V. 1: African Apes.* Nova York: Kluwer, 2001.

PLANTINGA, Alvin. *Where the Conflict Really Lies.* Nova York: Oxford University Press, 2011.

PLATT, Rutherford Hayes (Org.). *The Lost Books of the Bible and the Forgotten Books of Eden.* Cleveland: World Publishing Co., 1950.

POLLMANN, Karla (Org.). *The Oxford Guide to the Historical Reception of Augustine.* Oxford: Oxford University Press, 2013. v. 2-3.

PONGRATZ-LEISTEN, Beate; MACHINIST, Peter (Orgs.). *Reconsidering the Concept of Revolutionary Monotheism.* Winona Lake, IN: Eisenbrauns, 2011.

POOLE, Kristen. *Radical Religion from Shakespeare to Milton: Figures of Nonconformity in Early Modern England.* Cambridge: Cambridge University Press, 2000.

POOLE, William. *Milton and the Idea of the Fall.* Cambridge: Cambridge University Press, 2005.

POPKIN, Richard H. *Isaac La Peyrère: His Life, Work, and Influence.* Leiden: Brill, 1987.

PORDAGE, Samuel. *Mundorum Explicatio: or, The Explanation of an Hieroglyphical Figure: Wherein Are Couched the Mysteries of the External, Internal, and Eternal Worlds* [...]. Londres: Impresso por T. R. para Lodowick Lloyd [...], 1661.

PRICE, David. *Albrecht Dürer's Renaissance: Humanism, Reformation, and the Art of Faith.* Ann Arbor: University of Michigan Press, 2003.

PRITCHARD, James B. (Org.). *Ancient Near Eastern Texts Relating to the Old Testament*. 3. ed. Princeton: Princeton University Press, 1970.

PURCHAS, Samuel. *Hakluytus Posthumus, or Purchas His Pilgrimes*. Glasgow: James MacLehose, 1905 (orig. 1625).

QUENBY, John; SMITH, John MacDonald (Orgs.). *Intelligent Faith: A Celebration of 150 Years of Darwinian Evolution*. Winchester: O Books, 2009.

QUINN, Esther Casier; DUFAU, Micheline (Orgs.). *The Penitence of Adam: A Study of the Andrius Ms*. University, MS: Romance Monographs, 1980.

RALEGH, Walter. *History of the World*. Londres: Impresso por William Stansby para Walter Burre, 1614.

REEVE, John; MUGGLETON, Lodowick. *A Transcendent Spiritual Treatise upon Several Heavenly Doctrines* [...]. Londres: [s. n.], 1652.

RICHARDSON, Sarah S. *Sex Itself: The Search for Male and Female in the Human Genome*. Chicago: University of Chicago Press, 2013.

RICHTER, Virginia. "The Best Story of the World: Theology, Geology, and Philip Henry Gosse's *Omphalos*". In: BOD, Rens; MAAT, Jaap; WESTSTEIJN, Thijs (Orgs.). *The Making of the Humanities*. Amsterdam: Amsterdam University Press, 2010. v. 3: *The Modern Humanities*, pp. 65-77.

RICOEUR, Paul. *The Symbolism of Evil*. Ed. de Emerson Buchanan. Boston: Beacon Press, 1969.

RIST, John M. *Augustine: Ancient Thought Baptized*. Cambridge: Cambridge University Press, 1994.

ROBBINS, Frank Egleston. *The Hexaemeral Literature: A Study of the Greek and Latin Commentaries on Genesis*. Chicago: University of Chicago Press, 1912.

ROBINSON, James M. (Org.). *The Nag Hammadi Library in English*. Trad. por Members of the Copic Gnostic Library Project. Nova York: Harper & Row, 1977.

ROBINSON, John A. T. *The Body: A Study in Pauline Theology*. Filadélfia: Westminster Press, 1952.

ROGERS, John. "Transported Touch: The Fruit of Marriage in *Paradise Lost*". In: MARTIN, C. G. (Org.). *Milton and Gender*. Cambridge: Cambridge University Press, 2004, pp. 115-32.

ROSENBLATT, Jason P. *Torah and Law in Paradise Lost*. Princeton: Princeton University Press, 1994.

ROSS, Alexander. *An Exposition on the Fourteen First Chapters of Genesis, by Way of Question and Answer*. Londres: [s. n.], 1626.

ROSSI, Paolo. *The Dark Abyss of Time: The History of Earth and the History of Nations from Hooke to Vico*. Trad. de Lydia G. Cochrane. Chicago: University of Chicago Press, 1984 (orig. 1979).

RUBIN, Miri. *Mother of God: A History of the Virgin Mary*. New Haven: Yale University Press, 2009.

RUDWICK, Martin J. S. *Bursting the Limits of Time: The Reconstruction of Geohistory in the Age of Revolution*. Chicago: University of Chicago Press, 2005.

_____. *Worlds Before Adam: The Reconstruction of Geohistory in the Age of Reform*. Chicago: University of Chicago Press, 2008.

RUSSELL, Helen Diane. *Eva/Ave: Woman in Renaissance and Baroque Prints*. Nova York: Talman Company, 1990.

RUSSELL, Jeffrey B. *The Devil: Perceptions of Evil from Antiquity to Primitive Christianity*. Ithaca: Cornell University Press, 1977.

_____. *Lucifer, The Devil in the Middle Ages*. Ithaca: Cornell University Press, 1984.

_____. *Satan: The Early Christian Tradition*. Ithaca: Cornell University Press, 1981.

SABINE, George H. (Org.). *The Works of Gerrard Winstanley, with an Appendix of Documents Relating to the Digger Movement*. Ithaca: Cornell University Press, 1941.

SALKELD, J. *A Treatise of Paradise. And the Principall Contents Thereof: Especially of the Greatnesse, Situation, Beautie, and Other Properties of That Place* [...]. Londres: Edward Griffin para Nathaniel Butter, 1617.

SAURAT, Denis. *Milton: Man and Thinker*. Nova York: Dial Press, 1925.

SCAFI, Alessandro. *Mapping Paradise: A History of Heaven on Earth*. Chicago: University of Chicago Press, 2006.

SCHIEBINGER, Londa. *Nature's Body: Gender in the Making of Modern Science*. New Brunswick: Rutgers University Press, 1993.

SCHILLER, Gertrude. *Iconography of Christian Art*. 2 v. Trad. de Janet Seligman. Greenwich, CT: Nova York Graphic Society, 1971.

SCHNAPP, Alain. "The Preadamites: An Abortive Attempt to Invent Pre-History in the Seventeenth Century?". In: LIGOTA, Christopher; QUANTIN, Jean-Louis (Orgs.). *History of Scholarship*. Oxford: Oxford University Press, 2006, pp. 399-412.

SCHNEIDAU, Herbert N. *Sacred Discontent: The Bible and Western Tradition*. Berkeley: University of California Press, 1976.

SCHOEN, Christian. *Albrecht Dürer: Adam und Eva. Die Gemälde, ihre Geschichte und Rezeption bei Lucas Cranach d. Ä. und Hans Baldung Grien*. Berlim: Reimer, 2001.

SCHOENFELDT, Michael. "'Commotion Strange': Passion in *Paradise Lost*". In: PASTER, Gail Kern; ROWE, Katherine; FLOYD-WILSON, Mary (Orgs.). *Reading the Early Modern Passions: Essays in the Cultural History of Emotion*. Filadélfia: University of Pennsylvania Press, 2004.

SCHOLEM, Gershom (Org.). *Zohar: The Book of Splendor. Basic Readings from the Kabbalah*. Nova York: Schocken, 1963.

SCHROEDER, Joy A. (Org.). *The Book of Genesis*. Grand Rapids: Wm. P. Erdmans Publishing Co., 2015.

SCHWARTZ, Jeffrey; TATTERSALL, Ian. *Extinct Humans*. Nova York: Westview Press, 2000.

SCHWARTZ, Stuart B. *All Can Be Saved: Religious Tolerance and Salvation in the Iberian Atlantic World*. New Haven: Yale University Press, 2008.

SCHWARTZBACH, Bertram Eugene. *Voltaire's Old Testament Criticism*. Geneva: Librairie Droz, 1971.

SCROGGS, Robin. *The Last Adam: A Study in Pauline Anthropology*. Oxford: Basil Blackwell, 1966.

SCULLY, Stephen. *Hesiod's "Theogony": From Near Eastern Creation Myths to "Paradise Lost"*. Oxford: Oxford University Press, 2015.

SENAULT, J. F. *Man Become Guilty: or, The Corruption of Nature by Sinne, According to St. Augustines Sense*. Trad. de Henry Carey, conde de Monmouth. Londres: Impresso para William Leake [...], 1650.

SENNERT, Daniel. *Hypomnemata Physica*. Frankfurt: Clement Schlechius, 1636.

SHAKESPEARE, William. *The Norton Shakespeare*. Org. de Stephen Greenblatt et al. 3. ed. Nova York: W. W. Norton, 2016.

SHAPIRO, Robert. *Origins: A Skeptic's Guide to the Creation of Life on Earth*. Nova York: Summit, 1986.

SHELTON, Kathleen. "Roman Aristocrats, Christian Commission: The Carrand Diptych". *Jahrbuch für Antike und Christentum* 29, 1986, pp. 166-80.

SILVER, Larry; SMITH, Susan. "Carnal Knowledge: The Late Engravings of Lucas van Leyden". *Nederlands Kunsthistorisch Jaarboek* 29, n. 1, 1978, pp. 239-98.

SILVESTRIS, Bernardus. *Cosmographia*. Trad. de Winthrop Wetherbee. Nova York: Columbia University Press, 1973.

SKA, Jean-Louis. "A Plea on Behalf of the Biblical Redactors". *Studia Theologica — Nordic Journal of Theology* 59, n. 1, 2005, pp. 4-18.

SKINNER, John. *A Critical and Exegetical Commentary on Genesis*. 2. ed. Edimburgo: T. & T. Clark, 1930.

SLOTKIN, James Sydney. *Readings in Early Anthropology*. Chicago: Aldine Publishing Co., 1965.

SMITH, George. *Assyrian Discoveries; an Account of Explorations and Discoveries on the Site of Nineveh, During 1873 and 1874*. Londres: Chiswick Press, 1875.

_____. "The Chaldean Account of the Deluge". *Transactions of the Society of Biblical Archaeology* 2, 1873.

SOBER, Elliott. *Evidence and Evolution: The Logic of the Science*. Cambridge: Cambridge University Press, 2008.

SOLOVEITCHIK, Joseph Dov. *The Lonely Man of Faith*. Northvale, NJ: Jason Aronson, 1997.

STANTON, Elizabeth Cady. *The Woman's Bible: A Classic Feminist Perspective*. Mineola, NY: Dover, 2002.

STEINBERG, Justin. *Dante and the Limits of the Law*. Chicago: University of Chicago Press, 2013.

STEINBERG, Leo. "Eve's Idle Hand". *Art Journal* 35, n. 2, 1975-6, pp. 130-5.

STORDALEN, Terje. *Echoes of Eden: Genesis 2-3 and Symbolism of the Eden Garden in Biblical Hebrew Literature*. Leuven: Peeters, 2000.

STOTT, Rebecca. *Darwin's Ghosts: The Secret History of Evolution*. Nova York: Spiegel & Grau, 2012.

SULLOWAY, Frank. *Freud, Biologist of the Mind: Beyond the Psychoanalytic Legend*. Nova York: Basic Books, 1979.

SZATHMÁRY, Eörs; SMITH, John Maynard. *The Origins of Life: From the Birth of Life to the Origin of Language*. Oxford: Oxford University Press, 1999.

TARABOTTI, Arcangela. *Paternal Tyranny* (1654). Trad. de Letizia Panizza. Org. de Margaret L. King e Albert Rabil, Jr. Chicago: University of Chicago Press, 2004.

TASSO, Torquato. *Creation of the World*. Trad. de Joseph Tusiani. Binghamton, NY: Medieval and Renaissance Texts and Studies, 1982.

TATTERSALL, Ian. *Becoming Human: Evolution and Human Uniqueness*. Nova York: Harcourt Brace & Co., 1998.

_____. *Masters of the Planet: The Search for Our Human Origins*. Nova York: Palgrave Macmillan, 2012.

TAYLOR, Jeremy. *Deus Justificatus. Two Discourses of Original Sin Contained in Two Letters to Persons of Honour, Wherein the Question Is Rightly Stated* [...]. Londres: Impresso para Richard Royston, 1656.

TERTULIANO. *The Ante-Nicene Christian Library*. 24 v. Org. de Alexander Roberts e James Donaldson. Edimburgo: Kessinger, 1868-1872.

_____. *De Cultu Feminarum*. Trad. de Sydney Thelwall. In: *The Ante-Nicene Christian Library*. 24 v. Org. de Alexander Roberts e James Donaldson. Edimburgo: Kessinger, 1868-72. v. 4: *Fathers of the Third Century*.

THOMPSON, Bard (Org.). *Liturgies of the Western Church*. Filadélfia: 1st Fortress Press, 1980.

THOREAU, Henry D. *Walden*. Boston: Ticknor & Fields, 1864.

TRAHERNE, Thomas. *Centuries of Meditations*. Londres: The Editor, 1906.

_____. "Innocence". In: *The Poetical Works*. Org. de Bertram Dobell. Londres: The Editor, 1906.

TRIBLE, Phyllis. *God and the Rhetoric of Sexuality*. Minneapolis, MN: Fortress Press, 1978.

TRONZO, William. "The Hildesheim Doors: An Iconographic Source and Its Implications". *Zeitschrift für Kunstgeschichte*, 46, n. 4, 1983, pp. 357-66.

TURNER, James G. *One Flesh: Paradisal Marriage and Sexual Relations in the Age of Milton*. Oxford: Clarendon Press, 1987.

TUTTLE, Russell H. *Apes and Human Evolution*. Cambridge: Harvard University Press, 2014.

TWAIN, Mark. *The Bible According to Mark Twain: Writings on Heaven, Eden, and the Flood*. Org. de Howard G. Baetzhold e Joseph B. McCullough. Athens, GA: University of Georgia Press, 1995.

ULRICH, Eugene. "The Old Testament Text and Its Transmission". In: SCHAPER, Joachim; PAGET, James Carleton (Orgs.). *From the Beginnings to 600*. Cambridge: Cambridge University Press, 2013. v. 1.

UPTON, Bridget Gilfillan. "Feminist Theology as Biblical Hermeneutics" In: *Cambridge Companion to Feminist Theology*. Org. de Susan Frank Parsons. Cambridge: Cambridge University Press, 2002.

VAN HELMONT, Franciscus Mercurius. *Some Premeditate and Considerate Thoughts, on the Early Chapters of the Book of Genesis*. Londres: S. Clark [...], 1701.

VAN REYBROUCK, David. *From Primitives to Primates: A History of Ethnographic and Primatological Analogies in the Study of Prehistory*. Leiden: Sidestone Press, 2012.

VAN SETERS, John. *The Edited Bible: The Curious History of the "Editor" in Biblical Criticism*. Winona Lake, IN: Eisenbrauns, 2006.

VELLEMAN, David J. "The Genesis of Shame". *Philosophy and Public Affairs* 30, 2001, pp. 27-52.

VERMÈS, Géza (Org.). *The Complete Dead Sea Scrolls in English*. Nova York: Penguin, 2004.

VEYNE, Paul. *When Our World Became Christian, 312-394*. Org. de Janet Lloyd. Malden, MA: Polity, 2010.

VITORINO. "On the Creation of the World". In: *Fathers of the Third and Fourth Centuries*. Org. de A. Cleveland Coxe. Grand Rapids: Wm. B. Eerdmans Publishing Co., 1951. v. 7.

VOLTAIRE. *Philosophical Dictionary*. Ed. de Peter Gay. Nova York: Basic Books, 1962.

VOSS, Julia. *Darwins Jim Knopf*. Frankfurt am Main: S. Fischer, 2009.

WAAL, Frans de. *Chimpanzee Politics: Power and Sex Among Apes*. Baltimore: Johns Hopkins University Press, 1982.

WALLACE, Howard N. *The Eden Narrative*. Org. de Frank Moore Cross. Atlanta: Scholars Press, 1985.

WALLACE, William. *The Logic of Hegel*. Oxford: Clarendon Press, 1892.

WALTZER, Michael. *In God's Shadow: Politics in the Hebrew Bible*. New Haven: Yale University Press, 2012.

WARBURG, Aby. *The Renewal of Pagan Antiquity: Contributions to the Cultural History of the European Renaissance*. Org. de Kurt Walter Forster. Los Angeles: Getty Research Institute for the History of Art and the Humanities, 1999.

WARFIELD, Benjamin B. "Introductory Essay on Augustin and the Pelagian Controversy". In: *St. Augustin: Anti-Pelagian Writings*. Org. de Philip Schaff. Grand Rapids: W. B. Eerdmans Publishing Co., 1955. v. 5.

WEBSTER, Charles. *The Great Instauration: Science, Medicine, and Reform 1626-1660.* Londres: Duckworth, 1975.

WEDGWOOD, C. V. *The King's War: 1641-1647.* Londres: Collins, 1958.

WEINER, Joshua. *From the Book of Giants.* Chicago: University of Chicago Press, 2006.

WEITZMAN, Kurt; KESSLER, Herbert. *The Cotton Genesis: British Library, Codex Cotton Otho B VI.* Princeton: Princeton University Press, 1986.

WERCKMEISTER, Otto-Karl. "The Lintel Fragment Representing Eve from Saint-Lazare, Autun". *Journal of the Warburg and Courtauld Institutes* 35, 1972, pp. 1-30.

WEST, Rebecca. *St. Augustine.* Londres: Peter Davies, 1933.

WESTERMANN, Claus. *Genesis: A Commentary.* 3 v. Minneapolis: Augsburg, 1984-6.

WETZEL, James. "Predestination, Pelagianism, and Foreknowledge". In: *The Cambridge Companion to Augustine*. Org. de Norman Kretzman e Eleonore Stum. Cambridge: Cambridge University Press, 2001.

WHITE, Andrew Dickson. *A History of the Warfare of Science with Theology in Christianity.* 2 v. Nova York: D. Appleton & Co., 1896.

WHITEHEAD, Alfred North. *Science and the Modern World: Lowell Lectures, 1925.* Nova York: Macmillan, 1925.

WILLET, Andrew. *Hexapla, That Is, A Six-Fold Commentarie vpon the Most Diuine Epistle of the Holy Apostle S. Pavl to the Romanes* [...]. Londres: Impresso para Leonard Greene, 1620.

WILLIAMS, Arnold. *The Common Expositor: An Account of the Commentaries on Genesis, 1527-1633.* Chapel Hill: University of North Carolina Press, 1948.

WILLIAMS, Bernard. "The Makropulos Case: Reflections on the Tedium of Immortality". In: *Problems of the Self*. Cambridge: Cambridge University Press, 1973.

WILLIAMS, George H. *The Radical Reformation.* Filadélfia: Westminster Press, 1962.

WILLIAMS, John (Org.). *Imaging the Early Medieval Bible.* University Park: Pennsylvania State University Press, 1999.

WILLIAMS, Norman Powell. *The Ideas of the Fall and of Original Sin.* Londres: Longmans, Green & Co., 1927.

WILLIAMS, Patricia A. *Doing Without Adam and Eve: Sociobiology and Original Sin.* Minneapolis, MN: Fortress Press, 2001.

WILLS, Gary. *Saint Augustine.* Nova York: Viking, 1999.

WILSON, Edward O. *The Social Conquest of Earth.* Nova York: Liveright, 2012.

WITZEL, E. J. Michael. *The Origins of the World's Mythologies.* Oxford: Oxford University Press, 2012.

WRANGHAM, Richard W. *Catching Fire: How Cooking Made Us Human.* Nova York: Basic, 2009.

_____; PETERSON, Dale. *Demonic Males: Apes and the Origins of Human Violence.* Boston: Mariner, 1996.

The York Cycle of Mystery Plays: A Complete Version. Org. de J. S. Purvis. Londres: SPCK, 1957.

ZEVIT, Ziony. *What Really Happened in the Garden of Eden.* New Haven: Yale University Press, 2013.

ZORNBERG, Avivah Gottlieb. *The Murmuring Deep: Reflections on the Biblical Unconscious.* Nova York: Schocken, 2009.

ZUBERBÜHLER, Klaus. "Experimental Field Studies with Non-Human Primates". *Current Opinion in Neurobiology* 28, 2014, pp. 150-6.

Créditos das imagens

p. 2: Hans Baldung Grien, *A queda da humanidade* (*Lapsus Humani Generis*), 1511, gravura, Rijksmuseum, Amsterdam.

1. *Adão e Eva*, século III EC, afresco, Catacumba de Marcelino e Pedro, Roma, foto © Pontifícia Comissão de Arquelogia Sacra, Vaticano.

2. *Sarcófago de Junius Bassus* (detalhe), *c.* 359 EC, mármore, Museu Histórico do Tesouro da Basílica de São Pedro, Vaticano (Scala/ Art Resource, NY).

3. *Adão no Jardim do Éden*, século V, marfim, Florença, Museu Nacional do Bargello.

4. Bernwardstür [Portas de Bernardo], *c.* 1015, bronze, cortesia do Dommuseum Hildesheim.

5. *A criação de Eva* (detalhe de Bernwardstür), foto de Frank Tomio, cortesia do Dommuseum Hildesheim.

6. *O julgamento de Adão e Eva por Deus* (detalhe de Bernwardstür), foto de Frank Tomio, cortesia do Dommuseum Hildesheim.

7. Saltério de St. Albans, HS St. God. 1, p. 18, século XII, propriedade da Basílica de São Gotardo, Hildesheim © Dombibliothek Hildesheim.

8. Gislebertus, *A tentação de Eva*, *c.* 1130, pedra, Musée Rolin, Autun, © Ville d'Autun, Musée Rolin.

9. *Crucifixo*, *c.* 1200, madeira, Collegiata di San Candido, foto cortesia da Parrocchia di San Michele Arcangelo, San Candido.

10. Vat. Lat. 5697 fol. 16r (detalhe de *Deus criando Eva a partir de uma costela de Adão*), século XV © 2017 Biblioteca Apostólica Vaticana.

11. *Mors per Evam, vita per Mariam, c.* 1420, Biblioteca Universitária de Wrocław, Manuscrito M. 1006, fol. 3v.

12. Giovanni di Paolo, *O mistério da Redenção*, de *Paraíso*, canto VII, c. 1450, © The British Library Board, Yates Thompson 36, f. 141.

13. Masaccio, *A expulsão* (de fotografia feita em c. 1980, antes da restauração), 1424-8, afresco, Capela Brancacci, Santa Maria del Carmine, Florença (Arquivos Alinari, Florença).

14. Masaccio, *A expulsão*, 1424-8, afresco, Capela Brancacci, Santa Maria del Carmine, Florença (Raffaello Bencini/ Arquivos Alinari, Florença).

15. (Esquerda) Jan and Hubert van Eyck, *Adão e as oferendas de Caim e Abel* (interior da asa esquerda do Retábulo de Ghent), 1432, óleo sobre painel, Catedral de São Bavão, Ghent (Maeyaert / Iberfoto/ Arquivos Alinari). (Direita) Jan and Hubert van Eyck, *Eva e o assassinato de Abel por Caim* (interior da asa direita do Retábulo de Ghent), 1432, óleo sobre painel, Catedral de São Bavão, Ghent (Maeyaert/Iberfoto/ Arquivos Alinari).

16. Albrecht Dürer, *Adão e Eva*, 1504, gravura, Los Angeles County Museum of Art, Los Angeles, Art Museum Council Fund, M.66.33, © Museum Associates/ LACMA.

17. Albrecht Dürer, folha de estudos para a mão e o braço de Adão e para rochas e vegetação antes da execução da gravura *Adão e Eva*, 1504, caneta e tintas marrom e preta, British Museum, Londres, SL, 5218.181, © The Trustees of the British Museum. Todos os direitos reservados.

18. Albrecht Dürer, *Autorretrato nu*, 1505, caneta e pincel, tinta preta com branco de chumbo sobre papel verde preparado, Klassik Stiftung Weimar.

19. Hans Baldung Grien, *Eva, a serpent e a morte, c.* 1510-5, óleo sobre madeira, provavelmente tília, National Gallery of Canada, Ottawa, foto © National Gallery of Canada.

20. Hieronymus Bosch, *O jardim das delícias* (detalhe), 1504, óleo sobre painel de carvalho, Museu Nacional do Prado, Madri, P02823, © Madri, Museu Nacional do Prado.

21. Michelangelo, *A criação de Adão*, 1508-12, Capela Sistina, Vaticano, foto © Museus Vaticanos. Todos os direitos reservados.

22. Jan Gossart, *Adão e Eva, c.* 1520, caneta e tinta, pincel e tinta e guache branco em papel azul-acinzentado preparado, © Devonshire Collection, Chatsworth. Reproduzido com permissão de Chatsworth Settlement Trustees.

23. Lucas Cranach, o Velho, *Adão e Eva*, 1526, óleo sobre painel, The Samuel Courtauld Trust, The Courtauld Gallery, Londres.

24. Ticiano, *Adão e Eva, c.* 1550, óleo sobre tela, Museu Nacional do Prado, Madri, P00429, © Museu Nacional do Prado.

25. Caravaggio, *Madonna dei Palafrenieri* (detalhe), 1605-6, óleo sobre tela, Galleria Borghese, Roma (Scala/ Art Resource, NY).

26. Rembrandt van Rijn, *Adão e Eva*, 1638, água-forte, Rijksmuseum, Amsterdam.

27. Ercole Lelli, *Modelos anatômicos de cera de Adão e Eva*, século XVIII, foto fornecida pelo Museo di Palazzo Poggi, Sistema Museale di Ateneo — Alma Mater Studiorum Universita di Bologna.

28. Max Beckmann, *Adão e Eva,* 1917, óleo sobre tela, Nationalgalerie, Staatliche Museen zu Berlin, © bpk Bildagentur/ Nationalgalerie, smb/ Jörg P. Anders/ Art Resource, ny.

29. "*Lucy*" (*Australopithecus afarensis*) *e seu companheiro*, reconstrução de John Holmes sob a direção de Ian Tattersall, foto de J. Beckett e C. Chesek, © American Museum of Natural History.

Índice remissivo

Abel, 69, 136
Abraão, 30-1, 40, 43, 294n
Abravanel, Judas, 278
acadianos, 45, 47, 294-5n
Acosta, padre José de: *Historia natural y moral de las Indias*, 214, 216
adamitas, 176
Adams, John, 179
Adão: altura de, 249; animais nomeados por, 18, 107, 134, 196, 205, 222, 230, 240, 247, 274; Apocalipse de, 68; comendo o fruto proibido, 10, 65, 97, 107-8, 127, 230, 274, 278; como hermafrodita, 22, 64; como holótipo, 18; como o profeta original, 14; como progenitor, 19; companhia para, 18, 62, 166, 170, 197-8, 203, 275; criação de, 23, 68, 119, 221, 250, 295; depois da Queda, 15, 129, 139-40, 206-9, 277; desobediência de, 14, 97, 125; e a culpa, 140, 207; e a morte, 69, 73, 101, 135, 208, 277, 301-2, 306; e a perfeição, 126, 144, 146, 253; e *A queda do homem* de Dürer, 142-50; e o amor, 199-202, 206; e o conhecimento, 68; Eva criada da costela de, 22, 63, 75, 108, 122, 125, 128, 135, 139, 198, 230, 308n; formado do pó da terra, 22, 27, 49, 59-60, 75, 107, 127, 230, 279; história alegórica de, 76, 79, 189; imagens em obras de arte, 135, 142-8, 190; inocência de, 134, 177, 194, 204, 265; Jesus como o Novo Adão, 14, 74-5, 97, 121, 268; livre arbítrio de, 126; mitos e lendas sobre, 230-1; pecado de, 96, 100-1, 305, 324n; penitência de, 70; pré-adâmicos, 211, 220, 223-5; responsabilidade de, 115, 119, 126, 128, 301n, 311n; sopro de vida em, 27, 49, 60, 75; umbigo de, 250; *ver também* Eva; história de Adão e Eva

Adão e Eva: como ascetas, 118, 134; como pessoas reais, 16, 189, 196, 210, 216, 225, 227, 248, 254; como símbolos, 79; conhecimento do bem e do mal, 65; depois da Queda, 70, 208, 210; descendentes de, 11, 101, 216, 226; desobediência de, 307n; e a procriação, 64, 105, 110, 112; e as vestes, 65, 141, 213, 313n; e o casamento, 164, 166, 196, 199, 205-7, 231; e o prazer sexual, 199-200, 206,

231; e os revolucionários britânicos, 179; e *Paraíso perdido* ver *Paraíso perdido*; felicidade terrena de, 199; história de *ver* história de Adão e Eva; igualdade de, 115, 202; imagens em obras de arte, 16, 121, 129-51, 232, 267, 312n; inocência de, 113, 134-5, 143, 162, 215, 265; nudez de, 64, 133-5, 137, 139-41, 144, 146, 250, 264; Pecado Original, 104-6, 121, 206, 236-7, 246, 306-7n, 311n; redenção de, 141; relação de, 62-5; tentação de, 15; vergonha de, 65, 109, 133-4, 137-40, 144, 206; *ver também* Eva; história de Adão e Eva

Adeodato (filho de Agostinho), 84, 100, 305n

África, humanos modernos surgidos na, 19, 226

Agar, 177

Agostinho de Hipona, santo, 59, 79-94, 188, 210; *A cidade de Deus*, 111-3, 307-10; Adeodato como filho de, 84, 100, 305n; autoexame, 95-113; batismo de, 90, 96; ceticismo a respeito de, 101; como professor, 86-8; comunidade monástica fundada por, 90, 93; *Confissões*, 81-90, 92-3, 96-100, 106, 304-5n, 308n; conflitos interiores de, 86, 91; *Contra Juliano*, 104; conversão de, 90, 95, 105; e a história de Adão e Eva, 93, 105-13, 242; o açoitamento de crianças nas escolas, 99; e o desejo sexual, 90, 102-5, 109-13, 115, 199, 306; e o exílio de Pelágio, 101; e o roubo de peras, 96; e seu pai, 81-3, 87, 91, 109; e sua mãe, 81-5, 87-92, 113-4; educação na universidade, 82; em Cartago, 83-4; estar "em Adão", 95, 98; estudos da lei de, 84; experiência mística de, 91-3; influência de, 93, 246; memórias da infância de, 99; na casa de banho, 81, 115; *O sentido literal do Gênesis*, 107-8, 112, 189; sobre a literalidade das Escrituras, 93, 106-13, 135, 152, 189, 249, 307; sobre a moralidade, 97, 100, 242; sobre o autocontrole, 111, 113, 156; sobre o casamento (*De nuptiis*), 104, 309n; *Sobre o Gênesis: Uma refutação dos maniqueus*, 105, 307-9; vivendo em concubinato, 84; Voltaire sobre, 236

Alarico (visigodo), 93

Alcorão, 14, 115, 311

alegorias: e Agostinho, 106; e Ambrósio, 89; e Maimônides, 303; e Milton, 189; e Orígenes, 78-9, 228, 304; Filo sobre, 76, 303n; literalidade *versus*, 79, 229, 249, 303n; Voltaire sobre, 236

Alemanha nazista: eugenia na, 254; fotografias tiradas na, 140; roubo de obras de arte na, 141

Alexandre VII, papa, 224

Alexandria, biblioteca de, 47

'Ali, Mohammed al-Samman, 66, 300

Alípio (amigo de Agostinho), 90, 156, 305

Ambrósio, bispo de Milão, 89-90, 95, 191

América do Sul, 214, 251, 255

Amon Ra, 74

Ana, santa, 122

Ancient Near Eastern Texts (James B. Pritchard), 281

anjos, 191; arcanjo Miguel, 73, 121, 208-10; arcanjo Rafael, 196, 198, 200-1, 206, 209; canto dos, 277; deliberando com Deus, 72; humanidade à imagem de, 68; imagens em obras de arte, 139-40; levando mensagens de Deus, 30, 87, 108, 202, 208, 294, 297; motivados por inveja ou má-fé, 72; no Éden, 69-70, 232; Satã como, 14, 191; substância imortal dos, 192

Antigo Testamento, 122, 136, 189, 191, 224

antissemitismo, 121, 223

Apocalipse de Adão, 68

apócrifos, livros, 70

Apollo Belvedere (estátua), 149

Apsu (deus mesopotâmico), 34-5, 49, 294n, 297n

Araali, reverendo Happy Sam, 270

aramaico, idioma, 38, 123, 153

Arcádia (Sir Philip Sidney), 42

Aretino, Pietro, 157

Aristóteles, 76, 87, 122, 214, 218

arte: Adão e Eva retratados na, 16, 121, 129-51, 232, 267, 312n; afrescos, 15, 121, 131-2, 139-42, 191, 313n; anjos em obras de, 139-40; autorretratos, 145-6, 148; corpo humano retratado na, 15, 129, 132, 146; em igrejas românicas e góticas, 135; excitação erótica retratada na, 157; imagens de crânios na, 136; nas portas da catedral de Hildesheim, 121, 137; proibição judaica de gravar imagens, 132; Renascimento, 196, 236; teto da Capela Sistina, 142, 144, 190; *ver também artistas e obras específicos*

Aruru (deusa-mãe), 55, 60, 299n

Árvore da Vida, 10, 76-7, 106, 143, 208, 303n, 310n

Árvore do Conhecimento do Bem e do Mal, 68, 143, 230-1, 235, 264-5, 267, 274, 325n

ascetismo, 15, 86, 118; *ver também* maniqueísmo

assiriologia, 48

Assur (divindade), 46

Assurbanípal (rei assírio), 47

astecas: calendário, 219; registros de sacerdotes, 219

Astruc, Jean, 296n

Atlântida, reino perdido da, 218

Atrahasis (poema mesopotâmico), 35, 44-5, 50-2, 298n

Aubrey, John, 162, 317n, 324n

Autun (França), estátua de Eva em, 138

Baal, 46

Babilônia *ver* Cativeiro da Babilônia; Império Babilônio

Bacon, Francis, 233

Baldung Grien, Hans, 129, 144-5, 314n

baleias, canto das, 24

Ball, John, 175, 178, 226, 321n

Balthasar, Hans Urs von, 304

Banhos de Diocleciano, 80

Barbari, Jacopo de', 149

Basílio, são, 302

Basket, Fuegia, 252, 255

Bassus, Júnio, 133, 313

Battell, Andrew, 327n

Baxandall, Michael, 140

Bayle, Pierre, 229-34, 236-7, 240-2, 325n; *Dictionnaire historique et critique*, 229

Beagle (navio), 251-3, 255

Bel (Marduk), 33

bem e o mal, o, 10-1, 17, 65, 76, 98, 205, 235, 264-6, 327n

Benson, Ezra Taft, 237, 320n, 325n

Bernardo (bispo), 136

Bíblia, 55; acessibilidade da, 89; Antigo Testamento, 122, 136, 189, 191, 224; Bíblia de Grandvier-Montval, 134; Bíblia do Cruzado, 139; compilação da, 39-41, 44; cronologia da, 218; Evangelho de Tomé, 67; evolução *versus*, 245-6; Gênesis, Livro de *ver* Gênesis; gerações listadas na, 29, 227; hebraica, 43-4, 53, 62, 74, 89, 212; história da criação na, 46, 69, 127, 249; histórias primitivas na, 76; interpretação anagógica da, 189; interpretações da, 78, 95, 189, 225, 236, 308n; livros apócrifos, 70; método quádruplo de leitura, 189; Novo Testamento, 75, 122, 133, 136, 166, 189, 191; orientações morais na, 189; Primeira Bíblia de Carlos, o Calvo, 134; 31, 36; salmo 14, 32; salmo 22-3;salmo 137, tipologia bíblica, 75; traduções da, 116, 294; verdade literal da *ver* literalidade; Vetus Latina, 85; vínculos alegóricos, 189; Vulgata, 116

Biblioteca de Nag Hammadi (Egito), 67-8, 242

Biblioteca do Vaticano, 135

Biblioteca Morgan (Nova York), 139

biologia evolucionária, 246

Blackborough, William e Hester, 172

Boaventura, São, 189

bonobos, 23, 269; *ver também* macacos; primatas; símios

Borghese, cardeal Scipio, 312n

Botticelli, Sandro, 190

Bourignon, Antoinette, 279

359

Bracciolini, Poggio, 217
Bradshaw, John, 321n
Breviário Romano, 114
Brevísima relación de la destrucción de las Indias (Bartolomé de Las Casas), 215, 323n
Bridgewater, conde de, 154-5
Bromyard (dominicano), 321n
Browne, Sir Thomas, 176
Bruno, Giordano, 219
bruxaria, 124, 129
Buda, 85
Button, Jemmy, 252, 255
Byron, lorde George Gordon, 255

Cabo Verde, visita de Darwin a, 251
Caim, 71, 121, 212, 323n
Calendário Asteca (Piedra del Sol), 219
Calvino, João, 125, 196, 279
camelo, tentação da fêmea do, 14
Campbell, John: *Historical Atlas of World Mythology*, 287; *The Hero with a Thousand Faces*, 284-6
Capela Sistina, teto da, 142, 144, 190
Caravaggio, Michelangelo Merisi da, 122, 312n
Carlos, o Calvo, 134
Carlos I, rei da Inglaterra, 159, 178, 183
Carlos II, rei da Inglaterra, 183, 186
carmelitas, igreja das freiras (Florença), 140
Carracci, Annibale, 157
casamento: Agostinho sobre, 104, 309; casamentos mistos, 39; celebração do, 117; condenações acéticas ao, 118; e a história de Adão e Eva, 164, 166, 196, 199, 205-7, 231; e a procriação, 64, 84, 103, 109, 112, 117, 122, 310n; e divórcio, 164-73, 178-9, 181-2, 188, 205, 207, 317-9n; e o amor, 199-201; "melhor casar-se do que ficar abrasado", 91; relações sexuais santificadas pelo, 156; tornar-se "uma só carne", 63-4, 91, 165-6, 168, 300n
castidade: como vocação superior, 118; e a misoginia, 119; Milton sobre, 155-8, 161, 170, 196

Catarina de Aragão, 164
Catedral de São Bavão (Ghent, Bélgica), 142
Cativeiro da Babilônia, 31-40, 55
Catulo, 156
Celéstio (discípulo de Pelágio), 306n
Celso (filósofo grego), 78-9
Centre National d'Appui à la Recherche (Chade), 17
ceticismo, 17, 76, 129, 227, 229, 303n
Chappell, William, 153
chimpanzés: atividades mentais dos, 23; como espécie ameaçada, 259; como *Pan troglodytes*, 268; cuidados com os pelos, 261; e a patrilocalidade, 260; esqueletos de, 20; grupo Kanyawara de, 257; Projeto Kibale, 257, 260-1, 270; relações sexuais dos, 265; *ver também* macacos; primatas; símios
Cícero, 85, 234
Cirilo, são, 302n
Ciro, rei da Pérsia, 38
Clemente de Alexandria, 274, 311n
códices de papiro, 67, 300n
Cola di Rienzo, 176
Coleridge, Samuel Taylor, 255
Colombo, Cristóvão, 147, 212-5, 221, 323n
Comestor, Pedro, 135
Condé, príncipe de, 212, 220, 224-5
conhecimento: aquisição de, 23, 65, 68, 74, 127, 205; Árvore do Conhecimento do Bem e do Mal, 68, 143, 230-1, 235, 264-5, 267, 274, 325n; ausência de, 264, 265, 266; do "homem majestático", 303n; proibição, 74, 228; transmissão de, 24
Constantino, o Grande (imperador romano), 133
Contos da Cantuária (Geoffrey Chaucer), 119-20
contos orais, 23, 25
Contra os galileus (Juliano, imperador romano), 76
Copérnico, Nicolau, 217, 233, 249
Correggio, Antonio Allegri da, 157

Cortés, Hernán, 147
Cranach, Lucas, o jovem, 144
Cranach, Lucas, o velho, 144
Creso (rei da Lídia), 38
criação, histórias da: alternativas, 218-20; amostragens de, 281-87; assassinatos nas, 34-5; como invenção humana, 24; darwinismo *versus*, 243-6, 251-2, 256, 267; e as pesquisas sobre primatas, 270-2; em mitos antigos, 23, 75; *Enuma Elish* (poema mesopotâmico), 34-5, 39, 44-5, 48, 50, 55, 59, 61; falta de testemunhas oculares em, 28; Gênesis *ver* Gênesis; história de Adão e Eva como uma das, 11, 43-4, 79, 123, 127, 254; julgamentos morais nas, 53; mudanças na forma de pensar sobre, 254-6; no *Gilgamesh* ver *Gilgamesh*; "No princípio...", 251; propósitos das, 24; sexo nas, 34, 59; similaridade entre as, 50; sopro de vida em, 27, 49, 60, 75; ubiquidade das, 24
cristianismo: cânone do, 67, 70; catecúmenos, 82; ceticismo dentro do, 129, 229; e a Inquisição, 124-5, 128, 157, 235, 242; e a nudez, 213-6; e a pecaminosidade, 14; e as heresias, 75, 220; e Jesus *ver* Jesus Cristo; e o casamento *ver* casamento; e os afrescos da Capela Sistina, 142, 144, 190; em Roma, 75, 133; fé cristã, 75, 95, 119, 189; fundamentalismo, 249; guerras religiosas, 211, 217, 323n; história de Adão e Eva como narrativa fundadora no, 14, 74, 191; índice de livros proibidos, 128; interpretação da história de Adão e Eva no, 14, 74, 191; literalidade como pedra angular do, 16, 17, 112-3, 229; livros apócrifos, 70; misoginia no, 115, 128; mormonismo, 237; ortodoxo, 97, 116; receptividade às mulheres no, 115; tipologia bíblica, 75; Trindade no, 71
Cristo *ver* Jesus Cristo
Cromwell, Oliver, 172, 183, 188, 192, 321n
Cromwell, Richard, 183
Crônica histórica verdadeira do rei Leir e suas três filhas (anônimo), 42

Crônicas (Raphael Holinshed), 42
culpa, atribuição de, 52, 105
cuneiforme, escrita, 45, 47-9, 298n

Damrosch, David, 50, 297-8n
Daniel, livro de, 46
Dante Alighieri, 59, 192-3, 312, 315; *Paraíso*, 121
Dario, rei da Pérsia, 48, 297n
Darwin, Charles, 17; *A descendência do homem*, 243-4, 246, 253; *A origem das espécies*, 243, 245, 251; críticos de, 253; sobre a seleção sexual, 245; teoria da evolução, 245, 253, 267; teoria da seleção natural, 21, 243, 248, 252, 254, 259, 270; viagem no *HMS Beagle*, 251-3, 255
Darwin, Erasmus, 247
Dati, Carlo, 173, 315n
Davenant, William, 322n
Davi, rei de Israel, 30
Declaração de Independência dos Estados Unidos, 178
Descrição histórica da ilha da Grã-Bretanha (William Harrison), 42
Deus: bondade de, 98; como senhor do universo, 74; comunicação com, 107, 196-8, 201-2, 204-5; criaturas de, 18, 23, 59, 72, 198, 250-1; e o casamento, 168, 197; e o "fogo vital", 103; face a face com, 9-10; graça de, 90; homem como superior a, 68; humanos feitos à imagem de, 16, 59, 71, 106, 147, 200; liberdade concedida por, 210; limitações de Deus nos textos de Nag Hammadi, 68; limitações de Deus segundo Voltaire, 236; misericórdia de, 100-1, 127; Moisés guiado por, 29, 71; onipotência de, 43, 53, 99, 198, 232, 235; Palavra de, 121; prestação de contas a, 97; punições impostas por, 221, 231, 265; questões que minam a fé em, 232-3, 235-6; universo criado por, 74, 97, 107; *ver também* Iahweh
Dicearco de Messina, 218
Diggers, 180-1

361

Dilúvio, 29, 50, 219, 222, 224, 249, 301n
dinossauros, 241-2
Diodati, Charles, 154, 158, 196, 318n
DNA, estudos científicos sobre o, 226
Donne, John, 156
Duns Scotus, João, 278
Dürer, Albrecht, 16, 142-51; *A queda do homem*, 142-50; anos iniciais, 145; autorretratos de, 145-7; busca pela forma perfeita, 148-50; cânone de proporções buscado por, 149; habilidades técnicas de, 144-6; observação de africanos, 148; sobre o bem e o mal, 313; *Vier Bücher von menschlicher Proportion* [Quatro livros sobre a proporção humana], 147

Éden *ver* Jardim do Éden; Paraíso
Egito, 23, 67, 102, 296; Biblioteca de Nag Hammadi no, 67-8, 242; história de origem do, 281; reis ptolemaicos do, 47
Eisenhower, Dwight D., 237
Eleazar, rabino Jeremiah ben, 22, 198
Eleitos (ascetas maniqueus), 86
Elizabeth I, rainha da Inglaterra, 219
Elohim, 41, 42, 296-8n
Emerson, Ralph Waldo, 237-8, 325n
Enki (deus babilônio), 34, 50-1
Enuma Elish (poema mesopotâmico), 34-5, 39, 44-5, 48, 50, 55, 59, 61
Epicuro, 97-8, 118, 217, 305n
Epifânio (bispo), 229
Época Eocena, 248
Eric, o Ruivo, 220
Erikson, Leif, 220
Erlik (demônio siberiano), 285
escravidão, 31, 214, 225
escrita: cuneiforme, 45, 47-9, 298n; invenção da, 73
Escrituras *ver* Bíblia
Esdras, 29, 39, 311n
Esopo, 218
Espártaco, 176

espécimes-tipo *ver* holótipos
Espelho para magistrados (John Higgins), 42
esperança, 116, 133
esquimós, 220
Estados Unidos, 18, 237, 300n; como Jardim do Éden, 237; Declaração de Independência dos, 178; fundadores puritanos dos, 237; mormonismo nos, 237
eugenia, 254
Eusébio, bispo de Cesareia, 46
Eva: altura de, 249; beleza de, 127, 198, 202, 231, 267; como alegoria, 106, 189, 303n; como fonte de tentação, 115-6, 124, 138; como transgressora, 108, 119-20, 122, 125-7, 140, 206, 221, 265; condenação de, 121, 126; criada da costela de Adão, 22, 63, 75, 108, 122, 125, 128, 135, 139, 198, 230, 308n; deixando o jardim, 139, 232; e a misoginia, 122, 123, 202; e a salvação, 126; e a serpente, 10, 71, 75, 121-3, 128-9, 143, 191, 205, 207, 231, 274, 277; e a vergonha, 140, 195; e Maria, 121-2; e o amor, 206; e o conhecimento, 68, 127; e Pandora, 116, 218; filhos de, 267; imagens em obras de arte, 129, 138-43, 150, 190, 195, 199; inocência de, 134, 204, 265; legado de, 88, 128; livre arbítrio de, 204-6; mitos e lendas sobre, 231; morte de, 73, 277; penitência de, 70; punições a, 116, 118, 208, 230, 265, 277; *ver também* Adão e Eva; história de Adão e Eva
Evangelho de Tomé, 67
Everard, John, 177
evolução: biologia evolucionária, 246; criação de novas espécies, 217; debate em Oxford sobre (1860), 267; e a extinção de espécies, 244, 248; e a geologia, 248-51; habilidades de sobrevivência e, 246, 247, 254; Lucrécio sobre, 247; mutações na, 21, 246, 248; processo de, 19; seleção natural, 21, 243, 248, 252, 254, 259, 270; sinais de desenvolvimento e história dos seres vivos, 250;

Último Ancestral Comum, 21, 259, 269, 326n; *ver também* Darwin, Charles
Ezequiel (profeta), 293n, 295n

fabliaux (contos cômicos), 194
Familists, 181
Figino, Ambrogio, 312n
Filo de Alexandria, 76-7, 89, 302-4n
Fitzroy, Robert, 251, 253
fogo, domínio sobre o, 246-7
folclore, 38
folhas de figueira (como vestimenta), 10, 109, 134, 139-42, 195, 213, 229, 263, 273-4, 313n
Folhas de relva (Walt Whitman), 238-9
fósseis, 19-20, 219, 248-51, 255, 267
Fox, George, 177
Fra Angelico, 121
França, 138-9, 211, 229, 307n; guerras religiosas, 323n; Revolução Francesa, 129, 159, 176
Frederico, o Grande, rei da Prússia, 234
fueguinos, 252
fundamentalismo, 249

Galápagos, visita de Darwin a, 252, 255
Galeria Nacional do Canadá (Ottawa), 129
Galileu Galilei, 152, 157, 217, 233, 315n
Galton, Francis, 254
Gassendi, Pierre, 323n
Gênesis: autenticidade do, 30; construção de uma cidade no, 60; darwinismo como incompatível com o, 246; domínio humano determinado no, 21; e a história de *Gilgamesh*, 59-65; especulações ausentes no segundo capítulo do, 22; estudos de Agostinho sobre o, 105-13; fontes do, 41; Gênesis de Viena, 313; *Genesis Rabbah*, 273, 276; história da criação no, 22-3, 25, 42, 46, 48, 59, 71, 139, 198, 217, 222, 249, 254; história de Adão e Eva no *ver* história de Adão e Eva; imagens imaginativas no, 26, 79; iniciação como uma transgressão no, 64-5; jardim no *ver* Jardim do Éden; lições morais no, 229, 264; milagre da animação do homem no, 60; narrador do, 42-3, 49, 51-2, 54, 61-5; No princípio...", 251; nos afrescos da Capela Sistina, 142, 144, 190; origens do livro de, 29, 48; papel da serpente no, 204; responsabilidades humanas no, 53; verdade encontrada no, 177
genética, 105, 255, 270
geologia, 11, 248, 249
Gilgamesh (epopeia mesopotâmica), 54-65, 297-8n, 300n; amizade entre pessoas do mesmo sexo retratada em, 56-7, 59, 63-4; árvore da vida em, 58; ascensão do homem retratada em, 56, 59-60, 65; cena da criação em, 55, 59, 62; consciência humana da mortalidade em, 57-8, 65; contexto de, 54, 61; datas de compilação, 55; e o Gênesis, 59-65; em *The Buried Book*, 297n; Enkidu em, 55-61, 63-5, 299n; figura mítica de Gilgamesh, 54; reação dos hebreus a, 60; Shamhat em, 55-7, 65; triunfo de, 65
Gisleberto (pedreiro), 138-9, 313n
giz, 248, 326n
golfo de Pária (Trinidad), 214
Gólgota, 135
Gómara, López de, 214
gorilas, 244, 326-7n
Gossaert, Jan, 144
Gosse, Philip: *Omphalos*, 249-51
Grande Debate (Valladolid), 213-4
Gray, Asa, 255
Grécia: arte grega, 133, 139, 146, 149; deuses da, 115; filosofia grega, 77; histórias de origem da, 282; traduções dos clássicos gregos, 218
Gregório de Nissa, 275
Grimm, Jacob e Wilhelm, 24
Groenlândia, esquimós na, 220, 324n
Grotius, Hugo, 220, 323-4n
"Guardiães", história dos (Gênesis 6), 301n
guerras religiosas, 211, 217, 323n
guerreiros vândalos, 94
Guilherme IV, rei da Inglaterra, 252

Haeckel, Ernst, 254
Hale, Matthew, 216, 323n
Hanina, rabino, 72
Havaí, vulcão no, 28
hebreus *ver* judeus; judaísmo
Helena de Troia, representação artística de, 148
Henrion, Denis, 249
Henrique VIII, rei da Inglaterra, 164
Herbário Nacional (Washington, DC), 18
heresias: e as escrituras hebraicas, 71; e Jerônimo, 118; e La Peyrère, 220, 225, 227; e Voltaire, 235; Marcião, 74; no Renascimento, 219; Orígenes, 78; Pelágio, 102; punição de, 102
Herodes, o Grande, 295n
Heródoto, 218
Herrera, Antonio de, 214
Hesíodo, 79, 115, 218, 311n
heterodoxia, perseguição da, 67
hieróglifos, 48
Hildegard de Bingen, 277
Hildesheim: portas da catedral de, 121, 137; Saltério de Santo Albano em, 139
História da Babilônia (Beroso), 46, 218, 324
história de Adão e Eva: como alegoria, 79, 89, 229, 303n; como história hebraica da criação, 43-4, 79; como história única, 42; como literatura, 256; como pedra de fundação de religiões, 16, 43, 75, 78; confiabilidade da, 30, 44, 53; crença literal na, 16, 79, 129, 189, 236, 271; em *A vida de Adão e Eva*, 69-74; em *Paraíso perdido* ver *Paraíso perdido*; escolha moral como peça-chave em, 269; idiomas da, 69; imaginação como base para, 11, 69, 229, 256; importância da, 13-5, 256; incompatibilidade do darwinismo com, 243-6, 251-2, 256, 267; influência da, 226; interpretações radicais da, 175-6, 180-1; na Torá, 29, 40; no cristianismo, 14, 74, 191; no Islã, 14-5, 115, 311n; no judaísmo, 15, 30, 40, 43, 53; nos textos de Nag Hammadi, 68, 242; relação obsessiva de Agostinho com, 93, 105-13, 242; visões ascéticas, 118, 134; *ver também* Adão e Eva
História dos reis da Bretanha (Geoffrey de Monmouth), 42
Hobbes, Thomas, 323
holótipos (espécimes-tipo), 17-9, 22, 293n
Holstein, Lucas, 190
Homem de fé solitário (Joseph Soloveitchik), 303
homens: à imagem de Deus, 122-23, 200; amando homens, 57, 59, 63-4; companheirismo mútuo dos, 122; crueldade dos, 127; e a excitação sexual, 110; "Ele por Deus só, ela por Deus nele", 200, 202; em comunidades monásticas, 123, 156; mulheres dominadas por, 10, 89, 118-20, 127, 129, 200, 265, 300n; relações homens entre mulheres, 217; transgressões dos, 126
Homero, 54, 177, 187, 191-3
hominídeos (primatas), 244, 254
hominíneos (seres humanos), 19, 244, 259-60, 280
Homo sapiens, 19-20, 260, 268; e Lucy (fóssil), 19-20, 254; e o Último Ancestral Comum, 21, 259, 269, 326; espécime-tipo de, 18; evolução do, 19-21; genes compartilhados com chimpanzés, 268; *ver também* humanos
Hugo de São Vítor, 189
humanismo, 126, 191, 217
humanos: à imagem de Deus, 16, 59, 71, 106, 147, 200; Adão e Eva como progenitores dos, 216, 230, 250; antes da criação, 212; capacidade de falar, 247; capacidade de raciocínio dos, 244; como uma obra em andamento, 268; companheirismo dos, 62; criação dos, 30, 48-9, 191, 220; diversidade dos, 216; domínio sobre outras espécies, 16, 21, 60, 179; e o sexo, 103-5, 201; evolução dos, 19-21; habilidade de produzir ferramentas dos, 21, 246; habilidades sociais dos, 246-7; hierarquia cultural entre os, 253; história dos, 22; ideia platônica dos,

364

76; infância, 177; inteligência dos, 21; liberdade dos, 210; linguagem, 21, 244, 247, 269; morte, 101, 208, 310; mudanças nas crenças de origens dos, 254; narrativas dos, 24; origem africana dos, 19, 226; pecaminosidade, 14, 96-7, 101, 177, 231, 304n; pensamento independente dos, 206; poligênese dos, 226; qualidades distintivas dos, 244; reprodução dos, 52, 64, 103, 110; responsabilidades morais dos, 52-3, 245, 270; "sede fecundos, multiplicai-vos", 21, 278, 308n; semelhança com macacos, 265-6, 327n; sofrimentos dos, 96-8, 100; tamanhos dos, 249; tipos extintos de, 244; traços e comportamentos herdados dos, 245; "transposição" dos, 216; Último Ancestral Comum, 21, 259, 269, 326n; *ver também Homo sapiens*

Huxley, Thomas Henry, 267, 327n

Huynh Sanh Thong, 280

Iahweh: como criador, 48, 60-1, 71, 74; como principal Deus e protetor dos judeus, 31, 38, 46, 53; culto a, 39, 74; desobediência punida por, 32-3; e a Torá, 41; e o dia de descanso, 49; fracasso em proteger seu povo escolhido, 32; negociações com, 53; nova aliança com, 40; poder supremo de, 43; proibições de, 68; rituais e sacrifícios a, 31, 39; visões céticas sobre, 86; *ver também* Deus

Iblis (Satã no Alcorão), 14, 72, 293n

Idade Média, 15, 47, 121, 134-5, 137, 191, 267, 301n

Igreja ortodoxa etíope, 30

igrejas românicas e góticas, arte em, 135

Iluminismo, 17, 129, 236, 242, 304n

Império Babilônio: "À beira dos canais de Babilônia" (salmo 137), 31, 36; crise sucessória no, 38; escrita no, 45; exílio dos hebreus no, 31-40, 55; história da criação no, 42, 45-6, 55, 61; idiomas no, 38; Jardins Suspensos do, 31, 294n; Nabucodonosor II como rei do, 30-3, 37-8, 43, 46; panteão babilônio, 34, 53; Porta de Ishtar, 31; queda do, 40, 45-6; templo Esagila no, 33; zigurate Etemenanki no, 33

Império Romano, 82, 136, 176; *ver também* Roma

Inglaterra: batalha de Naseby, 172; guerra civil na, 152, 160, 163, 172, 177, 179; Inglaterra vitoriana, 50, 253; Lei da Reforma do Divórcio (1969-73), 165; Novo Exército Modelo na, 172, 178, 181; oposição à censura na, 181; puritanos na, 159; Restauração na, 183; Revolta dos Camponeses (1381), 175; sistema educacional da, 317n

inocência: das crianças, 101-2, 177; de Adão e Eva, 113, 134-5, 143, 162, 215, 265; dos nativos do Novo Mundo, 215; e a impossibilidade de entender o mal, 204, 242, 304n; e a liberdade, 204; momento final da, 143, 228; no Paraíso, 180, 200; queda *versus*, 138, 238, 256; recuperação da, 14, 114; sexual, 157

Inquisição, 124-5, 128, 157, 235, 242

insetos, surgimento dos, 18

Irã, jardim de Bagh-e Fin no, 25

Ireton, Henry, 321n

Irineu, santo (bispo de Lyon), 104; *Contra a heresia*, 75

Isaac (filho de Abraão), 40

Isaías (profeta), 38-9

Isbell, Lynne A., 280

Islã: história de Adão e Eva no, 14-5, 115, 311n

Israel, 41, 224, 296n

Itália, 136, 141, 144, 149, 156-8, 160, 176, 190, 195, 315-6n; Renascimento na, 176; reunificação da, 176

Jacobsen, Thorkild, 294n

Jardim das delícias terrenas, O (Hieronymus Bosch), 199

Jardim do Éden: Adão e Eva no, 11, 129, 179; alimentação provida no, 62; Árvore da Vida, 10, 76-7, 106, 143, 208, 303n, 310n; Árvore do Conhecimento do Bem e do Mal,

365

68, 143, 230-1, 235, 264-5, 267, 274, 325n; casamento no, 169, 170; como alegoria, 76, 105, 228; criação por Iahweh do, 62; e o jardim Bagh-e Fin (Irã), 25; e o Paraíso *ver* Paraíso; Estados Unidos como, 237; fruto proibido no, 10, 65, 97, 107-8, 127, 230, 274, 278; mal no, 233; no *Dicionário filosófico* de Voltaire, 234-37; no *Paraíso perdido*, 194, 196; perda do, 14; recriação, 180; rios no, 62, 214

Jefferson, Thomas, 179, 237

Jeremias (profeta), 295-6

Jerônimo, são: Bíblia traduzida para o latim por, 116; contra Joviniano, 118, 311; visões ascéticas de, 117-9, 311

Jerusalém: cerco de, 32; destruição do Templo em, 32, 37, 40, 43; governo fantoche em, 30; Muro das Lamentações (Muro Ocidental), 39; queda de, 32, 37, 43; reconstrução do Templo em, 39; retorno dos judeus a, 38-9; rituais no Templo em, 32

Jesus Cristo: como messias, 105, 165, 223; como Novo Adão, 14, 74-5, 97, 121, 268; como salvador, 43, 75, 106, 122, 166, 189, 223, 318n; crucificação de, 75, 135-6, 223; e a alegoria, 189; e casamento/divórcio, 165, 318n; e o Novo Testamento, 75; encarnação do Verbo, 72; fé em, 74; figura histórica de, 85, 189; nascido da virgem, 105, 113; pai de, 74; palavras desconhecidas de, 67; sacrifício de, 14, 72, 136; vínculos místicos com o Antigo Testamento, 75

Jeu d'Adam, Le (peça francesa do século XII), 193

Jó, 74

João (evangelista), 72

Johanson, Donald, 19

Jonson, Ben, 193

Jordânia, 26

Joviniano, 118, 311

Judá, reino de, 30-2, 38, 296n

judaísmo, 211, 303-4n, 325n; Bíblia hebraica, 43-4, 53, 62, 74, 89, 212; cânone do, 70; e a filosofia grega, 77; e a Torá *ver* Torá; e Elohim, 41, 42, 296-8n; e Iahweh *ver* Iahweh; história de Adão e Eva no, 15, 30, 40, 43, 53; proibição de gravar imagens, 132; Talmude, 104, 117, 198, 293n; textos rabínicos, 104

judeus: "À beira dos canais de Babilônia" (salmo 137), 31, 36; Adão como pai dos, 221; antissemitismo, 121, 223; casamentos mistos, 39; Cativeiro da Babilônia, 31-40, 55; como Povo do Livro, 41; como povo escolhido, 32, 43, 223; desumanização dos, 124; e Nietzsche ("transvaloração de todos os valores"), 268; expulsos da península Ibérica, 211; expulsos da Terra Santa, 224; história dos, 40, 74, 223; idiomas dos, 38; leis dos, 39, 74, 221, 293n, 303n, 318n; perseguição aos, 223; questionamentos levantados pelos, 74; rei Davi, 30; retorno a Jerusalém, 38

Juliano de Eclana, 102

Júlio II, papa, 149

Jurieu, Pierre, 231

Kant, Immanuel, 304n

Kierkegaard, Søren, 304n

Kingsley, Charles, 251

Koerner, Joseph, 146, 313n

Krishna, 85

La Peyrère, Isaac: escrituras questionadas por, 212, 216, 219-25, 228-9, 324n; heresias de, 220, 225, 227; *Prae-Adamitae*, 220, 223, 225; retratação de, 224-5

Lactâncio, 222

Lee, Lady Margaret, 319

Leonardo da Vinci, 190

Lewis, R. W. B., 239

liberdade: autocontrole como forma de, 111; de escolha (livre arbítrio), 101, 126, 127, 172, 232, 309; e os revolucionários britâni-

cos, 179; individual, 60, 204; inocência ameaçada pela, 204; no Éden, 179; perda da, 109; universal, 179, 210
Lilith, 200
Lineu, Carl, 17-8
linguagem: aquisição da, 17; capacidade de falar, 247; como herança cultural, 38; e a Torre de Babel, 33, 61; não identificada no Gênesis, 18, 76; origem da, 280; primeiro sistema de escrita, 298; rastreamento da língua de Adão, 15
literalidade, 11, 16-7, 79, 237, 271; Agostinho sobre a, 93, 106-13, 135, 152, 189, 249, 307; alegorias *versus*, 79, 229, 249, 303; apoio minguante à, 242; descobertas científicas *versus*, 249, 254; dúvidas do Iluminismo sobre a, 129, 236, 256, 304; e Milton, 189, 196, 227; e o fundamentalismo, 249; Voltaire sobre, 236
Livro dos Jubileus, 30, 104, 273, 301
livros, códices de papiro, 67, 300
lobo cinzento (*Canis lupus*), 17
Logos divino (Verbo), 72
Lucas, são, 121
Lucrécio, 97, 217, 247-8, 324, 326; *Sobre a natureza das coisas*, 247, 324, 326
Lucy (fóssil de *Australopithecus afarensis*), 19-20, 254; "Lucy in the Sky with Diamonds" (Beatles), 19
lullu (termo étnico), 35, 48, 295n
Lutero, Martinho, 125, 196, 278, 322n
Lyell, Charles, 248-9; *Princípios de geologia*, 249, 251-52

macacos, 213, 260, 264-7, 319n, 327n; *ver também* primatas; símios
Maimônides, 303n
mal, fontes do, 86, 301n
Maligno, o, 123; *ver também* Satã
Malthus, Thomas Robert, 226, 325n
maniqueísmo, 85-6, 88-9, 95-6, 106, 113, 307n; Eleitos (verdadeiros crentes) no, 86
Mantegna, Andrea, 190

Maomé, 15
Marcella (viúva), 117
Marcião, bispo, 74-5, 86
Marduk, 33-6, 38, 40, 46, 61, 71, 294-5n; como deus babilônio das tempestades, 33, 36, 46, 294n; culto de, 74, 295n; e Beroso, 46; hinos *lullu* a, 48; Iahweh *versus*, 32-3, 40, 48; primeiros humanos criados por, 39, 295n
Maria, Virgem: celebração de, 121-2; culto a, 123-4; e a salvação, 126, 128; ilustrações de, 121-2; obediência de, 121
Marlowe, Christopher, 199, 219
Marvell, Andrew, 321n
Masaccio (Tomasso di Ser Giovanni di Simone), 140-2, 144, 190, 313n
Mateus, evangelho segundo, 78, 165, 305n, 318n
Matusalém, 29
Máximo de Tiro, 218
Melanésia, histórias de origem da, 284
Mersenne, Marin, 323n
Mesopotâmia, 31; arquivos reais da, 47; *Atrahasis*, 35, 44-5, 50-2, 298n; bibliotecas da, 47; comunidade judaica na, 31; *Enuma Elish*, 34-5, 39, 44-5, 48, 50, 55, 59, 61; *Gilgamesh* ver *Gilgamesh*; histórias de criação, 44; mitologia mesopotâmica, 33, 50; queda e ruína da, 45, 47, 59; *ver também* Império Babilônio
Michelangelo, 16, 142, 144, 190-1, 250
microscópio, invenção do, 249
Middlemarch (George Eliot), 190
Miguel (arcanjo), 73, 121, 208-10
Milton, Christopher, 314n
Milton, John: anos iniciais de, 153, 202; *Areopagitica*, 171, 315n, 319n; casamento com Mary Powell *ver* Powell, Mary; cegueira de, 171, 182, 190, 195; *Comus* (poema dramático), 154-6; e a literalidade, 189, 196, 227; e a tipologia das Escrituras, 189; e Elizabeth Minshull, 185; e Katherine Woodcock, 182; e o amor, 199-203; e o Conselho de Estado Republicano, 181, 192; e

Urânia (musa), 185; elegia pastoral quando da morte de seu amigo, 158; energia criativa de, 190; estudos do Gênesis por, 177, 179; fé cristã de, 189-90; "Il Penseroso", 154; influência de, 152, 250, 255; "L'Allegro", 154; "Lycidas", 154, 315n; *Milton on Himself*, 315n; sobre a castidade, 155-8, 161, 170, 196; sobre a censura, 171; sobre o divórcio, 164-71, 173, 178-9, 181, 188, 205, 207; "Soneto XXIII", 322n; soneto pela autoproteção de, 164; sonhos de imortalidade literária de, 177, 182, 187; *The Doctrine and Discipline of Divorce, Restored to the Good of Both Sexes* [A doutrina e a disciplina do divórcio, instaurado para o bem de ambos os sexos], 167, 169-70, 179, 317-9n; *The Reason of Church Government*, 314-5, 319, 321; *ver também Paraíso perdido* (Milton)

Milton, Mary Powell *ver* Powell, Mary

Minshull, Elizabeth, 185

misoginia, 14, 115, 123, 128

mitos: deuses gregos, 115; e alegorias, 189; histórias de origem, 269, 281; na Bíblia, 256; reelaboração de, 52; tratados como uma descrição da realidade, 222

Modi (Marcantonio Raimondi), 157

Moisés: como autor da história do Gênesis, 42, 76, 79, 128, 189, 218, 221, 297, 324; ditado de Deus a, 29, 71, 294; no Monte Sinai, 30, 41, 50; Pentateuco de, 29, 297n, 302n, 322n, 324n

Mônica, santa (mãe de Agostinho), 82-3; culto a, 114; e a conversão de Agostinho, 91, 92; e as crenças de Agostinho, 85, 87; e o legado de Eva, 89; fuga de Agostinho de, 88, 90; retorno à casa de Agostinho, 89-90

monogênese, 226

monoteísmo, 15, 40, 97, 325n

Montaigne, Michel de, 211, 215, 323n; "Sobre os canibais", 323n

Monty Python (grupo), 43

moralidade, 167, 244, 247

mormonismo, 237

morte: a serpente como iniciadora da, 121; aceitação da realidade da, 208, 221, 276-7; através de Adão e Eva, 135, 277, 302n, 306n; como condição da natureza física dos seres humanos, 101, 310n; como fato universal, 16; de Adão, 69, 73, 301n; e a alma, 98; questionamentos levantados pela história de Adão e Eva, 17; questionamentos sobre, 98, 144, 241, 308n, 310n

Muggletonians, 181

mulher(es): 114-30; bruxas, 123, 125, 129; como fonte de tentação, 115-6; criação da, 18, 166; desumanização da, 124-5; dominada pelo homem, 10, 89, 118-20, 127, 129, 200, 265, 300n; dores do parto, 10, 88-9, 220-1; e a excitação sexual, 110; e a salvação, 126; e o legado de Eva, 88, 128; "... ela por Deus nele", 200, 202; em conventos, 118, 126-7, 156; inteligência da, 119; misoginia, 14, 115, 123, 128; na Alemanha nazista, 140; procriação como principal função da, 123; relações entre homens e mulheres, 217; santas, 114, 121; trajes femininos, 116; vitimização da, 124; Wollstonecraft sobre, 128; *ver também* Eva

Museu Britânico (Londres), 48, 50, 54

Museu Copta (Cairo), 67

Museu de História Natural (Berlim), 18

Museu de Pérgamo (Berlim), 31

Museu de Zoologia Vertebrada (Berkeley, Califórnia), 17-8

Museu Nacional da Etiópia (Adis Abeba), 19

Museu Nacional de Antropologia (Cidade do México), 219

Museu Nacional do Bargello (Florença), 134

Museu Peabody de Arqueologia e Etnologia (Harvard), 20

Museu Sueco de História Natural (Estocolmo), 17-8

Nabucodonosor II (rei da Babilônia), 30-3, 37-8, 43, 46

Nahman, rabino Samuel ben, 22, 71

natureza: e a evolução *ver* evolução; força da, 101; imperfeição da, 221
Navigius (irmão de Agostinho), 304n
nazismo *ver* Alemanha nazista
Nebuzaradan (general), 37
Neckham, Alexander, 277
Neemias, 29
Newton, Sir Isaac, 233
Niebuhr, Reinhold, 304n
Nietzsche, Friedrich, 268, 327n
Ninhursag (deusa mesopotâmica), 295n
Nínive, 47-8, 54, 294n
Noé, 29, 50-1, 53, 132-3, 216, 222, 249, 298n
Nogarola, Isotta, 126, 128, 312n
Novo Mundo: cronologia bíblica em conflito com, 216, 220; descoberta do, 213-20; histórias de origem do, 284; massacres de nativos por europeus/cristãos no, 215
Novo Testamento, 75, 122, 133, 136, 166, 189, 191
nudez: de Adão e Eva, 64, 133-5, 137, 139-41, 144, 146, 250, 264; dos nativos do Novo Mundo, 17, 213-20; dos nativos fueguinos, 252; em Gilgamesh, 55-6; em *Paraíso perdido*, 195

orangotangos, 23, 244
Oriente Médio, 47, 239
Orígenes Adamâncio (o "Inquebrável"), 77-9, 89, 228, 304n
Origins of the World's Mythologies, The (E. J. Michael Witzel), 287
Oto III, imperador do Sacro Império Romano, 136
Ovídio, 85, 156; *Metamorfoses*, 283-4

Padres Capadócios, 275
Pajana (demiurgo siberiano), 285
Palaeologus, Jacob, 325n
paleoantropologia, 20
Pan troglodytes (chimpanzés), 268; *ver também* chimpanzés; macacos; primatas

Pandora, 115-6, 189, 218, 311n
Paraíso: dieta humana no, 70; e a descoberta do Novo Mundo, 214-5; expulsão do, 14, 69, 95, 176, 208, 267, 279, 311n; ideia do, 266; inocência no, 180, 200; liberdade no, 175, 179; *paradaesa* (jardim persa), 25; reconquista do, 14; sexo no, 199; uso do termo "paraíso", 62, 79
Paraíso perdido (Milton): Adão e Eva retratados em, 153, 174, 176, 178, 188, 193-210; cenas políticas em, 192; decisões em, 205-7; diferenças entre gêneros percebida em, 202; e esboços de peças em cinco atos de Milton, 159; e o humanismo renascentista, 191; e o sonho de imortalidade literária de Milton, 177, 182, 187; escrita de, 185-8; esquema teológico em, 210; expulsão e morte em, 208; final de, 209-10; história de origem em, 191-3; inocência e liberdade em, 204-6; inspirações para, 191-5, 199; mecanismos poéticos em, 192; publicação de, 187, 229; serpente em, 204-5; vida de Milton refletida em, 188, 196-7, 199, 202; *ver também* Jardim do Éden
Páramo, Luis de, 235
Parker, William Riley, 320n, 322n
Pascal, Blaise, 323n
Patagônia, visita de Darwin à, 253
Patrício (pai de Agostinho), 81-3, 91, 96
Paulo, são: e a história de Adão e Eva, 301-2n; e os primeiros humanos, 14; Epístola aos Coríntios, 74; Epístola aos Gálatas, 119; Epístola aos Hebreus, 306n; Epístola aos Romanos, 91; Primeira Epístola a Timóteo, 119, 311n; sobre a diferença entre gêneros, 119; sobre a igualdade entre gêneros, 119; sobre a morte, 133; sobre a vinda de Cristo, 97; sobre o casamento, 91
pecado: de crianças, 177; e a redenção, 141; e a vergonha, 213, 238; e morte, 101, 253, 302n; e o orgulho, 113; e o sexo, 103, 113, 206; legado do, 96, 266; Pecado Original, 104-6,

121, 206, 236-7, 246, 306-7n, 311n; punição pelo, 98-9; questionamentos sobre o, 231
Pedra de Rosetta, 48
Pedro Damião, são, 123-4, 312
pelagianos, 103-5, 110-1, 113, 306n, 310n
Pelágio (monge inglês), 101-2, 305-6n
Penhascos Brancos de Dover, 248
península Ibérica, judeus expulsos da, 211
Pentateuco, 29, 297n, 302n, 322n, 324n
persa, idioma, 25
Petrarca, 193, 315n
Phillips, Edward, 163, 316-7n, 320n
Piero della Francesca, 190
Pilbeam, David, 20; *A ascendência do homem*, 21
Pinelo, Antonio de León, 214
Pizan, Christine de, 126
Platão, 76-7, 79, 218, 282, 324n; *Crítias*, 218, 282; *Político*, 282; *República*, 77
poligênese, 226
populações: controle populacional, 51; multiplicação de, 226
Porta de Ishtar (Babilônia), 31
Powell, Mary (Milton): casamento de Milton e, 152, 161, 165, 167, 188, 320n; família de, 173; filhos de, 173, 182; morte de, 173, 182, 320n; retorno à casa de Milton, 172, 207
Powell, Richard, 160-1
primatas: e o Último Ancestral Comum, 21, 259, 269, 326; e os homíneos, 19- 20; estratégias de sobrevivência dos, 263; evolução dos, 19-20, 244-6, 253; falta de conhecimento do bem e do mal, 266; machos alfa, 260-2, 271; Projeto Kibale, 257, 260-1, 270; proteção das companheiras, 262; semelhança com humanos, 265, 267, 327n
Príncipe, O (Nicolau Maquiavel), 265
Projeto Kibale, 257, 260-1, 270
Prolegomena zur Geschichte Israels [Prolegômenos da história de Israel] (Julius Wellhausen), 41
Prometeu (titã), 115, 189, 218, 282

pterodátilo, 241-2
punições: ameaça de, 227; espirituais, 221; evolução motivada por, 268; no Jardim do Éden, 10, 230, 265
Purchas, Samuel, 327n

Quakers, 177, 181
Queda do Homem, 15, 70, 129, 139-40, 206-10, 245, 253-4, 277

raça, 17, 51, 73, 76, 97, 105, 109, 116, 120, 127, 234, 254-5, 307-8n
racismo, 225-6
Rafael (arcanjo), 196, 198, 200-1, 206, 209
Rafael (pintor), 190, 250
Rainha das fadas, A (Edmund Spenser), 42
Ranters, 181
Rassam, Hormuzd, 48
Rawlinson, Sir Henry Creswicke, 297n
redenção, 69, 121, 133, 136, 141, 181, 210, 216, 221, 223, 225
Reivindicação dos direitos das mulheres (Mary Wollstonecraft), 128-9
Renascimento, 149, 176, 192, 195, 199, 217, 219, 227; arte no, 140, 142, 144, 148, 190, 195-6, 227, 236; beleza clássica retratada no, 144, 146, 149; como ponto de virada, 190; história de Adão e Eva interpretada no, 15-6, 140, 142, 232, 236; investigações intelectuais no, 17, 140, 227; na Itália, 176; poesia do, 152, 192, 199; recuperação de antigas obras gregas e latinas no, 146, 218; viajantes no, 47
reprodução: e o casamento, 64, 84, 103, 109, 112, 117, 122, 310; e o sexo, 103, 105, 109-10, 112, 199, 310n; "fogo vital" na, 103, 306n; formas alternativas de, 15; "sede fecundos e multiplicai-vos", 21, 278, 308n
Revolução Americana, 129, 176
Revolução Francesa, 129, 159, 176
Revolução Russa, 159, 176
Roma: catacumbas de, 131-2; cristianismo em, 132; estatuária romana, 133, 139, 146, 149;

Giordano Bruno queimado na fogueira em, 219; histórias de origem de, 282-3; perseguição de cristãos em, 77; saque de, 93; *ver também* Império Romano
Romano, Giulio, 157
Ross, Alexander, 18, 200, 322n

sabedoria, idade da obtenção da, 293n
Sadraque (visionário), 74
Sahelanthropus tchadensis (primata extinto), 17
Salomão, rei de Israel, 29
Saltério de Santo Albano, 139
Sara, 177, 266
Sardanápalo (rei assírio), 47
Satã: como anjo, 14, 191; como o Maligno, 123; como Príncipe das Trevas, 72; e a bruxaria, 124; em *A vida de Adão e Eva*, 70, 72; em *Paraíso perdido*, 193, 209; humanos atraídos para o mal por, 14, 123, 203-4; rebelião de, 191; *ver também* serpente
Savonarola, Girolano, 313n
Schiele, Egon, 146
Schleirmacher, Friedrich, 304n
Scotus, John Duns, 278
Sendak, Maurice, 134
serpente: associando-se com a mulher, 123; como alegoria, 77; como heroína da história em outras interpretações do mito, 23; destruindo a esperança humana de vida eterna, 65; e a morte, 121; em *Gilgamesh*, 59; em *O testemunho da verdade*, 68; falante, 76; mitos e lendas sobre, 231; mulher tentada pela, 10, 121-2, 128, 191; na história de Adão e Eva, 10, 71, 75, 121-3, 128-9, 143, 191, 205, 207, 231, 274, 277; punição da, 10, 221; *ver também* Satã
Set (terceiro filho de Adão), 29, 68, 73
Sete Maravilhas do Mundo, 31
sexo: Agostinho sobre, 90, 103-5, 109-13, 306n; caráter involuntário do, 109; como natural e saudável, 103, 110; concupiscência, 56, 83, 104, 306-7, 309-10; e a luxúria, 104-5, 109, 111, 123, 127, 156, 217, 267, 307n, 309-10n, 318n; e o "fogo vital", 103, 306; e o pecado, 103, 113, 206; e procriação, 103, 105, 109-10, 112, 199, 310n; em *Enuma Elish*, 34-6; em *Gilgamesh*, 59; em *Modi*, 157; excitação solitária, 115; humanos se apegando uns aos outros, 63; implicações da história de Adão e Eva sobre, 16, 231; seleção sexual no evolucionismo de Darwin, 245
Shakespeare, William, 25, 42, 82, 141, 156, 185, 187-8, 193, 196, 209, 255, 297, 315n; *First Folio*, 193; *Muito barulho por nada*, 82; *Rei Lear*, 42, 141, 297
Shamash (deus mesopotâmico do sol), 46, 57
Shelley, Percy Bysshe, 255
Sião, saudades de, 36-7
Sibéria, histórias de origem da, 285
símios, 257, 266; como epítomes da feiura, 267; *ver também* primatas
Simon, Richard, 296n
Sin-lequi-unninni (sacerdote-poeta), 54
Sincelo, Jorge, 277
sionismo, 225
Ska, Jean-Louis, 296-97n
Smith, George, 48, 54
Smith, Joseph, 237
Spencer, Herbert, 254
Spinoza, Baruch, 17, 296n
Sprenger, Jacob, 124-5, 129
St. George's Hill (Surrey, Inglaterra), 180-1
Stratford, conde de (Thomas Wentworth), 316n
sumério, idioma, 38, 45, 47
sumérios, mito de origem dos, 62
Sunday, John, 257

tábuas de argila: escrita cuneiforme em, 45, 47-9, 298n; histórias similares à Torá, 50-1; procura por, 54; recuperação de, 47, 54, 298n
Tagasta, 80, 82-3, 87, 96, 113
Talmude, 104, 117, 198, 293n

telescópio, invenção do, 249
Teófilo de Antioquia, 274
Terra do Fogo, 252; histórias de origem da, 287
Tertuliano, 116-7, 311n
Testemunho da verdade, O (texto da Biblioteca de Nag Hammadi), 68
Thompson, Melissa Emery, 257
Thoreau, Henry David, 238
Tiamat (deusa mesopotâmica), 34-5, 294-5n, 297n
Ticiano (Tiziano Vecelli), 144, 190
Timóteo, Primeira Epístola de Paulo a, 119, 311n
Tintoretto, Jacopo, 144, 190
tipologia bíblica, 75
Tirannia paterna, La (Arcangela Tarabotti), 126-7
Togo, história de origem de, 286
Tomás de Aquino, santo, 122, 125, 189, 312n
Tomé, Evangelho de, 67
Torá, 14, 29-30, 40-1, 50, 54, 67, 71; *ver também* Bíblia; Pentateuco
Torre de Babel, 33, 61
trabalho: depois da Queda, 15, 75, 142, 175, 221, 246; divisão entre gêneros, 202, 246; interpretação alegórica de significados, 14, 77, 107; no Éden, 49, 62, 75, 203
Traherne, Thomas, 177, 321n
Trindade, 71
Trinity College (Cambridge), 159
tritão-de-pele-grossa (*Triturus similans Twitty*), 17
Twain, Mark, 17, 239-42; "Diário de Adão", 239-40; "Diário de Eva", 240-1; *Inocentes no exterior, Os*, 239

Uccello, Paolo, 190
Uganda, Projeto Kibale em, 257, 260-1, 270
Último Ancestral Comum, 21, 259, 269, 326n
umbigo, significado do, 250
universo: criação do, 30, 191; imensidão do, 26; senhor do, 33, 43, 74

Ur, origens de Abraão em, 31
Urânia (Musa da astronomia), 185
Uruk (Mesopotâmia), 54-5, 57-9, 61, 298n
Ussher, James, 176

Valladolid, Grande Debate em, 213, 214
Van Eyck, Jan, 141-2, 144, 250
Van Leyden, Lucas, 144
vândalos, guerreiros, 94
Vaticano, Biblioteca do, 135
vegetariana, dieta, 15, 62, 144, 218
Velho Testamento *ver* Antigo Testamento
vergonha: ausência de, 17, 64, 143, 146, 162, 195, 213, 264, 266, 274; de Adão e Eva, 65, 109, 133, 134, 137-40, 144, 206; e a evolução, 253; e a procriação, 310n; e o pecado, 213, 238; e sexo/ luxúria segundo Agostinho, 109-10; representação artística da, 15, 133-40, 313n
Veronese, Paolo, 144
Vetus Latina (mais antiga tradução da Bíblia para o latim), 85
Vida de Adão e Eva, A (texto grego do séc. I EC), 69-74
vikings, 220
Virgem Maria *ver* Maria
Virgílio, 85, 88, 177, 187, 191-3; *Eneida*, 88
visigodos, 93
Voltaire, 234-7, 240-2; *Dicionário filosófico*, 234, 237
Vulgata (Bíblia), 116

Wadi Rum (Jordânia), 26
Weyden, Roger van der, 121
Wilberforce, bispo Samuel, 267, 327n
Wilson, E. O., 293n
Winstanley, Gerrard, 179-81, 321n
Witter, Bernhard, 296n
Woodcock, Katherine, 182
Wordsworth, William, 255
Worm, Ole, 219-20
Wrangham, Richard, 257, 327n

xenofobia, 40, 327n

York Minster, 252

Zedequias, 32

Zeus, 71, 115-6
Zêuxis (pintor grego), 148
Zimbábue, história de origem do, 23, 285
Zoroastro, 85
Zózimo, papa, 306n

ESTA OBRA FOI COMPOSTA PELA SPRESS EM MINION E IMPRESSA EM OFSETE
PELA LIS GRÁFICA SOBRE PAPEL PÓLEN SOFT DA SUZANO PAPEL E CELULOSE
PARA A EDITORA SCHWARCZ EM ABRIL DE 2018

A marca FSC® é a garantia de que a madeira utilizada na fabricação do papel deste livro provém de florestas que foram gerenciadas de maneira ambientalmente correta, socialmente justa e economicamente viável, além de outras fontes de origem controlada.